핵비확산체제의 위기와 한국

국립중앙도서관 출판시도서목록(CIP)

핵비확산체제의 위기와 한국 / 백진현 편.
-- 서울 : 오름, 2010 -- (海星연구총서 ; 1)

색인수록
ISBN 978-89-7778-345-4 93340 : ₩18000

비핵화[非核化]
핵문제[核問題]

349.82-KDC5
327.1747-DDC21 CIP2010003291

海星연구총서 1

핵비확산체제의 위기와 한국

백진현 편

Nuclear Non-Proliferation Regime at Crossroads and Korea

Jin-Hyun Paik

ORUEM Publishinig House
Seoul, Korea
2010

책머리에

핵확산금지조약(NPT)을 근간으로 하는 국제 핵비확산체제는 현재 중대한 기로에 서 있다. 냉전종식과 미 · 러의 전략핵무기 감축, 이라크 · 북한 · 남아공 등에 대한 핵개발 저지, 1995년의 NPT 무기한 연장으로 고조되었던 핵비확산에 대한 낙관론은 2000년대에 들어오면서 급격히 냉각되기 시작하였다. 북한은 NPT를 탈퇴하고 본격적인 핵개발에 나섰고, 이란은 비밀리에 우라늄을 농축해왔던 것이 드러났다. 수직적 핵확산을 억제하기 위한 포괄적 핵실험 금지조약의 발효는 지체되고 핵물질 생산금지 협상도 정체에 빠졌다.

2001년 출범한 미국의 부시 행정부는 미국의 전략적 선택을 제약하는 국제합의에 대해 부정적이었고 이는 핵정책에서도 예외는 아니었다. 특히 9 · 11 테러공격과 아프가니스탄 전쟁을 거치면서 부시 행정부는 소형 핵무기 개발의 가능성을 모색하고 핵위협뿐 아니라 대량살상무기 위협에 대한 억제로서 핵무기의 사용을 고려하는 등, 미국의 안보정책에서 핵무기의 역할은 오히려 증대되었다. 이러한 추세는 물론 1995년의 NPT 무기한 연장 합의의 정신과는 크게 배치되는 것이었다.

이는 결국 2005년 NPT 검토회의의 실패로 이어졌다. 이란 핵문제와 관련하여 그 실마리를 찾지 못하는 가운데 엎친 데 덮친 격으로 북한은 2006년과 2009년 핵실험을 감행함으로써 흔들리는 NPT 체제에 또 한 번의 타격을 가했다.

핵비확산체제에 대한 도전은 다른 방향에서도 대두되었다. 2000년대에 들어서면서 세계의 많은 국가들이 급증하는 에너지 수요를 충당하고 기후변화의 주범인 온실가스 배출을 줄이기 위해 원자력을 대안으로 적극적으로 고려하게 되었다. 문제는 원자력 이용이 증대되면 될수록 핵확산의 위험도 커진다는 것이다. 또 파키스탄의 칸(A. Q. Kahn) 박사의 지하 핵네트워크 사례에서 보았듯이, 테러 집단을 포함한 비국가 행위자(Non-state actor)에게 핵물질이나 핵무기가 이전될 가능성도 이제 더 이상 영화나 소설 속의 이야기가 아니다. 이에 따라 현재의 핵비확산체제가 이러한 새로운 도전에 얼마나 효과적으로 대처할 수 있을 것인지에 대해 적지 않은 의문이 제기되고 있다.

이런 맥락에서 볼 때 국제 핵비확산체제는 현재 심각한 위기에 처해 있다고 해도 과언이 아니다. 다행히 미국의 오바마 행정부의 출범으로 핵비확산체제를 둘러싼 국제적 환경은 다소 개선되었다. 그럼에도 불구하고 핵비확산체제를 지탱해온 핵 보유국과 비보유국 간 균형은 이미 크게 흔들렸으며, 이들 간 불신과 의구심은 위험한 수준에 이르고 있다. 북한과 이란의 핵문제도 여전히 해결 기미가 보이지 않는다. 과연 NPT를 근간으로 한 국제 핵비확산체제가 구조적 취약점과 당면한 새로운 도전을 극복해낼 수 있을까? 또 그러기 위해서는 어떤 변화와 개혁이 필요한가? 핵비확산체제의 장래는 과연 어떻게 전개될 것인가? 무엇보다도 이러한 핵비확산체제의 위기가 우리에게는 어떠한 영향을 미치게 될 것인가?

이 책은 현재 핵비확산체제가 당면한 도전의 실체를 짚어보고 이를 바탕으로 한국에 대한 함의를 찾아내어, 바람직한 핵비확산 정책과 전략 모색에 기여하기 위한 내용들을 담고 있다. 주지하듯이 한국은 세계

6대 원자력 생산국인 동시에 북한의 핵개발 위협에 직접 노출되어 있다. 이런 미묘한 우리의 입장에서 과연 어떤 정책과 선택이 우리의 이익을 극대화할 수 있을 것인지 심각한 고민을 필요로 한다. 원자력의 평화적 이용과 핵무기 개발은 동전의 양면과 같은 만큼 원자력의 평화적 이용을 최대한 확대하고자 할 때 우리는 적지 않은 견제에 직면할 수 있다. 곧 닥칠 한미 원자력협정의 개정을 위한 협상은 우리의 원자력 정책의 중요한 시험대가 될 것이다.

결국 문제의 핵심은 신뢰이며 이는 핵비확산에 대한 우리의 정책 및 의지와 불가분의 관계가 있다. 아무리 원자력 기술이 발전하더라도 핵비확산에 대한 우리의 의지를 국제사회로부터 충분히 인정받지 못한다면 원자력의 평화적 이용의 확대에는 한계가 있을 수밖에 없다. 우리의 원자력 정책과 핵비확산 정책은 이런 현실을 직시한 바탕 위에서 수립되어야 함은 물론이다.

이 책은 해성국제문제윤리연구소가 2008년과 2009년에 걸쳐 수행한 핵비확산 연구프로젝트의 결과물이다. 해성연구소는 국제관계에 있어 윤리와 규범의 문제에 대한 심층적 연구를 수행하면서 그 첫 번째 과제로 핵비확산 문제를 선택하였다. 물론 핵비확산체제에 대한 연구는 적지 않지만 우리의 관점에서 핵비확산과 관련한 제반 쟁점들을 체계적으로 분석한 연구는 이것이 처음이 아닌가 한다. 이 연구가 북한의 핵문제나 한국의 원자력 정책을 국제 핵비확산의 관점에서 성찰해볼 수 있는 발전적 계기가 되기를 기원하며, 본 연구의 취지에 찬동하여 적극 참여해주신 집필자 여러분께 진심으로 감사의 말씀을 전한다.

2010년 9월

백진현

차례

1부 핵비확산체제의 현실과 평가

제1장 핵확산금지조약(NPT)의 성과와 한계 | 백진현 • 43

제2장 핵물질 규제의 현실과 문제점 | 이병욱 • 77

2부 핵비확산체제에 대한 주요 도전

제9장 핵확산과 유엔의 역할 | 박흥순 • 313

종장 한국의 핵비확산 정책: 평가, 비판 및 제언 | 장순흥 • 365

서장

비확산과 핵확산: 이론적 시각

조동준 | 서울대학교

I. 들어가며

1945년 8월 6일 히로시마에서 핵무기가 투하된 사건은 20세기 인류 역사의 분기점이다. 이 분기점으로써 두 가지 상반된 동력이 발생하였다. 첫째, 비확산이다. 핵무기의 무차별 파괴력에 놀란 인류는 핵무기 확산으로 인한 재앙을 피하기 위하여 비확산을 모색하였다. 비확산을 모색한 인류의 노력은 "핵 금기(nuclear taboo)"라는 표현이 가능할 만큼 핵확산과 핵무기 사용을 제어하려는 규범으로까지 발전되었다(Paul 1995, 701-705; Schelling 2007; Tannewald 1999, 435-442). 둘째, 핵확산이다. 핵무기의 무차별 파괴력을 정치적으로 활용할 가능성을 인지한 행위자들은 핵무기를 보유하기 위한 노력을 전개하였다. 이는 핵무기 보유국의 증가, 핵무기 제조를 시도하는 행위자의 증가, 핵무기 탈취를 위한 노력 등으로 나타났다.

이 글은 핵확산과 비확산을 설명하는 이론적 주장을 검토한다. 핵확산과 비확산을 설명하는 이론적 주장은 개별 사례에서 출발한 경우가 많다. 따라서 이론적 논쟁은 이미 학계에서 인정된 이론이 핵확산과 비확산 현상에 확장 · 적용되는 양상이 아니라, 개별 사례 연구에서 유래하는 귀납적 추론의 결과이다. 이 글은 먼저 핵무기 확산 추세를 개괄한 후, 이를 이론화하려는 노력을 검토한다. 그 다음 비확산 노력을 개괄한 후, 비확산을 설명하는 이론적 주장을 검토한다.

II. 핵확산 추세와 이론화 작업

1939년 핵무기의 이론적 가능성이 최초로 제기된 이후 핵확산이 진행되었다. 이 절은 세 부분으로 나뉜다. 첫째, 핵확산의 추세를 핵무기 제조에 필요한 기술의 확산, 핵무기 제조를 위한 국가적 계획의 확산, 그리고 핵무기 보유 확산으로 나누어 정리한다. 둘째, 핵확산을 체계적으로 설명하려는 이론화 작업을 정리한다. 핵확산에 대한 이론화 작업은 핵확산의 경험을 반영하고 있는데, 사례 중심 연구에서 일반화된 설명을 추구하고 있다. 셋째, 핵확산 이후 국제질서에 대한 논쟁을 정리한다. 이는 현재 학계에서 가장 중요한 쟁점 중 하나이다.

1. 핵확산 추세

핵무기 제조에 필요한 항목은 크게 세 가지로 나뉠 수 있다. 첫째, 핵물질이다. 농축된 우라늄 235(U-235)와 플루토늄 239(Pu-239)가 핵무기급 재료인데, 우라늄 235는 천연 우라늄에서 추출할 수 있고, 플루토늄 239는 핵반응을 마친 재료로부터 추출할 수 있다. 핵무기 제조를 시도하는 국가는 핵물질 거래에 관한 국제적 통제를 우회하거나 국내 생산을 통하여 핵무기급 재료를 구비하여야 한다. 현재까지 핵물질 거래를 가장 성공적으로 우회한 리비아도 핵무기급 물질을 구입하지 못한 점을 고려한다면,[1] 핵무기를 제조하기 위해서는 핵무기급 물질이 국내적으로 조달되어야 한다.

둘째, 핵탄두를 제조할 수 있는 능력이다. 핵탄두는 기폭장치를 통한 핵반응 유도형(implosion type)과 핵물질 충돌을 통한 핵반응 유도형(gun-type)으로 크게 나뉠 수 있다. 핵물질 충돌형 탄두가 상대적으로 제작하기 쉽기 때문에 핵무기 제조를 시도하는 국가는 대부분 핵물질 충돌형 탄두를 먼저 제작한 후 기폭장치형 탄두를 나중에 개발한다(Pry 1984, 59-64). 핵물질 충돌형 탄두 제조도 매우 복잡한 과정을 거치기 때문에 핵탄두 개발이 핵무기 개발에 있어 핵심 사항이다.

셋째, 핵무기 개발에 필요한 경제적 지원 능력이다. 핵무기를 제조하기 위해서는 많은 인력과 다양한 자원이 필요하다. 또한 핵 관련 기술자와 전기 시설 등이 먼저 구비되어야 한다. 핵무기 제조에 필요한 기술은 상대적으로 쉽게 전파될 수 있지만, 핵무기 개발에 필요한 제반 기반은 쉽게 구비될 수 없다(Department of Political and Security Council Affairs 1968, 54-74; Meyer 1985, 184-186).

〈그림 1〉은 핵확산의 추세를 보여준다. 핵무기를 제조할 수 있는 잠재적 능력을 구비한 국가의 숫자는 1945년부터 1958년까지 완만하게 증가한다.[2] 반면, 1958년부터 1964년 사이 급격하게 증가한다. 이는 미

---

1) 리비아는 핵물질 거래에 대한 국제적 통제를 우회할 수 있는 경로를 보여주었다. 리비아는 1978년 니제르로부터 우라늄을 수입한 이래 1981년까지 처리하지 않은 우라늄 2,263톤을 밀수하였고, 2000년 9월 UF_6(6불화 우라늄) 25킬로그램, 2001년 2월 UF_6 1,600킬로그램, 2002년 우라늄 물질 16킬로그램을 수입하였다(IAEA 2004a, 3; IAEA 2004b, Annex I, 3).

2) 잠재적 핵무기 제조 보유국은 (1)확인된 국내 부존 우라늄 매장, (2)철강 혹은 알루미늄 생산, (3)질산 또는 황산 생산, (4)질소 비료 생산, (5)"원자로-연수"(한 원자로가 작동된 시점부터 1년을 "원자로-1년"으로 계산함) 3년 이상, (6)자동차 생산/조립 또는 TV/라디오 생산, (7)전력 200megawatt 생산 등 7가지 조건을 모두 구비한 국가이다(Jo and Gartzke 2005).

〈그림 1〉 핵확산 추세

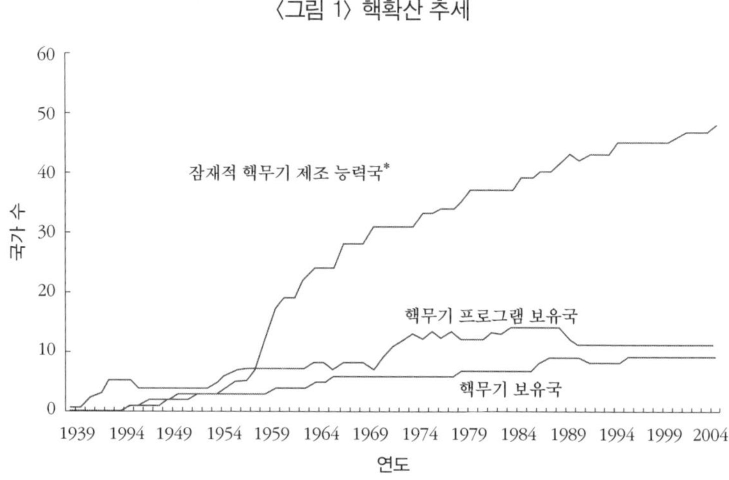

국의 "원자력의 평화적 이용(Atoms for Peace)" 정책에 따른 결과로 해석된다. 1953년 아이젠하워 대통령은 핵무기 확산을 막기 위하여, 핵에너지를 군사적 용도로 사용하지 않은 국가에 대한 지원을 발표하였다. 미국은 핵에너지의 평화적 이용에 관심을 가진 국가에게 원자로를 제공해 주기 시작하였고, 이는 궁극적으로 핵무기 제조에 필요한 잠재적 능력의 확산을 초래했다. 1964년 이후 핵무기 제조에 필요한 잠재적 능력을 구비한 국가는 완만하게 증가하였다.

〈그림 1〉과 〈표 1〉은 핵무기 제조에 필요한 프로그램 보유국과 핵무기 보유국의 추세를 보여준다. 핵무기 보유 노력은 극비 사항이기 때문에 핵무기 제조를 위한 프로그램의 시작점과 종결점을 찾기는 쉽지 않다. 하지만 지금까지 알려진 정보를 활용한다면, 핵무기 제조를 위한 프로그램과 핵무기 보유 추세를 〈표 1〉과 같이 정리할 수 있다.[3)]

3) 핵무기 제조를 위한 프로그램과 핵무기 보유 현황을 정리한 연구는 조금씩 상이한 추정치를 제공한다(Jo and Gartzke 2007; Levite 2002; Singh and Way 2004).

〈표 1〉 핵무기 프로그램과 핵무기 보유(Jo and Gartzke 2005)[4]

국가	핵무기 프로그램	핵무기 보유
핵보유 선언국		
미국	1942 ~	1945 ~
구소련/러시아	1943 ~	1949 ~
영국	1941 ~	1952 ~
프랑스	1954 ~	1960 ~
중국	1956 ~	1964 ~
사실상 핵무기 보유국		
이스라엘	1955 ~	1966 ~
남아프리카 공화국	1971 ~ 1990	1979 ~ 1991
인도(1)	1964 ~ 1965	
인도(2)	1972 ~	1988 ~
파키스탄	1972 ~	1987 ~
북한	1982 ~	2006 ~
핵무기 보유 근접국		
독일	1941 ~ 1945	
일본	1943 ~ 1945	
스웨덴	1946 ~ 1969	
유고슬라비아(1)	1953 ~ 1963	
유고슬라비아(2)	1982 ~ 1987	
대만	1967 ~ 1976	
한국	1971 ~ 1975	
이란(1)	1974 ~ 1978	
이란(2)	1984 ~	
이라크	1973 ~ 2002	
아르헨티나	1976 ~ 1990	
브라질	1978 ~ 1990	
루마니아	1981 ~ 1989	

4) 2006년 북한의 핵실험으로 북한은 사실상 보유국으로 분류된다.

〈표 1〉과 〈그림 1〉을 보면, 1990년 초반은 비확산 경향이 두드러졌다. 아르헨티나, 브라질, 남아프리카 공화국이 핵무기 프로그램을 종결하였다. 또한 핵무기를 상속받을 수 있었던 우크라이나, 카자흐스탄, 벨로루시가 비핵화되었다.

반면, 핵무기 프로그램의 확산이 세 차례에 걸쳐 일어났음을 알 수 있다. 첫째, 2차대전 기간 동안 핵무기 프로그램이 경쟁적으로 확산되었다. 2차대전 동안 최소 6개국(미국, 구소련, 프랑스, 영국, 일본, 독일)이 핵무기 프로그램을 보유했었다.[5] 패전국 일본과 독일이 핵무기 프로그램을 유지할 수 없게 됨에 따라 1945년 핵무기 프로그램의 숫자는 줄었다. 둘째, 1950년대 중반 핵무기 프로그램을 보유한 국가의 숫자가 급격히 증가하였다. 프랑스는 1954년, 이스라엘은 1955년, 중국은 1956년 핵무기 프로그램을 시작하였다. 이로써 핵무기 프로그램을 보유한 국가는 7개국으로 증가하였다. 셋째, 1970년대 초반 핵확산의 위험이 증가하였다. 인도는 1971년, 남아프리카 공화국과 한국은 1971년, 파키스탄은 1972년, 이라크는 1973년, 이란은 1974년 핵무기 프로그램을 시작하였다.

2. 핵확산 이론화 작업

핵확산 경험은 핵확산을 이론화하는 작업에 선행한다. 핵확산 경험은 핵확산의 요인을 크게 세 가지로 구분하게 한다.

첫째, 핵무기 제조에 필요한 기술적/경제적 능력이다. 핵무기 제조를 열망하는 국가는 핵무기 제조에 필요한 기술적 능력 일부를 구비하려 노력할 수도 있지만, 핵무기 제조에 필요한 기술적/경제적 능력이 구

---

5) 캐나다는 2차대전 기간 동안 미국이 주도한 맨해튼 계획(Manhattan Project)에 참여했지만, 미국이 핵심 기술을 공유하지 않았고 독자적으로 핵무기 보유 의사가 없었기 때문에 제외한다.

비되지 않는다면 핵무기 보유를 처음부터 고려하지 않게 된다. 예를 들어 리비아는 핵무기 보유를 열망했지만 핵무기 제조에 필요한 기술적/경제적 능력을 구비하지 못하자 화학무기로 방향을 전환했다(Spector 1990, 175-180).[6] 이처럼 핵무기 제조에 필요한 기술적/경제적 능력의 구비 여부는 핵개발 시도에 영향을 미치는 첫 장벽이다.

〈표 2〉를 보면, 잠재적 핵무기 제조 능력 보유가 핵무기 프로그램의 시작에 호조건이지만 사전 전제조건이 아니다. 1960년대 이전 핵무기 보유를 시도했던 국가는 핵무기 제조에 직접 필요한 기술적 능력과 인력을 충족시켰다. 즉, 핵무기 보유 의지가 핵무기 제조에 필요한 잠재적 능력을 선행하였다. 반면, 1960년대 이후 핵무기 보유를 시도했던 국가는 대부분 이미 핵무기 제조에 필요한 최소 기준을 이미 충족시킨 상태에서 핵무기 프로그램을 시작하였다. 1960년대 이후 핵무기 제조 기술보다는 핵물질 확보가 더 중요한 장애물이 되었다. 이처럼 핵무기 보유에 필요한 잠재 능력이 핵확산에 큰 영향을 미치지 못한다는 사례 연구 결과는 통계적 분석에서도 확인되었다(Jo and Gartzke 2007; Singh and Way 2004).

핵무기 프로그램의 존재 자체가 핵무기 보유로 바로 연결되지 않은 현상도 확인되었다. 핵무기 프로그램이 일단 작동되면, 조직 생존의 논리에 따라 핵무기 보유로 이어진다는 우려가 1980년대까지 심각하게 제기되었다. 이는 핵무기를 제조할 수 있는 능력이 현실화되면 핵과학자들은 핵무기 보유를 추구하게 된다는 기술결정론을 반영한다(e.g.,

---

6) 핵무기를 제조할 기술적/경제적 능력을 구비하지 못했던 이집트, 리비아, 스위스는 1960년대 핵무기 구매를 고려했었다. 이집트는 중국과 구소련으로부터 핵무기를 구매하려고 했었다(Bhatia 1988, 59; Lefever 1979, 73). 리비아는 중국에 몇 차례에 걸쳐 핵무기 구매 의사를 타진했었다(Heikel 1975). 핵무기 구매가 불가능하다는 사실을 인지한 리비아는 1995년 Khan 연결망을 통하여 핵무기 개발에 필요한 부품을 조달하려 했었다(International Atomic Energy Agency(이하 IAEA) 2004, 3-7). 스위스 군부는 연방정부에게 미국, 영국, 소련으로부터 핵무기 구매를 제의했었다(Stussi-Lauterburg 1995, 7).

〈표 2〉 핵무기 프로그램 시작 당시 보유하지 못했던 항목(Jo and Gartzke 2005)

국가(시작 연도)	구비 못한 항목(구비 시점)	국가(시작 연도)	구비 못한 항목(구비 시점)
핵무기 보유 선언국		**핵보유 근접국**	
미국(1942)	"원자로-연수" 3년(1945)	독일(1941)	"원자로-연수" 3년(x)
구소련(1941)	"원자로-연수" 3년(1948)	일본(1943)	"원자로-연수" 3년(x)
	질소비료 생산(1955)		국내 우라늄 매장(1945)
영국(1941)	"원자로-연수" 3년(1949)	스웨덴(1946)	자동차/TV 생산(1948)
프랑스(1954)	NA		"원자로-연수" 3년(1956)
중국(1956)	"원자로-연수" 3년(1960)	유고(1953)	"원자로-연수" 3년(1959)
			국내 우라늄 매장(1963)
사실상 핵보유국		대만(1967)	국내 우라늄 매장(x)
이스라엘(1954)	"원자로-연수" 3년(1961)	한국(1971)	국내 우라늄 매장(1975)
남아공(1971)	질산-황산 생산(x)	이란(1974)	국내 우라늄 매장(1987)
	질소 비료 생산(x)	이라크(1973)	자동차/TV 생산(1982)
인도(1964)	NA		국내 우라늄 매장(x)
파키스탄(1972)	자동차/TV 생산(1980)	아르헨티나(1976)	NA
		브라질(1978)	NA
		루마니아(1981)	NA
		북한(1982)	NA

McLean 1986; Meyer 1984).[7] 하지만, 사례 연구 결과와 경험적 연구 결과는 핵무기 프로그램의 존재 자체가 핵무기 보유로 바로 연결되지 않음을 보여준다. 인도는 이미 1974년 핵실험을 하여 핵무기 보유 능력을 구비했지만 1980년대 후반에 가서야 핵무기를 보유하였다. 브라질은 1980년 핵실험을 위한 기지를 마련하였지만 핵무기 보유를 철회하였다.

---

7) 다탄두 각개 목표 재돌입 미사일(Multiple Independently Targetable Reentry Vehicles)의 실전 배치 과정이 기술결정론에 부합한다. MIRV 개념과 부품이 1962년 개발된 후, 미국 국방성은 1964년 이를 구매하기로 결정하였고 실전 배치하였다(McLean 1986, 78-82).

이와 같은 사례로 인하여 핵확산 연구하는 학자들은 핵무기 프로그램의 확산과 핵무기 보유로 나누어 고려하게 되었다.

둘째, 핵확산을 추구하는 의지이다. 핵무기 개발이 알려질 경우 초래될 국내외적 압력과 불이익을 감수할 수 있을 만큼의 강한 의지를 가진 국가만이 핵무기를 개발한다. 핵무기 개발을 추동하는 설명 원인을 안보, 국내정치, 국제지위로 유형화할 수 있다(e.g., Jo and Gartzke 2007, 169-171; Sagan 1996). (1)안보와 관련된 세부 사항은 통상무기 혹은 핵전력 열세로 인한 안보 불안(e.g., Beaton and Maddox 1962; Potter 1982; Quester 1973), 국가로서 인정을 받지 못할 정도의 심한 외교적 고립(e.g., Betts 1997; Harkavy 1977; Rosen 1975), '핵우산'의 존재 여부 등이다. (2)국내정치와 관련된 세부 사항은 국내정치구조와 국내 불안 등이다. 핵무기 보유와 민족 자존감이 결합되는 현상은 정치인으로 하여금 핵무기 개발을 통하여 국내 불안을 해결하는 미봉책을 구상할 유혹을 가진다(e.g., Nizamani 2000; Perkovich 1999, 404-424). 따라서 국내불안의 정도는 핵무기 개발로 이어질 가능성을 높인다. (3)국제지위와 관련된 핵확산 주장에 따르면 핵무기 보유가 강대국 지위와 연관되어 있다. 세계적으로 또는 지역적으로 영향력을 행사하고 싶은 국가는 핵무기 보유를 통하여 자국의 특별한 지위를 확인받으려고 할 수 있다(e.g., Dun and Khan 1976; Greenwood et al. 1977; Jensen 1974; Willrich and Taylor 1974).[8] 실제 핵무기 보유 선언국은 모두 국제연합 안전보장이사회 상임이사국이다.

최근 핵확산 의지에 관한 통계연구에 의하여 (1)안보 불안 설명은 제한적 적실성이 있다고 판명되었다(Jo and Gartzke 2007; Singh and Way 2004). 통상전력 열세를 극복하기 위한 수단으로 핵확산은 핵무기 프

---

8) 영국 수상 Clement Attlee는 핵무기 개발 동인에 대하여 다음과 같이 말했다.

"미국인들은 자신들을 큰 소년(big boys, 강대국)으로, 우리(영국인들)를 작은 소년(small boys, 약소국)으로 생각한다. 우리(영국)는 미국인들이 모든 것을 알지 못한다는 사실을 보여 주어야만 했다" (Barasch 1983, 14).

로그램 단계와 실제 핵무기보유 단계에서 모두 설득력을 가진다. 반면, 핵전력 열세를 극복하기 위한 수단으로 핵확산은 타당하지 않음이 확인된다. 핵무기를 이미 보유한 적대국을 상대해야만 하는 국가는 핵무기 프로그램과 핵무기 보유를 피하는 경향을 보인다. 이는 핵무기를 보유한 상대방으로부터 보복을 우려한 선택이라고 추정된다. 한편, 외교적 고립 주장은 설명력이 없음이 드러난다. 현상적으로 외교적 고립을 겪는 국가들이 핵확산을 시도하지만, 이는 안보 불안 등 다른 요인과 함께 나타나는 현상의 결과이기 때문이다. (2)국내 정치적 고려는 핵무기 프로그램 단계에는 적실성을 가지지 못한다. 핵무기 프로그램 보유 여부에 있어서 민주주의 국가와 비민주의 국가 간 차이가 없으며, 국내 정치적 요인이 미치는 영향도 없다. 특이하게도 핵무기 프로그램을 보유한 국가의 핵보유 여부에 있어서는 민주주의 국가와 비민주주의 국가간 차이가 발견되는데, 오히려 민주주의 국가가 일단 핵무기 프로그램을 가지고 있으면 핵무기 보유로 이어질 가능성이 높다(Jo and Garzke 2007, 177-179, 184). 이 현상에 대하여 핵무기 보유를 시도하는 민주주의 국가의 강한 의지설과 민주주의 국가의 지도자가 취하는 인기영합설이 경쟁하고 있다.[9] (3)국제지위설은 강한 설명력을 가지고 있음이 드러난다. 강대국으로 인정을 받는 국가와 지역 강대국으로 인정을 받는 국가는 핵무기 프로그램과 핵무기 보유를 추구하는 경향을 보인다.

셋째, 핵기술의 이전 여부이다. 크뢰니그(Kroenig 2009)가 정리한 바에 따르면 〈표 3〉에서 같이 총 14회에 걸쳐 핵무기 제조와 관련된 핵심 기술 이전이 발생했었다. 핵기술 이전 사례에 대한 많은 연구가 있었지만, 대부분 개별적으로 연구되었기 때문에 일반화할 수 없는 주

9) "강한 의지설"에 따르면, 핵무기 프로그램을 가진 민주주의 국가의 정부는 비확산 규범과 국내 제도적 저항을 이미 극복할 만큼 강한 의지력을 갖기 때문에 핵무기 프로그램이 핵무기 보유로 이어진다. "인기영합설"에 따르면, 민주주의 국가지도자가 국내정치적 이익을 위하여 핵무기 보유를 시도한다는 것이다.

〈표 3〉 핵무기 관련 핵심 기술 이전 사례(Kroenig 2009)

전수국	대상국	전수 기간	전수 사항
구소련	중국	1958~1960	플루토늄 재처리와 우라늄 농축 관련 기술/부품
프랑스	이스라엘	1959~1965	플루토늄 재처리 관련 기술; 탄두 설계
	일본	1971~1974	플루토늄 재처리 시설 건설
	파키스탄	1974~1982	플루토늄 재처리 시설 건설
	대만	1975	플루토늄 재처리 부품 제공(미국 압력으로 취소)
	이집트	1980~1982	플루토늄 재처리 시설 건설
이탈리아	이라크	1976~1978	플루토늄 재처리 가능 시설 건설
독일	브라질	1979~1994	원자로 제공, 플루토늄 재처리와 우라늄 농축 시설
중국	파키스탄	1981~1986	탄두 설계; 무기급 농축 우라늄; 플루토늄 재처리와 농축 관련 기술/부품
	이란	1984~1995	우라늄 농축 관련 부품
	알제리	1986~1991	플루토늄 재처리 시설 건설
파키스탄	이란	1987~1995	우라늄 농축 시설의 설계와 핵심 부품; 탄두 설계
	리비아	1997~2001	우라늄 농축 시설의 설계와 핵심 부품
	북한	1997~2002	우라늄 농축 시설의 설계와 핵심 부품

장이 병립적으로 존재하고 있다. 적대국의 영향력을 견제하기 위하여 우호국(적대국의 적대국) 지원(e.g., 프랑스-이스라엘 간 협력에 관하여 Cohen 1998 참조; 중국-파키스탄 간 협력에 관하여 Paul 2003과 Corera 2006 참조), 경제적 이익을 얻기 위한 지원(e.g., Chestnut 2007; Horrowitz 2004; Orlov and Vannikov 2005) 등이 현재까지 공급자 측면에서 핵확산 원인으로 지목되어 왔다.

공급자 측면에서 핵확산을 설명하는 여러 주장을 검증하는 작업은 현재 진행 중이다. 퍼만(Fuhrmann)은 비군사용 핵기술 이전도 적대국을 공유하는 국가간, 특히 명시적으로 동맹을 맺은 국가 간 발생한다는 현상을 경험적으로 보인다(Fuhrmann 2009). 이는 경제적 이익보다는 전략적 고려가 핵기술 이전을 설명하는 데 적실성을 가지고 있음을 의미한다. 크뢰니그(Kroenig)는 핵무기 제조에 핵심적으로 필요한 기술 이전을 경험적으로 분석한 결과, 국력 차이가 작은 국가간, 적대국을 공유하는 국가간 핵무기 관련 기술 이전이 발생함을 보인다(Kroenig 2009). 이런 결과는 (1)강대국은 핵무기 확산으로 인한 행동 반경의 축소를 원하지 않으며, (2)핵무기 기술 이전이 전략적 고려에 기반함을 의미한다. 두 연구 결과를 종합하면, 핵무기 이전은 적대국을 견제하기 위한 세력균형의 수단으로 이용됨을 추론할 수 있다.

3. 핵확산의 영향

핵확산이 초래하는 영향에 관해서는 낙관론과 비관론이 경쟁하고 있다. 비관론은 핵무기 보유국이 핵무기를 보유한 군부의 입장을 따라 호전적 정책을 취해서 국가간 갈등이 악화되거나 우발적 사고로 인하여 재앙이 발생하는 경우를 우려한다(e.g., Blair 1994; Dunn and Khan 1976; Sagan 1996).[10] 핵비관론은 "핵무기가 국가 혹은 정치인에 의하여 통제되기 보다는 군부 또는 관료에 의하여 통제되고 있다는 가정에서 출발한다"(Sagan 2004, 4). 따라서 핵비관론은 합리성 가정이 아니라 조직 행위자 모형의 가정에 기반하고 있다. 비관론은 핵무기 보유국의 증가는 핵사고 가능성의 증가로 이어지기 때문에 핵확산은 국가간 관계에서 부정적 결과를 예상한다.

반면, 낙관론은 억지 이론에 기반한다. 낙관론은 핵무기의 파괴력이 크고 무차별적이기 때문에 핵무기가 공격용 무기가 아니라 최후 방어 수단이라는 가정에서 출발한다. 선제 공격의 이점보다는 핵무기 보복의 피해가 크기 때문에 적대국이 선제 공격을 하지 않는다고 추론

---

10) 1983년 "Stanislav Petrov 사건"은 핵비관론에 부합하는 사례로 종종 언급된다. 1983년 소련군 레이더 장치의 오류로 미국으로부터 핵공격 신호가 오자 Stanislav Petrov 대령은 이를 기계적 결함으로 결론내려, 소련군의 반격을 사전에 차단하였다(Hoffman 1999, A.19).

할 수 있다(e.g., Brodie 1946; Powell 1990; Schelling 1966). 억지 이론에 부합하는 사례 연구는 핵무기 보유로 인한 억지 효과로 핵무기 보유가 국가간 평화에 기여한다는 낙관론으로 발전하였다(e.g., Bueno de Mesquita and Riker 1982; Mearsheimer 1990; Waltz 1979, 180-183).

통계학적 연구 방법으로 핵확산의 영향을 분석하는 학자들은 낙관론과 비관론 간 논쟁의 교착상태를 타개할 수 있는 가능성을 보여준다. 호로비츠(Horowitz)는 핵무기 보유 연수에 따라 국가간 갈등 양상이 다르게 나타남을 보인다(Horowitz 2009). 핵무기를 보유한 직후에는 국가간 무력적 갈등에 상대적으로 많이 참가하다가 핵무기 보유 연수가 증가하면서 국가간 무력적 갈등에 참가하지 않게 된다. 그는 이 현상을 핵무기 보유국의 학습으로 설명한다. 이 연구 결과는 낙관론과 비관론의 발현이 시간에 따라 달라질 수 있음을 의미한다. 라우흐하우스(Rauchhaus)는 핵무기 보유국들은 전쟁 수준의 갈등까지 이르지는 않지만 낮은 수준의 국가간 갈등에 참가할 가능성이 높은 대조점에 집중한다(Rauchhaus 2009). 이 연구 결과도 낙관론과 비관론이 위기의 강도에 따라 상이하게 나타날 수 있음을 의미한다.

핵확산이 현상적으로는 군사적 용도로 사용되지 않지만 영향력 자원으로 이용되고 있음을 보여주는 경험적 연구가 있다. 비어즐리(Beardsley)와 아살(Asal)은 국가간 위기에서 핵무기의 실제 사용 혹은 사용 위협이 없어도 핵무기 보유국이 유리한 결과를 얻게 되는 현상에 주목한다(Beardsley and Asal 2009). 이 현상은 핵공격으로 인한 피해를 예상하는 국가들이 위기 상황에서 양보하기 때문이라고 해석된다. 조동준과 가르츠크(Gartzke)는 핵무기 보유국이 영토분쟁과 같은 상황에서 좋은 결과를 얻으며 또한 외교적 승인도 더 많이 받고 있음을 보인다(Jo and Gartzke 2009). 위 두 연구는 핵무기가 전장에 사용되지 않는다고 하더라도 영향력 자원으로 활용되고 있다는 주장이 설득력을 가지고 있음을 보여준다.

Ⅲ. 비확산 추세와 이론화

비확산 노력은 핵무기가 실제로 사용된 1945년부터 시작되었는데, 핵확산의 세 가지 추동력을 상쇄하기 위한 다양한 방책이 모색되었다. 이 절은 먼저 핵반전 사례를 검토한 후, 비확산을 (1)잠재적 핵무기 제조능력의 확산에 대한 방책, (2)핵무기 보유 의지에 대한 방책, (3)핵무기 관련 부품과 기술 혹은 핵무기 완제품 이전에 대한 방책으로 정리한다.

〈표 4〉 핵보유 시도/유지와 핵반전 사례[11]

핵반전	보유 후 포기[12]	시도중	보유 후 유지
아르헨티나	벨로루시	알제리	중국
호주	카자흐스탄	이란	프랑스
브라질	남아프리카 공화국	~~이라크~~	영국
캐나다	우크라이나	~~리비아~~	인도
이집트		~~북한~~	파키스탄
독일			구소련/러시아
인도네시아			미국
이탈리아			이스라엘
일본			북한
네덜란드			
노르웨이			
루마니아			
한국			
스웨덴			
스위스			
대만			
유고			
이라크			
리비아			

1. 핵반전 사례

핵무기 보유국의 증가를 예상하던 비관론과 달리 세계 수준에서 보면 핵확산은 심각하게 진행되지 않았다. 2008년 시점에서 핵무기 보유를 선언한 국가는 5개국(미국, 러시아, 영국, 프랑스, 중국)이고, 사실상 핵무기를 보유한 국가는 4개국(이스라엘, 인도, 파키스탄, 북한)이다. 핵무기 보유를 여전히 시도하고 있다고 여겨지는 국가는 이란과 알제리뿐이다. 핵무기 보유국과 시도국을 합치면 11개국인데, 이 숫자는 1950년대 비관론의 예상에 비하여 매우 소수이다.

반면, 핵반전 사례는 23개이다. 핵무기를 실제 보유했던 남아프리카공화국, 핵무기를 상속받으려 했던 벨로루시, 카자흐스탄, 우크라이나가 포함되어 있다. 이들 국가는 핵무기 확산의 최종 단계에 이르렀거나 근접한 단계에서 핵반전을 결정하였다. 10개국은 핵무기 프로그램 단계까지 이르렀다가 외부 강압 또는 국내적 선택으로 핵반전을 이루었다. 9개국을 분류하면, (1)패전으로 인한 포기(독일, 2차대전 직후 일본, 이라크), (2)동맹국의 강압과 핵우산 제공이 선행되었던 포기(한국, 대만, 스웨덴), (3)상호 자제에 의한 핵반전(아르헨티나, 브라질), 그리고

---

11) Levite가 제공한 자료에 2003년 이후 전개된 상황을 반영하였다(Levite 2002, 62). Levite는 2002년 논문 게재 당시 이라크와 리비아를 "시도중" 국가로 분류했지만 이라크는 2002년 핵기술 관련 시설과 장비를 공개한 후 핵무기 프로그램을 폐기하였다. 리비아는 2003년 IAEA 사찰을 받으면서 핵무기 보유 시도를 포기했다(조동준 2007).

12) 구소련으로부터 독립한 우크라이나, 카자흐스탄, 벨로루시는 영내에 배치되었던 핵무기를 통제할 의사를 보였지만 미국으로부터 경제지원과 러시아로부터 안전보장을 조건으로 자국에 배치되었던 구소련의 핵무기를 러시아로 인도하였다(조순구 2005, 203-204; Carnegie Endowment for International Peace and the Monetary Institute of International Studies 1998, 3-23). 남아프리카 공화국은 안보환경의 변화, 국제제재로 인한 압박, 국내 정치세력의 변화 등을 겪으면서 자발적으로 핵무기 폐기를 결정했다(Albright and Hibbs 1993; Liberman 2001, 71-82).

경제적/기술적 한계로 인한 포기(루마니아, 유고) 등으로 세분할 수 있다. 핵무기 개발에 관심을 가졌지만 핵무기 프로그램 단계까지 이르지 못한 국가의 경우 알려진 정보가 제한적이어서 쉽게 구분할 수 없다.

2. 잠재적 핵무기 제조 능력에 대한 방책

핵무기를 완제품 형태로 구매할 수 없는 상황에서, 잠재적 핵무기 제조 능력은 핵확산에 유리한 조건임에 틀림없다.[13] 핵에너지 관련 기술과 부품이 평화적으로 이용될 수도 있고 군사용으로 이용될 수 있기 때문이다. 핵에너지 기술의 이중성으로 인하여 이미 핵무기를 보유한 국가와 핵무기를 보유하지 않은 국가간 이해충돌은 불가피하다. 이미 핵무기를 보유한 국가는 핵에너지 개발을 의심하는 반면, 핵무기를 보유하지 않은 국가는 평화적 핵에너지 이용을 내세우며 핵에너지 개발에 관심을 가진다. 핵에너지 관련 기술과 부품이 핵무기 제조로 이어진다는 결정론적 경향이 없기 때문에 핵에너지 관련 기술의 개발을 일괄적으로 봉쇄할 근거는 없다.

잠재적 핵무기 제조 능력의 확산을 막는 방책은 크게 둘로 세분화할 수 있다. 첫째, 핵에너지 기술의 확산 자체를 막지 않지만 핵에너지 기술의 군사적 전용을 막는 방식이다. 1954년 아이젠하워 대통령은 핵기술 자체의 확산을 막기보다는 핵기술의 평화적 이용을 위한 지원을 구체화한 "원자력의 평화적 이용(Atoms for Peace)" 안을 제시하였다. 핵

---

13) 핵무기 완제품을 구매하려는 시도가 1960년대 몇 차례에 걸쳐 있었지만 실패하였다. 주 6) 참조.
비국가행위자에 의한 핵무기 탈취 가능성도 언급된다. 2002년 파키스탄 이슬람 근본주의 단체 Jammat-ad Dawa("Party of Preachers")는 2개 핵미사일을 통제하고 있다고 주장했었다. 1985년 아르메니아의 분리·독립을 추구하던 Armenian Scientific Group은 구소련의 핵장치를 확보했다고 주장했었다(Jenkins 1985). 핵무기는 아니지만 푸에르토리코 분리주의자들도 1980년대 원자력발전소 점거를 언급하였다.

기술의 확산과 동시 핵기술의 군사적 전용을 막는 수단으로 IAEA(국제원자력기구)가 설립되었다. IAEA는 "안전조치"라는 이름으로 핵시설의 투명성이 드러나도록 하여, 핵에너지 관련 기술이 군사적으로 전용될 수 있는 가능성을 약화시키려 한다. 1970년부터 발효된 핵확산금지조약은 IAEA를 NPT 가입국의 핵시설에 대한 안전조치 검증 기관으로 정하여, IAEA의 기능을 강화하였다.

둘째, 핵무기 제조에 필수적인 기술과 시설을 보유하지 못하도록 하는 방법이다. 이 방책은 핵에너지 기술을 취득하려는 국가들의 반발로 지금까지 국제규범 혹은 다자간 협정의 행태로 발전하지는 못하고 양자간 조약 형태로 발전되었다.[14] 1991년 12월 31일 한반도비핵화공동선언과 한미원자력협정과 같은 양자간 원자력협력이 대표적 예이다. 잠재적으로 핵확산이 우려되는 경쟁관계에 있는 국가간 핵무기 관련 핵심 기술과 부품을 상호 확보하지 않겠다는 조약, 핵기술 수원국이 핵무기 관련 핵심 기술과 부품을 확보하지 않겠다는 일방적 약속 등으로 잠재적 핵확산마저 방지하는 효과를 가질 수 있다.

3. 핵무기 보유 의지에 대한 방책

핵무기 보유 의지는 핵확산의 가장 중요한 요소이다. 핵확산 추세를 보면, 안보불안에 대한 대응책과 국제지위에 따른 영향력을 확보하려는 노력이 핵확산의 정치적 추동력이다. 따라서 비핵확 방책은 핵확산의 의지를 약화시키거나 상쇄시키기 위한 방안으로 나타났다.

핵무기 보유 의지에 대한 방책은 크게 둘로 나눌 수 있다. 첫째, 핵

14) 1995년 NPT를 무기한 적용하기로 결정하면서 채택된 "Principles and Objectives for Nuclear Non-Proliferation and Disarmament"는 "핵무기 또는 핵폭발 장치에 사용될 핵물질 생산 금지" 조항(para.4(b))을 구비하고 있다. 이 결정은 군사용 핵물질 생산을 명시적으로 제한하지만 핵물질 생산 자체를 대상으로 하지 않는다.

무기를 가지지 않은 국가의 안보불안을 덜어주는 방법이다. 이를 더 세분화하면 세 가지로 구분될 수 있다. (1)핵무기를 가진 동맹국으로부터 핵우산을 제공받아 핵확산을 막는 방식이 있는데, 미국과 동아시아 국가간 관계가 대표적으로 거론된다. 일본, 대만, 한국은 핵무기 포기와 미국의 안전보장을 교환했다(e.g., Albright and Gay 1998; Mazarr 1995, 27). (2)상호 핵무기 보유, 배치, 사용을 자제하는 협정을 맺어 안보 불안을 해소하는 방식이다. 남미비핵화조약(Treaty for the Prohibition of Nuclear Weapons in Latin America), 남태평양비핵화지대(South Pacific Nuclear Free Zone), 아프리카비핵화지대조약(African Nuclear Weapon-Free-Zone Treaty), 동남아시아비핵화지대(Southeast Asia Nuclear Weapon-Free-Zone) 등이 대표적 예이다. 이 조약에 참여하는 국가들은 상호 자제를 통하여 핵확산을 규제하려 한다. (3)핵무기 보유국으로 하여금 핵무기 사용을 제한하도록 강제하여 안보 불안을 더는 방식이 있다. 상기 언급한 비핵화지대안, 2000년 NPT 회의에서 채택된 결의 "Practical Steps for the Systemic and Progressive Efforts to Implement Article VI" para.9(e),[15] 2000년 국제연합총회 결의안 A/RES/55/33C, 1996년 국제사법재판소의 권고 등은 핵무기 보유국이 핵무기 사용을 규제해야 한다는 내용을 담고 있다. 더 나아가 1992년 중국은 NPT 가입을 하면서 핵무기를 먼저 사용하지 않는다(no first-use)는 교범을 발표하기까지 했다.

둘째, 핵무기 보유를 허용할 국가와 핵무기 보유를 허용하지 않을 국가를 구분하는 방법이다. 주권평등의 원칙이 명시적으로 작동하지만, 국제사회에서 강대국과 비강대국간 구별은 사실상 존재한다. NPT 9조 3항은 "핵무기 보유국은 1967년 1월 1일 이전 핵무기 또는 기타의 핵폭

---

15) 원문은 "A diminishing role for nuclear weapons in security policies to minimize the risk that these weapons ever be used and to facilitate the process of their total elimination"이다.

발 장치를 제조하고 폭발한 국가"라고 명확히 규정한다. 1967년 1월 1일 이전 핵실험을 공개적으로 실시한 국가는 국제연합 안전보장이사회 상임이사국이었다. 핵무기 보유와 강대국 지위 간 일치가 확인되었다. 핵무기 보유를 시도하는 국가 가운데 지역 차원의 강대국에 대한 우호적 대우가 인도 사례에서도 부분적으로 드러난다. 인도는 파키스탄, 이스라엘, 북한과 함께 사실상 핵무기 보유국으로서 인정받고 있다. 두 가지 사례를 종합하면 핵무기 보유가 강대국 지위를 얻는 수단이라기보다는 강대국 지위를 가진 국가의 핵무기 보유에 대하여 상대적으로 느슨한 제재가 가해진다고 보여진다.

4. 공급 통제안

핵무기 보유에 기술적 장벽이 존재한다는 점이 공급 규제를 통한 비확산을 도모할 수 있는 출발점이다. 핵무기 보유 의지를 제어할 수 있는 수단이 없는 상태에서 핵무기 보유국과 핵무기를 보유하지 않으려는 국가는 공급을 통제하여 핵무기 확산을 제어하려고 하였다. 이는 다자간 협력으로 이어져 비확산 국제레짐으로 귀결되었다.

비확산 국제레짐은 핵물질 이전 규제를 위한 레짐(NPT 3조 2항, 1987년 핵물질 보호에 관한 협약(Convention on the Physical Protection of Nuclear Material))과 핵물질과 핵무기 이전 규제를 위한 레짐(구소련으로부터 핵무기와 핵물질 이전을 규제하기 위한 G-8 글로벌 파트너십(Global Partnership), 2003년 확산 방지 구상(PSI))이 있다. 또한 양자간 핵물질 이전을 규제하기 위한 조약이 다수 있다. 핵물질 이전 규제를 위한 레짐을 실행시키는 기제로서 IAEA, 쟁거(Zangger) 위원회,[16] 핵

16) 1971년 핵물질 공급국이 핵 거래에 대한 규제에 조력하기 위하여 만들어진 모임이다. 쟁거(Zangger) 위원회는 1974년 군사적 용도로 사용될 수 있는 는 품목을 정리한 후, 해당 품목이 군사적 용도로 사용되지 않도록 IAEA 안전조치를 받도록 합의하였다. 2008년 11월 기준으로 37개 회원국이 가입되어 있다.

공급자 그룹(Nuclear Supplier Group)[17]이 있다. 또한 개별 국가도 공급통제 레짐을 실행시키는 기제로 작동한다.

공급 통제안은 그다지 성공적이지 못하였다. 이라크와 북한은 NPT 당사국이었지만 공급통제 레짐의 규제를 극복하고 핵무기 개발을 도모했었다. 리비아, 파키스탄, 그리고 중국은 NPT 당사국과 핵물질 거래를 했었다. 더 나아가 비국가 행위자마저 핵거래에 깊이 관여할 수 있다는 사실이 리비아의 핵시설에 대한 사찰 결과 드러났다. 1980년대 리비아는 파키스탄의 핵물리학자 칸(Abdul Qadeer Khan) 박사가 구축한 연결망과 밀접하게 연결되어 있었다.[18] 칸 연결망은 1990년대 후반 파키스탄의 핵기술 이전에 관여했었다.

17) 1974년 인도의 핵실험 이후 핵공급국은 군사적 용도로 전용될 수 있는 민수 핵 관련 품목에 대한 통제를 시도하였다. 특히 핵공급국은 우라늄 농축 기술과 장비, 플루토늄 재처리 기술과 장비를 수출하지 않도록 회원국의 자제를 요구한다. 2008년 11월 기준으로 45개 회원국이 가입되어 있다.

18) 칸 박사는 파키스탄 핵무기 제조를 위한 장비와 시설을 수입하면서 비밀 연결망을 구축하였다. 1980년대 후반 파키스탄이 핵무기 제조에 필요한 기술과 자재를 구비한 이후 칸 연결망(Khan Network)은 수출 창구로 작동하기 시작하였다. 칸 연결망은 이란, 리비아, 북한, 시리아, 이라크에 접촉하였고, 그 가운데 이란, 리비아, 북한을 고객으로 확보하였다(Albright and Hinderstein 2005, 111-116; Michel Laufer 2005, 4-8). 미국 중앙정보부는 1990년대 후반부터 칸 연결망에 정보원을 침투시켜, 칸의 모든 활동을 탐지하고 있었다. 미국은 리비아의 핵활동을 추궁하던 과정에서 1997년 Casablanca에서 있었던 칸과 타히르(Buhary Sayed Abu Tahir, Khan 연결망의 관리인) 간 대화를 도청한 자료를 공개할 정도였다(Powell and McGirk 2005).

Ⅳ. 나가며

핵확산과 비확산의 추세는 정보 공개에 따라 조금씩 밝혀지고 있다. 특히 냉전 이후 구공산권 국가의 내부 자료가 공개되면서 핵확산의 추이가 조금 더 분명해졌다. 핵무기 제조에 필요한 잠재적 능력은 널리 확산된 반면, 핵무기 프로그램과 핵무기 보유는 비관론의 예상과 달리 제한적으로 진행되었다. 핵확산 경험을 이론화하는 작업이 현재 진행 중인데, 개별 사례 연구를 넘어 일반화될 수 있는 공통 요인이 확인되고 있다. 핵확산의 추동력으로 제기되던 통상전략 열세 극복, 강대국 지위 등이 적실성을 가진 요인으로 인정을 받는 반면, 핵기술 확산으로 인한 핵무기 보유 증가와 외교적 고립을 타개하기 위한 수단으로 핵무기 보유는 적실성이 없는 주장임이 드러났다. 특이한 현상은 핵무기 프로그램을 가진 상태에서는 민주주의 국가의 핵확산 가능성이 더 높게 드러났는데, 이 현상에 대한 논쟁은 현재 진행 중이다.

비확산은 핵확산의 이면으로 핵확산 추세를 반영하면서 발전해 왔다. 지금까지 24개 국가가 핵무기 개발 및 보유를 위한 노력을 포기했으며, 그중에서는 남아프리카 공화국처럼 핵무기를 실제로 보유했다가 포기한 사례도 있다. 비확산에 대한 연구는 여전히 개별 사례 중심으로 진행되어 왔기 때문에 일반화될 수 있는 수준에 이르지 못했다. 비확산 현상에 많은 요인들이 결합되어 일반화가 불가능할 수도 있다(Levite 2002, 69). 사례간 비교연구를 진행한 폴(Paul)은 방어적 현실주의 관점에서 비확산을 설명한다. 즉, 자국의 핵무장으로 인하여 상대국에 초래하는 안보위협을 줄이고 상대방의 호혜를 기대하기에 핵반전을 모색할 수 있다(Paul 2000, 5). 핵반전이 호혜를 기대한 선택이라면, 핵확산에 대한 우려는 시간이 지남에 따라 사라질 것이다.

참고문헌

조동준. "리비아의 비핵화 선택 연구." 박기덕 · 이상현 공편. 『북핵문제와 한반도 평화체제』. 성남: 세종연구소, 2008.

조순구. "핵무기 해체사례와 북한 핵의 평화적 관리방안." 『국제정치논총』 45(3):195-217. 2005.

Albright, David, and Corey Gay. "Taiwan: Nuclear Nightmare Averted." *The Bulletin of Atomic Scientists* 54(1):54-60. 1998.

Albright, David, and Corey Hinderstein. "Unraveling A. Q. Khan and Future Proliferation Network." *Washington Quarterly* 28(2):111-128. 2005.

Albright, David, and Mark Hibbs. "South Africa: The ANC and the Atom Bomb." *The Bulletin of Atomic Scientists* 49(3):32-37. 1993.

Barasch, Marc. *The Little Black Book of Atomic War*. New York, NY: Del, 1983.

Beardsley, Kyle, and Victor Asal. "Winning with the Bomb." *Journal of Conflict Resolution* (April 2009, forthcoming). 2009.

Beaton, Leonard, and John Maddox. *The Spread of Nuclear Weapons*. New York: Praeger, 1962.

Betts, Richard K. "Paranoids, Pygmies, Pariahs and Non-Proliferation." *Foreign Policy* 26:157-183. 1977.

Bhatia, Shyam. *Nuclear Rivals in the Middle East*. New York: Routelege, 1988.

Blair, Bruce G. "Nuclear Inadvertence: Theory and Evidence." *Security Studies* 3(3):494-500. 1994.

Brodie, Bernard. *The Absolute Weapon: Atomic Power and World Order*. Manchester, NH: Ayer Co, 1946.

Bueno de Mesquita, Bruce, and William H. Riker. "An Assessment of the Merits of Selective Nuclear Proliferation." *Journal of Conflict Resolution* 26(2):283-306. 1982.

Chestut, Sheena. "Illicit Activity and Proliferation: North Korean Smuggling Networks." *International Security* 32(1):80-111. 2007.

Cohen, Avner. *Israel and the Bomb*. New York: Columbia University Press, 1998.

Corera, Gordon. *Shopping for Bombs: Nuclear Proliferation, Global Insecurity, and the Rise and Fall of the A.Q. Khan Network*. Oxford: Oxford University Press, 2006.

Department of Political and Security Council Affairs. *Effects of the Possible Use of Nuclear Weapons and the Security and Economic Implications for States*. New York, NY: The United Nations, 1968.

Dunn, Lewis A., and Herman Kahn. *Trends in Nuclear Proliferation, 1975-1995*. Croton-on-Hudson, NY: Hudson Institute, 1976.

Fuhrmann, Matthew. "Taking a Walk on the Supply Side: The Determinants of Civilian Nuclear Cooperation." *Journal of Conflict Resolution* (April 2009, forthcoming). 2009.

Gartzke, Erik, and Dong-Joon Jo. "Bargaining, Nuclear Proliferation, and Interstate Disputes." *Journal of Conflict Resolution* (April 2009, forthcoming). 2009.

Greenwood, Ted, Harold A. Feiveson, and Theodore Taylor. *Nuclear Proliferation: Motivations, Capabilities, and Strategies for Control*. New York: McGraw-Hill, 1977.

Harkavy, Robert E. The Pariah State Syndrome. *Orbis* 21(3):623-65. 1977.

Heikel, Mohamed. *The Road to Ramadan*. New York: Quadrangle: The New York Times Book Co., 1975.

Hoffman, David. "I had a Funny Feeling in my Gut." *Washington Post* (February 10, 1999) A.19. 1999.

Horowitz, Michael. "The Spread of Nuclear Weapons and International Conflict: Does Experience Matter?" *Journal of Conflict Resolution* (April 2009, forthcoming). 2009.

_______. "Who's behind the Curtain? Unveilling Potential Leverage over Pyongyang." *Washington Quarterly* 28(1):21-44. 2004.

International Atomic Energy Agency. 2004a. "Implementation of the NPT Safeguards Agreement of the Socialist People's Libyan Arab Jamahiriya" (20 February 2004). http://www.fas.org/nuke/guide/libya/iaea0204.pdf (검색일: 2007.10.2).

_______. 2004b. "Implementation of the NPT Safeguards Agreement of the Socialist People's Libyan Arab Jamahiriya" (28 May 2004). http://www.armscontrol.org/country/libya/IAEA_Libya_GOV_2004_27.pdf (검색일:

2007.10.2).

Jensen, Lloyd. *Return form the Nuclear Blink*. Lexington, MA: Lexington Books, 1974.

Jo, Dong-Joon, and Erik Gartzke. "Data Notes for "Determinants of Nuclear Weapons Proliferation: A Quantitative Model" (2005, available from the authors by request). 2005.

______. "Determinants of Nuclear Proliferation." *Journal of Conflict Resolution* 51(1):167-194. 2007.

Kroenig, Matthew. "Exporting the Bomb: Why States Provide Sensitive Nuclear Assistance." *American Political Science Review* (February 2009, forthcoming). 2009.

Laufer, Michel. "A.Q. Khan Nuclear Chronology." *Issue Brief* 8(8):1-10. 2005.

Lefever, Ernest. *Nuclear Arms in the Third World: U.S. Policy Dilemma*. Washington, D.C.: Brookings Institution Press, 1979.

Levite, Ariel E. "Never Say Never Again: Nuclear Reversal Revisited." *International Security* 27(30):59-88. 2002.

Liberman, Peter. "The Rise and Fall of the South African Bomb." *International Security* 26(2):45-86. 2001.

Mazarr, Michael J. *North Korea and the Bomb: A Case Study in Nonproliferation*. New York: St. Martin Press, 1995.

McLean, Scilla, ed. *How Nuclear Weapons Decisions Are Made*. New York: St. Martin's Press, 1986.

Mearsheimer, John J. "Back to the Future: Instability in Europe after the Cold War." *International Security* 15(1):5-56. 1990.

Meyer, Stephen M. *The Dynamics of Nuclear Proliferation*. Chicago, IL: The University of Chicago Press, 1984.

Nizamani, Haider K. *The Roots of Rhetoric: Politics of Nuclear Weapons in India and Pakistan*. Westport, CT: Praeger, 2000.

Orlov, Vladimir A., and Alexander Vinnikov. "The Great Guessing Game: Russia and the Iranian Nuclear Issue." *Washington Quarterly* 28(2):49-66. 2005.

Paul, T.V. "Nuclear Taboo and War Initiation in Regional Conflicts." *Journal of Conflict Resolution* 39(4):696-717. 1995.

______. "Chinese-Pakistani Nuclear/Missile Ties and Balance of Power Politics." *Nonproliferation Review* 10(2):21-29. 2003.

Paul, T.V. Power vs. *Prudence: Why Nations Forgo Nuclear Weapons?* Montreal, Canada: McGill-Queen's University Press, 2000.

Perkovich, George. *India's Nuclear Bomb: The Impact on Global Proliferation*. Berkeley:University of California Press, 1999.

Potter, William. *Nuclear Power and Nonproliferation*. Cambridge, MA: Oeleschlager, Gunn, and Hain, 1982.

Powell, Bill, and Tim McGirk. "The Man Who Sold the Bomb." *Times* (6 February 2005).

Powell, Robert. *Nuclear Deterrence Theory: The Search for Credibility*. Cambridge, MA: Cambridge University Press, 1990.

Quester, Geroge H. *Offensive and Defense in the International System*. New York: John Wiley. 1977.

Rauchhaus, Robert W. "Evaluating the Nuclear Peace Hypothesis: A Quantitative Approach." *Journal of Conflict Resolution* (April 2009, forthcoming). 2009.

Rosen, Steven J. "Nuclearization and Stability in the Middle East." In *Nuclear Proliferation and Near-Nuclear Countries*, edited by Onkar Marwah and Ann Schulz, pp.157-184. Cambridge, MA: Ballinger Publishing Co., 1975.

Sagan, Scott D. Why Do States Build Nuclear Weapons?: Three Models in Search of a Bomb. *International Security* 21(3):54-86. 1996.

______. "Nuclear Dangers in South Asia." *Forum on Physics and Society* 41(6) :4-7. 2004.

Scheinman, Lawrence. Does the NPT Matter? In *1995, A New Beginning of the NPT?* Edited by Joseph F. Pilat and Robert E. Pendley. New York: Plenum Press, 1995.

Schelling, Thomas C. *Arms and Influence*. New Haven, CT: Yale University Press, 1966.

______. "The Nuclear Taboo." *MIT International Review* 1:9-11. 2007.

Singh, Sonali and Christopher R. Way. "The Correlates of Nuclear Proliferation: A Quantitative Test." *Journal of Conflict Resolution* 48(6):859-885. 2004.

Spector, Leonard S. *Nuclear Ambitions: The Spread of Nuclear Weapons, 1989-1990*. Boulder, CO: Westview Press, 1990.

Stussi-Lauterburg, Jrg. *Historical Outline on the Question of Swiss Nuclear Armament*. Berne, Switzerland: Bibliothque Militaire Fdrale, 1995. URL: http://www.solami.com/ach4.pdf (검색일: 2004년 10월 2일).

Tannewald, Nina. "The Nuclear Taboo: The United States and the Normative Basis of Nuclear Non-Use." *International Organization* 53(3):433-468. 1999.

The Carnegie Endowment for International Peace and the Monetary Institute of International Studies. Nuclear Successor States of the Soviet Union (5th ed.). Washington, D.C.: The Carnegie Endowment for International Peace, 1998. URL: http://cns.miis.edu/pubs/reports/pdfs/statrep.pdf (검색일: 2007년 3월 20일).

Waltz, Kenneth. *Theory of International Politics*. New York, NY: McGraw Hill, 1979.

Wildrich, Mason, and Theodore Taylor. *Nuclear Theft: Risks and Safe-guards*. Cambridge, MA: Ballinger, 1974.

1부

핵비확산체제의 현실과 평가

- 제1장 **핵확산금지조약(NPT)의 성과와 한계** 백진현
- 제2장 **핵물질 규제의 현실과 문제점** 이병욱
- 제3장 **국제원자력기구와 안전조치** 이광석
- 제4장 **핵확산 방지구상(PSI)의 성과와 전망** 이서항

제1장

핵확산금지조약(NPT)의 성과와 한계

백진현 | 서울대학교

I. 서론

핵비확산체제(nuclear non-proliferation regime)는 핵무기의 수평적 확산(horizontal proliferation)과 수직적 확산(vertical proliferation)을 방지하기 위한 조약, 제도, 조치 등을 총칭하는 표현이다. 수평적 확산이란 핵무기를 보유하는 국가가 증가함을 의미하며, 수직적 확산이란 핵무기 보유국이 보유한 핵무기의 수를 증가하거나 핵무기의 성능을 향상시키는 것을 의미한다. 확산 방지란 어느 시점을 기준으로 그때까지 보유하는 핵무기는 그대로 인정하되 더 이상의 확산—수평적 및 수직적—을 막는다는 뜻을 지닌다. 따라서 핵비확산은 핵무기의 수를 줄여나가는 핵군축(nuclear disarmament)과는 구별되는 개념이다.

핵비확산의 필요성에 대한 인식은 핵무기의 출현과 동시에 시작되었다고 해도 과언이 아니다. 여기에는 핵무기를 보유하는 국가가 증가하거나 핵무기의 수가 증가하고 성능이 향상될수록 우발적 또는 고의적 핵전쟁의 가능성이 커진다는 전제가 깔려있다.[1] 그렇기 때문에 핵비확산체제는 1945년 7월 미국이 핵무기 개발에 성공한 직후부터 구축되기 시작하여 핵무기의 확산을 방지하는 다층적이고 다각적인 체제로 발전해왔다. 수평적 핵확산을 방지하기 위한 다자체제로는 핵확산금지조약(NPT),[2] 국제원자력기구(International Atomic Energy Agency: IAEA)의 안전조치(safeguards) 체제, 국제원자력 수출통제 체제, 핵물질 방호 관련 체제 등이 있다. 수직적 핵확산을 방지하기위한 체제로는 핵실험금지조약, 핵무기 배치금지 조약, 비핵지대 조약 등이 포함된다. 다자체제 외에도 두 개 국가간 핵비확산에 관한 의무를 규정하고 이행하는 양자간 체제가 있으며, 양자간 원자력협력협정이나 원자력의 평화적 이용을 위한 양국간 공동선언 등이 대표적 예라고 할 수 있다.

이처럼 핵확산을 방지하기 위한 국제체제는 다층적이고 다양하지만 국제 비확산체제의 중심이 핵확산금지조약이라는데 이의를 달 사람은 없을 것이다. NPT는 5개의 공식적인 핵보유국 이외 국가의 핵무기 보유를 방지하기 위한 체제로서 1968년 채택되고 1970년 3월 발효되었다. 발효 당시 NPT의 당사국은 43개국에 불과하였으나 현재는 189개국으로 보편성(universality) 확보에 근접하고 있다.[3] 현재까지 NPT에 가입하지 않은 국가는 핵무기를 보유한 것으로 간주되는 인도, 이스라엘, 파키스탄과 2003년 동 조약 역사상 처음으로 NPT를 탈퇴한 북한 등 극

---

1) 이러한 시각은 1961년 아일랜드의 제안에 의해 유엔총회의 결의로 채택되었다. "Prevention of the Wider Dissemination of Nuclear Weapons," UNGA Res. 1665, 4 Dec., 1961. 반면 Kenneth Waltz는 핵무기의 점진적 확산은 국제체제 전반에 걸쳐 자제(restraint)를 확산시켜 오히려 전쟁을 억제할 수 있다고 보았다. Kenneth Waltz, *The Spread of Nuclear Weapons: More may be Better*, *Adelphi Paper* 171, 1981.

2) Treaty on the Non-Proliferation of Nuclear Weapons (hereinafter NPT), July 1, 1968, 728 *United Nations Treaty Series* 161.

3) United Nations, *Status of Multilateral Arms Regulation and Disarmament Agreements* 참조.

소수의 국가에 불과하다. 특히 냉전종식 이후 고조된 국제협력의 분위기 속에서 NPT 검토 회의는 1995년 동 조약을 무기한 연장하여 조약 지위의 불확실성을 제거하였다. NPT는 지난 약 40년 동안 수평적 핵확산의 방지에 큰 역할을 했다고 평가할 수 있다. 1960년대 NPT가 채택되기 전 핵확산에 대해 비관적인 예측이 많았으며 머지않은 장래에 핵보유국의 수가 20개국이 넘게 될 것이라는 식의 전망이 유행했던 점을 고려하면 현재의 상황은 비교적 긍정적으로 평가할 수 있으며 NPT가 이에 큰 기여를 했다는 것은 의문의 여지가 없다.[4)]

그럼에도 불구하고 NPT 체제는 지금 출범 이후 최대의 위기에 직면해 있다고 해도 과언이 아니다. 현재 NPT 체제가 직면하고 있는 도전과 위기를 제대로 파악하기 위해서는 NPT에 대한 정확한 이해가 필수적이다. 흔히 NPT를 수평적 핵확산의 방지를 목적으로 하는 조약으로 이해하지만 NPT는 수평적 핵확산 방지뿐 아니라 핵군축(수직적 확산 방지)과 원자력의 평화적 이용 보장이라는 목적도 추구하고 있으며 이 세 가지 목적은 상호 불가분의 관계가 있다. 즉 NPT는 핵비확산(non-proliferation), 핵군축(nuclear disarmament), 원자력의 평화적 이용이라는 세 개의 축에 바탕한 체제라고 볼 수 있다.[5)]

이 세 개의 축은 상호 긴밀하고 또 어떤 의미에서 모순적인 관계에 있다. 가령, 핵군축과 핵비확산의 논리는 상호 불가분의 관계에 있다. 수평적 핵확산의 가장 강력한 요인은 다른 국가, 특히 적대국 내지 비우호국이 보유하고 있는 핵무기의 존재다. 따라서 수평적 핵확산을 저지하기 위해서는 기존 핵무기의 제거가 필수적이다. 반대로 핵군축에

---

4) 가령, 미국의 케네디 대통령은 1963년 기자회견에서 핵확산을 막지 못한다면 1970년까지 10개국, 그리고 1975년까지는 15~20개국이 핵무기를 보유할 것이라고 예상한 바 있다. Richard Reeves, *President Kennedy: Profile of Power* (1993), p. 477.

5) Robert L. Pfaltzgraff, "The Future of the Nuclear Non-Proliferation Treaty," *Fletcher Forum of World Affairs*, Vol. 30 (2006), p. 65.

진전이 없을 경우 수평적 핵확산의 위험은 항상 존재한다고 해도 과언이 아니다. 한편 핵비확산과 원자력의 평화적 이용 또한 상호 모순 내지 긴장관계에 있다. 원자력의 평화적 이용과 군사적 이용은 본질적으로 의도의 차이일 뿐 그 내용이나 절차 면에서는 아무런 차이도 없기 때문이다.[6] 평화적 목적의 원자력 이용을 군사적 목적으로 전용하는 것을 방지하기 위해 안전조치(safeguards)가 도입되었지만 이 제도에는 적지 않은 허점이 존재하다. 결국 원자력의 평화적 이용이 확대될수록 핵확산의 위험은 증대되며 이것이야말로 비확산체제가 당면하는 최대의 딜레마라고 해도 과언이 아니다 .

냉전종식으로 세계는 핵군축의 절호의 기회를 맞았고 실제 미국과 러시아는 냉전종식 직후 대규모 핵군축을 단행하였다. 또 국제원자력기구(IAEA)는 이라크의 비밀 핵개발을 계기로 원자력의 군사적 전용을 막기 위해 보다 강력한 안전조치(추가의정서)를 채택하였다. 1995년의 NPT 검토회의는 핵보유국의 군축 의무를 재확인하는 전제로 동 조약의 무기한 연장을 결정하였다.

이와 같은 핵군축의 진전과 안전조치의 강화 필요에 대한 국제적 공감대의 확산으로 높아진 NPT에 대한 낙관론은 1990년대 후반을 정점으로 점차 냉각되기 시작하였다. 핵군축 및 수직적 핵확산 억제의 정체, 1998년 인도 · 파키스탄의 핵실험 및 핵보유 선언, 불량국가의 대량살상무기 위협에 대한 대응으로 미국의 미사일 방어체제 추진 등이 이어지면서 NPT 체제도 흔들리기 시작했던 것이다. 특히 핵군비 경쟁의 근본원인이 되었던 미 · 소 간 냉전이 종식되었음에도 불구하고 핵군축이 여전히 정체상태에 있다는 사실은 단순히 NPT의 세 가지 주요 목표 중 한 가지가 제대로 실현되지 않고 있다는 차원을 넘어 NPT 체제 전반에

---

6) Orde F. Kittrie, "Averting Catastrophe: Why the Nuclear Non-Proliferation Treaty is losing its Deterrence Capacity and How to restore it," *Michigan Journal of International Law*, Vol. 28 (2007), pp. 350-351.

어두운 그림자를 드리우는 역할을 하였다.

앞서 지적하였듯이 NPT 체제를 수평적 확산방지, 핵군축, 원자력의 평화적 이용이라는 세 개의 기둥에 의지하고 있는 건물이라고 한다면 하나의 기둥이 무너지면 단순히 그 기둥이 무너지는 데 그치지 않고 전체 건물이 와해될 수도 있기 때문이다.

미국 부시 행정부의 출범과 9 · 11 사태는 이미 흔들리기 시작한 NPT 체제에 결정적 타격을 가하기 충분하였다. 다자주의와 국제협력에 대한 부시 행정부의 부정적 시각과 9 · 11 이후 미국의 핵정책 변화, 에너지 수요 급증에 따른 원자력의 재부상은 NPT 체제의 내부 모순과 긴장을 더욱 격화시키고 기반을 흔들었다.

수직적 핵확산 억제가 정체 · 실패함에 따라 수평적 핵확산의 필요성은 더욱 커졌으며 원자력의 평화적 이용이 확대됨에 따라 군사적 전용의 가능성 또한 증대하였다. 핵보유국과 핵비보유국간 입장 및 이익의 차이는 과거 그 어느 때보다 심각하게 벌어졌으며 상호불신의 골은 메우기 어려울 정도로 깊어졌다. 그 결과 현재 NPT 체제는 존폐의 기로에 서 있다고 해도 과언이 아니다. 2005년 NPT 검토회의의 실패는 NPT가 직면하고 위기를 적나라하게 보여준 사건이었다. 과연 NPT 체제는 현재의 위기를 극복하고 국제 핵비확산체제의 근간으로서 신뢰를 회복할 수 있을 것인가.

이 글에서는 현재 NPT 체제가 당면하고 있는 도전의 실체를 짚어보고 과연 NPT 체제가 이러한 도전을 극복하고 앞으로 국제 비확산체제의 중심 역할을 할 수 있을 지를 가늠해보고자 한다. 이를 위해 먼저 NPT의 체결경위와 주요내용을 살펴보고 NPT 체제의 발전 경과, 특히 지난 약 10년간 NPT 체제의 퇴조의 원인을 짚어볼 것이다. 또 NPT 체제의 내재적 한계와 현재 NPT가 당면한 가장 심각한 도전을 검토하고 이를 바탕으로 향후 NPT 체제에 대해 전망해보고자 한다.

II. NPT의 체결 경위와 주요 내용

1. 경위

1940년대와 1950년대 미국과 유엔은 핵무기 개발을 억제하면서 원자력의 평화적 이용을 장려할 수 있는 방안을 모색하였다. 당시 박차를 가하던 소련의 핵무기 개발을 견제하고 가공할 파괴력을 지닌 핵무기가 독일이나 일본 등으로 확산될 위험을 차단하는 한편, 핵물질과 기술의 평화적 사용의 확산에 따른 경제적 · 상업적 이익을 노린 것이었다. 이에 따라 핵무기 개발을 포기하는 대신 원자력 에너지의 개발을 지원하는 각종 계획들이 제시되었다. 바루크 플랜(Baruch Plan)[7]이나 아이젠하워 대통령의 "원자력의 평화적 이용(Atoms for Peace)" 프로그램[8] 등이 이에 해당된다. 그러나 이러한 제안들은 당시 소련의 반대 등으로 본격적인 핵비확산체제의 출범으로 발전하지 못했다.[9]

현재의 NPT체제에 대한 본격적 논의는 1958년 9월 아일랜드의 외무장관인 아이켄(Frank Aiken)이 유엔총회에서 핵무기 보유국의 수를 제한하는 내용의 국제적 협정을 체결할 필요성을 제기하면서 시작되었

---

7) 미국은 전 세계에 존재하는 핵물질을 유엔의 기구에 이관하고 이 기구로 하여금 이 물질을 배타적으로 관리하도록 하자는 계획을 유엔에 제안하였다. 미국과 소련은 이에 대해 협의를 했으나 구체적 조건에 합의하지 못했고 결국 미국은 Baruch Plan을 유엔의 의제로부터 철회하였다. 이에 관해서는 Richard Smoke, *National Security and the Nuclear Dilemma: An Introduction to the American Experience in the Cold War* (1993), p. 127.

8) 아이젠하워 대통령은 1953년의 유엔총회 연설에서 핵보유국들은 핵물질을 국제기구에 이관하고 동 기구가 평화적 목적의 핵물질 이용을 감독하도록 하자고 제안하였다.

9) 이에 대한 자세한 내용은 Henry D. Sokolski, *Best of Intentions: America's Campaign Against Strategic Weapons Proliferation* (2001), pp. 13-38.

다. 그는 그 후 핵무기의 수평적 확산 방지를 목적으로 하는 "핵무기의 광범위한 확산방지(Prevention of the Wider Dissemination of Nuclear Weapons)"라는 새로운 안을 1959년 제14차 유엔총회에 제출하였다. 이 제안은 핵확산 방지를 위해 10개국 군축위원회가 국제적 조치를 강구할 것을 요구하고 있다. 또 핵보유국은 핵비보유국에 대해서 핵무기를 양도하지 않을 것, 핵비보유국에 대해서는 핵무기를 제조하지 않을 것 등을 요구하고 있으며, 민간 원자력 활동과 프로그램을 감시하고 사찰하기 위한 국제적 조치도 마련할 것을 제안하고 있다. 핵비확산을 국제적 규범으로 발전시킬 필요성을 강조한 이 제안은 그러나 당시 북대서양조약기구(NATO) 회원국의 지지를 얻지 못해 결의로 채택되지 못하였지만 뒷날 NPT의 기본골격을 제시하였다.[10)]

핵비확산에 관한 논의가 유엔을 중심으로 전개되고 있는 가운데 프랑스가 1960년 2월, 중국이 1964년 10월에 핵실험에 성공하였다. 이에 따라 핵보유국들간 핵군비 경쟁에 대한 국제사회의 우려가 높아졌다. 한편 원자력의 평화적 이용 분야에 있어서도 원자력 발전을 도입하는 국가가 증가하고 그 이용 범위도 확대되는 등, 원자력의 이용 · 개발이 본격적인 진전을 보이기 시작함에 따라 세계적으로 핵무기 비확산에 대한 관심이 본격화되었으며 핵확산을 방지하기 위한 국제체제의 출범 필요성도 절실해졌다.

미국은 1965년 8월 유엔 18개국 군축위원회(ENDC)에 핵비확산을 목적으로 한 조약 초안을 제시하였다. 이에 대해 동년 9월 소련이 대안을 제시하자 핵비확산에 관한 논의가 가속화되었다. 이와 같은 제안에 대해서 핵비보유국들은 (1)핵비보유국에 대해서만 핵무기를 보유하지 않는다는 의무를 부과하는 것은 합당하지 않으며, (2)핵비보유국은 안전이 보장되지 않고, (3)핵비보유국의 원자력의 평화적 이용이 제약을 받으며, (4)안전조치의 차별적 적용 등의 문제를 제기하였다.[11)]

10) *Ibid.*, pp. 39-42.
11) *Ibid.*, pp. 46-52.

이러한 문제들에 대해 핵보유국은 조약의 초안에 핵군축을 위해 성실히 교섭하며 (제6조), NPT가 핵비보유국의 원자력의 평화적 이용을 위한 권리에 영향을 주지 않고(제4조), 평화목적의 핵폭발의 이익은 모든 당사국에 제공하며 (제5조), 미국과 영국도 안전조치 수락 선언을 함으로써 타협에 이르게 되었다. 이에 따라 NPT가 1968년 7월 서명을 위해 개방되었고, 미국, 영국, 러시아가 기탁국으로 지정되었으며 기탁국을 포함하여 43개국이 비준서를 기탁함으로써 1970년 3월 발효되었다. NPT는 핵보유국과 핵비보유국가 근본적 차이를 인정하는 전형적 불평등 조약임에도 불구하고 실현 가능성이 없는 핵무기의 전면적 철폐라는 이상론보다는 궁극적 목표인 비핵화 실현 이전에 보다 시급한 핵확산과 핵군비 경쟁을 중단시켜야 한다는 현실론을 많은 국가들이 수용한 결과로 채택될 수 있었다.

2. 주요 내용

NPT는 핵무기를 보유하는 국가의 수를 조약 채택 당시의 핵보유국(미국, 소련, 영국, 프랑스, 중국)으로 동결시킴으로써 핵전쟁의 가능성을 줄여 세계를 보다 안전하게 하고, 핵무기 개발에 소요되는 자원을 원자력의 평화적 이용으로 유도한다는 취지에서 나왔다. NPT의 목적은 핵무기의 확산 방지(수평적 확산 방지), 핵무기 경쟁 중지 및 핵군축 실현(수직적 확산 방지 및 핵군축), 원자력의 평화적 이용 보장이다. 이런 점에서 NPT는 비확산 조약(non-proliferation treaty)일 뿐 아니라 군축조약(disarmament treaty)이기도 하다.

핵무기의 수평적 확산방지는 조약 제1, 2, 3조에 규정되어 있다. 제1조는 조약당사국인 핵보유국은 어떤 경우에도 핵비보유국에게 핵무기, 핵폭발장치 또는 그 관리를 이양하지 않을 것과, 이를 원조 · 장려 · 권유하지 못하도록 하고 있다(핵보유국의 의무).[12] 제2조는 조약당사국인 핵비보유국은 어떤 경우에도 핵무기나 핵폭발장치 또는 그 통제권을 수령하지 않고 그 제조에 대한 어떤 원조도 받지 않아야 한다고 규정하였다(핵비보유국의 의무).[13] 제3조는 핵비보유국이 원자력의 평화적 이용으로부터 핵무기로 전용하는 것을 방지하기 위해 IAEA와 전면안전조치협정을 체결하고 모든 원자력 활동에 대해서 IAEA의 사찰을 허용해야 한다고 규정하였다(안전조치).[14]

앞서 지적한 것처럼 NPT 체제가 수평적 확산방지를 주요 목적으로 표방하게 되자 핵비보유국들은 조약 의무의 불평등성을 들어 핵보유국에게 군축 의무를 요구하였다. 이에 따라 제6조는 조약 당사국이 빠른 시일 내에 핵군비 경쟁을 중지하고 핵군축에 관련된 효율적인 조치 및 전면적이고 완전한 군비 축소를 규정하는 조약에 대한 협상을 성실히 이행해야 한다고 규정하였다(핵군축).[15] 제6조는 NPT의 11개 조항 중 가장 모호한 조항으로 동 조항의 해석은 NPT 체택 이후 줄곧 핵보유국과 핵비보유국 간 뜨거운 논란의 대상이 되었다.

NPT는 당사국의 평화적 목적의 원자력 활동을 보장하는 규정을 두고 있다. 조약 제4조는 제1, 2조(핵보유국과 핵비보유국의 의무)의 규정에도 불구하고 평화적 목적을 위한 원자력의 연구, 생산, 이용 및 개발의 권리를 저해하지 않는다고 규정하였다(원자력의 평화적 이용).[16] 또 원자력의 평화적 이용을 위한 교류 · 협력을 장려하고, 특히 개발도상국의 원자력 이용 및 개발에 조약 당사국들의 협력을 강조하였다.

마지막으로 NPT는 제10조에 탈퇴와 조약 연장에 관한 규정을 두어 당사국의 주권적 권리를 보호하겠다는 의지를 분명히 하였다. 즉 조약 당사국이 NPT 가입으로 인해 자국의 최고 이익이 위태롭게 되었다고

---

12) NPT, 제1조.
13) NPT, 제2조.
14) NPT, 제3조.
15) NPT, 제6조.
16) NPT, 제4조.

결정하는 경우 3개월 전에 통보하고 조약에서 탈퇴할 수 있다.[17] 또 조약 발효 후 25년이 경과된 뒤 조약의 연장을 결정하는 회의를 개최할 것을 규정하고 있다. 10조에 따라 당사국들은 1995년 5월 NPT 연장회의를 개최하여 동 조약의 효력을 무기한 연장하기로 결정한 바 있다.

NPT는 불과 11개의 조문으로 구성된 비교적 간단한 조약이지만 이들 조문이 상호 긴밀히 연관되어 있음을 유념해야 한다. 이미 앞서 지적했듯이 NPT는 핵비확산(제1, 2, 3조), 핵군축(제6조), 그리고 원자력의 평화적 이용(제4조)이라는 세 개의 기둥 간 미묘한 균형에 의해 지탱되고 있는 체제다. 물론 이들 조항이 법적으로 상호 연계된 것은 아니나 정치적으로 긴밀한 관계에 있다는 것은 주지의 사실이다. 결국 하나의 기둥에 문제가 생기면 그 기둥만의 문제로 그치는 것이 아니라 NPT 체제 전체의 안전을 위협하게 되는 것이다. 이러한 현상은 후술하듯이 NPT 체제의 발전과정을 통하여 거듭 목격하게 된다.

III. 냉전종식 이후 NPT 체제의 발전 경과

1. 1995년 무기한 연장결정과 NPT 낙관론

NPT 체제를 둘러싼 현재의 긴장을 제대로 이해하기 위해서는 NPT 체제가 그동안 어떻게 발전해 왔는가에 대한 이해가 필요하다. 특히 NPT의 무기한 연장을 결정한 1995년의 검토회의와 그 이후의 변화과정에 대한 이해가 필수적이다.

NPT의 체결을 위한 교섭 당시에 독일, 이탈리아, 스웨덴 등을 포함한 상당수의 국가들이 동 조약을 항구적인 것으로 받아들이기를 거부하

17) NPT, 제10조.

였다. 대신 이들 국가들은 조약이 발효 후 25년이 되는 시점에 조약을 재검토하고 조약의 연장 연부를 결정해야 한다고 주장하였다. 결국 조약은 제10조 2항에 "본 조약의 발효일로부터 25년이 경과한 후에 본 조약이 무기한으로 효력을 지속할 것인가 또는 추후의 일정기간 동안 연장될 것인가를 결정하기 위하여 회의를 소집하며 동 결정은 조약당사국의 과반수의 찬성에 의한다"[18]고 하였다. 그 결과 조약 발효 25년이 경과한 1995년 NPT의 장래를 결정하기 위한 검토 및 연장회의(Review and Extension Conference)가 개최되었다.

동 회의 개최 당시 많은 핵비보유국들은 핵보유국들의 군축 의무 이행 정도에 대해 큰 불만을 가지고 있었으며 핵군축에 상당한 진전이 없는 한 핵보유국과 비보유국으로 구성된 이중체제를 사실상 항구적인 체제로 발전시키는 결정을 받아들일 수 없다고 주장하였다. 또 NPT를 항구적 체제로 전환하게 되면 핵보유국들이 기득권에 안주하여 핵군축 의무를 더욱 소홀히 할 가능성도 우려하였다. 그럼에도 불구하고 냉전 종식 이후 고조된 국제협력의 분위기에 힘입어 NPT 당사국들은 핵보유국들의 강력한 군축 노력을 전제로 하여 NPT의 무기한 연장을 결정하는 절충을 하였다.[19] 이 절충은 1995년 검토 및 연장회의에서 채택된 최종문서 "핵비확산과 핵군축의 원칙과 목적"에 잘 나타나 있다.[20] 원칙과 목적의 주요한 내용으로는 1996년까지 포괄적 핵실험 금지조약 협상의 완료, 핵군축 추진 공약의 재확인, 핵무기물질의 생산을 중단하기 위한 협상의 시작, 기존 핵무기의 획기적 감축, 비핵지대(nuclear-

---

18) NPT, 제10조 2항.

19) 물론 이것은 법적인 전제조건은 아니지만 최소한 정치적 전제조건으로 이해되었다. Thomas Graham, Jr., *Common Sense on Weapons of Mass Destruction* (2004), p. 10.

20) Decisions and Resolution adopted at the 1995 NPT Review and Extension Conference, Decision 2: Principles and Objectives for Nuclear Non-Proliferation and Disarmament.

weapon-free-zones) 창설 장려, NPT의 보편성 확보를 위한 적극적 노력(핵무기를 보유하면서 NPT에 가입하지 않고 있는 이스라엘, 파키스탄, 인도를 NPT에 가입시키기 위한 노력), 국제원자력기구의 안전조치 및 검증 능력 제고, 핵비보유국에 대한 핵무기 불사용 공약 재확인 및 강화 등이 포함된다.

이와 함께 동 회의는 NPT의 목표의 실현을 위해서 조약 의무 이행 여부를 평가하기 위해 매 5년마다 개최되는 검토회의 절차를 대폭 강화하였다.[21] 이에 따라 검토회의를 준비하기 위한 준비위원회(Preparatory Committee)가 동 회의 개최 전 3년 동안 매년 한 차례씩 열리며, 준비위원회는 NPT의 충실한 이행과 보편성 확보를 위해 필요한 원칙과 방법을 검토하고 이를 검토회의에 권고하기로 하였다. 이 밖에도 1995년 회의는 중동지역에서 비핵화 달성을 목표로 하는 특별 결의를 채택하였다. 이 결의는 NPT의 보편성을 강조하여 NPT에 가입하지 않고 있는 이스라엘을 겨냥하였으며 특히 중동지역에서 핵무기 및 대량살상무기의 제거의 필요성을 강조하고 이의 조기 실현을 위한 핵보유국의 적극적 협조를 요구하였다.[22]

2. NPT 체제의 동요와 2000년 검토회의

NPT의 무기한 연장이 결정된 후 처음 개최되었던 2000년 검토회의는 전망이 그다지 밝지 못했다. 무엇보다도 1995년 채택되었던 원칙과 목적의 상당부분, 특히 핵군축과 관련한 의무들이 제대로 이행되지 않았기 때문이다. 핵물질생산금지조약의 교섭은 여전히 정체상태에 머물렀고 미국-러시아 간 군축협상도 별다른 진전이 없었다. 미국 상원은

21) Decisions and Resolution adopted at the 1995 NPT Review and Extension Conference, Decision 1: Strengthening the Review Process for the Treaty.

22) Decisions and Resolution adopted at the 1995 NPT Review and Extension Conference, Resolution on the Middle East.

포괄적 핵실험 금지조약의 비준 동의를 거부하였고 클린턴 행정부는 핵군축에 악영향을 미칠 수 있는 미사일 방어체제의 구축을 계속 추진하였다. 이에 더해 1998년 인도와 파키스탄은 핵실험을 단행하여 남아시아에서 핵군비 경쟁의 위험은 심각한 수준으로 발전하였다.

이처럼 NPT를 둘러싼 국제정치적 환경이 악화되었음에도 불구하고 1995년의 대타협과 국제협력의 분위기는 예상보다 견고하였다. 검토회의 개최 초기에는 핵보유국의 의무 이행 지연에 대한 핵비보유국의 질타가 쏟아졌으나, 우려와는 달리 동 회의는 핵군축과 조약의 보편성에 대해 보다 강력한 공약을 담은 최종문서를 채택할 수 있었다. 특히 최종문서는 핵군축의 실현을 위해 반드시 취해야 할 13개의 구체적이고 실질적 조치를 구체적으로 명시하였다. 이러한 조치로는 포괄적 핵실험금지 조약의 발효를 위한 관련국들의 서명 및 비준, CTBT의 발효 전까지 핵실험 유예, 핵물질생산금지조약 협상의 진전, 핵군축 협상, 핵군축과 기타 핵관련 군비통제 조치에 대한 불가역성 원칙(Principle of Irreversibility)의 적용, 핵무기의 완전한 제거에 대한 핵보유국의 명확한 의지, 미-러 간 전략핵무기감축 협정(START II)의 조기 발효 및 ABM 조약 유지 및 강화, 핵무기 없는 세계의 실현을 위해 핵군축협정의 준수여부를 확인할 수 있는 검증능력의 개발 등이 포함된다.[23] 특히 최종문서는 5개 핵보유국으로 하여금 NPT 6조에 따라 비핵화에 이를 수 있도록 각국이 보유한 핵무기를 완전히 제거할 것을 분명하게 약속(unequivocal undertaking)하도록 하였다.

3. 부시 행정부의 출범과 NPT 체제의 위기: 2005년 검토회의

1995년과 2000년 회의를 통해 형성된 협력과 타협의 분위기는 2000년대로 들어오면서 급속히 냉각되기 시작하였다. 2005년 NPT 검토회

23) 2000 NPT Review Conference Final Document, *Arms Control Today*, June 2000.

의는 동 조약의 역사에 있어서 최대의 실패였고 NPT 체제의 위기를 초래한 회의였다. 물론 과거에도 검토회의에서 최종 합의문서 채택에 실패한 경우가 없지 않았지만 2005년의 경우처럼 모든 이슈에 대해 대다수 국가들이 심각한 의견 차이를 보인 경우는 없었다. 그 결과 당사국들은 4주간의 회의 일정 가운데 3주 이상을 절차문제에 대한 논쟁으로 허비하였고 실질적 이슈에 대한 본격적 토의는 시작조차 어려웠다.[24) 특히 북한과 이란 핵문제가 심각한 국면에 처한 시점에서 개최되었던 검토회의였던 만큼 이러한 결과는 단순히 검토회의의 실패에 그치지 않고 NPT 체제의 장래에 검은 그림자를 드리우기에 충분하였다.

2005년 검토회의의 실패는 그 이전 삼년에 걸친 네 차례의 준비위원회 회의 때부터 어느 정도 예견된 것이었다.[25) 의제채택을 둘러싼 논란이 실패의 직접적인 이유로 지적되지만 사실 그것은 표면적인 이유에 불과하였고 그 이면에는 보다 근본적인 원인이 도사리고 있었다. 그것은 유일한 초강대국인 미국의 근본적 정책변화에서 기인한다. 2001년 출범한 부시 행정부는 미국의 선택의 자유나 재량을 제한하는 다자협력이나 국제법에 대해서 근본적인 의구심을 가지고 있었다. 특히 부시 행정부의 대외정책과 안보정책의 이념적 기반을 제공했던 소위 네오콘들은 국제기구에 기반한 다자주의를 경멸하였고 필요하다면 일방적인 행동도 주저해서는 안 된다는 입장이었다.

부시 행정부의 이러한 시각은 NPT에 대해서도 예외가 아니었다. 부시 행정부는 기존의 NPT 체제가 이라크, 북한, 이란 등 소위 '불량국가

---

24) Jonathan Granoff, "The Nuclear Nonproliferation Treaty and Its 2005 Review Conference: A Legal and Political Analysis," *New York University Journal of International Law and Politics*, Vol. 39 (2007), p. 1002.

25) 이미 2004년에 유엔 고위급 패널은 "We are approaching a point at which the erosion of the non-proliferation regime could become irreversible, and result in a cascade of proliferation"라고 전망한 바 있다. The Secretary-General of the UN, *A More Secure World: Our Shared Responsibility, Report of the High-Level Panel on Threats, Challenges and Changes*, Dec. 2, 2004.

(rogue state)'들의 은밀한 핵개발을 저지하는 데는 효과적이지 못한 반면 미국의 전략적 선택을 지나치게 억제한다고 보았다. 특히 1995년과 2000년 검토회의를 통해 채택된 핵군축의 원칙과 목적의 상당부분은 부시 행정부로서는 수용하기 어려운 것이었다. 부시 대통령은 취임하자마자 미사일 방어체제의 적극적 추진 입장을 발표하고 이를 위해 미-러 간 탄도미사일방어 조약(ABM Treaty)을 폐기하겠다고 천명하였다. 이러한 입장은 2000년 검토회의에서 채택된 13개 조치와 정면 배치되는 것이었다.

2001년의 9 · 11 테러공격은 부시 행정부의 일방주의적 경향을 더욱 강화하였다. 부시 대통령은 불량국가나 테러집단이 대량살상무기를 개발하거나 획득하는 것이야말로 미국의 안보에 최대의 위협이 된다고 보고 이를 저지하기 위해 선제적 무력사용도 불사하는 부시 독트린(Bush Doctrine)을 발표하였다. 불량국가의 핵위협은 전통적인 억제전략으로는 막기 어려운 만큼 이에 대비하기 위한 미사일 방어체제의 구축은 안보정책의 최우선 과제가 되었다. 이에 따라 ABM 조약은 결국 폐기되고 미-러 간 본격적 핵군축 협상은 사실상 불가능하게 되었다.[26)]또 산악지역 깊숙이 숨어있는 테러조직을 공격하기 위해 소형 핵무기의 개발 가능성을 모색하고, 핵위협뿐 아니라 '대량살상무기' 위협에 대한 억제로서 핵무기의 사용을 고려하는 등 미국의 안보정책에 있어서 핵무기의 역할은 더욱 커지게 되었다. 이러한 추세는 1995년과 2000년의 NPT 합의의 정신과 크게 배치되는 것은 물론이다. 부시 행정부는 NPT에 기반한 다자간 비확산체제로는 미국이 당면한 안보위협에 제대로 대처할 수 없다고 보고 보다 강력한 반테러 정책과 반확산(counter-proliferation) 정책으로 선회하였으며 이러한 정책변화는 결국 NPT체제에 부정적 영향을 미쳤다.

---

26) Greg Thielmann, "Rumsfeld reprise? The missile report that foretold the Iraq intelligence controversy," *Arms Control Today*, 33:6, July/August 2003.

부시 행정부의 정책변화는 2002년의 국가안보전략보고서(National Security Strategy of 2002)에 잘 나타나 있다.[27] 동 보고서는 다자주의와 국제법보다는 일방적 행동과 미국 주도의 연대를 통한 문제해결을 선호하고 ABM 조약의 폐기, START 협상의 중단, 그리고 미국의 자유를 제한하는 다자간 군축조치에 대한 지지 거부 등을 천명하였다. 또 공격과 수비 및 외교와 개입의 균형, 특히 적극적인 반테러 및 반확산 정책과 아프가니스탄과 이라크의 사례에서 보듯이 '테러와의 전쟁(war on terror)' 및 정권교체를 통한 적대세력의 극복 등을 미국의 주요 전략으로 천명하였다.

이 보고서의 NPT에 대한 함의는 명확하다. 미국에 대한 위협이 근본적으로 변한 만큼 이에 대한 대응전략도 수정되어야 하며 이러한 맥락에서 NPT의 중요성은 과거에 비해 현저히 낮아진 셈이다.[28] 물론 NPT가 더 이상 아무런 가치도 없다는 것은 아니다. 이 조약은 앞으로도 핵비보유국들로 하여금 조약상의 비확산 의무를 충실히 지키도록 하는 수단인 동시에 핵무기 개발을 추진하거나 모색하는 국가들을 제재하기 위한 근거의 역할을 한다. 그러나 미국의 안보이익이나 우선순위를 양보하면서까지 NPT를 강화할 이유는 없다고 본다. 즉 미국의 안보정책에서 NPT에 부여된 우선순위는 더 이상 그다지 높지 않다. NPT는 국제 비확산체제의 근간이라기보다 일부일 뿐이다. 부시 행정부가 보다 중시하는 비확산 활동은 핵공급자그룹(NSG), 대량살상무기 확산방지구상(PSI), G-8 글로벌 파트너십, 미국의 자체적 반확산 작전 등 NPT 밖의 활동들이다. 또 부시 행정부는 NPT가 비확산, 군축, 원자력 평화적 이용이라는 세 가지 축 간 균형 위에 서있다는 전통적 시각에 동의하지 않는다. NPT의 핵심적 목표는 비확산이며 군축이나 원자력의 평화적 이용은 여타 중요한 목표일 뿐이라는 것이다.

---

27) Statement by President Bush accompanying publication of NSS-2002.

28) Harald Muller, "The 2005 NPT Review Conference: Reasons and Consequences of Failure and Options for Repair," *The Weapons of Mass Destruction Commission Report* No. 31 (2006), pp. 5-7.

2005년 검토회의에서 의제를 둘러싼 논란의 이면에는 바로 이러한 미국의 근본적 정책변화가 있었다. 미국은 1995년과 2000년의 검토회의에서 채택되었던 합의를 논의의 기초로 수용하기를 거부하고 대신 이란과 북한의 확산위협에 초점을 맞출 것을 원하였다. 반면 이집트를 필두로 한 비동맹국가(NAM)들은 기존의 합의와 공약을 재확인할 것을 요구하면서 NPT의 보편성을 강조하였다. 그러나 미국은 포괄적 핵실험 금지조약 비준이나 핵물질생산금지조약 협상의 진전, 핵실험 유예, 핵군축 진전 등 미국의 안보이익을 제약할 수 있는 어떠한 합의나 공약을 수용할 의사가 전혀 없었다. 뿐만 아니라 과거와 달리 검토회의에 참석한 미국 대표단의 직급은 낮았고 활동도 매우 수동적이었다. 미국은 핵군축에 관한 NPT의 기존 합의를 존중할 의사도 없었을 뿐 아니라 협상에 돌파구를 열기위해 양보를 하거나 리더십을 행사할 의지도 없었다. 반면 원자력의 평화적 이용과 관련, 미국은 미국이 선호하는 소수의 국가를 제외한 다른 국가들의 핵연료주기(civil fuel-cycles) 개발 권리를 인정하지 않았다. 이는 물론 NPT 제4조에 따른 원자력의 평화적 이용 권리와 배치되는 것이다.

2005년 검토회의가 아무런 성과도 없이 막을 내린 데는 여러 가지 이유가 없겠지만 이와 같은 미국의 일방적 태도와 무관심이 결정적 요인이었다는데 거의 이론이 없다. 뿐만 아니라 검토회의 4개월 후에 개최된 2005년 9월의 유엔 정상회담에서도 미국의 일방주의는 계속되었다. 정상회담의 최종문서에도 미국의 고집으로 비확산과 군축에 대한 언급이 생략되었고,[29] 코피 아난 유엔사무총장은 이에 대해 "우리는 금년에 두 번 실패했다. 한 번은 NPT 회의에서 그리고 또 한 번은 바로 지금이다."[30]라고 한탄하였다.

---

29) William Walker, "Nuclear Enlightenment and Counter-Enlightenment," *International Affairs*, 83:3 (2007), p. 446.

30) Press Conference, UN Secretary-General Koffi Annan, Sept. 13, 2005.

4. 2010년 검토회의 준비과정 및 전망

2005년 검토회의의 실패는 NPT 체제의 심각한 위기로 이어졌다. 1990년대 후반부터 동요하기 시작했던 NPT 체제는 부시 행정부의 출범과 9 · 11 사태를 거치면서 급격히 악화되었고 2005년의 검토회의의 실패로 와해의 위기에 처한 셈이다. 핵보유국과 비보유국 간 미묘한 균형은 송두리째 흔들리고 당사국 간 불신과 의구심은 위험한 수준으로 치달았다. 북한과 이란의 핵문제는 좀처럼 해결의 실마리가 보이지 않는 가운데 북한은 2006년과 2009년 핵실험을 감행함으로써 빈사상태의 NPT 체제에 또 한 번의 타격을 가했다. 반면 NPT 가입을 시종일관 거부해온 인도는 미국과 원자력협력협정을 맺어 사실상의 핵보유국으로 인정받게 되었다. NPT 체제의 위기에 대한 분석이 이어지고 과연 NPT가 회복 가능할 것인지 아니면 폐기처분 될 것인지에 대한 논의도 가열되었다.

이런 상황에서 2010년의 검토회의를 준비하기 위한 준비위원회 회의가 2007년부터 개최되었다. 2010년의 검토회의는 NPT가 사실상 폐기처분의 수순을 밟을 것인지 아니면 기사회생할 것인지를 결정할 분수령이 될 것으로 평가되고 있다. 부시 행정부 출범 이후 8년간 악화일변도를 걷던 NPT 체제는 2009년 오바마 행정부의 출범으로 새로운 반전의 계기를 맞게 되었다. 오바마 대통령은 국제기구와 다자협력의 중요성을 인정하는 전통적인 민주당 노선을 신봉할 뿐 아니라 후보 시절부터 '핵무기없는 세계'의 비전을 공약으로 제시하는 등, 부시 행정부와 달리 핵군축이나 비확산에 보다 적극적이었다. 이러한 미국의 정책변화는 2009년의 준비위원회 회의를 통해 충분히 감지될 수 있었다. 미국은 과거에 비해 훨씬 유용하고 실용적인 태도를 보였고 오바마 대통령은 준비위원회 회의에 직접 메시지를 보내 미국이 NPT에 확실히 복귀했음을 보여주었다.[31] 그 결과 제3차 회의는 거의 10년 만에 가장 성공적인 회의였다는 평가를 받을 수 있었다.

우선 준비위원회 회의는 2010년 검토회의에서 논의할 의제에 합의하여 2005년 회의의 전철을 반복하지 않도록 하였다. 특히 합의된 의제는 "(NPT) 조약의 운용의 검토…, 1995년 검토 및 연장회의에서 채택된 결정과 결의와 2000년 검토회의의 최종문서를 고려하면서…"라고 언급하여 NPT 자체뿐 아니라 그동안의 합의와 결정도 향후 논의의 기초가 될 것임을 확인하였다. 이는 2005년 검토회의에서 미국이 기존의 합의와 결정을 논의의 기초로 수용하기를 거부함으로써 의제채택에 곤란을 겪었던 사실을 감안하면 오바마 행정부 출범 이후 미국의 입장에 상당한 변화가 있었음을 시사해주는 것이다. 또 하나의 절차적 합의는 2010년 검토회의에서 구체적 이슈들을 3개의 본위원회(main committees)에서 다루도록 한 것이다. 이에 따라 제1본위원회는 주로 핵군축 이슈들을 다루고 제2본위원회는 비확산 이슈들을 다루며, 제3본위원회는 원자력의 평화적 이용에 초점을 맞추기로 하였다. 이는 단순히 주요 이슈들을 해당 위원회에 배분했다는 것 이상의 의미를 지닌다. 이는 핵군축, 비확산, 원자력의 평화적 이용이라는 NPT의 3대 기둥을 인정하고 이 세 기둥 간의 균형의 중요성을 수용한 것으로 볼 수 있다.

이처럼 절차문제에 있어서는 상당한 성과를 거두었으나 2010년 검토회의를 위한 최종권고안 채택에는 실패하였다. 회의 기간 동안 3개의 의장초안이 제시되었고 이를 중심으로 논의가 진행되었다.[32] 대체로 제1차 초안은 핵비보유국의 요구사항인 핵보유국의 군축에 방점이 주어졌던 것으로 평가된다. 특히 1995년 연장회의와 2000년 재검토 회의

31) 오바마 대통령은 그의 메시지를 통해 당사국 간 협력의 중요성을 강조하였다. "…that differences are inevitable and that NPT Parties will not always view each element of the Treaty in the same way … We must define ourselves not by our differences, but by our readiness to pursue dialogue and hard work to ensure that the NPT continues t omake an enduring contribution to international peace and security."

32) 이에 관해서는 Rebecca Johnson, "Laying Substantive Groundwork for 2010: Report of the 2009 NPT PrepCom," *Disarmament Diplomacy*, No. 91, 2009.

에서 채택되었던 합의(13개 조항의 액션 플랜)의 이행여부에 대한 검토가 강조된 반면 포괄적 안전조치의 보편화에 관한 내용이 빠져있는 등 비확산 부분이 상대적으로 취약하다는 비판이 제기되었다. 이에 따라 제시된 제2차 초안은 반대로 비확산을 강조한 반면 핵군축이 상대적으로 소홀하게 다루어졌다는 비판에 당면하였다. 다시 한 번 내용을 수정한 제3차 초안이 제시되었으나 결국 시간부족으로 충분한 토의가 이루어지지 못했고 회의는 권고안 채택을 무리하게 추진하지 않았다.

권고안 채택 무산에 대한 평가는 다양하지만 이를 실패로 볼 것이 아니라 2010년 회의에서 보다 의미있는 합의를 도출할 수 있는 기회를 제공했다는 시각이 지배적이다.[33] 실제 대다수 국가들은 권고안에 대한 합의도출이 무산된 것에 대해 안도하였다. 일단 의장이 제시한 3개 초안 중 어느 것에도 전적으로 동의하기 어려웠을 뿐 아니라 2010년 회의까지 여러 가지 변수가 남아있는 상황에서 섣불리 적당히 타협하기 보다는 상황이 보다 분명해질 때까지 기다리는 것이 낫다는 판단이 작용한 듯하다. 실제 북한과 이란의 핵문제, 미국의 핵전략 검토, 미-러 간 전략핵무기감축 협정 협상 등 2010년도 검토회의의 방향에 큰 영향을 미칠 요인들이 현재 진행 중인만큼 무리하게 합의를 서두를 이유는 크지 않은 것도 사실이다.

아무튼 2009년의 준비위원회 회의는 2010년 검토회의를 위한 긍정적 기반을 닦았다고 평가할 수 있다. 동 회의를 통해 확인된 새로운 협력과 타협의 분위기는 2010년에 대한 기대를 높이고 낙관적 전망을 가능하게 하였다. 그럼에도 불구하고 현재 NPT 체제가 당면하고 있는 여러 가지 문제들과 도전들은 결코 간단히 해결될 수 있는 성질은 아니다. 또 지난 10년에 걸쳐 패인 핵보유국과 핵비보유국 간, 또 여타 당사국 간 불신과 의구심의 골은 하루아침에 메울 수 있을 정도로 간단하지 않다. 준비위원회 회의를 통해서도 주요 현안에 대한 주요 국가간의 입

---

33) *Ibid.*

장 차이는 여전하다는 점을 재차 확인할 수 있었다. 이런 점에서 2010년 검토회의 성공 여부는 지금 시점에서 결코 쉽게 예상하기 어렵다. 그러나 당사국들이 2009년 회의에서처럼 협력의 분위기를 이어나간다면 2010년은 그동안 추락하였던 NPT의 신뢰를 회복할 수 있는 첫걸음이 될 수는 있을 것이다.

IV. NPT의 내재적 취약점 및 한계

이상에서 냉전종식 이후 NPT 체제의 발전과정, 특히 NPT 낙관론이 급격히 퇴조하고 위기론이 대두한 과정을 자세히 살펴보았다. 여기에서는 NPT체제에 내재하는 구조적 취약점과 한계에 대해서 보다 자세히 살펴보고자 한다. 대부분의 조약과 마찬가지로 NPT도 조약 당사국들의 다양한 이해의 절충과 타협을 통해 채택되었다. 조약의 생명은 결국 이러한 이해관계가 얼마나 적절하게 균형을 이루었으며 지탱가능한가에 달려 있다. 조약 당사국 간 이해의 균형은 채택 당시부터 취약할 수도 있고 조약 채택 이후 상황의 변화에 따라 애초의 균형이 흔들릴 수도 있다. NPT의 경우 당사국들의 이해관계는 조약 교섭과정에서부터 핵보유국과 비보유국 간, 또 핵보유국 상호 간 및 핵비보유국 상호 간 첨예하게 엇갈렸고 최종적으로 합의한 이해의 균형점은 애초부터 몇 가지 취약점을 가지고 있다. 이러한 내부적 취약성과 긴장은 조약 발효 이후 약 40년이 지나면서 점차 더 커지면서 조약의 지탱가능성을 무겁게 짓누르고 있다.

1. 목적의 상호 불일치 내지 저촉

앞서 지적한 바처럼 NPT는 핵비확산, 핵군축, 그리고 원자력의 평화적 이용이라는 세 가지 중요한 목적을 가진다. 문제는 이 세 가지 목적이 대단히 긴밀하게 상호 연계되어 있을 뿐 아니라 경우에 따라 상호 모순 내지 긴장관계에 있다는 점이다. 가령, 원자력의 평화적 이용의 보장은 핵비확산과 근본적으로 모순 내지 긴장관계에 있다. 왜냐하면 원자력은 평화적 목적과 군사적인 목적으로 공히 이용될 수 있으며 양쪽에 쓰이는 기술이 서로 다른 것이 아니라 공유될 수 있다는 점에서 원자력은 양면성이 존재한다. 즉 원자력의 평화적 이용과 군사적 이용은 본질적으로 의도의 차이일 뿐 그 내용이나 기술면에서는 아무런 차이도 없다. 따라서 원자력의 평화적 이용이 확대될수록 핵확산의 위험은 증대된다. 그렇기 때문에 원자력의 평화적 이용의 보장과 핵비확산을 동시에 추구하는 NPT는 그 자체 내에 큰 모순을 내포하고 있는 셈이다. NPT의 최대의 취약점은 당사국들이 평화적 목적으로 이용하겠다고 선언만 하면 우라늄을 농축하거나 플루토늄을 재처리하는 것이 허용된다는 점이다.[34)]

2. 핵군축 의무의 모호성

이미 지적하였지만 NPT의 가장 큰 바게인의 하나는 핵비보유국들이 핵무기를 포기하는 대신 핵보유국들은 핵군축의 의무를 수용했다는 점이다. 그런 만큼 핵군축이 제대로 실현되지 않을 때 핵비확산을 기대하기는 어렵다. 이는 단순히 법적으로 핵보유국의 조약의무 위배(제6조)로 인해 핵비보유국이 조약을 이행할 의무를 면제받을 수 있다는 차원을 넘어 핵무기의 존재야말로 핵확산의 가장 큰 동인이라는 전략적 고려에서 기인한다.

---

34) 국제원자력기구의 El Baradei 사무총장은 "현 체제하에서 핵비보유국이 우라늄 농축시설이나 핵재처리 시설을 갖거나 무기급 핵물질을 보유하는 것은 전혀 불법적인 것이 아니다"라고 언급한 바 있다. Mohamed El Baradei, "Towards a Safer World," *Economist*, Oct. 18, p. 48.

핵비보유국의 입장에서 볼 때 상대국은 핵을 보유하는 반면 자신은 핵이 없는 상황은 전략적으로 결코 바람직하지 않은 만큼 핵보유의 끊임없는 유혹을 받게 마련이며 이런 환경에서 핵비확산의 전도는 결코 밝다고 볼 수 없다. 이런 점에서 NPT의 하나의 기둥(핵군축)이 무너지면 전체 건물이 와해될 수 있는 위험에 처하게 된다. 그럼에도 불구하고 NPT 제6조는 대단히 모호하며 조약 어디에도 핵군축의 분명한 시간표나 검증체제, 의무이행 체제에 대한 언급이 없다. 핵보유국들은 이 조항을 비핵화의 법적 의무를 부과했다기보다는 궁극적인 목적으로서 비핵화를 설정한 정치적 성격의 규정으로 해석한다.[35] 반면 비확산의 경우 국제원자력기구의 전면적 안전조치의 대상이 되게 함으로써 핵군축 의무와 비확산 의무의 이행 및 검증 사이에는 현저한 차이가 존재한다. 이러한 차이는 조약 체결 이후 끊임없는 논란과 갈등의 원천이 되었다.

3. 핵무기 이전

NPT 제1조는 의도적으로 핵보유국이 핵무기의 관리권을 유지하는 한 핵보유국으로부터 여타 국가로 핵무기를 이전(transfer)하는 것은 허용하고 있다. 사실 1958년 아일랜드의 아이켄 외무장관이 핵무기 확산 방지를 제안하였을 때 겨냥하였던 것은 핵무기의 이전에 따른 위험을 관리하기 위한 것이었다. 그럼에도 불구하고 조약 체결 당시의 전략적 현실을 고려하여 핵무기 이전 문제는 NPT 규율 대상에서 제외되었다. 그러나 문제는 핵무기 통제권을 핵보유국이 유지한다고 해도 핵무기의 지리적 확산은 핵비보유국으로 하여금 핵을 가져야 하겠다는 유혹

35) 2000년 검토회의에서 채택된 13개의 실제적 조치는 비핵화에 대한 핵보유국들의 명백한 의무(unequivocal undertaking)를 확인하였다. 그러나 부시 행정부는 동 결정의 수용을 거부한 바 있다.

을 높일 수 있다는 점이다. NPT 발효 이후 세계의 여러 지역에서 비핵지대 조약이 체결된 것은 이러한 NPT의 허점에 대응하기 위해 나온 것으로 이해할 수 있다.

4. 비당사국의 문제(보편성의 결여)

현재의 국제체제하에서 국가로 하여금 특정 조약에 가입하라고 강제할 어떤 기관이나 수단도 존재하지 않는다. 따라서 조약의 보편성(universality of treaty)은 강제로 실현할 수 있는 것은 아니며 조약의 필요성에 대한 국제적 공감대를 바탕으로 당사국들 간 수용 가능한 이해의 균형이 이루어졌을 때 비로소 기대할 수 있다.

이런 점에서 NPT가 보편성을 확보하지 못했다는 것은 그다지 놀라운 일은 아니다. 그러나 NPT와 같은 조약은 특성상 보편성이 결여되었을 때 조약의 실효성이 현저히 감소한다는 점에서 이 문제는 NPT의 근본적 취약점으로 작용한다. 인도, 파키스탄, 이스라엘은 NPT에 가입하지 않고 독자적으로 핵개발에 성공한 국가들로 간주된다. 특히 최근 체결된 미국과 인도 간 원자력협정은 인도의 핵보유를 사실상 인정한 것으로 NPT 체제에 대한 큰 타격으로 비판받고 있다. NPT에 가입하지 않고 핵개발에 성공할 경우 그 과정에서 적지 않은 어려움은 겪겠지만 시간의 경과에 따라 궁극적으로 현상이 인정된다면 핵비확산 체제의 설득력은 떨어질 수밖에 없다.

5. 안전조치 체제의 한계

IAEA의 안전조치는 신고된 핵시설이나 핵물질에 한정된다. 즉 핵무기를 개발하려는 국가가 핵개발과 관련된 시설이나 물질을 IAEA에 신고하지 않는 경우, IAEA의 안전조치 체제(INFCIRC/153)로는 이러한 시설이나 물질을 탐지할 수 없다. 이라크는 전면안전조치를 받고 있던 국가입에도 비밀리에 핵개발을 추진하고 있었음이 유엔의 강제사찰을 통해 드러났다. 이를 계기로 국제원자력기구는 안전조치를 강화하였다. 강화된 안전조치체제(SSS: Strengthened Safeguards System)는 기존의 탐지 및 억제에서 신고하지 않은 원자력 활동의 탐지를 주요 목표로 추가하였다.

1997년 5월 IAEA 특별이사회는 "모델추가의정서(Model Additional Protocol: INFCIRC/540)"를 승인함으로써 강화된 안전조치체제를 확립하였다. 추가의정서는 당사국의 신고의무를 확대하였으며 필요시 신고된 장소 이외의 지역에서 환경시료 채취를 허용하고 있다.[36] 현재까지 127개국이 추가의정서를 서명했으며 8개국에 대해 동의정서가 발효함으로써 안전조치의 실효성을 제고하는 데 어느 정도 기여하였다고 평가할 수 있다. 그러나 북한과 이란 등은 여전히 추가의정서의 비준을 거부하고 있다.

6. 취약한 조약체제

NPT는 조약의 적용과 해석, 이행 여부를 감시하고 관리할 상설 사무국이나 기구가 따로 존재하지 않는다.[37] NPT의 이행 여부는 5년마다 개최되는 검토회의(review conference)에서 다루어지며, 검토회의는 컨센서스 방식으로 운영된다. 따라서 당사국 상호간의 이해가 엇갈리는 문제에 대해서는 의사결정이 이루어지지 않는 경우가 대부분이다. 핵비보유국의 의무 이행 여부를 검증하기 위해 국제원자력기구의 안전조치가 핵비보유국의 원자력 활동에 적용된다. 그러나 원자력의 평화

---

36) IAEA, *International Nuclear Verification Series: The Evolution of IAEA Safeguards*, IAEA Doc. IAEA/NVS/2 (Nov. 1998).

37) 이에 대해서는 Ramesh Thakur, Jane Boulden and Thomas G. Weiss, "Can the NPT Regime be fixed or should it be abandoned?" *Dialogue on Globalization Occasional Papers* No. 40 (2008), pp. 15-16.

적 이용의 증진을 목표로 하는 IAEA와 핵비확산을 가장 중요한 목표로 하는 NPT 간에는 본질적인 갈등이 존재한다. NPT 비당사국인 인도와 파키스탄이 IAEA의 주요 당사국이라는 사실이 이를 잘 말해준다. NPT 의무 이행 여부에 대한 판단이나 대응책을 강구함에 있어서 IAEA의 시각은 종종 핵보유국의 시각과 적지 않은 차이를 보인다. 이러한 취약한 조약체제는 NPT의 실효성에 부담으로 작용한다.

7. 탈퇴 규정

NPT는 제10조에서 당사국이 주권을 행사함에 있어서 이 조약상의 문제에 관련되는 '비상사태(extraordinary events)'가 자국의 '최고 이익(supreme interests)'을 위태롭게 하고 있다고 결정하는 경우 3개월 전에 통보하고 조약에서 탈퇴할 수 있다고 규정하였다. 그러나 과연 '비상사태'나 '최고 이익'이 무엇을 의미하는지는 분명하지 않다. 제10조는 당사국으로 하여금 비상사태나 최고이익에 대해 설명하도록 하였지만 비상사태나 최고이익은 당사국이 언제든지 주관적으로 판단하여 원용하면 그만이며 이에 대한 이의제기는 현실적으로 불가능한 것으로 보인다.

이처럼 별다른 제약없이 조약 탈퇴를 허용함으로써 당사국이 NPT 체제 내에서 원자력의 평화적 이용의 이익을 누리면서 핵개발의 사전 준비를 사실상 마친 후 NPT를 탈퇴하여 결과적으로 쉽게 핵보유국이 되는 길을 열어둔 셈이다. 실제 북한은 동 규정을 활용하여 현재 핵보유 지위를 주장하고 있다.

V. NPT 체제에 대한 도전

이상과 같은 NPT 체제에 내재하는 취약점은 동 체제 출범 후 40년 동안 크고 작은 형태로 NPT의 실효성과 지탱가능성을 위협해 왔다. 그러나 최근 들어 NPT 체제는 심각한 도전에 직면하고 있다. 이러한 도전은 원자력 수요의 급격한 증대, 핵보유국의 핵정책 변화, 핵테러리즘 등 새로운 핵위협의 등장 등에 따른 것이다.[38]

1. 원자력 수요 급증

국제에너지기구(IEA)는 2005년부터 2030년까지 세계의 에너지 소비는 50% 이상 급격히 증대할 것으로 전망하고 있어 주목을 요한다.[39] 이러한 에너지 수요 증대의 거의 절반은 중국과 인도의 성장에 따른 것이다. 최근의 원유가격의 변동추이를 볼 때 IEA의 예측이 오히려 과소평가일지도 모른다. 그런데 세계의 많은 국가들은 자국의 급증하는 에너지 수요를 충당하기 위해 원자력의 이용을 적극 고려하고 있다.

사실 1979년 스리 마일 아일랜드(Three Mile Island) 사고와 1986년의 체르노빌 원전사고 이후 원자력 발전은 심각한 대중적, 정치적 반대에 직면하였다. 그 결과 많은 원자로가 폐쇄되었고 새로운 원전 계획 건설이 취소되는 사태가 속출하였다. 그러나 중국과 인도 등의 급성장에 따른 에너지 수요의 급증과 정점을 이미 지난 원유공급을 고려하면 원자력은 아주 매력적인 대안이 아닐 수 없다. 뿐만 아니라 온실가스 배출에 따른 기후변화에 대한 점증하는 우려는 원자력에 대한 거부감을 상

38) 이에 대한 자세한 논의는 Mary Beth Nikitin, Anthony Andrews and Mark Holt, "Managing the Nuclear Fuel Cycle: Policy Implications of Expanding Global Access to Nuclear Power," *CRS Report for Congress*, July 1, 2009.

39) *World Energy Outlook 2007* (Paris: IEA, 2007).

당히 완화하였다.

그 결과 많은 국가들이 새 원자로 건설 계획을 수립하고 추진하고 있다. 현재 전 세계에 가동 중인 상업적 원자로는 약 436기이며 여기에서 약 372기가와트(gigawatts)의 전력이 생산되고 있다.[40] 이에 비해 지금 아시아, 호주, 중동과 유럽 등의 30여개 국가에서 45개의 새 원자로가 건설 중이며 394개의 원자로 건설계획이 추진되고 있다. 이것이 모두 건설될 경우 전 세계 전력사용량의 15%에 해당하는 전력을 원자력을 통해 생산할 것으로 추산된다.[41] 이들 지역 중에서도 아시아가 원자력 르네상스의 진원지라고 할 수 있다. 최근의 자료에 의하면 현재 계획 중인 394개의 원자로 중 거의 절반에 해당하는 193개가 아시아 지역에 건설될 예정이다.[42] 중국과 인도의 경우, 현재는 전력 수요 중 각각 2%와 3%만이 원자력 발전에 의해 생산되지만 2022년에는 각각 5%와 8%로 증대될 것으로 예상된다. 이 지역 많은 국가들의 경제가 급성장하고 있을 뿐 아니라 한국과 일본처럼 원유의 거의 전부를 해외에 의존하는 국가의 경우 에너지 안보 차원에서, 또 온실가스 감축 필요성의 차원에서 원자력에 대한 수요는 급증할 것으로 보인다.

이처럼 원자력 발전이 증대됨에 따라 비확산 차원에서 여러 가지 문제가 제기된다. 가령, 원자력 발전소의 안전문제, 원자력 발전소의 방호 문제, 원자력 발전이 군사적 목적으로 전용되는 것을 방지하기 위한 방화벽의 문제, 핵물질 공급의 보장, 사용후 핵연료의 관리, 방사성 폐기물의 처리, 원자로의 폐기 등의 문제가 포함된다.[43] 물론 이러한 문제들은 현재의 핵비확산 체제에 큰 도전 요인이 될 수도 있을 것이다.

---

40) World Nuclear Association, http://www.world-nuclear.org/info/reactors.html

41) *Energy, Electricity and Nuclear Power Estimates for the Period up to 2030* (Vienna: IAEA, 2007).

42) World Nuclear Association, http://www.world-nuclear.org/info/reactors.html

43) *20/20 Vision for the Future: Background Report by the Director General for the Commission of Eminent Persons* (Vienna: IAEA, 2008).

2. 핵군축의 정체 및 핵정책의 변화

NPT 상의 5개 핵보유국은 조약 6조의 핵군축 의무를 제대로 이행하지 않고 있다. 중국은 군사현대화를 계속 추진하고 있으며 여기에는 핵전력의 강화도 포함되어 있다. 미국의 부시 행정부는 기존의 ABM, CTBT 등 주요 군비통제 조약을 일방적으로 폐기하거나 비준을 거부하는 등 핵군축에 소극적이거나 심지어 역행하는 태도를 보이고 있다. 특히 9·11 이후 지하를 파고드는 벙커 버스터(bunker-buster)와 전투에 실제 사용할 수 있는 소형 핵폭탄(mini-nukes) 등 새로운 형태의 핵무기를 개발할 수 있는 권리를 강조해왔다. 이를 통해 적대국에서 재래식 무기로는 공략하기 어려운 목표를 파괴하기 위해 이러한 핵무기를 사용할 수 있다는 주장도 나오고 있다.[44] 또 핵무기뿐 아니라 생화학무기 등 대량살상무기의 확산을 선제적으로 억제하기 위해 핵무기를 사용할 수 있다는 새로운 교리(doctrine)가 필요하다는 주장도 제기되고 있다.

오바마 행정부의 출범으로 이러한 정책에 상당한 변화가 예상되지만 새 정부의 핵태세 평가 보고서(Nuclear Posture Review)가 출간되기 전에는 과연 변화의 정확한 내용을 알기는 어렵다. 영국도 2020년까지 핵전력을 증강하는 계획을 제시하고 트라이던트 핵전략의 강화를 추진하고 있다. 마찬가지로 2006년 당시 프랑스의 시라크 대통령도 테러공격에 대응하여 핵무기의 사용도 고려하겠다는 입장을 밝힌 바 있다.[45]

문제는 이와 같은 수직적 핵확산과 핵군축 정체, 그리고 새로운 핵정책은 수평적 핵확산을 부추기는 결과를 초래한다는 점이다. 즉 핵비보

---

44) 미국의 2006년 4개년 국방검토보고서(Quadrennial Defense Review Report)는 핵무기를 어떤 경우에도 사용할 수 있는 억제무기의 일부로 규정하고 있다. US Department of Defense, *Quadrennial Defense Review Report* (Feb. 6, 2006), p. 49.

45) Molly Moore, "Chirac: Nuclear Response to Terrorism is Possible," *Washington Post*, Jan. 20, 2006.

유국의 입장에서 볼 때 이러한 안보환경의 급변에 대처할 수 있는 가장 효과적인 무기는 핵무기 밖에 없다는 결론에 쉽게 도달할 수 있다. 실제 2003년 미국이 이라크를 침공한 것은 이라크가 핵개발을 했기 때문이 아니라 핵무기가 없었기 때문이었기 때문이며 따라서 미국의 침공을 막기 위해서는 핵개발이 필수불가결하다고 결론짓는 국가들이 적지 않다. 2002년 제네바 합의의 붕괴 이후 북한이 핵개발에 박차를 가하여 2006년 10월 마침내 핵실험까지 하게 된 이면에는 이런 계산이 작용하지 않았나 추정해 볼 수 있다. 앞서 지적했듯이 핵군축이라는 NPT체제를 떠받치고 있는 하나의 기둥에 문제가 생기면 이는 전체 NPT체제의 붕괴 가능성으로 이어질 수 있는 것이다.

3. 비국가 행위자(Non-state Actor)의 대두

비국가행위자로부터의 위협은 점차 심각한 현실 문제로 대두되고 있다. 파키스탄의 칸(A. Q. Kahn)의 지하 핵네트워크는 이란, 북한, 리비아 등에 핵무기 관련 기술과 장비, 디자인 등을 비밀리에 제공한 것으로 밝혀졌다. 이러한 사례에서 볼 수 있듯이 개인, 기업, 단체 등 비국가행위자와 국가간 검은 거래의 가능성은 항상 존재한다. 또 이런 비국가행위자의 네트워크를 통해 테러단체 등에 핵물질이나 핵기술에 제공될 가능성도 결코 배제할 수 없다.

그럼에도 불구하고 현재 NPT체제는 국가만을 대상으로 규율하고 있으며 비국가행위자는 규제의 대상에서 제외되어 있다. 그러나 점차 심각한 위협으로 대두하고 있는 비국가행위자를 규제의 사각지대에 언제까지나 남겨둘 수는 없다. 이들에 대해서는 억제(deterence)나 검증내지 감시라는 개념이 애초에 적용되지 않는 만큼 새로운 접근방법을 모색해야 한다. 핵무기나 핵물질에 대한 이들의 접근을 원천 봉쇄하기 위해 핵물질에 대한 철저한 국제통제를 도입한다거나, 핵무기나 핵물질 거래에 개입한 자를 전쟁범죄 등을 저지른 자와 동일한 차원에서 처벌

한다거나, 이들에 대해서는 보편적 관할권(universal jurisdicion)을 인정하는 등의 방안을 생각해 볼 수 있다. 물론 이러한 방안은 현재의 NPT 체제의 범위를 훨씬 초과하는 것이다. 문제는 테러단체 등 비국가행위자의 위협을 얼마나 심각하게 보느냐에 상당 부분 달려 있다. 이에 대해 많은 수의 전문가들이 오늘날의 세계가 당면하는 가장 심각한 핵위협은 핵테러리즘이라고 보고 있다.

VI. NPT 체제의 전망

현재 핵비확산체제는 중대한 기로에 처해 있다. 핵비확산체제 앞에 놓인 선택은 크게 세 가지로 볼 수 있다.

첫째는 현상유지(status quo)라고 할 수 있다. 그러나 문제는 과연 현상이 유지될 수 있을 것인가 하는 점이다. NPT가 발효된 후 지금까지 인도, 파키스탄, 이스라엘이 핵을 보유하게 되었고 북한이 뒤를 잇고 있다. 앞으로 머지않은 장래에 10번째 핵보유국이 출현할 수도 있으며 그 나라는 이란이 될 가능성이 크다. 이란이 핵보유국이 되면 11번째, 12번째 핵보유국이 나오지 않는다는 보장이 없다. NPT상의 5개 핵보유국들이 이러한 현실을 언제까지 외면할 수 있을지 궁금하다. 특히 자국의 핵전력을 증강하고 핵교리를 공세적으로 수정하면서 비핵보유국들이 핵무기 포기 공약을 언제까지 준수할 것으로 기대한다면 이는 대단히 비현실적인 기대라고 하겠다.

두 번째는 핵비확산체제의 강화라는 선택이 있을 수 있다. 핵보유국들이 전면적 핵실험 금지조약을 조속히 발효시키고, 무기용 핵물질생산금지(FMCT) 조약을 교섭·출범시키며, 과감한 핵군축에 나서는 것이다. 대신 핵비보유국은 안전조치와 추가의정서를 받아들이는 등 보다 강력한 안전조치와 원자력 수출통제조치를 수용하여 핵확산 가능성을 철저하게 차단한다. 이와 함께 NPT 탈퇴조항을 개정하여 동 조항을 남용하지 못하도록 하는 반면 NPT 의무 위반국에 대해서는 보다 강력한 제재를 가하는 등 전반적으로 NPT체제를 강화해야 한다는 것이다. 오바마 행정부의 출범으로 불과 1~2년 전에만 해도 가능성이 낮았던 이러한 시나리오의 실현 전망이 높아졌다.

마지막으로 핵무기의 완전한 철폐(abolition)라는 선택이 있다. 과거에는 급진 좌파나 진보성향의 이상주의적 지식인들의 몽상 정도로 치부되었던 핵무기 철폐 주장이 최근 들어 점차 외교정책의 주류의 사고로 자리 잡고 있어 주목을 끈다. 미국에서는 이미 전직 국무장관을 지낸 조지 슐츠와 헨리 키신저, 전직 국방장관을 역임한 윌리암 페리, 그리고 상원 군사위원장을 지냈던 샘 넌 등이 주축이 되어 핵무기 없는 세계의 비전을 제시하여 상당한 지지와 공감을 얻고 있다.[46] 지난 미국 대통령 선거에서 민주당의 버락 오바마 후보와 공화당 존 매케인 후보 공히 이 비전에 지지를 보냈으며, 오바마 행정부 출범 이후 중요 어젠다로 핵무기 없는 세계(Nuclear Free World)를 설정하고 이를 추진하고 있다. 물론 이는 오바마 대통령 자신도 자신의 세대에는 실현 불가능할지도 모른다고 인정하였듯이 대단히 장기적 과제다. 또 이러한 비전의 제시도 중요하지만 그것만으로는 부족하며 과연 이 비전을 실현할 수 있는 구체적이고 현실적인 전략이 있느냐가 관건이다. 이와 관련하여 이미 미국의 여러 연구기관들에서는 핵무기의 완전한 철폐를 위한 단계적 전략을 제시하고 있다.[47]

핵무기 철폐론의 핵심은 냉전종식으로 전략환경은 완전히 변했으며 오늘날의 세계에서 가장 심각한 위협은 미 · 러 간 핵전쟁이 아니라 핵테러리즘이나 불량국가의 핵개발과 같이 전통적인 의미에서 억제가

---

46) George P. Schultz, William J. Perry, Henry A. Kissinger and Sam Nunn, "Toward A Nuclear-Free World," *Wall Street Journal*, Jan. 15, 2008.

47) Ivo Daalder and Jan Lodal, "The Logic of Zero: Toward a World Without Nuclear Weapons," *Foreign Affairs*, Vol. 87:6 (2008), pp. 81-95.

용이하지 않은 위협이며 따라서 이에 대처하기 위해서는 새로운 접근이 필요하다는 것이다. 이런 점에서 가장 위험한 추세는 핵확산이며 특히 원자력의 이용이 점차 증대하고 핵물질을 생산할 수 있는 시설이 확산됨에 따라 핵확산의 억제는 갈수록 어려워질 것이며 기존의 NPT 틀로는 이러한 추세에 대응하기에 미흡하다고 본다. 결국 이대로 갈 경우 핵보유국은 더욱 늘어나고 핵물질이나 핵시설에 대한 접근이 용이해져 핵테러리즘의 위험은 현실화될 것이라는 것이 철폐론의 골자라고 할 수 있다. 따라서 이러한 추세를 방지하기 위해서는 궁극적으로 모든 핵무기를 폐기하고 핵물질과 핵시설은 강력한 국제통제 하에 두어야 한다는 것이다.

앞으로 핵무기 철폐론은 더욱 본격적인 논의의 대상이 될 것이다. 특히 오바마 행정부는 이 비전을 실현하기 위해 적극적인 외교공세를 펼칠 것으로 예상된다. 세계 6대 원자력 생산국이자 북한의 핵위협에 직접 노출되어 있는 우리의 입장에서는 과연 어떤 선택이 우리의 이익을 극대화할 수 있는 것인지 심각히 고민할 때다. 핵비확산에 대한 국제적 논의에 무비판적으로 따라 갈 것이 아니라 우리의 국익을 바탕으로 분명한 입장을 가지고 이러한 논의에 적극적으로 참여해야 하여 우리의 국익을 지켜야 한다. 아마 향후 10년은 국제 핵비확산체제의 근간에 대변화가 몰아닥치는 기간이 될 지도 모른다. 이러한 거센 변화의 와중에서 우리의 국익을 점검하고 지키는 지혜와 전략이 그 어느 때보다 절실한 때다.

참고문헌

Daalder, Ivo, and Jan Lodal. "The Logic of Zero: Toward a World Without Nuclear Weapons." *Foreign Affairs*, Vol. 87:6 (2008).

Granoff, Jonathan. "The Nuclear Nonproliferation Treaty and Its 2005 Review Conference: A Legal and Political Analysis." *New York University Journal of International Law and Politics*, Vol. 39 (2007).

IAEA. *20/20 Vision for the Future: Background Report by the Director General for the Commission of Eminent Persons*. Vienna: IAEA, 2008.

Johnson, Rebecca. "Laying Substantive Groundwork for 2010: Report of the 2009 NPT PrepCom." *Disarmament Diplomacy*, No. 91 (2009).

Kittrie, Orde F. "Averting Catastrophe: Why the Nuclear Non-Proliferation Treaty is losing its Deterrence Capacity and How to restore it." *Michigan Journal of International Law*, Vol. 28 (2007).

Muller, Harald. "The 2005 NPT Review Conference: Reasons and Consequences of Failure and Options for Repair." *The Weapons of Mass Destruction Commission,* No. 31 (2006).

Nikitin, Mary Beth, Anthony Andrews, and Mark Holt. "Managing the Nuclear Fuel Cycle: Policy Implications of Expanding Global Access to Nuclear Power." *CRS Report for Congress* (July 1, 2009).

Pfaltzgraff, Robert L. "The Future of the Nuclear Non-Proliferation Treaty." *Fletcher Forum of World Affairs*, Vol. 30 (2006).

Smoke, Richard. *National Security and the Nuclear Dilemma.* McGraw-Hill Humanities Social, 1993.

Sokolski, Henry D. *Best of Intentions: America's Campaign Against Strategic Weapons Proliferation*. Westport, Conn.: Praeger, 2001.

Thakur, Ramesh, Jane Boulden, and Thomas G. Weiss. "Can the NPT Regime be fixed or should it be abandoned?" *Dialogue on Globalization Occasional Papers,* No. 40 (2008).

Walker, William. "Nuclear Enlightenment and Counter-Enlightenment." *International Affairs*, 83:3 (2007).

Waltz, Kenneth. "The Spread of Nuclear Weapons: More may be Better." *Adelphi Paper* 171 (1981).

제2장

핵물질 규제의 현실과 문제점

이병욱 | 한국원자력연구원

오늘날 국제사회의 주요 안보과제 중 하나가 대량살상무기(WMD) 확산을 효과적으로 방지하는 것이다. WMD 중에서도 핵무기비확산 문제는 과거와 마찬가지로 현재도 중요한 이슈가 되고 있으며, 핵비확산체제의 주요 관심은 어떻게 하면 핵물질을 안전하게 관리함으로써 핵폭발 장치의 제조에 전용되는 것을 방지하느냐 하는 것이다.

핵물질 규제는 국가차원의 핵확산을 방지할 목적으로 다자간 또는 양자간 차원에서 추진되다가 9 · 11 사건 이후 개인이나 집단의 불법적인 핵물질 취득을 억제하기 위한 수단으로 그 범위가 확장되었으며, 북한의 핵개발과 이란의 핵개발 추진 의혹으로 원자력의 평화적 이용개발에 대한 제약으로까지 확대되는 양상을 보이고 있다.

본 장은 1945년 미국의 핵실험 이후 핵확산 방지를 위해 전개된 다양한 핵물질 규제 노력을 역사적 · 정치적 관점에서 심층 분석하고 우리의 대응책을 제시하였다. 핵물질을 효과적으로 규제하기 위한 한 방편으로 제도적 장치를 확립하기보다는 핵무기 보유의 동기를 제거하는 환경조성이 중요한 요소로 분석되었으며, 핵물질 규제가 우리나라에 미치는 영향을 최소화시키기 위해서는 기존 국제적 규범을 성실히 준수하면서 우리의 평화이용 의지를 대외적으로 확산시키는 노력이 필요하겠다.

I. 서론

핵무기 개발을 위해서는 핵물질 확보가 우선되어야 한다. 일반적으로 핵무기 제조에 이용할 수 있는 핵물질은 우라늄과 플루토늄이다.[1) 1942년 시작된 맨해튼 프로젝트(Manhattan Project)에서도 고농축 우라늄과 플루토늄을 확보하는 것이 동 프로젝트의 중요한 관건이었다. 원자력은 군사적 목적으로 처음 사용되기는 했으나 발전, 암치료, 선박의 추진동력과 같이 평화적인 목적으로 이용될 수 있으며, 양쪽에 쓰이는 물질이 그 농축도만 다를 뿐 같은 물질이라는 데서 원자력의 양면성이 존재한다. 이러한 이유에서 처음 핵무기를 보유한 미국은 핵물질의 독점적 지위를 유지하고자 핵물질 규제를 시작하게 되었으며, 이후 구소련, 영국 등이 핵실험에 성공하게 되면서 핵물질 규제문제는 국제적인 중요한 문제로 대두되게 되었다.

핵물질 규제를 국제법적 차원에서 처음으로 규정한 것은 1970년 발효된 핵비확산조약(NPT)이다. 이 조약은 핵무기의 수평적 확산과 수적적 확산방지를 목적으로 하고 있지만 주로 핵무기비보유국들의 핵물질을 평화적 목적으로 한정하는 데 주안점을 두고 있고, 핵보유국들의 핵물질 규제는 전략핵무기감축협정(START) 등 핵군축 협정을 통하여 추

1) 넵튬(Np)과 아메리슘(Am)도 핵분열성핵물질로서 핵무기 제조에 이용될 수 있으나 핵비확산체제에서는 일반적으로 우라늄과 플루토늄을 규제의 대상으로 한다.

진되어 왔다. 2001년 9 · 11 사건 이후에는 핵물질 규제의 주요 목표가 국가차원의 전용방지에서 개인이나 단체의 불법적인 핵물질 거래나 보유를 금지하는 쪽으로도 확대되었으며, 이를 법적으로 뒷받침하는 것이 유엔 안전보장이사회 결의(UNSCR) 1540호이다.

이렇게 국제적 핵물질 규제 장치가 확립되어 있는데도 불구하고 북한이 2006년 핵실험을 실시하고, 이란이 핵개발을 추진하는 것으로 알려지면서 이러한 제도적 장치를 더욱 강화하려는 움직임이 일고 있다. 이는 비록 기존의 핵물질 규제장치가 잘 기능을 하고 있지만 NPT 규정을 준수하면서 일정수준의 핵물질을 확보하고서는 NPT를 탈퇴하고 핵개발을 추진할 가능성을 사전에 차단하려는 의도를 갖고 있다. 세계 평화와 국제 안보를 유지하기 위해서는 반드시 핵물질 규제가 필요하겠지만 국가 전력생산의 40%를 원자력발전에 의존하고 있는 우리나라에게도 직 · 간접적으로 영향을 미칠 수 있기 때문에 매우 중요한 문제로서 다루어져야 할 것이다.

WMD 확산 방지가 오늘날 국제사회의 최대 안보목표라는 점과 이를 달성하기 위한 국제사회의 노력이 원자력의 평화적 이용개발에도 영향을 미칠 수 있다는 사안의 중요성을 감안하여 핵물질 규제를 역사적 · 정치적 관점에서 심층 분석하고 우리의 대응방향을 제시하고자 한다. 핵물질 규제에 대한 정확하고 충분한 이해가 바른 정책 대안의 선결요건임을 감안할 때, 과거에 논의되었거나 합의에 도달하여 실제적으로 추진되어 온 국제적인 핵물질 규제조치에 대한 심층적인 분석은 필수요건이라 할 수 있다.

본 장의 제II절에서는 미국을 중심으로 핵보유국들이 추진하였던 핵비확산 수단으로서의 핵물질 규제의 배경과 추진과정을 살펴보았고, 제III절에서는 수평적 · 수직적 확산을 방지하기 위한 핵물질 규제수단과 그 문제점을 심층적으로 분석하였다. 핵물질 규제에 대한 정치적 · 심층적 고찰을 통해 핵보유국들의 핵물질 규제의도를 정확히 이해하는 것은 물론 핵물질 규제가 핵확산 방지의 핵심적인 요소임에도 불구하고 상업적인 이해관계에 중요한 영향을 미칠 수 있는 문제로까지 진전되고 있다는 사실을 파악할 수 있겠다. 이러한 분석하에 국제적으로 추진되어야 할 효과적인 핵물질 규제 방안을 제안하였다. 핵물질 규제에 대한 종합적인 이해를 토대로 제 IV절에서는 최근 논의되고 있는 핵물질 규제가 우리나라에 미치는 영향을 분석 · 평가하고 우리나라가 추진해야 할 정책 방향을 제의하였다.

II. 핵물질 규제 추진 과정과 목표

핵물질 규제는 핵무기 보유국 증가를 방지하기 위한 수단으로 시작되었다. 핵무기를 제조하기 위해서는 핵분열을 동시에 대량으로 일으키게 하는 기폭장치와 함께 핵분열의 원천이 되는 핵물질이 있어야 한다. 핵물질 중에서도 핵무기에 사용할 수 있는 핵물질은 고농축 우라늄과 고순도 플루토늄이다. 세계 최초의 핵무기 개발 계획인 맨해튼 프로젝트에서도 이들 핵물질을 확보하는 것이 프로젝트의 중요한 하나의 관건이었다.

1945년 일본에 핵무기를 투하함으로써 원자력의 위력을 세계에 알린 미국은 소련 및 영국의 핵무기개발을 지연시키기 위한 전략에서 핵물질 및 관련 기술 정보의 비밀화 정책을 추진하였다. 이에 따라 미국은 1946년 원자력법(AEA: Atomic Energy Act)을 제정하게 되는데 이 법이 핵물질 규제의 개념적 기초를 제공하고 있고 최초의 핵물질 규제법이라고 할 수 있다. 또한 이러한 핵물질 규제 개념을 국제적으로 적용하고자 유엔에서 바루크 플랜(Baruch Plan)을 제안하였으며, 이 플랜은 후에 국제원자력기구(IAEA) 설립의 기초가 되었다.

IAEA가 설립되고 1970년 핵무기비확산조약(NPT)이 발효되면서 핵비보유 NPT 당사국들의 모든 핵물질이 IAEA의 규제하에 놓이게 되었다. 이에 따라 NPT는 현재 핵물질 규제의 법적인 기초가 되고 있으며, IAEA의 안전조치는 핵물질 규제의 중요한 수단으로 자리 잡고 있다. 특히 9 · 11 테러사건 이후에는 핵물질 규제의 개념이 핵확산 방지에서 핵테러 방지차원까지 확대되는 경향을 보이고 있고, 평화적 목적을 이유로 문제국가들의 핵물질 구매를 방지하고자 채택한 유엔 안보리 결의 1373호 및 1540호도 국제법적 근거가 되고 있다. 그러나 NPT 비당사국이나 핵보유국들의 핵물질 규제는 효과적으로 이루어지지 않고 있는 것이 현실이다.

1. 역사적 배경 및 추진 과정

1945년 9월 미국의 맥마흔(B. McMahon) 상원의원은 국제협정을 통해 핵에 대한 규제가 어느 정도 가능하나 효과적인 검증제도의 확립은 어렵다는 가정하에 미국의 핵독점을 유지하고자 '맥마흔 법안'을 상원에 제출하였다.

'맥마흔 법안'은 일부 조항의 수정을 거쳐 1946년 8월 의회에서 통과되었으며, 이것이 미국의 '원자력법(AEA)'으로 자리 잡게 되었다. 그 주요 내용을 보면 우라늄 235, 플루토늄 239와 같은 핵분열성물질은 원자력위원회(AEC: Atomic Energy Commi-ssion)의 독점 소유로 하고, 그 생산시설은 물론 수출입도 모두 AEC 독점으로 하고 있다. 다만 우라늄 238, 토륨 232 등 선원물질은 AEC의 관리하에 인허가 받은 주체만이 소유가 가능하도록 되어 있다.[2)]

---

2) 기술적 관점에서 볼 때 미국의 이러한 조치는 당연하다. 자연 상태에서 존재하는 우라늄 동위원소는 235와 238이 있다. 이 중 핵분열을 일으키는 것은 U-235이며, 핵무기급은 U-235가 90% 정도 되어야 한다. 플루토늄의 경우에도 핵분열이 가능한 동위원소는 Pu-239 및 241이다. 이러한 이유에서 미국의 핵물질 규제도 핵무기에 직접 사용 가능한 U-235와 Pu-239, 241에 초점을 맞추고 있으며, 이외의 물질은 규제가 심하지 않았다.

이러한 가운데 미국은 핵물질 규제의 국제화를 동시에 추진하였다. 1946년 6월 미국은 유엔원자력위원회(UNAEC: United Nations Atomic Energy Commission)[3]에 핵확산 방지를 목적으로 하는 바루크 플랜(Baruch Plan)을 제출하였다. 이 제안의 목적은 미국이 핵 독점을 유지하면서 우라늄 생산을 포함한 모든 원자력활동을 국제기관의 통제하에 두려는 것으로서 첫째, 전세계적으로 핵무기 제조를 중지하고, 둘째, 핵무기 제조중지에 대한 감시체제 운영이후 미국이 보유한 핵무기를 폐기하며, 셋째, 감시체제가 운영되고 조약 위반자에 대한 제재조항이 합의되면 미국은 국제기구에 관련 정보를 제공한다는 것이 주요 골자이다. 이에 대해 소련은 첫째, 기존의 모든 핵무기를 해체하고, 둘째, 핵무기 사용을 전면 금지하며, 셋째, 핵통제에 대한 유엔안보리 상임이사국의 거부권 보유를 포함하는 대응안을 제시함에 따라 국제 핵통제에 대한 미 · 소 양측의 타협은 실패로 끝나고 핵개발 경쟁에 돌입하게 되었다.[4]

1949년 소련, 1952년 영국이 핵실험에 성공하자 미국은 1953년 개최된 제8차 유엔총회에서 핵확산을 방지하면서 원자력의 평화적 이용개발을 증진할 목적으로 '원자력의 평화적 이용(Atoms for Peace)' 정책을 제안하였으며, 이를 기초로 현재의 IAEA가 1957년 탄생하게 되었다. 1970년 NPT가 발효됨에 따라 핵비보유 NPT 당사국들은 자국의 모든 원자력활동에 대해 IAEA의 전면안전조치를 받게 되었으며, 이 국가들의 핵물질은 안전하게 규제되고 있다고 보아야 한다.

그러나 공식적인 핵보유국 및 NPT 비당사국들에 대한 핵물질 규제는 효과적으로 추진되었다고 보기 어렵다. 국제사회는 이러한 문제를 해결하고자 '핵무기용핵물질생산금지조약(FMCT: Fissile Material Cut-

3) 유엔원자력위원회는 국제 원자력통제를 목적으로 1946년 1월 발족되었으며, 1949년 활동을 중지하고 1952년 해체되었다.

4) 한국원자력연구소, 『핵비확산 핸드북』(대전: 한국원자력연구소, 2003), p.39.

off Treaty)'의 체결을 추진하였으나 아직 본격적인 협상조차 시작하지 못하고 있는 실정이다. 그나마 다행인 것은 미-러 간 체결한 전략핵무기감축조약(START)에 의거하여 발생되는 잉여의 핵물질이 다시 핵무기 제조에 이용되지 못하도록 하기 위한 노력들은 그 시기가 지연되고 있으나 지속적으로 추진되고 있다.

한편, 평화적 목적이라는 이유로 원자력을 개발하면서 이를 전용하여 핵개발을 추진하였던 북한의 사례와 이러한 경로를 밟고 있는 이란의 사례를 거울삼아 국제사회는 핵물질에 대한 규제를 더욱 강화하려는 움직임을 보이고 있다. 또한 테러 그 자체는 과거부터 존재해 온 위협요인이지만 9 · 11 테러는 피해의 범위, 형태 및 조장하는 공포의 측면에서 과거의 소규모 테러와는 비교할 수 없는 사건이었다. 9 · 11 테러 이후 테러범들이 핵무기 또는 방사능 폭탄(dirty bomb)[5]을 사용할 경우 세계적 차원의 재앙이 발생할 수 있다는 우려가 설득력을 갖게 되었다.[6] 결국 핵물질 확산이 테러와 결합할 경우 엄청난 재앙을 유발할 수 있다는 현실인식이 자리잡으면서 핵물질 규제에 대한 범세계적 다양한 조치들이 추진되어 왔다.

2. 핵물질 규제의 목표

핵무기 확산을 방지하거나 핵물질의 불법적인 확산을 방지하기 위한 노력은 크게 세 가지 목표에서 추진되어 온 것으로 분석된다.

---

5) 방사능 폭탄이란 다이너마이트(dynamite)와 같은 폭발물에 고방사선을 띠거나 고방사능을 갖는 방사성 물질을 혼합 · 폭발시켜 방사능을 확산시키는 폭탄을 말한다. Charles D. Ferguson et al., "Commercial Radioactive Sources: Surveying the Security Risks," *Occasional Paper* No.11 (Monterey: Center for Nonproliferation Studies, January 2003), pp.18-19.

6) 전성훈, "PSI와 한국안보,"『국가전략』제14권 2호(성남: 세종연구소, 2008), p.36.

첫 번째 목표는 핵물질 규제의 기본적인 개념이었던 핵무기의 수평적 확산을 방지하는데 초점을 맞추고 미국이 추진하였던 독점전략과 핵무기 보유국을 5개국으로만 한정하기 위한 조치들로서 NPT가 그 기반을 제공하고 IAEA 안전조치가 주요 수단으로 활용되고 있다. 예를 들면 핵무기를 보유하지 않기로 약속한 핵무기 비보유국들은 평화적 목적의 핵물질을 핵무기 제조에 전용하지 않음을 보장하기 위해 IAEA의 전면안전조치를 수용하고 있다. 또한 최근 제기되고 있는 개념으로 수평적 확산을 근본적으로 차단할 목적에서 추진되고 있는 것이 핵연료 공급보장이다. 부시 대통령은 2004년 2월 미 국방대학교에서 행한 연설에서 핵확산 저지를 위해 농축 · 재처리 시설의 소유는 현 상태에서 상업적 규모의 시설을 보유한 국가로 한정하고 나머지 국가들은 관련 시설의 보유를 포기할 것을 제안하면서 핵연료 공급보장을 제안하고 있으며,[7] 이러한 개념은 2008년도에 개최된 G-8 정상회담에서도 확인되었다.

핵물질 규제의 두 번째 목표는 수직적 핵확산을 방지하기 위한 것으로서 핵보유국 또는 NPT 비당사국의 핵무기 건전성을 평가하거나 핵탄두 수를 증가시키지 못하게 하는 조치로서 핵무기용핵물질생산금지조약(FMCT)이 논의되고 있다.

핵물질 규제의 세 번째 목표는 테러리스트나 국가단위의 그룹이 핵물질을 특정 지역에 확산시킴으로써 해당지역을 오염시키거나 사람에게 피폭시키는 것을 방지하는 것이다. IAEA는 9 · 11 사건 이후 핵물질의 안전한 관리를 강화하기 위하여 원자력 방호실(office of nuclear security)을 신설하였고, 관련 국제회의도 빈번하게 개최하고 있으며, 방호기준을 발간하여 핵물질을 사용하는 국가들이 지침으로 활용하도록 지원하고 있다.

---

7) Bush's speech on the spread of nuclear weapons, *New York Times* (February 11, 2004).

III. 핵물질 규제와 문제점

본 절에서는 핵물질을 규제하기 위해 강대국들 또는 국제사회가 구사해 온 주요 수단에 대해서 분석했다. 일반적으로 핵물질 규제는 핵무기 확산에 연계되는 것을 방지하고, '방사능 폭탄(Dirty Bomb)' 제조에 이용되지 못하도록 추진되어 왔다. 따라서 본 절에서는 미-러 간 체결한 핵군축 조약에 따라 발생된 잉여 핵물질들이 다시 핵무기 제조에 전용되지 못하도록 하는 일련의 조치들도 규제의 한 수단으로 보고 분석하였고, 이제까지 규제받지 않던 핵보유국 및 NPT 비당사국들의 핵물질 생산을 규제하기 위한 조치도 분석하였다. 그러나 핵비보유 NPT 당사국들의 핵물질 규제는 IAEA의 전면안전조치체제하에서 유효하게 이루어진다고 가정하고 본 장에서는 논의의 대상에서 제외하였으나 NPT 당사국이라 할지라도 핵확산 우려가 있는 국가들의 민감시설[8] 보유를 방지하고자 하는 최근의 논의 동향을 분석하였다.

1. 잉여 핵물질 처분

냉전 종식 후 지난 20년 동안 미국과 러시아는 각각 10,000기의 핵무기를 보유하고 있었으나 2012년까지 그 보유수를 반으로 줄인다고 약속하였다. 핵군축 과정 또는 민수용에서 발생되는 핵물질(주로 고농축우라늄과 플루토늄)이 다른 나라로 이전되거나 테러리스트의 손에 들어가는 것을 방지하는 과정에서 중요한 요소는 해당 핵물질을 안전하게 관리하고, 재고를 줄이는 것이다. 이에 따라 미-러 양국은 1993년 핵무기 해체에 따라 발생되는 고농축우라늄(HEU)과 플루토늄(Pu)을 상업용 원전에서 연소시키는 방법으로 핵무기급 핵물질 재고를 줄이기로

8) 일반적으로 민감시설은 농축시설과 재처리시설을 의미한다.

합의하였다.[9),10)] 미국은 174톤의 HEU와 34톤의 Pu을 처분하고, 러시아는 500톤의 HEU와 34톤의 Pu을 처분하기로 합의하였다. 그러나 핵무기 해체에 따라 발생되는 모든 핵물질을 처분하는 것이 아니고 각국이 잠수함 및 연구용 원자로에 필요한 HEU는 예외로 하고 있으며, IAEA의 안전조치도 적용되지 않고 있다.

2007년 초 현재 전 세계에 산재해 있는 HEU는 1,400~2,000톤에 달하는 것으로 추정되고 있다. 그 예측치가 불확실한 이유는 러시아가 정확한 정보를 내놓지 않고 있기 때문이다. 미국에서 발생되는 HEU는 미국 내에서 희석하여 국내 원전에 사용하고, 러시아의 HEU는 러시아에서 희석하여 미국으로 수출하고 있다. 러시아가 이러한 프로그램을 채택한 이유는 당시 경제가 어려운 상태였고, 원자력시설들은 중앙정부의 예산에 의존할 수 없던 시절이었기 때문이다.[11)] 2007년 현재 300톤의 러시아산 HEU가 미국으로 수출되었고, 87톤의 미국산 HEU가 저농축우라늄(LEU)으로 전환되었다. 그러나 아직도 미국과 러시아에는 600~1,200톤[12)]의 HEU가 산재해 있어서 미-러의 핵물질 처분프로그램이 핵군축 차원의 의미를 갖기는 어렵다.

2007년 초 현재 전 세계에 산재해 있는 분리된 플루토늄은 약 500톤으로 추정된다. 1993년 미-러 간 합의한 플루토늄 처분계획은 2000년이 되어서야 시작되었으나 그 처분 계획이 지연되고 있으며, 비용도 증가되고 있다. 러시아는 플루토늄과 천연우라늄을 혼합하여 혼합핵연

---

9) 일반적으로 HEU는 농축도가 90% 이상이지만 천연우라늄과 혼합하여 3~5% 정도의 저농축우라늄으로 전환시키면 일반 상업용 원자로의 연료로 사용할 수 있다. 한편 Pu도 천연우라늄과 혼합하여 핵연료로 제조하면 쉽게 상업용 원자로에 이용할 수 있다.

10) 1993년 9월 클린턴 대통령은 유엔에서 "핵무기용 플루토늄, 고농축우라늄의 생산금지 및 분리된 형태로의 플루토늄 과잉축적 억제"를 선언하였다.

11) *Pavel Podvig, The Fallacy of the Megatons to Megawatts program*, http://www.thebulletin.org/web-edition(검색일: 2008.10.14).

12) 600~1,200톤의 HEU는 25,000~50,000개의 핵무기를 제조할 수 있는 양이다.

료(MOX)를 제조한 다음 이를 자국의 고속로에 연소할 계획을 가지고 있다. 러시아가 MOX 연료를 고속로에 연소시키기로 결정한 것은 고속로에서 나오는 사용후핵연료를 다시 재처리하여 핵연료로 사용하겠다는 의도를 가진 것으로 보인다.[13] 미국은 현재 플루토늄을 프랑스에서 MOX 연료로 제조한 후 국내로 반입하여 경수로에 장전하고 있다. 미국은 또한 플루토늄 처분을 가속시키기 위하여 2007년부터 MOX 연료공장의 건설을 시작하여 2014년 완공을 목표로 하고 있으며, 2016년부터 MOX 생산에 들어갈 예정이다.[14] 그러나 이 핵연료 공장을 건설하는 비용을 의회에서 삭감함으로써 사업수행이 늦추어질 전망이다.[15]

2. 핵무기용 핵물질 생산금지조약(FMCT)의 추진

1) FMCT 목표 및 추진 경과

핵무기에 사용될 수 있는 핵분열성 물질의 생산을 금지시키기 위한 조약[16]의 체결을 목적으로 국제사회의 노력이 1990년대 초반부터 시작되어 2000년까지 활발하게 추진되었다. 이 조약은 핵무기나 기타 핵폭발 장치의 제조를 위한 핵물질 생산금지를 목표로 하고 있지만 평화적 목적인 경우 비록 핵무기급 핵분열성물질이라 하더라도 계속해서 생

---

13) International Panel on Fissile Material, *Global Fissile Material Report 2007* (IPFM, 2007), p.3.

14) U.S. Department of Energy, *MOX Fuel Fabrication Facility*, Press Release (Aug 1, 2007).

15) "MOX Project Facing Delays, Higher Costs because of Budget Cuts," *Nuclear Weapons & Materials Monitor*, Vol.12, No.12 (March 13, 2008), pp.3-4.

16) 이 조약의 공식 명칭은 결정되지 않았으나 유엔에서는 "A Non- Discriminatory, Multilateral, and Internationally and Effectively Verifiable Treaty Banning the Production of Fissile Material for Nuclear Weapons or other Nuclear Explosive Devices"로 조약의 성격을 규정하고 있으며, 일반적으로 Cut-off Treaty, Cut-off Convention 또는 FMCT (Fissile Material Cut-off Treaty)로 불리고 있다. 본 장에서는 FMCT를 사용하기로 한다.

산할 수 있다. 또한 이러한 생산활동이 핵확산에 직접 연계되거나 또는 기여하지 않는다는 것을 보장하기 위하여 대상 생산시설이나 생산된 핵물질에 대해서 국제적 검증체제의 적용을 목표로 하고 있다.

핵분열성물질 생산금지는 1990년대 초반에 본격적으로 주목받기 시작했지만 새로운 개념은 아니다. 이미 인도는 1954년에 세계적이며, 비차별적인 핵분열성물질 생산금지조약을 제안했었으며, 이는 당시 핵개발 경쟁을 중단시키는 차원에서 큰 의미를 가졌다. 또한 1956년 미국 아이젠하워 대통령이 비슷한 제안을 하였으나 구소련은 자국의 군사력 규모를 축소시키려는 전략으로 보고 거부하였다. 그 후 미국이 핵무기용 고농축우라늄과 플루토늄의 생산을 각각 1964년과 1988년에 중단하였고, 1989년 고르바초프가 미국의 생산중단 제안에 대해 수용 의사를 표명하여 FMCT 체결 환경이 조성되었다.[17]

이에 따라 1993년 9월 클린턴 대통령은 유엔에서 "핵무기용 플루토늄, 고농축우라늄의 생산금지 및 분리된 형태로의 플루토늄 과잉축적 억제"를 선언하였다. 이는 미국의 핵억지력에 필요한 최소한의 양을 제외한 핵물질에 대해서는 국제적 검증을 수용한다는 것이었다. 이 선언의 기본정신을 이어받아 1993년 12월 제48차 유엔총회는 FMCT 협상에 관한 결의안(RES/48/75L)을 채택하였으며, 1994년 7월 개최된 군축회의(CD) 제3차 회기에서 CD를 FMCT 협상의 장으로 할 것을 합의하였다. 1995년 4월 개최된 NPT 평가 및 연장회의 개최시 채택한 결의안에서도 FMCT를 조기에 협상하도록 촉구하고 있다.[18] 1995년 3월 CD는

---

17) 한국원자력연구소, 『핵비확산 핸드북』(대전: 한국원자력연구소, 1997), pp.134-135.

18) 1990년 NPT 평가회의 이후 핵보유국들은 1995년의 NPT 연장을 위해 많은 노력을 하였다. 당시 핵비보유국들의 불만들, 즉 핵군축, 안전보장 등에 대한 불만을 완화시켜 NPT 무기한 연장을 꾀하는 전략에서 FMCT의 체결을 논의하였던 것으로도 생각된다. 실제로 NPT 무기한 연장 결정 후 FMCT에 대한 협상은 추진력을 잃어가고 있었고, 비록 2000년 NPT 평가회의시 채택한 최종선언문에도 FMCT의 협상을 5년 내에 시작할 것을 명시하고 있지만 별다른 진전이 없

유엔 결의안(RES/48/75L)에 기초를 두고 FMCT 협상 mandate를 갖는 특별위원회(Ad Hoc Committee)를 설립하였으나 의장을 선출하지도 못하고 해체되었다.

FMCT 체결과 관련한 유엔 결의안이나 클린턴 대통령의 선언 등은 핵무기용 핵물질의 생산금지 및 과잉 재고에 주로 초점을 맞추었으나 비동맹 그룹은 재고도 금지의 대상에 포함시킬 것을 요구하여 협상이 이루어지지 못하였다. 또한 인도는 FMCT 협상을 핵군축 시한설정과 연계시켰고,[19] 중국은 미국의 미사일 방어체제와 연계시킬 것을 요구하여 협상시작의 걸림돌로 작용하기도 하였다.[20] 2004년 7월 부시 행정부는 FMCT를 검증하게 되면 그 범위가 광범위할 뿐만 아니라 국가 안보에도 영향을 미치며, 비용도 많이 들 것이라고 주장하면서 검증에 난색을 표하였다.[21] 2008년 7월 개최된 G8 홋카이도 토야고 정상회의의 선언을 통해서도 FMCT의 조기교섭을 촉구하기도 하였으나 이해당사국들의 입장차이로 아직 시작조차 하지 못하고 있다.

이 조약이 발효하게 되면 핵비보유 NPT 당사국들에게 미치는 영향은 거의 없을 것으로 보이나 다음과 같은 효과가 있을 것이다. 첫째, 핵보유국을 포함한 모든 조약당사국에 안전조치를 적용하게 되며, 둘째, 핵보유 의혹국들의 원자력활동을 통제하여 이들 국가에서의 핵무기용 핵물질 생산을 금지시키며, 셋째, 핵보유국들의 핵군축을 촉진시키고, 넷째, 핵비보유국들의 불만 해소에 기여하게 되며, 국제 핵비확산 체제의 불평등한 요소를 조금이나마 완화시킬 수 있을 것이다.

는 상황이다.

19) Victor Bragin, John Carlson & John Hill, "Viewpoint : Verifying a Fissile Material Production Cut-off Treaty," *The Nonproliferation Review* (Fall 1998), p.98.

20) http://www.fas.org/news/china/2000/prc-000914.htm (검색일: 2008.6.18).

21) Daryl G. Kimball, "Securing a Global Fissile Material Production Cutoff: Options for the Conference on Disarmament and Beyond," *Arms Control Today* (December 15, 2006), p.2.

2) 주요 요소 및 쟁점

모든 조약은 추구하는 목표와 이를 이행하기 위한 조치들을 포함하는데, FMCT도 금지의 대상을 향후의 생산만으로 한정할 것인지를 결정해야 하고, 규제대상 핵물질을 정의해야 한다. 이와 병행하여 조약의 이행을 검증하기 위한 제도적 장치의 구축도 이루어져야 할 것이다.

세계 모든 국가들이 FMCT 조기 체결에 대해서는 지지는 하고 있으나 각 국가의 그룹 또는 개별 국가들은 조약의 규제 범위나 대상 핵물질에 대해서 이견을 보이고 있는 바, 이 문제와 관련하여 쟁점으로 대두되고 있는 사항들을 분석 평가하면 다음과 같다.

첫째, FMCT에서 가장 문제가 되는 것은 조약의 규제 범위다. 보다 구체적으로 설명하면 조약의 규제 범위로서 핵무기용 핵분열성 물질의 향후 생산만을 금지할 것인지와 이미 생산되어 있는 핵물질도 포함시킬 것인지에 관한 것이다.

조약이 향후 생산만을 대상으로 할 경우 규제되는 활동은 ①핵무기용 핵물질 생산 금지, ②핵무기용 핵물질의 생산을 위한 원조, 조장, 권유 등의 금지, ③이미 생산된 물질의 이전, 취득의 금지, ④평화목적의 핵물질, 생산시설 및 미래의 생산시설에 안전조치를 적용하는 것이 될 것이다.

핵보유국들은 유엔 결의안(RES/48/75L)에 의거하여 핵무기용 핵분열성물질의 향후 생산만을 금지의 대상으로 할 것을 주장하고 있다. 이는 기존 핵무기용 재고[22] 핵물질을 군사용으로 분류하고 FMCT 안전조치 대상에서 제외시키려는 의도로 보이며, FMCT가 재고를 포함하게 되면 이것이 단순한 비확산 수단이 아니라 핵군축 프로그램의 일부가 될 가능성을 우려하고 있다. 핵보유국들이 핵물질 재고를 규제 대상에 포함하는 것을 반대하는 이유는 다음과 같다.[23), 24)] 첫째, 해군 선박용 고농

---

22) 기존 재고에는 핵무기로 조립되어 있는 핵물질은 포함되지 않으며, 핵무기로 조립되기 위하여 준비된 핵물질 재고를 의미하는 것으로 이해된다.

축우라늄 수요에 대비하고, 둘째, 배치 핵무기가 사용될 수 없을 경우에 대비한 전략적인 재고의 비축이 필요하며,[25] 셋째, 핵무기 신뢰성이나 안전성 문제를 개선하고, 배치 핵무기의 품질보증이나 신뢰성 시험에서 불량으로 판정되는 핵무기를 교체하고, 추가의 핵무기 제조에 사용하며, 넷째, 양국간 협정에 따라 동맹국에 플루토늄을 공급하거나 미국 에너지부(DOE)의 연구개발 프로그램에 사용한다는 것이다. 이러한 이유로 미국은 1998년 8월 개최된 FMCT 특별위원회에서의 발언을 통해 조약 발효 전에 생산된 재고를 조약에 포함시키거나 재고의 보유를 규제하는 것에 반대한다고 밝혔다.[26]

핵의혹국 가운데 하나인 이스라엘은 핵물질 생산금지에 동의하는 조건으로 중동지역에서의 재처리와 농축을 전면적으로 금지할 것을 주장하고 있다. 이는 이스라엘이 민간 및 군사활동 간에 서로 밀접한 관계가 있다고 보고 있기 때문이다.[27] 인도는 FMCT 협상을 핵보유국들의 핵군축과 연계시키는 전략을 구사하다가 자국이 핵실험을 실시한 후로는 그 입장을 철회하였으며,[28] 향후에는 핵보유국처럼 생산만 금지의 대상으로 주장할 것으로 예상된다. 파키스탄도 핵실험을 하기 전에는 "모든 조약 당사국들이 자국의 재고를 선언하고, 비안전조치하의 재고를 최소한으로 유지하여 다른 국가와의 동등성을 유지할 것"[29]을 주장

---

23) United States General Accounting Office, *Department of Energy—Plutonium Needs, Cost, and Management Programs*, GAO/RECD-97-98 (April, 1997), p.1.

24) U.S. DOE, *Storage and Disposition of Weapons—Usable Fissile Materials Draft Programmatic Environmental Impact Statement* (Summary, 1996), p.2.

25) 플루토늄으로 제조한 핵무기는 시간이 경과함에 따라 아메리슘이 생성되어 핵무기의 성능을 약화시키는 것으로 알려지고 있다. 따라서 이 플루토늄을 교체하기 위한 것으로 평가된다.

26) Ambassador Robert T. *Grey, Statement by United States Representative to the Conference on Disarmament* (August 27, 1998).

27) RAND, *The proposed Fissile Material Production Cutoff: Next Steps* (1995), p.7.

28) ISIS, *The Challenges of Fissile Material Control* (Nov, 1998), p.13.

29) RAND(1995), p.26.

하였으나 인도와 마찬가지로 향후에는 생산만을 금지의 대상으로 해야 한다고 주장할 것이다.

핵비보유 NPT 당사국들은 핵무기용 또는 비핵무기용 구분없이 핵물질 생산 및 취급의 모든 활동에 대해 IAEA의 전면 안전조치를 받고 있기 때문에 FMCT 체결로 인한 변화는 없을 것이므로 조약에 재고를 포함시키는데 대하여 원칙적으로 찬성할 것으로 전망된다. 그러나 금지대상으로 재고를 포함하는 문제의 해결 가능성이 적고, 핵보유국들이 민감하게 받아들이고 있기 때문에 조약을 조기에 체결할 목적에서 재고를 제외시키는데 반대하지 않을 가능성이 크다. FMCT의 대상으로 과거 생산한 핵물질의 재고까지 포함시켜야 FMCT의 체결 의미가 있으나 재고를 포함시킬 경우 기존의 핵보유국 및 핵보유 의혹국들의 기득권이 손상을 받게 되며, 자국의 안보전략에 영향을 미칠 수 있다. 따라서 먼저 생산만을 금지시키고 향후 점차적으로 재고를 포함시키는 방안이 FMCT를 조기에 체결할 수 있는 현실적인 안으로 인식되고 있다.

반면 인도네시아, 이란 등은 생산만 금지하는 것은 핵군축 목표 달성에 도움이 되지 않으며, 기존의 가진 자와 못 가진 자의 불평등한 관계를 영속시키게 된다고 주장하고, 재고 및 생산을 모두 금지시키는 것만이 NPT 6조를 충실히 이행하는 중요한 조치임을 주장하고 있다. 재고에 관한 문제를 예외로 하더라도, NPT 비당사국들이 보유하고 있는 핵물질은 큰 쟁점으로 대두될 가능성이 있다. 즉, 인도, 파키스탄 및 이스라엘의 재고를 군사용 핵물질로 인정할 것인지의 문제가 남게 된다.[30] 만일 이 3국의 군사용 핵물질을 인정하지 않으면 이 국가들은 협상에 응하지 않거나 조약에 가입하지 않을 것으로 전망되며, 이러한 경우 조

30) 1998년 12월 개최된 FMCT 협상에 관한 CD 서방그룹 세미나에서 미국은 이들 국가에 대해 제3의 선택(3rd category) 또는 사실상의(de facto) 핵보유국(NWS)의 지위를 부여할 수 없음을 분명히 하였으나 최근 미-인도 간에 원자력협정을 체결하고, IAEA와 인도 간의 안전조치협정이 논의되는 점을 감안하면, 이들 3국 가운데 인도는 사실상의 핵보유국으로서의 지위를 부여받는 것으로 이해된다.

약의 체결 의미가 많이 흐려지게 될 것이다.

FMCT 목표가 핵무기용 핵물질을 통제하는 것이기 때문에 1차적인 규제의 대상은 핵무기급 분열성 물질의 생산에 대한 규제가 될 것이다. 그러나 트리튬(Tritium)과 핵추진 선박용 핵연료의 규제 문제는 쟁점으로 대두될 것이다. 미국은 1998년 8월 개최된 CD 특별위원회에서의 발언을 통해 트리튬 생산에 제한을 가하거나 비폭발 목적의 군사용 핵물질 생산을 금지하거나 제한하는데 반대한다고 밝혔다. 그러나 비동맹그룹은 트리튬과 핵추진 선박용 핵연료의 생산도 금지 대상의 핵물질로 포함되어야 한다고 주장하고 있다.

트리튬은 핵분열성 물질은 아니나 수소폭탄의 중요한 요소로서[31] 핵무기의 신뢰성을 유지하고 폭발력을 증가시키는 데 필요한 물질로서, 소형의 핵무기 제작과 운반을 용이하게 할 수 있는 장점이 있기 때문에 핵보유국들이 쉽게 포기할 가능성이 적은 반면, 핵비보유국들은 고농축우라늄이나 플루토늄을 원료로 제작하는 원자폭탄보다 강력한 수소폭탄의 원료가 되기 때문에 통제를 요구할 가능성이 있다.[32]

현재 '선박용(잠수함 포함) 핵물질'은 안전조치의 대상에서 제외되어 있으나,[33] HEU를 사용하고 있어 검증대상 선정시 쟁점이 될 것이다. 일반적으로 선박용 핵연료는 고농축우라늄을 사용하므로 핵무기 제조에 직접 전용할 수 있기 때문에 FMCT가 목표한 대로 기능을 발휘하기

---

31) 1998년 12월 개최된 FMCT 협상에 관한 CD 서방그룹 세미나에서 대부분의 발표자들은 트리튬(Tritium)은 핵분열성 물질이 아니므로 조약의 범위에 포함시키지 말자는 견해가 지배적이었다.

32) 수 KT 정도의 핵무기는 우라늄이나 플루토늄을 사용하여 제작하지만 수백 또는 수천 KT 규모의 핵무기를 제작할 경우 많은 우라늄이나 플루토늄이 필요하게 되어 그 무게가 많이 나간다. 이러한 경우 운반하는 데 문제가 있으나 트리튬을 사용하여 수소폭탄으로 제조하면 그 무게를 줄일 수 있기 때문에 트리튬을 통제하자고 주장하는 것으로 보인다.

33) Chunyan Ma & Frank von Hippel, "Ending the production of Highly Enriched Uranium for Naval Reactors," *The Nonproliferation Review* (Spring 2001), p.87.

위해서는 선박용 HEU가 전용되지 않았음을 확인할 수 있는 제도적 장치가 구축되어야 할 것으로 판단된다. 이의 한 방안으로 HEU 대신 저농축우라늄(LEU)을 사용하는 것도 고려해 볼 수 있다. 그러나 선박용 핵연료를 통제하는 것은 잠수함을 사찰해야 하는 군사적 보안성 등의 문제로 현실적으로 상당한 어려움을 내포하고 있다.

3. 근본적인 핵확산 차단을 위한 핵연료 공급 보장

최근 기존 핵비확산체제의 허점을 이용하여 민수용 원자력기술을 군사용으로 불법 전용코자 하는 시도가 세계 곳곳에서 감지되어 왔다. 또한 테러리스트와 같은 비국가 단체로의 민감 핵물질의 유출 위험성도 더욱 경각심을 일깨우고 있다. 다른 한편으로는 온실가스 저감을 위한 원자력의 역할과 필요성에 대한 인식이 제고됨에 따라 향후 원자력 이용개발이 활성화될 전망이며, 이에 따라 많은 국가들이 자체적인 핵연료주기 시설 개발을 고려하거나 핵물질 공급보장을 추구할 가능성도 전망할 수 있다.

따라서 평화적 목적의 원자력활동은 진흥하되, 핵무기확산 가능성은 배제할 수 있는 2가지 목적을 동시에 충족할 수 있는 방안의 필요성이 더욱 절실해 지고 있다.[34] 이에 따라 원자력안보를 강화하기 위한 국제적 노력의 강화 차원에서 IAEA 엘바라데이 사무총장은 다국적 핵연료주기 관리를 제안하였으며, 러시아는 국제우라늄농축센터의 설립을 제안하여 놓고 있는 상태다. 더 나아가 부시 대통령은 2004년 2월 행한 국방대 연설에서 당시 기준으로 상용의 농축 및 재처리 시설을 보유하지 못한 국가들에게는 이에 대한 기술의 접근을 차단하여 핵확산을 방지하겠다고 발표하였으며, 이러한 정책은 NPT, 원자력공급국그룹(NSG)

---

34) 이한명, "핵연료 공급보장 제안과 전망분석," 한국원자력연구원, 『원자력정책연구 브리프 레포트』 5호 (2007.9).

등에서 미국의 대외정책으로 반영 중에 있다.

1) 부시의 농축, 재처리 금지정책

부시 대통령은 2004년 2월 11일 미국 국방대학원에서 행한 연설에서 대량살상무기(WMD: Weapons of Mass Destruction)의 개발과 확산에 대응하기 위한 조치를 발표하였는바 다음의 두 가지로 요약된다.[35] 첫째, 세계 원자력 수출을 선도하는 수출국들은 원자력의 평화적 이용을 추구하는 국가들이 농축과 재처리를 포기하도록 적절한 가격으로 신뢰있는 공급자가 되도록 노력해야 하며, 둘째, 40개의 NSG 국가들은 현재 상용 농축 및 재처리 시설을 보유하지 않고 있는 국가에게 농축 및 재처리 장비 및 기술의 판매를 거부할 것을 주문하고 있다.

부시 대통령은 이 제안을 NPT의 허점을 봉쇄할 유효한 수단으로 생각하고 있다. NPT가 핵무기 확산을 방지하기 위한 수단으로 가동된 지 30여 년이 지났으나, 북한이나 이란의 사례에서 보는 바와 같은 허점이 노출되고 있다는 것이다. 즉 핵비확산체제는 민수용 원자력프로그램이라는 미명하에 핵무기용으로 전용될 수 있는 핵물질의 생산을 가능케 하였다는 것이다. 이러한 논리하에 부시 대통령은 농축 및 재처리를 포기하는 국가에 대해서는 민수용 원자력발전소의 핵연료를 합리적인 가격으로 신뢰성있게 이용할 수 있다는 점을 주요 원자력수출국들이 보장해 줄 것을 제안하고 있다. 즉 부시 대통령은 원자력을 평화적 목적으로만 이용하고자 하는 국가에게는 농축이나 재처리가 필요하지 않다는 입장을 밝히고 있다. 구체적인 방안으로 부시 대통령은 이미 가동 중인 상용의 농축 또는 재처리 시설을 보유하지 못한 국가에 대해서는 NSG가 농축이나 재처리 관련 장비나 기술의 판매를 거부할 것을 제안하고 있다. 즉 부시 대통령은 이러한 조치를 시행하면 또 다른 나라들

---

35) The White House Office of the Press Secretary, *Strengthening International Efforts Against WMD Proliferation* (February 11, 2004).

의 핵무기용 핵물질 생산수단 추구를 막을 수 있다고 판단하고 있다.

이 제안은 기존의 NPT가 1967년 1월 1일 이전에 핵무기를 보유한 국가만을 핵보유국으로 인정하고 나머지 국가들은 핵무기를 보유하지 못하도록 하는 것과 마찬가지로 차별적 성격의 제안으로 간주되고 있어서 이 제안이 보다 구체화될 경우 신규 국가의 이러한 범주에의 진입은 더욱 어려워질 것이다. 이러한 추세에 대응하여 상용규모의 농축시설을 보유하지 않고 있는 캐나다는 2008년 G-8정상회담에서 미국 및 여타 G-8회원국들에게 과거 G-8정상회담에서 합의한 민감시설의 일시적 이전중단 합의를 지지하지 않을 것이라고 통보하는 등 반대의사를 분명히 하고 있다.[36)]

부시 행정부가 제안한 핵비확산 정책은 카터 행정부의 정책보다 엄격한 것으로서 민감 핵연료주기를 통제하고 기존에 관련 시설을 보유하고 있는 특정의 몇몇 국가에게만 핵연료 주기 활동을 허용하려는 것이다. 적절한 가격으로 핵연료를 공급하려는 방안은 카터 행정부가 제안하였던 공급보장 체제와 유사하지만 민감 기술 및 시설의 이전을 전면 금지하는 방안은 핵비확산 체제를 성실하게 준수하고 있는 국가들의 핵연료 주기시설까지도 제한하는 것으로 평가된다.

미국의 제안에 대해 민감 핵주기 시설을 보유하지 않고 있는 NSG 참여국들이 반대의사를 표명하여 전면적인 금지정책은 철회했지만, 2005년 NSG 지침 개정작업에서 민감기술 및 시설의 이전에 대해 과거보다는 보다 까다로운 이전조건을 부과하기로 합의하였다. 그러나 미국은 전면적인 금지에 가까운 방향으로 대외정책을 추진할 가능성은 남아있다. 이는 NPT 당사국으로서의 지위를 이용하여 원자력의 평화적 이용을 추구한다는 구실하에 민감한 핵주기 시설을 확보한 후 NPT 등을 탈퇴하면 현실적으로 이를 제지할 수단이 없기 때문이다.

---

36) Nucleonics Week, *G8 adopts interim measure on sensitive nuclear exports*, Vol.49, No.29 (July 17, 2008), p.11.

2) IAEA 사무총장의 다국적 핵주기관리 제안

IAEA 안전조치가 효과적으로 이행되고 있는데도 불구하고 이란이 핵개발을 추진하는 등 평화적 이용개발의 허점을 이용한 핵확산 문제로 인해 핵비확산체제의 개선 필요성이 다시 강조되고 있다. 이에 따라 IAEA 사무총장은 원자력의 평화적 이용이 핵확산에 연계되지 않도록 주의를 촉구하여 왔으며, 기존의 핵비확산체제하에서 농축, 재처리 및 사용후핵연료 관리 등 민감한 핵주기 분야에 대한 국제적 관리의 재평가를 제안하였다. 이는 2003년 9월 개최된 IAEA 총회에서 '핵연료주기에 관한 국제협력에 대한 아이디어'를 제기하면서 구체화되었고 2003년 10월 『이코노미스트 (*The Economist*)』에 기고하면서 더욱 발전시키게 되었다.

엘바라데이 사무총장 제안의 주요 내용은 합법적인 핵연료주기의 이용개발은 보장하되, 핵무기 제조에 이용 가능한 핵물질을 다국적 통제하에서 관리하자는 것으로서, 이코노미스트지 기고에서 다자간 원자력 접근 방안과 관련하여 다음 3가지를 제안하였다.[37)]

첫째, 민간 원자력 프로그램에서 핵무기급 핵물질의 처리를 제한하고, 재처리 및 농축을 통한 신규 핵물질의 생산을 제한하며, 이 시설들의 운영은 합의에 의해 다국적 관리하에서만 취급하여야 한다고 제안하였다. 또 IAEA의 안전조치하에서 평화적 목적의 핵연료의 공급이 보장되어야 한다고 제안하였다.

둘째, 핵무기 제조에 직결될 수 있는 물질의 사용을 방지할 수 있는 설계를 채택한 새로운 원자력시스템을 보급하여야 한다고 제안하였다. 또 이런 시스템들은 모든 국가들이 핵물질을 핵무기 생산에 전용하지 못하도록 하고, 이런 물질의 비밀 제조를 위한 시설 및 장비의 오용을 방지하고, 지속적인 평화적 이용을 보장하기 위해 효율적으로 감시할

---

37) Mohamed Elbaradei, "Towards a Safer World," *The Economist* (October 16, 2003).

수 있는 특징들을 가져야만 한다고 제안하였다.

셋째, 사용후핵연료 및 방사성폐기물의 관리 및 처분을 위한 다국적 관리 방안을 강구해야 한다고 제안하였다. IAEA 사무총장은 50개국 이상이 임시 저장소에 사용후핵연료를 보관하고 있으며, 재처리나 처분을 기다리고 있다고 주장하였다. 또 모든 국가들이 방사성폐기물의 적절한 처분 부지를 확보하지 못한 상황으로, 연구 목적 등의 소규모 원자력 프로그램을 가지고 있는 대다수 국가의 경우 그런 처분 시설의 건설 및 운영에 필요한 재정적·인적 재원 확보는 어렵다고 주장하고 있다.

상기 취지에 입각하여, IAEA 사무총장은 2004년 6월 IAEA 이사회에서 선행 및 후행 핵연료주기의 가능한 다자간 접근 방안을 강구하기 위한 국제전문가그룹을 지명했다고 발표하였다. 이 그룹의 임무는 다자간 원자력 접근방안과 관련한 이슈들 및 가능한 모든 옵션들을 규명하는 것이었다. 전문가그룹은 최종 결과를 사무총장에게 보고서로 제출하였으며, IAEA 사무총장은 이를 2005년 NPT 평가회의에 보고하였다.

전문가그룹은 시설의 소유권, 기존시설 활용 또는 신규시설 건설이라는 옵션을 전제로 하여 다음과 같은 5가지 다자간 핵주기 협력 방안을 제시하고 있다.[38] 첫째, 기존 시장체제를 강화하는 방안으로 사례별로 장기계약을 체결하고 정부의 공급을 보장하는 방식이며, 구체적으로는 연료대여 및 회수, 상용 핵연료 은행방식을 제안하고 있다. 둘째는 IAEA가 참여하여 국제적 공급을 보장하는 방안으로 IAEA가 공급의 보증인(guarantor of service supplies), 예로 연료은행의 관리자(administrator)가 되는 방식이다. 셋째는 핵무기보유국, 비보유국 및 NPT 비회원국이 모두 참여하여 기존 시설을 다자간 핵주기 관리방식(MNA: Multilateral Nuclear Approach)으로 자발적으로 전환하여 신뢰

38) IAEA, *Multilateral Approaches to the Nuclear Fuel Cycle: Expert Group Report submitted to the Director General of the International Atomic Energy Agency*, INFCIRC/640 (February 22, 2005), p.15.

구축수단으로 활용하는 방안이다. 넷째는 자발적 협정을 체결하여 새로운 시설을 위한 다국적, 지역간 MNA를 창설하여 공동 소유, 공동 운영하는 방안이다. 다섯째는 원자력이 전 세계적으로 더욱 활성화될 경우에는 더욱 강화된 지역 간 또는 대륙 간 국제협력을 통한 핵연료주기 개발이 필요할 것으로 제안하고 있다.

다자간 핵주기 접근 방안은 핵확산을 방지하기 위하여 농축 및 재처리 등 민감 핵주기 시설을 국제합의에 의해 다국적 관리하에서 취급하는 것을 목표로 하고 있다. 이 제안은 강화되는 핵비확산체제에서 안정적이고 평화적인 원자력의 이용을 도모하고 있다고 볼 수 있으나, 과거 1970~80년대 이와 유사한 평가 작업에서와 같이 경제성 있는 핵연료 공급 보장의 불확실성, 시설의 소유권 및 관리 문제 등의 이유로 성공하지 못하였는 바, 향후 추진전망은 밝지 않다.

3) 러시아의 GNPI(Global Nuclear Power Infrastructure)

러시아 푸틴 대통령은 2006년 1월 유라시아 공동체 회의에서 원자력 발전을 위한 전세계적 인프라(GNPI)개발의 일환으로 국제핵연료주기 센터(INFCC: International Nuclear Fuel Cycle Center)로 구성된 네트워크의 구축을 제안하였다.[39] 푸틴 대통령 제안의 주안점은 원자력발전을 추진하고 있으나 민감기술을 추구하지 않는 국가에게 핵연료주기를 차별없이 신뢰성있게 이용할 수 있도록 하자는 것이다.

러시아는 INFCC 설립의 첫 단계로 국제우라늄농축센터(IUEC: International Uranium Enrichment Center)를 IAEA의 감독하에 러시아 영토 내에 설립하는 구상을 추진하여 마침내 2008년 8월 동부시베리아의 앙가라스크 지역에 국제우라늄농축센터를 설립하였다.[40] 현재는 카자

---

39) IAEA, *Communication received from the Resident Representative of the Russian Federation to the Agency transmitting the text of the Statement of the President of the Russian Federation on the Peaceful Use of Nuclear Energy*, INFCIRC/667 (February 8, 2006), pp.1-3.

흐스탄과 아르메니아만이 참여하고 있으나 다른 나라의 참여를 위한 접촉도 활발히 추진 중에 있다. IUEC의 전체적인 구조는 러시아와 IUEC에 참여하는 국가들 간에 양자간 또는 IAEA를 포함한 다자간 협정을 체결하고, 이러한 협정의 틀 아래에서 참여국들은 정부기구에 준하는 집행기구를 설립하여 IUEC의 운영에 대한 제반 지침을 마련하고, 기업들로 구성된 합자회사 형태의 IUEC를 설립하며, IUEC의 운영과 주주들의 경영 참여방안, 시장전략, 이익 배분 등을 결정하는 구조로 되어 있다.[41)]

IUEC 참여에 있어서 고려해야 할 주요 요소는 농축기술의 공유 여부이다. 이에 대하여 러시아는 참여국은 경영에는 참여하나 러시아의 농축기술을 공유하는 것은 아니라는 입장을 분명히 하고 있다.[42)]

4. 핵테러 방지를 위한 핵물질 규제

1) 방사능 테러 위협의 증가

1990년대 이전만 해도 상업용 방사성 물질의 경우 주로 방사선 피폭과 관련한 안전성 측면에서 관리되어 왔다. 그러나 1990년대 구소련의 붕괴 이후 구소련의 신생 독립국을 중심으로 방사성 물질의 분실, 도난, 불법거래 등의 증가는 방사성 물질의 안전뿐만 아니라 보안 강화의 필요성을 인식하도록 만들었다. 문제는 이러한 방사성 물질들이 비국가 행위자들(non-state actors)에 의해 방사능 테러에 악용될 수 가능성이 높아지고 있다는 것이다.

2002년 6월 미국 정부는 소위 '방사능 폭탄(dirty bombs)'을 이용하

---

40) ENS NucNet (August 7, 2008).

41) N.N. Spassky, *Russian President Initiative on International Uranium Enrichment Center-Background and Objectives* (December 22, 2006), pp.5-7.

42) IAEA, *Communication received from the Resident Representative of the Russian Federation to the IAEA on the Establishment*, INFCIRC/708 (June 8, 2007).

여 미국에 대한 테러 공격 음모와 연루된 알카에다 테러단원을 체포했다고 발표했다.[43] 또한, 2003년 1월 영국 정보당국자는 알카에다가 아프가니스탄에서 방사능 폭탄을 성공적으로 제조했을 것으로 추정되는 문서를 입수했다고 밝혔다.[44] 특히, 영국의 정보당국자는 탈레반 정부가 알카에다에게 방사능 테러에 이용될 수 있는 방사성 물질을 의학용으로 구입하여 제공한 것으로 의심하고 있다.[45]

이것은 전 세계 산업, 의료, 농업, 연구 등의 다양한 분야에서 사용되고 있는 상업용 방사성 물질이 테러집단을 포함한 비국가 행위자들에 의해 악용될 수 있다는 국제적 우려를 자아내게 되었다. 국제원자력기구(IAEA)는 방사능 테러에 사용될 수 있는 높은 위험을 갖는 방사성 물질들이 전 세계 거의 모든 국가에 존재하고 있으며, 구소련 및 다수 개발도상국들을 포함하여 100개국 이상에서 이러한 방사성 물질들을 효과적으로 규제 및 통제할 수 있는 제도가 미비하거나 없는 상황이라고 밝히고 있다.[46]

9·11 테러는 더 이상 테러가 일부 국가에서만 발생할 수 있다는 믿음이 틀렸다는 것과 그 이상의 테러도 가능하다는 것을 믿도록 하는 계기를 만들었다. 이러한 측면에서 방사능 테러는 실제 각국에서 발생할 수 있는 위협으로 작용되고 있다. 특히, 핵 테러는 핵무기용 핵분열성 물질의 상대적인 확보의 어려움으로 그 가능성이 그 만큼 적다고 할 수 있으나, 방사능 테러는 방사성 물질에 대한 상대적 접근이 용이하여 가능성은 그만큼 더 높다고 할 수 있을 것이다.

---

43) CNN, U.S. *authorities capture 'dirty bomb' suspect* (June 10, 2002), http://archives.cnn.com/ 2002/US/06/10/dirty.bomb.suspect(검색일: 2008.7.8).

44) ABC, *Al Qaeda attempted dirty bomb in Afghanistan: UK intelligence* (January 31, 2003). http://www.abc.net.au/pm/stories/s774116.htm(검색일: 2008.7.8).

45) Lexi Krock and Rebecca Deusser, *Chronology of Events*, http://www.pbs.org/wgbh/nova/ dirtybomb/chrono.html(검색일: 2008.7.14).

46) http://www.iaea.org/NewsCenter/Features/RadSources/rads_factsheet.pdf (검색일: 2008.7.14).

2) 방사성 물질의 규제 강화 동향

이처럼 9 · 11 테러 이후 증가되고 있는 방사능 테러 위협에 대처하고자, 국제사회는 고방사선 및 방사능을 갖는 방사성 물질의 취급시설 및 방사성 물질의 운송에 대한 보안과 세계 각국에 대한 방사성 물질 관련 통제 또는 규제 제도를 확립 또는 강화하기 위해 노력해오고 있다.

IAEA는 방사성 물질의 보안을 향상시키기 위한 노력을 주도해오고 있다. IAEA는 9 · 11 테러 이전부터 방사성 물질 관련사고 및 불법거래로부터 규제 제도가 미비하거나 아예 없는 국가들에서 발생될 수 있는 방사성 물질의 밀수, 도난 등 보안 위협에 대한 위험성을 부각시켜 왔다. IAEA 사무총장은 높은 위험을 갖는 방사선원이 전 세계에 분포하고 있는 만큼, 모든 국가가 적절한 규제제도를 확립 및 이행하며, 방사선원의 보안을 증진하기 위한 국제협력을 강화해야 한다는 입장이다.[47]

또한, IAEA는 1996년 IAEA 회원국 정부가 방사성 물질에 대한 규제 제도를 마련할 수 있도록 '전리방사선 방호 및 방사선원 안전을 위한 국제 기초안전기준(BSS: Basic Safety Standards)'을 발간하였으며, IAEA이사회는 2003년 9월 회원국들에게 방사선원의 보안을 강화하고 합리적인 규제 제도를 확립할 수 있도록 '방사선원의 안전 및 보안에 관한 행동강령(Code of Conduct)'을 채택하였다.

미국도 방사능 폭탄에 전용될 수 있는 방사성 물질들이 전 세계에 분포하고 있음을 감안하여, 방사능 테러 방지를 위한 국제사회와의 공조를 강화하고 있다. 미국과 러시아는 방사능 테러 위협이 높은 국가로서, 미국은 2002년 6월 러시아 및 IAEA와 함께 구소련 독립국가에서 보안에 취약한 방사성 물질, 무적 방사선원에 대한 위치 규명, 회수, 보안 확보 및 재활용을 위한 방안을 개발하기로 합의하였다.[48]

---

47) Mohamed ElBaradei, *Statement to the International Conference on Security of Radioactive Sources*, (Vienna: IAEA, March 2003), http://www.iaea.org/NewsCenter/Statements/2003/ebsp2003n007.shtml(검색일: 2008.7.15).

또한, 2003년 7월 프랑스에서 개최된 G-8 정상회의에서 부시 미 대통령을 포함한 G-8 정상들은 모든 국가들이 방사선원의 안전과 보안에 관한 IAEA의 행동강령을 준수하고, 이행할 것을 강조하였다.[49] 또한, G-8 정상들은 고위험의 방사선원은 이를 통제할 수 있는 국가 내의 인가된 최종 사용자들에게만 공급되어야 한다는 수출입 통제 지침을 따르기로 합의하였다.

이와 함께, 국제사회는 동일하진 않지만, 방사성 물질을 핵물질과 유사한 형태의 관리를 주문하고 있다. 2003년 3월 오스트리아 비엔나에서 개최된 '방사선원의 보안에 관한 국제회의'에서는 IAEA 모든 회원국들에게 높은 위험을 갖는 방사선원에 대한 위치 파악, 탐색, 회수 및 보안을 강화하고, 불법 거래를 탐지, 방지 및 대응하기 위한 조치들을 강화할 것을 강조하고 있다.[50] 이는 핵물질방호협약에서 요구하고 있는 핵물질의 사용 · 저장 · 수송 또는 관련 시설에 대한 악의적인 행위를 예방 · 탐지 · 대응한다는 개념과 유사한 것이다. 특히, 미국은 핵 테러의 위협을 감소시키고자 연구로용 핵연료인 고농축우라늄 및 사용후핵연료를 회수 또는 제거하기 위한 세계위협감소구상(GTRI: Global Threat Reduction Initiative)[51]에 방사능위협감소(Radiological Threat Reduction) 프로그램을 추가하고 있다.

---

48) IAEA, *Inadequate Control of the World's Radioactive Sources* (Vienna: IAEA, September, 2002).

49) G8 Statement, Nonproliferation of Weapons of Mass Destruction Securing Radioactive Sources, http://www.g8.fr/evian/english/navigation/2003_g8_summit/summit_documents/non_proliferation_of_weapons_of_mass_destruction_securing_radioactive_sources_-_ a_g8_statement.html(검색일: 2008.7.16).

50) http://www.iaea.org/NewsCenter/Features/RadSources/PDF/findings.pdf(검색일: 2008.7.16).

51) http://www.energy.gov/media/ViennaGTRFactSheetFINAL1052604.pdf(검색일: 2008.7.16).

3) 방사성 물질의 규제 전망

핵 또는 방사능 테러의 피해는 그 범위가 타국까지 확산될 수 있는 사안으로 한 국가의 문제로 취부되지 않을 수 있는 바, 국제협력 강화를 통한 지구적 대응이 필요하다. 특히, 선진국에서 방사성 물질을 잘 관리하더라도 규제가 미약한 국가에서 불법적으로 획득된 방사성 물질이 비국가 행위자에 의해 악의적으로 이용될 수 있는 만큼 국제사회의 공조는 필수적이라 할 것이다. 따라서 핵물질을 보유하고 있는 모든 국가들이 국제적 지침을 준수하고, 자국내의 방서성물질의 보안을 고도의 수준으로 유지하는 것이 긴요하며, 문제발생 시 조속한 해결을 위한 국제협력의 강화가 전개되어야 할 것이다.

이러한 측면에서 방사성 물질에 대한 제도적 장치가 미비한 국가들을 지원하기 위한 국제협력을 강화시켜야 하고, 이들 국가들에 대한 방사선의 보안 개선을 이행하기 위한 국제협력이 전개되어야 한다. 또한 방사성 물질의 불법적 확산으로 인한 파급효과가 크기 때문에 그 관리는 핵물질과 유사한 수준으로 이행되어야 한다.

IV. 효과적인 핵물질 규제 방안과 우리의 대응

1. 효과적인 핵물질 규제 방안

과거 수십 년 동안 국제사회는 핵확산 위협에 대처하기 위하여 많은 노력을 해왔다. 예로 1957년 창설된 IAEA와 1970년 발효된 NPT를 주축으로 핵확산을 방지하기 위한 노력은 지속적으로 강화되어 왔으며, 현재도 강화되고 있다. 그러나 핵물질 규제를 위한 여러 가지 조치들은 다음과 같은 문제점을 안고 있다. 잉여 핵물질 처분의 경우 현재 추진 중인 미국과 러시아의 고농축우라늄 및 플루토늄 처분은 느리게 추진되고 있고 그 처분량이 소량이어서 핵군축 측면에서는 의미가 없으며, 잉여의 핵물질에 대해 IAEA의 안전조치도 적용되지 않고 있는 문제점을 내포하고 있다. 따라서 핵보유국 및 NPT 당사국들이 보유하고 있는 핵물질의 더욱 많은 양이 잉여로 처분되어야 하고, 각 보유국에서 잉여로 지정하려면 IAEA의 안전조치가 적용되어야 한다.

NPT가 1967년 1월 1일 이전에 핵무기 실험에 성공한 국가에 대해서는 그 지위를 인정해 주고 나머지 당사국에 대해서는 핵무기 보유를 금지하여 왔기 때문에 차별적인 조약이라고 비난을 받아 왔지만, FMCT는 핵보유국들의 핵물질 생산시설(또는 핵물질 재고)에 대해서도 안전조치를 적용할 계획이어서 핵비확산 체제의 차별성 완화에 기여하게 될 것이다. 특히 중동 및 남아시아 지역의 NPT 비가입국들이 FMCT에 가입하게 되면 긴장지역으로 인식되고 있는 이 지역의 안보증진 및 신뢰구축에 기여하게 될 것이므로 현재 교착상태에 빠져 있는 핵무기용 핵물질생산금지조약(FMCT)을 체결하기 위한 협상이 조속히 추진되어야 한다. 만일 FMCT가 체결되고 검증체제가 본격적으로 가동되면 최소한 FMCT 당사국들의 핵물질 규제는 적절하게 이루어 질 수 있기 때문이다.

문제국가들의 핵개발 의혹과 핵 밀거래 네트워크가 발각되면서 농축, 재처리 등 민감기술의 확산에 대한 위협이 그 어느 때보다도 가중되고 있다. 이에 대처하기 위한 국제사회의 노력은 선량한 국가들의 평화적 목적의 원자력 이용개발 활동에 부정적인 영향을 미칠 수 있다. 예를 들면, NPT 핵비보유 당사국 중 IAEA 안전조치를 충실히 지키는 국가가 오히려 NPT 4조의 권리를 포기해야 하는 상황이 발생하게 되며, 핵연료 공급보장을 이유로 신규 국가의 농축공장 건설을 원천적으로 제한하는 것은 기존 공급국들만이 공장을 증설하고 서비스를 제공하겠다는 것으로 해석될 수도 있다. 이는 향후 규모의 경제를 갖춘 원전 이용국도 핵연료 공급보장 체제에 의지해야 한다는 것으로 국가 에너지 안보 확보가 위협을 받을 수 있는 문제가 있다.

미국은 부시 대통령의 핵비확산 정책 제안이 가진 국가와 못 가진 국가간에 차별을 두는 것처럼 보이지 않기를 바라고 있지만 상당수의 국가들은 부시의 정책이 상업적 동기를 내포하고 있다고 의심하게 될 것이다. 만일 부시정책이 추진된다면 미국의 농축회사들은 이익을 얻게 될 것으로 전망하고 있다.[52] 이론적으로는 핵연료 주기 시설의 건설로 인해 핵무기 개발로 연계될 위험이 있으나 실제적으로는 상업용 민간 핵주기 시설은 핵확산에 심각하게 기여해 오지 않았다는 사실이 역사적으로 증명되었다. 즉, 핵무기를 추구하는 국가들은 핵무기를 획득하기 위한 노선을 직접 선택했다는 것이다. 이스라엘, 인도, 북한은 연구용 원자로를 사용하였고 파키스탄은 불법 취득한[53] 원심분리 기술을 이용하여 핵무기를 개발하였다. 파키스탄은 핵무기를 개발하는 과정에서 그들의 프로그램이 상업용이라고 밝히지 않았으며, 이라크 역시 상업용이라고 주장하지 않았다. 이란은 비밀 농축 프로그램을 거의 20년간 추진해 왔으나 이 프로그램이 국제사회에 발각된 후에서야 상업용 프로그램이라고 주장하고 있다. 리비아도 농축 장비들을 보유하고 있었으나 상업용 이용개발 프로그램은 보유하지 않았었다.

이러한 측면에서 볼 때 민감 핵연료주기 시설을 제한하는 부시 행정부의 제안은 현재 제기되고 있는 문제의 해결에 도움이 되지 않는다. 따라서 IAEA에서 추구하고 있는 추가의정서의 보편성 추진과 범지구적 수출통제 이행 등과 같이 현재 확립되어 있는 제도를 효과적으로 이용하고 특정 국가가 핵무기 노선을 선택하게 하는 지역의 분쟁을 정치적으로 해결해야 할 것이며, 이들 국가 및 인접국들의 분쟁해결에 더 많은 관심을 가져야 하겠다.[54]

---

52) Byung-Wook LEE and Jae-Soo RYU, "A Balanced approach for current proliferation issues," Proceeding of INMM 48th Annual Meeting(CD-ROM) (July 8-12, 2007).

53) 파키스탄은 Urenco의 원심분리 기술을 불법취득한 것으로 알려지고 있다.

54) Byung-Wook LEE and Jae-Soo RYU(2007).

2. 우리나라의 대응 방향

핵물질을 평화적 목적으로 한정하면서 원자력의 평화적 이용개발을 증진해야 하는 전 지구적 목표를 달성하기 위해서는 우리나라도 적극적으로 동참해야 할 것이다. 따라서 앞에 논의한 여러 가지 양자간 또는 다자간에 이루어지고 있는 핵물질 규제조치를 적극 지지하고 동참해야 할 것이다. 현재 미-러 간에 추진 중인 핵물질 처분 프로그램이 순조롭게 진행되도록 하기 위해서는 NPT 등을 비롯한 여러 관련된 포럼에서의 지지는 물론 미-러에서 발생되는 핵물질을 국내에서 연소시키는 방안도 고려해 볼 수 있다.

한편 FMCT가 발효되더라도 우리나라 원자력 정책 기조와 상충되는 부분은 없는 것으로 판단되므로 현재 교착상태에 빠져 있는 FMCT를 체결하기 위한 협상이 조속히 추진되도록 관련 핵군축 포럼 등에서 우리의 지지의사를 적극 표명해야 한다. 특히 국제적인 핵비확산 체제가 공고하게 구축되면 세계 각국의 원자력 이용개발의 투명성을 증진시키게 되고, 이를 기반으로 원자력 국제협력을 원활하게 할 수 있으며, 각국의 원자력 이용개발을 촉진시킬 수 있는 기회를 제공할 수 있을 것이기 때문이다. 따라서 FMCT는 1995년 NPT 연장시 채택한 "핵비확산 및 군축에 관한 원칙과 목표(P&O: Principles and Objectives for Nuclear Non-Proliferation and Disarmament)"[55]와 1995년 3월 합의되어 위임된 권능(Mandate)에 근거하여 협상되어야 하며, 유엔 결의안 48/75에 의거 비차별이며, 세계적이고 효과적으로 검증할 수 있는 조약으로 탄생되도록 노력해야 한다. FMCT가 그 목적을 달성하기 위해서는 핵보유

---

55) 원칙과 목표의 4항은 "NPT 제6조의 효과적 이행과 완전한 실현을 위해 다음의 조치들이 이행되어야 하며, CD 특별 중재자(Special Coordinator)의 보고와 이에 포함된 권능(Mandate)에 따라 핵무기 또는 기타의 폭발장치에 사용되는 핵물질의 생산을 금지할 비차별적이며, 보편적으로 적용 가능한 조약의 협상을 조속히 착수하고 조기에 완료할 것"을 명시하고 있다.

국 및 핵실험을 실시한 국가들의 참여와 핵군축 노력이 진전되어야 조약 체결의 의미가 있으므로 이들 국가의 FMCT 참여를 촉구해야 할 것이다. 또한 조약을 협상하고 발효시키기까지는 많은 시간이 필요하므로 핵보유국들의 핵무기용 핵물질 생산 중지선언이 계속 유효하게 유지되도록 촉구해야 할 것이다.

한국은 에너지 다소비국으로, 1차 에너지의 97%를 수입에 의존하고 있다. 현재 20기의 원전에서 국내발전량의 40%를 점유하여 국가에너지 안정 확보에 기여하고 있으며, 2030년까지는 10기의 원전을 추가로 건설하여 약 60%의 전력을 원자력발전에 의존할 예정이다. 한국은 원자력발전소를 자력으로 설계/건조하고 있으나, 핵연료주기 분야에서는 성형가공을 제외하고는 원광에서부터 농축까지를 외국에 의존하고 있다. 또한 한국은 특수 상황으로 인하여, 남북 비핵화공동선언을 한 바 있으며, 한국의 이러한 특수한 상황은 국가 에너지 안보의 확보라는 목표에 장애요인으로 작용될 수 있을 것이다.

합리적인 가격으로 핵연료를 공급하겠다는 제안은 1980년부터 3년간 Post-INFCE 작업의 일환으로 IAEA의 원자력공급보장위원회(CAS: Committee on Assurances of Supply)에서 논의되었으나 아무런 결론에 도달하지 못하고 종료된 바 있다. 농축 우라늄이 국제적으로 엄격한 통제대상 품목이기는 하지만, 시장경제 논리에 의해 움직이는 핵연료시장을 계획경제 시장의 수급 형태로 변화시키는 것은 비현실적이며, 합리적 가격 또는 안정적 공급보장을 누가 얼마만큼 책임질 것인지의 문제 등 선결되어야 할 사항이 많은 제안이다.

공급보장 제안은 원자력의 평화적 활동에 관한 각국의 주권을 보장한 NPT 정신과도 상충되며, 몇몇 공급자에 의한 민감 핵주기서비스의 카르텔화를 조장할 수도 있다는 우려를 낳고 있다. 우리나라는 원자력발전 규모나 국가 에너지 안보차원에서 향후 핵비확산성이 확보된 독립적인 핵주기 시설 확보 당위성은 충분하다고 볼 수 있다. 그러나 공급보장 방안들이 실현될 경우 장래의 우리나라의 핵주기 기술자립에 영향을 미칠 여지도 있다. 모든 국가에게 원자력의 평화적 이용에 대한 균등한 기회를 보장하기 위해서는 공급보장 제안은 기존의 상업시장 운영에는 영향이 없어야 할 것이다. 따라서 공급보장 제안은 참여에 대한 확실한 매력 부여, 각 국가의 자발적 판단 존중, 참여국에 대한 공평한 기회 제공을 만족시킬 수 있도록 보완되도록 우리의 입장을 견지해야 할 것이다.

참고문헌

이한명. "핵연료 공급보장 제안과 전망분석." 한국원자력연구원. 『원자력정책 연구 브리프 레포트』 5호 (2007.9).

전성훈. "PSI와 한국안보." 『국가전략』 제14권 2호 (세종연구소, 2008).

한국원자력연구소. 『핵비확산 핸드북』. 대전: 한국원자력연구소, 1997.

______. 『핵비확산 핸드북』. 대전: 한국원자력연구소(개정판), 2003.

ABC. *Al Qaeda attempted dirty bomb in Afghanistan: UK intelligence* (January 31, 2003), http://www.abc.net.au/pm/stories/s774116.htm (검색일: 2008.7.8).

Bragin, Victor, John Carlson, & John Hill. "Viewpoint: Verifying a Fissile Material Production Cut-off Treaty." *The Nonproliferation Review* (Fall 1998).

CNN. *U.S. authorities capture 'dirty bomb' suspect* (June 10, 2002), http://archives.cnn.com/2002/US/06/10/dirty.bomb.suspect (검색일: 2008.7.8).

Elbaradei, Mohamed. "Towards a Safer World." *The Economist*, October 16, 2003.

______. *Statement to the International Conference on Security of Radioactive Sources* (Vienna: IAEA, March 2003), http://www.iaea.org/NewsCenter/Statements/2003/ebsp2003n007.shtml(검색일: 2008.7.15).

ENS NucNet (August 7, 2008).

Ferguson, Charles D., Tahseen Kazi, and Judith Perera. *Commercial Radioactive Sources: Surveying the Security Risks*, Occasional Paper No.11(Monterey: Center for Nonproliferation Studies, January 2003).

Grey, Robert T. *Statement by United States Representative to the Conference on Disarmament*, August 27, 1998.

G-8 Statement. *Nonproliferation of Weapons of Mass Destruction Securing Radioactive Sources*, http://www.g8.fr/evian/english/navigation/2003_g8_ summit/ summit_documents/non_proliferation_of_weapons_of_mass_destruction_securing_radioactive_sources_ -_a_g8_statement.html(검색일: 2008.7.16).

IAEA. *Communication received from the Resident Representative of the Russian Federation to the IAEA on the Establishment*, INFCIRC/708, June 8, 2007.

______. *Inadequate Control of the World's Radioactive Sources* (Vienna: IAEA, September, 2002).

______. *Multilateral Approaches to the Nuclear Fuel Cycle: Expert Group Report submitted to the Director General of the International Atomic Energy Agency*, INFCIRC/640, February 22, 2005.

______. *Communication received from the Resident Representative of the Russian Federation to the Agency transmitting the text of the Statement of the President of the Russian Federation on the Peaceful Use of Nuclear Energy*, INFCIRC/667, February 8, 2006.

International Panel on Fissile Material. *Global Fissile Material Report 2007* (IPFM, 2007).

ISIS. *The Challenges of Fissile Material Control*, Nov. 1998.

Kimball, Daryl G. "Securing a Global Fissile Material Production Cutoff: Options for the Conference on Disarmament and Beyond." *Arms Control Association* (December 15, 2006).

Krock, Lexi, and Rebecca Deusser. *Chronology of Events*, http://www.pbs.org/wgbh/nova/ dirtybomb/chrono.html (검색일: 2008.7.14).

LEE, Byung-Wook, and Jae-Soo RYU. "A Balanced approach for current proliferation issues." Proceeding of INMM 48th Annual Meeting (July 8-12, 2007).

Ma, Chunyan, & Frank von Hippel. "Ending the production of Highly Enriched Uranium for Naval Reactors." *The Nonproliferation Review* (Spring 2001).

New York Times. *Bush's speech on the spread of nuclear weapons* (February 11, 2004).

Nuclear Weapons & Materials Monitor. "MOX Project Facing Delays, Higher Costs because of Budget Cuts." Vol.12, No.12 (March 13, 2008).

Nucleonics Week. *G8 adopts interim measure on sensitive nuclear exports*, Vol.49, No.29, July 17, 2008.

Podvig, Pavel. *The Fallacy of the Megatons to Megawatts program*, http://www.

thebulletin.org/web-edition (검색일: 2008.10.14).

RAND. *The Proposed Fissile Material Production Cutoff: Next Steps*, 1995.

Spassky, N. N. *Russian President Initiative on International Uranium Enrichment Center-Background and Objectives*, December 22, 2006.

U.S. Department of Energy. *Storage and Disposition of Weapons-Usable Fissile Materials Draft Programmatic Environmental Impact Statement*, 1996.

______. *MOX Fuel Fabrication Facility*, Press Release (Aug 1, 2007).

U.S. General Accounting Office. *Department of Energy—Plutonium Needs, Cost, and Management Programs*, GAO/RECD-97-98 (April, 1997).

White House Office of the Press Secretary. *Strengthening International Efforts Against WMD Proliferation* (February 11, 2004).

http://www.energy.gov/media/ViennaGTRFactSheetFINAL1052604.pdf (검색일: 2008.7.16).

http://www.fas.org/news/china/2000/prc-000914.htm (검색일: 2008.6.18).

http://www.iaea.org/NewsCenter/Features/RadSources/PDF/findings.pdf (검색일: 2008.7.16).

http://www.iaea.org/NewsCenter/Features/RadSources/rads_factsheet.pdf (검색일: 2008.7.14).

국제원자력기구와 안전조치

이광석 | 한국원자력연구원

국제적 조약이나 협정을 해당 당사국들이 제대로 이행하고 있는지를 검증하는 현장사찰의 일반적인 개념은 2차 세계대전 후에 생겨났다. 1945년 미국, 영국 및 캐나다는 원자력의 평화적 이용을 확보하기 위해 이에 상응하는 국제적 안전조치(safeguards)의 필요성에 공감하였다. '안전조치'란 원자력의 평화적 이용에 수반되는 핵물질, 장비, 시설 등이 핵무기나 기타의 핵폭발장치 제조에 전용되지 못하도록 검증하는 일련의 활동을 의미한다.[1] 따라서 안전조치는 특정 국가 내에서 이루어지는 원자력 이용개발 활동이 국제사회에 약속한 대로 행해지고 있는지 확인 및 검증하는 제도적 수단으로서, 그 임무는 국제원자력기구

1) 안전조치는 영어의 'safeguards'를 번역한 것으로서 우리가 일반적으로 이용하고 있는 안전(safety)을 확보하기 위한 조치와는 의미가 다르며, 일본에서는 '보장조치'라고 부른다. 한국의 경우 정부 문서인 '핵무기비확산조약'과 우리나라가 IAEA와 체결한 '안전조치협정'에서는 '안전조치'로 표기되어 있고, 원자력 법령에서는 '보장조치'로 표기되고 있으며, 대중매체에서는 '핵안전조치'라는 용어도 사용하고 있다.

(IAEA)가 담당하고 있다.

IAEA 안전조치는 원자력의 평화이용 확보의 가장 중요한 정치적, 기술적 수단으로 인식되어 왔다. 특히 1970년 핵무기비확산조약(NPT) 발효로 NPT 상에 규정된 안전조치를 IAEA가 맡게 되면서 IAEA 안전조치는 국제 핵비확산체제를 지탱하는 명실상부한 수단으로 자리 잡게 되었다. 그러나 냉전체제 종식, 구소련 해체, 핵개발 의혹국 등장 등 시대의 변화에 따라 IAEA 안전조치체제도 변화가 불가피하게 되었다. 1990년대 초반 걸프전쟁 후 유엔이 이라크에 대해 강제사찰을 실시한 결과 IAEA 안전조치가 적용되고 있는 가운데도 비밀리에 핵무기를 개발하고 있었음이 밝혀지고, 북한의 핵개발 의혹이 드러나는 등 IAEA 안전조치체제의 한계가 노출되었다. 이에 IAEA를 중심으로 국제사회가 이를 해결하고자 1997년부터 '강화된 안전조치체제(SSS: Strengthened Safeguards System)'를 확립하여 운용하고 있다.

한국은 1950년대말 원자력 개발을 시작한 이후 지난 50년 동안 세계 원자력 발전 6위국으로 성장하였으며, 향후 원자력의 비중은 더욱 확대될 전망이다. 이를 위해서는 IAEA 안전조치와 같이 국제적으로 투명하게 핵비확산을 보증해 줄 수 있는 수단이 필수적이다. 이러한 인식에 따라 한국은 1975년 NPT에 따른 IAEA 전면안전조치협정을 체결하여 한국의 모든 원자력 활동에 대해 IAEA 안전조치를 적용해 왔으며, 2004년부터는 IAEA 추가의정서를 발효하여 IAEA의 강화된 안전조치체제에도 참여하고 있다.

2000년대 들어 세계적으로 원자력 이용개발이 지속적으로 확대될 것으로 전망되고 있는 가운데 IAEA 안전조치체제는 정치적, 기술적 및 운용적 측면에서 기존의 또는 새로운 도전과제들에 계속 직면하고 있다. 한국을 포함한 국제사회가 이러한 도전과제들을 얼마나 잘 해결해 나가느냐에 따라 향후 국제 핵비확산체제의 강건성이 결정될 것이다.

본 장에서는 이러한 IAEA 안전조치체제를 역사적, 체제적, 기술적, 국제정치적 측면에서 살펴보고, IAEA 안전조치체제가 직면하고 있는 도전과제들을 분석 · 전망한 뒤, 이러한 체제 변화들이 한국에 갖는 함의가 무엇인지 분석하고 대응방향을 모색해 보고자 한다.

I. 국제원자력기구(IAEA)

1. 설립 배경

일본 히로시마와 나가사키에 투하된 원자폭탄의 가공할만한 위력과 피해 상황을 지켜본 미국, 영국 및 캐나다는 원자력에 대한 국제적인 여론을 수렴할 필요성을 절감하였다.[2] 이에 따라 이들 3개국은 1945년 11월 미국 국무부에서 "원자력이 군사적 목적으로 사용되는 것을 방지하고 세계 평화와 인류 복지 향상을 위하여 원자력을 활용하는 방향으로 과학적 지식을 넓혀가는 데 정진한다."는 내용을 요지로 하는 공동선언문을 채택하였다.[3] 이 선언에서 이들 3개국은 원자력이 파괴 목적으로 사용되지 않도록 규제하는 구체적인 대책이 수립된다면 원자력 관련 과학자 및 기술을 교류하여 원자력의 평화적 이용에 적극적으로 협조할 수 있다는 의지를 표명하였으며, 원자력 관련 위원회를 설치하자고 제안하였다.[4] 이후 국제적 논의가 진행되어 1946년 1월 유엔총회 제1차 회의에서 결의안이 통과되면서 유엔원자력위원회(UNAEC: United Nations Atomic Energy Commission)가 설립되었다. UNAEC는 원자력의 국제적 통제를 논의하는 최초의 공개토론장이 되었으며,[5] 원

---

2) 1940년대 초 미국이 원자폭탄 개발을 위해 추진한 맨해튼 프로젝트에 영국과 캐나다가 일부 참여했었다.

3) David Fischer, "Nuclear Safeguards: The First Steps," *IAEA Bulletin* 49-1 (September 2007), p.7.

4) 한국원자력연구소, 『IAEA 핸드북』(대전: 한국원자력연구소, 1995), p.3.

자력 국제기구의 설립에 대한 3차례의[6] 보고서를 작성하여 안전보장이사회의 승인을 받았으나, 미국과 소련의 주장이 대립됨으로써 큰 진전이 없었다. UNAEC는 1949년 8월 소련의 핵실험 성공 이후 더 이상 회의를 갖지 못했으며, 1952년 1월 유엔총회의 의결로 해체되었다.

미국은 국내적으로 원자력법(Atomic Energy Act of 1946)을 제정하고 핵물질[7]과 핵 관련 기술의 국외 확산을 방지하는 독점유지 정책을 추진하였다. 이 정책에 따라 유효적절한 국제적 안전조치가 이루어지고 있다고 미국 의회가 인정하지 않는 한 어떠한 평화적 원자력 협력도 이루어질 수 없었다. 그러나 이러한 미국의 독점유지 정책에도 불구하고 소련은 1949년 독자적으로 원폭실험에 성공하였고, 1953년 수소폭탄 실험까지 실시하였다. 뒤이어 영국도 1952년 핵폭발 실험을 실시하였고, 벨기에, 프랑스, 이탈리아, 스위스, 스웨덴 등도 국제규제를 전혀

---

5) 대표적인 예로서, UNAEC의 초대 미국 대표로 임명된 버나드 바루크(Bernard Baruch)는 "①전 세계적으로 핵무기의 제조를 중지하고, ②감시체제 가동 이후 미국이 보유한 핵무기를 폐지하며, ③국제협약 위반자에 대한 제재조항이 합의되고 감시체제가 가동되면 미국은 국제기구에 원자력 관련 정보를 제공한다"는 내용을 골자로 하는 소위 '바루크 계획(Baruch Plan)'을 UNAEC에서 발표하였다(상게서, p.5).

6) 1차: 1946년 12월, 2차: 1947년 9월, 3차: 1948년 5월(상게서, p.7).

7) '핵물질(nuclear material)'이란 핵무기에 사용되거나 또는 핵무기에 사용되는 물질의 원천으로서, IAEA 헌장 제20조에 정의되어 있다. 이 정의에 따르면 핵물질은 '선원물질(source material)'과 '특수핵분열성물질(special fissionable material)'로 크게 구분된다. '선원물질'에는 천연 상태의 동위원소 혼합물을 함유하고 있는 우라늄, 동위원소 235의 열화(劣化)우라늄(depleted uranium), 토륨(thorium), 금속(metal), 합금(alloy), 화합물(chemical compound) 또는 정광(精鑛, concentrate) 형태의 상기 물질, 상기 물질중의 하나 이상을 IAEA 이사회가 정하는 함유율 이상으로 함유한 물질, IAEA 이사회가 수시로 정하는 다른 물질을 포함한다. '특수핵분열성물질'핵분열을 일으키는 핵확산에 가장 근접해 있는 물질로서 플루토늄-239, 우라늄-233, 동위원소 235 또는 233으로 농축된 우라늄, 상기 물질의 한 종류 이상을 포함하는 물질, IAEA 이사회가 수시로 정하는 기타 분열성물질을 포함한다. 한국원자력연구소,『한국 원자력 협력 표준협정 모델 개발』, KAERI/RR-1689/96 (대전: 과학기술처, 1997), pp.14-16.

받지 않는 독자적인 원자력 기술능력을 확보하기 위하여 국가적 차원에서 원자력 개발을 적극적으로 추진하기 시작하였다.

결과적으로 미국의 독점유지 정책은 본래의 목적을 달성하지 못하고 다른 국가들이 핵무기 개발을 추진하게 만든 셈이 되었다. 또한 여러 선진국이 원자력에 대한 상업적 관심과 원자력의 평화적 이용 개발에 박차를 가함에 따라 미국은 1954년 독점유지 정책을 '통제된 지원 및 협력' 정책으로 변경하였다. 이는 1953년 12월 미국 아이젠하워 대통령의 제8차 유엔총회 연설에서 구체화되었다. 아이젠하워 대통령은 연설에서 '원자력의 평화적 이용(Atoms for Peace)'을 제창하면서, 핵물질을 국제적으로 관리하고 원자력의 평화적 이용을 증진할 국제적인 원자력기구의 설립을 제안하였다. 아이젠하워 대통령의 제안에 따라 국제적인 원자력기구의 헌장 초안을 작성하기 위한 국제적인 노력이 미국을 중심으로 1954년 초반부터 시작되어, 1956년 4월 최종적인 헌장 초안이 작성되었다.[8] 헌장 초안을 최종적으로 채택하기 위한 'IAEA 헌장회의(Conference on the Statute of the IAEA)'가 1956년 9월 20일부터 10월 26일까지 유엔본부에서 개최되었다.[9] 이 회의에는 유엔 회원

---

8) 헌장 초안이 만들어지기까지 2년여의 시간이 소요되었다. 1954년 12월 영국이 미국에게 새로운 기구의 헌장 초안을 제시한 이후 소위 '협상그룹'을 중심으로 협의가 진행되었다. '협상그룹'은 초기에 8개국(미국, 영국, 호주, 벨기에, 캐나다, 프랑스, 남아공화국, 포르투갈)이었다가 후에 소련, 체코슬로바키아, 인도, 브라질이 추가되어 12개국이 되었다. 이들 12개국은 1956년 2월 27일부터 미국 워싱턴에서 소위 'IAEA 헌장 초안 실무회의(Working-Level Meeting on the draft Statute of the IAEA)'를 개최하였고, 1956년 4월 18일 구체적인 헌장 초안을 채택하였다. 한국원자력연구소,『IAEA 핸드북』, pp.8-10.

9) 이 회의는 유엔본부에서 개최되고 유엔 사무국의 서비스를 받기는 하였으나 유엔이 주관(sponsoring)하지는 않았다. 이는 IAEA의 성격을 규정짓는 중요한 의미를 가지고 있다. IAEA가 유엔과 체결한 관계협정(Relationship Agreement)은 IAEA의 계획된 활동과 헌장 내용의 독특한 성격을 수용하고, IAEA를 유엔의 다른 전문기구와는 달리 자체의 헌장과 이사회를 갖는 자치적인 국제기구로 인정하고 있다. 그러나 IAEA는, 관계협정에 따라, 유엔 헌장의 목적 및 원칙에 따르

국이거나 유엔 전문기구 회원국인 81개국이 참가하였으며, 헌장 초안은 1956년 10월 23일 만장일치로 채택되었고, IAEA 헌장은 1956년 10월 26일부터 서명을 위해 개방되었다.[10)]

헌장이 발효되기 위해서는 캐나다, 프랑스, 소련, 영국, 미국 중 최소한 3개국을 포함하여 18개국이 헌장 비준서를 기탁하여야 했다. 1957년 7월 29일 상기 5개국이 모두 비준서를 기탁함으로써 26개국이 비준서를 기탁한 상태에서 헌장이 발효되었고, IAEA가 공식적으로 발족하게 되었다. IAEA의 제1차 정기총회(General Conference)는 1957년 10월 1일부터 10월 3일까지 오스트리아 비엔나에서 개최되었다. 제1차 정기총회에서 10개국의 이사국이 선출됨으로써 준비위원회((Preparatory Commission)[11)]가 지명한 13개국과 함께 총 23개국으로 최초 이사회(Board of Governors)가 구성되었다. 이사회가 1957년 10월 4일 오스트리아 비엔나에서 최초 회의를 개최하면서 IAEA는 제 모습을 갖추어 나가게 되었다.

고 전세계적인 군축체제의 구축을 공고히 한다는 유엔의 정책 및 이러한 정책을 추구하는 국제협정에 부합하는 범위 내에서 자체 활동을 수행해야 한다(상게서, p.29).

10) IAEA 헌장은 전문 23조와 부속서로 구성되어, IAEA의 목적, 구성 및 운영 등 기본골격에 대한 전반적인 사항을 규정하고 있다. IAEA 헌장은 기구 설립을 위한 국제적 협정 또는 조약의 성격을 띠는 것으로서, IAEA 설립의 법적 근거를 제공한다.

11) 준비위원회는 IAEA 헌장이 발효되어 총회가 소집되고 이사회의 이사국이 선출될 때까지 존속한 기구로서, 총 18개국(호주, 벨기에, 캐나다, 프랑스, 남아공화국, 영국, 미국, 포르투갈, 소련, 체코슬로바키아, 인도, 브라질 등)으로 구성되었다. 준비위원회는 헌장 발효 후 제1차 총회의 개최를 주관하며 초대 이사회의 이사국을 지명하고 제1차 이사회 개최를 준비하는 임무 등을 수행하였다.

2. 목적 및 기능

IAEA의 설립 배경에서도 알 수 있듯이 IAEA의 목적은 크게 두 가지로 구분할 수 있는데 이는 IAEA 헌장 제2조에 명시되어 있다. 첫째, "전 세계의 평화, 보건 및 번영에 대한 원자력의 공헌을 촉진하고 확대하는 데 노력"하는 것이다. 둘째, "IAEA 자체나 혹은 IAEA의 요청에 의해서,

〈표 1〉 국제 원자력 기구의 3가지 분야의 기능

분야	기능
원자력의 평화적 이용 증진[12]	• 평화적 목적을 위한 원자력 연구, 개발 및 실제적 활용을 장려하고 지원 • 회원국의 요청이 있을 경우, 한 회원국의 다른 회원국에 대한 서비스의 수행 또는 물질, 장비 및 시설의 공급을 보장할 목적으로 중개자 역할 수행 • 평화적 목적을 위한 원자력 연구, 개발 및 실제적 활용에 유용한 작업이나 용역 수행 • 세계 저개발지역의 필요사항을 충분히 감안하여, 평화적 목적을 위한 원자력 연구, 개발 및 실제적 활용에 필요한 물질, 용역, 장비 및 시설 공급 • 원자력의 평화적 이용에 관한 과학 및 기술정보 교환 촉진 • 원자력의 평화적 이용 분야에서 과학자 및 전문가의 교환 및 훈련 장려
안전조치 적용[13]	• IAEA 자체 혹은 IAEA의 요구에 의하여, 또는 IAEA의 통제나 감독하에서 공급된 특수핵분열성물질 및 기타물질, 용역, 장비, 시설 및 정보가 군사적 목적으로 전용되지 않도록 보장하기 위한 안전조치를 설정하여 실시 • 당사국들의 요청이 있는 경우 이러한 안전조치를 양자간 또는 다자간 약정에도 적용, 또한 어느 국가의 요청이 있는 경우에는 그 국가의 원자력 활동에도 적용
원자력 안전의 확보[14]	• 건강을 보호하고 생명이나 재산에 대한 위험을 최소화하기 위한 안전기준(safety standards)을 설정하고 채택 • IAEA 자체 혹은 IAEA의 요구에 의하여, 또는 IAEA의 통제나 감독하에서 공급된 물자, 용역, 장비, 시설 및 정보뿐만 아니라 IAEA 자체의 활동에도 이러한 안전기준 적용 • 당사국의 요청이 있을 경우 이러한 안전기준을 양자간 또는 다자간 약정에도 적용, 또한 어느 국가의 요청이 있는 경우에는 그 국가의 원자력 활동에도 적용

12) IAEA 헌장 제3조 A.1~A.4.

13) IAEA 헌장 제3조 A.5.

14) IAEA 헌장 제3조 A.6.

는 IAEA의 통제나 감독하에서 제공된 원조가 어떠한 군사적 목적이라도 조장하는데 이용되지 않도록 보장"하는 것이다. IAEA는 원자력의 평화적 이용을 적극적으로 촉진하고 원조하는 기구임과 동시에 이 원조가 군사적 목적에 전용되지 않도록 억제하는 기구라 할 수 있다. 따라서 IAEA는 출범시부터 상반될 수 있는 두 목적을 조화시켜 나가야 할 책무를 지니고 있었다.

이에 따라 IAEA의 기능은 〈표 1〉과 같이 세 가지 분야로 나누어 살펴볼 수 있다.

이들 세 분야는 IAEA의 활동의 세 기둥이 되고 있는데, 예산 및 인력 측면에서 안전조치 분야에 투입되는 자원이 전체의 50%가량 될 정도로 안전조치가 주요 임무가 되고 있다.

3. 구성

IAEA는 기본적으로 회원국들이 모여 구성하는 기구이다. 가입을 원하는 국가는 이사회의 권고에 따라 총회의 승인을 받은 후 수락서를 기탁국인 미국 정부에 기탁함으로써 회원국의 지위를 갖게 된다. 1958년 말 68개국이었던 회원국 수는 2008년 9월 말 현재 145개국으로 증가하였으며,[15] 세계의 주요국이 모두 가입하고 있다.[16] 한국은 'IAEA 헌장회의'에 유엔 전문기구의 회원국 자격으로 초청을 받아 임병직 주유엔대사가 참석하였다. 한국은 IAEA 헌장이 서명을 위해 개방된 당일 바로 IAEA 헌장에 서명하고, 1957년 6월 17일 국회의 비준을 받아 1957년 8월 8일 헌장 비준서를 기탁함으로써 창설회원국이 되었다.[17]

---

15) http://www.iaea.org/About/Policy/MemberStates/index.html(검색일: 2008.10.5).

16) NPT 비당사국인 인도, 파키스탄, 이스라엘은 모두 IAEA 회원국이다. 북한은 1974년 IAEA에 가입하였으나 1994년 6월 탈퇴하여 아직 복귀하지 않고 있다.

17) IAEA 회원국은 명목상 창설회원국(initial members)과 기타 회원국으로 구분

IAEA의 의사결정기구로는 총회와 이사회가 있다. 총회는 회원국의 대표자로 구성된다. 정기총회는 통상 매년 9월 하순에 오스트리아 비엔나에서 개최되며, 이사회의 요청이나 회원국 과반수의 요청이 있을 경우 특별총회가 개최된다. 총회는 이사국 선출, 새로운 회원국의 승인, 회원국의 특권 및 권리의 정지, 이사회 연차보고의 검토, 예산의 승인, 유엔에 대한 보고의 승인, 유엔 및 전문기구와의 협정 승인, 헌장 개정의 승인, 사무총장 임명의 승인 등의 임무를 수행한다.

이사회는 IAEA의 임무를 수행하는 실질적 권위를 가지는 의사결정체이다. 이사회는 퇴임전 이사회가 지명하는 13개국[18]과 총회에서 선출되는 22개국 등 총 35개국으로 구성된다. 이사회는 일반적으로 연 5회(총회후, 12월, 3월, 6월, 9월 총회전)의 회의를 개최하며, IAEA의 사업 및 예산을 검토하여 총회에 권고하고, 회원국 가입을 심의하며, 안전조치 관련 협정 및 IAEA의 안전기준 발행 등을 승인한다. 또한 이사회는 총회의 승인을 받아 사무총장을 지명하는 책무를 지닌다.

된다. 창설회원국이란 유엔 회원국 또는 유엔 전문기구 가입국으로서 IAEA 헌장이 서명을 위해 개방된 날('56.10. 26)로부터 90일 이내('57.1.24)에 헌장에 서명하고, 이후 헌장 비준서를 기탁국인 미국 정부에 기탁한 국가를 말한다. 1957년 1월 24일까지 헌장에 서명한 국가는 한국을 포함해 모두 80개국이었으나 라오스가 이후 비준서를 기탁하지 않아 창설 회원국은 모두 79개국이다. 창설회원국은 IAEA를 창설하는 데 동참한다는 의미에서 별도로 승인받는 가입절차가 필요없었다. 그러나 IAEA에 가입하기를 원하는 기타 국가는 유엔 또는 유엔 전문기구의 회원국 여부에 상관없이 승인 절차를 밟아야만 회원국의 지위를 얻게 된다(한국원자력연구소, 『IAEA 핸드북』, pp.45-46).

18) 이사회 지명이사국은 상임이사국의 개념으로서 IAEA 헌장 제6조 A.1항에 의하면 퇴임이사회는 선원물질의 생산을 포함한 원자력 기술에 있어서 가장 선진한 10개국과 북미, 남미, 서유럽, 동유럽, 아프리카, 중동 및 남아시아, 동남아 및 태평양, 극동 등 8개 지역중 위의 10개국에 의해 대표되지 않은 각 지역에서 가장 선진한 한 국가를 이사국으로 지명하도록 규정되어 있다. 현재 이사회 지명이사국은 미국, 영국, 프랑스, 러시아, 중국, 일본, 독일, 캐나다 8개국과 서유럽국가 중 1개국, 인도, 호주, 남아공화국, 브라질 (또는 아르헨티나) 13개국이다. 우리나라는 아직 이사회 지명이사국에 포함되지 못하고 있다(상게서, pp.70-71).

IAEA의 실무는 사무국(Secretariat)에서 담당하고 있으며, 사무국은 수장(首長)인 사무총장(Director General)이 임명하는 직원으로 구성된다. 사무국은 이사회나 총회와 같은 권한을 보유하고 있지는 못하나, 총회 및 이사회와 더불어 IAEA의 삼두마차 역할을 수행하고 있다. IAEA 사무총장은 헌장 제7조 B항에 따라 이사회의 통제에 따라야 하며 이사회의 권한하에 있어서, 사무총장은 이사회에 의해 채택된 규정에 따라 직무를 수행하여야 한다. IAEA 사무국은 사무총장 산하에 6명의 사무차장이 관장하는 기술협력부, 원자력에너지부, 원자력안전부, 행정부, 원자력과학 · 응용부 및 안전조치부로 이루어져 있다.[19]

II. IAEA 안전조치체제

1. 안전조치체제의 목적 및 역할

IAEA 안전조치체제는 안전조치를 적용하는 법적, 기술적인 총괄적인 체제를 의미하며, 일반적으로 정치적 목적과 기술적 목적을 가지고 있다. 첫째, IAEA 안전조치체제의 정치적 목적은 해당 국가가 자국의 원자력 프로그램이 평화적 이용에 국한하고 있음을 확신시키고, 동시에 안전조치를 받는 핵물질이 핵무기를 만들거나 다른 군사적 목적으로 전용되지 않고 있다는 사실을 국제사회에 확신시키는 데 있다. 이러한 확신이 없을 경우 국가 간 신뢰가 형성될 기반이 없게 되어 국제 핵비확산체제가 마비될 수밖에 없다. 핵무기 개발 시도는 주로 정치적으로 불안정한 지역에서 일어나는 것이 일반적인 추세이기 때문에 안전

---

19) 한국원자력연구원, 『원자력 대외정책 연구』, KAERI/RR-2867/2007 (대전: 한국원자력연구원, 2007), p.33.

조치를 적용함으로써 국가 원자력 이용의 투명성을 증진시켜 상호간의 신뢰를 구축하게 되어 핵확산 동기를 감소시키는 효과도 있다.

둘째, IAEA 안전조치체제의 기술적 목적은 평화적 목적의 원자력 시설에서 핵무기 또는 핵폭발장치를 제조하거나 알려지지 않은 목적으로 사용하기 위하여 유의량(significant quantity)의 수량을 전용하는 것을 적시에 탐지하고 또 조기에 탐지될 위험으로 인해 그러한 전용을 못하도록 억제하는 것이다.[20] 효과적인 억제가 되려면 전용을 즉각 탐지할 수 있도록 안전조치체제가 기술적 능력을 갖추어야 한다.

일반적으로 각 국가는 여러 가지 동기로 IAEA와 안전조치협정을 체결하여 이러한 IAEA 안전조치체제에 참여하게 된다.[21] 첫째, 국제적인 조약에서 요구하는 의무사항이기 때문이다. NPT, 비핵지대조약 등에서는 핵무기비보유 당사국[22]은 IAEA 전면안전조치협정[23]을 체결하도록 규정하고 있으며, 원자력공급국그룹(Nuclear Suppliers Group)[24]은 수출의 전제조건으로서 IAEA 전면안전조치 적용을 요구하고 있다.

둘째, 국제안보 때문이다. NPT에 따른 의무 이행의 검증수단으로서

---

20) 기술적 목적에 대해서는 제3절에 보다 자세히 설명되어 있다.

21) IAEA, *Non-Proliferation of Nuclear Weapons & Nuclear Security: IAEA Safeguards Agreements and Additional Protocol* (Vienna: IAEA, 2005), p. 8.

22) 핵무기비보유 당사국이란 NPT에서 인정한 핵무기보유국을 제외한 모든 국가를 의미한다. NPT에서는 1967년 1월 1일 이전에 핵무기를 개발하여 보유하고 있던 미국, 영국, 소련, 프랑스, 중국 등 5개국을 핵무기보유국으로 인정하고 있다.

23) IAEA 전면안전조치협정은 한 국가 내의 모든 원자력활동에 안전조치를 적용하는 협정으로서 뒤에 자세히 기술한다.

24) 원자력공급국그룹은 1974년 인도의 핵실험이 계기가 되어 원자력 공급국들을 중심이 되어 1978년 구성된 비공식 체제로서 현재 국제적인 원자력 수출통제체제의 중심이 되고 있다. 1978년 소위 '런던 가이드라인(London Guidelines)'이라고 불리는 원자력 품목에 대한 통제지침을 발표하였다. 이후 이 지침은 여러 번 개정되었는데, 현재 지침은 수출조건으로서 IAEA 전면안전조치를 요구하도록 규정하고 있다.

IAEA 안전조치는 핵무기 확산 방지를 위한 국제체제에 없어서는 안 될 요소가 되었다. 유엔총회, NPT 평가회의 및 IAEA 총회에서는 모든 국가가 IAEA 안전조치체제에 참여할 것을 촉구하고 있다.

셋째, 지역 및 각 국가의 안보 때문이다. 지역안보에 있어 안전조치의 중요성은 모든 비핵지대조약에서 모든 당사국이 IAEA 전면안전조치협정을 체결하도록 요구하고 있는데서도 알 수 있다. 안전조치는 각국 원자력 활동의 투명성 증진에 기여하고 국가 간 신뢰구축수단으로 기능하고 있다. 뒤에 설명할 '강화된 안전조치체제'는 미신고 원자력 활동이 없다는 것을 보증함으로써 당사국들 간의 신뢰를 구축하여 지역안보 증진에 크게 기여할 것이다. 또한 IAEA 안전조치체제에 참여한 국가들은 IAEA의 지원을 받아 보다 증진된 자국의 국가안전조치체제를 구축할 수 있을 것이다.

넷째, 안전조치 적용은 원자력의 평화이용 협력의 전제조건이기 때문이다. 모든 국가는 원자력 이용을 통한 편익을 누려야 하지만 원자력 협력에 따른 핵확산 가능성은 배제되어야 한다. 이에 따라 원자력의 평화이용과 관련된 IAEA의 지원은 안전조치 적용을 전제조건으로 하고 있다. 원자력의 혜택을 누리려는 국가는 그만큼 원자력 안전, 방호 및 효과적인 관리에 있어 책임을 져야 하는 것이다.

IAEA 헌장은 각 회원국에 자동적으로 IAEA 안전조치를 적용할 수 있는 권한을 IAEA에 부여하고 있지 않다. 안전조치 분야에 있어서 IAEA와 각 회원국 사이에 부여되는 권리와 의무는 각 회원국과 IAEA 간의 안전조치협정이 IAEA 이사회의 승인을 받아 체결된 후에 비로소 기능을 발휘하게 된다. 각 국가가 안전조치 의무를 규정하는 IAEA 안전조치협정을 체결하게 되는 동기는 다음과 같이 크게 세 가지 경우로 나눌 수 있다.

첫째, 해당국이 IAEA로부터 또는 IAEA를 통하여 핵물질 및 기타 물질, 서비스, 장비, 시설 및 정보 등을 공급받는 경우이다. 이 경우 IAEA는 공급의 전제조건으로서 안전조치를 요구해야 하며, 이러한 안전조치 내용은 해당국과 IAEA 간에 체결하는 사업협정(Project Agreement)에 명시된다.

둘째, 다른 국가로부터 원자력 관련 지원을 받기 위해 양국간 원자력협력협정을 체결한 경우이다. 일반적으로 양국간 원자력협력협정에서는 수출 또는 이전의 전제조건으로서 수원국이 IAEA와 안전조치협정을 체결하고 IAEA 안전조치를 수용하도록 요구하고 있다. 이에 따라 수원국은 IAEA와 안전조치협정을 체결하게 된다.

셋째, 해당국이 세계적 또는 지역적 핵비확산체제에 가입하는 경우이다. 세계적 체제인 NPT와 지역체제인 중남미비핵지대조약,[25] 남태평양비핵지대조약[26] 등에서는 조약 당사국이 IAEA와 전면안전조치협정을 체결할 것을 의무로 규정하고 있다. 이에 따라 각 조약의 당사국은 IAEA와 전면안전조치협정을 체결해야 한다.

넷째, 핵무기보유국에 해당하는 경우로서 독자적이고 자발적인 경우이다. 핵무기보유국은 NPT상 IAEA 안전조치협정을 체결할 의무는 없으나 IAEA와 자발적 안전조치협정(voluntary-offer safeguards agreement)을 체결하고 지정된 시설에 IAEA 안전조치를 적용하고 있다.[27]

2. 안전조치체제의 역사적 변천

제2차 세계대전 이전까지는 국가 간의 협정 및 조약의 준수는 일반적으로 협정 당사자 간의 신의와 성실에 의존하고 있었으며, 협정 및 조약에서 당사국이 의무사항을 제대로 준수하고 있는지 입증할 수 있

---

25) The Treaty for the Prohibition of Nuclear Weapons in Latin America. 일명「트래테롤코(Tlatelolco) 조약」.

26) The South Pacific Nuclear-Free Zone Treaty. 일명「라로통가(Rarotonga) 조약」.

27) 이러한 자발적인 안전조치 적용은 그들 국가의 민간 원자력 활동에 대한 독자적인 검증의 기본원칙을 수립하게 했고 가까운 장래에는 이들 국가들의 무기통제조치의 검증을 용납하도록 하는 근거가 될 것으로 전망된다.

는 구체적인 방법을 제시하지는 않았다. 그러나 1945년 핵무기의 위력을 경험한 국제사회는 원자력과 관련하여 의무사항의 준수 여부를 입증할 구체적인 방법을 구축할 필요성을 느끼게 되었다. 원자력은 평화적 목적으로 이용될 수 있는 반면 군사적 목적으로도 이용될 수 있으므로, 평화적 목적의 핵물질 및 장비가 군사적 목적으로 전용되지 않았다고 구체적으로 입증하는 안전조치 개념이 대두되었다.

1950년대 미국, 소련 및 기타 선진국들은 원자력 기술, 시설 및 물질을 타국으로 이전하기 위한 원자력협력협정을 체결하였다.[28] 대부분의 원자력협력협정은 제공된 품목에 대해 수령국이 안전조치를 받도록 규정하고 있었다. 수령국은 수령한 물질 및 장비의 사용에 대해 정기적으로 공급국에 보고하고 공급국 사찰관의 검사를 받을 의무가 주어졌다.[29]

이와 함께 지역적 안전조치에 대한 움직임도 시작되었다. 1956년 유럽공동체(EC: European Communities) 국가들은 유럽원자력공동체(EURATOM: European Atomic Community)[30]를 창설하고 지역적 안전조치 제도를 시작하였다.

1959년 3월 일본과 IAEA는 일본 JRR-3 원자로의 핵연료로 사용할 천연우라늄 약 3톤을 IAEA가 공급하는 우라늄공급협정에 서명하였고, 여

---

28) 미국과 소련은 경쟁적으로 원자력협력협정을 체결하였다. 예를 들어, 1959년까지 미국은 42개 국가와 원자력협력협정을 체결하였다.

29) 이러한 공급국의 안전조치 권한은 후에 IAEA 안전조치체제가 구축되면서 공급국, 수령국, 및 IAEA 삼자간 안전조치이관협정에 따라 IAEA에 이전되었다.

30) 제2차 세계대전 이후 유럽 통합의 움직임 속에서 탄생한 EURATOM은 EC 국가들의 단순한 원자력 협력이나 투명성 제고 차원의 기구에 머물지 않고 회원국들 간의 분쟁을 방지하고 경제협력을 증진하기 위한 정치적 통합을 촉진할 목적으로 창설된 기구이다. 즉 EURATOM은 원자력이라는 세부 분야에서의 기능적 통합을 먼저 달성함으로써 서유럽의 단일화를 촉진하자는 취지로 설립되었으며, 두 개의 다른 유럽공동체(유럽 석탄 및 철광공동체, 유럽경제공동체)와 함께 유럽 원자력공동체로 발족하였다. 한국원자력연구소, 『핵비확산 핸드북』(대전: 한국원자력연구소, 2003), p.210.

기에 IAEA 안전조치 적용을 최초로 규정하였다.[31] 1961년 100MW 이하의 원자로에 적용되는 IAEA 안전조치체제[32]가 IAEA 이사회에서 채택되었지만 폭넓은 지지를 받지는 못했다. 소련은 IAEA 안전조치를 개도국의 과학기술 발전을 억누르기 위해 유혹하는 '거미줄'로 간주하며 반대하였으며, 일부 EC 주도 국가들은 IAEA 안전조치를 EURATOM에 대한 잠재위협으로 보기도 하였다. 원자력을 미래의 에너지로 확신하고 있었던 인도 등 제3세계 국가들은 원자력 기술의 이전 대가가 무엇인지 분명해져야 IAEA 안전조치를 수용할 수 있다는 입장에 있었다.[33] 이러한 어려움을 극복하고 1965년 IAEA는 안전조치를 체계적으로 발전시키기 위해 원자로에만 적용되었던 안전조치를 대체하여 INFCIRC/66[34]으로 불리는 안전조치체제를 채택하였다. INFCIRC/66은 부분적 안전조치체제로서 1966년(재처리시설 추가)과 1968년(변환, 가공시설 추가)에 보완되었다.[35] 이 안전조치체제의 대부분은 원전 및 핵

31) 한국원자력연구소(역), 『INFCIRC/153 제정 배경과 조문의 해석』, KAERI/TS-148/2000 (대전: 원자력연구소, 2000), p.2.

32) INFCIRC/26, The Agency's Safeguards System, 1961. 'INFCIRC(Information Circular)'는 일반적으로 IAEA의 모든 회원국들에게 관심의 대상이 되는 경우 발간되는 문서를 가리키는 것으로서, IAEA와 체결되는 국제협정, 이사회 및 총회에 의해 공표되는 각종 규정, IAEA와 각국과 체결되는 중요한 협정, 그리고 기타 회원국들에게 회람시키기에 적합한 사항들을 기록하고 있다. 여기서 '26'은 일련번호이다.

33) David Fischer, "Nuclear Safeguards: The First Steps," *IAEA Bulletin* 49-1 (September 2007), p.9.

34) INFCIRC/66. The Agency's Safeguards System, 1965.

35) 보완본은 INFCIRC/66/Rev.2이다. INFCIRC/66/Rev.2 체제하에서 체결되는 안전조치협정은 각 국가의 특성을 고려해야 하기 때문에 각 협정마다 세부내용이 다양하다. 그러나 안전조치 대상 물질, 시설 또는 이들로부터 파생된 제품들이 군사적 목적으로 이용되지 않도록 하는 것은 각 협정마다 공통적으로 포함한다. 또한 각 협정은 공급국과 수령국이 공통으로 재고 변동에 대한 정보를 IAEA에 즉시 제공함으로써 그 재고량이 항상 가장 최근 데이터로 유지될 수 있도록 규정하고 있다. 이 협정에는 특히 사찰관의 외교관 면책에 관한 부

물질을 공급할 때 공급국과 수령국 간에 합의한 안전조치 적용에 대한 책임을 IAEA에 이전하기로 결정한 결과에 따른 것이다.

1970년 3월 5일 NPT가 유엔총회의 승인을 받아 발효됨에 따라, 이에 따른 IAEA 안전조치 의무를 수행하기 위해서 IAEA는 NPT에 가입할 것으로 예상되는 국가들의 원자력 활동에 대해 효과적으로 안전조치를 적용하기 위하여 적절한 안전조치체제를 구축해야 했다.[36] INFCIRC/66 형태의 안전조치체제는 해당국의 일부 시설에 국한하였기 때문에 NPT 당사국의 모든 원자력 활동에 대해 안전조치를 적용하기에 적합하지 못했다. IAEA 이사회는 안전조치위원회를 설치하고, 1970년부터 약 9개월에 걸쳐 모델 안전조치협정을 완성하였고, IAEA 이사회의 승인을 받아 NPT에 따른 안전조치체제가 INFCIRC/153[37]으로 공표되어 현재까지 IAEA 안전조치의 주종을 이루고 있다. 이 협정을 NPT 안전조치협정이라 부르고 있으며, 해당국의 모든 원자력 시설에 적용한다는 의미에서 '전면(comprehensive 또는 full-scope) 안전조치협정'이라고도 한다.

1990년대 초반 냉전체제 종식, 구소련 해체, 핵개발 의혹국 등장 등 시대의 변화에 따라 IAEA 안전조치체제도 변화가 불가피하게 되었다.

분도 삽입되어 있어 사찰관이 사찰 받는 국가의 영토 내에서 그들이 공식 임무를 적절히 수행할 수 있도록 혜택을 부여하고 있다. 이 체제는 핵무기 비보유국으로서 원자력 프로그램을 갖고 있으나 NPT에 가입하지 않은 국가(인도, 파키스탄, 이스라엘)에 대해 지금도 적용되고 있다. IAEA, *The Safeguards Implementation Report for 2007*, GOV/2008/20 (2008), p.80.

36) NPT 제3조 1항은 "핵무기비보유 당사국은 핵무기나 핵폭발 물질을 개발하지 않고, 조약에 의한 의무사항을 제대로 이행하고 있는가를 입증하기 위하여 자국 내의 모든 평화적 원자력 활동에 대하여 안전조치를 적용받도록 IAEA와 안전조치협정을 체결하여야 한다"고 규정하고 있다. 핵무기비보유 당사국은 IAEA와 가입 180일 이내에 안전조치협정 체결을 위한 협상을 IAEA와 개시하여야 하며, 동 협정은 교섭 개시일로부터 18개월 이내에 발효되어야 한다.

37) INFCIRC/153(corrected). The Structure and Content of Agreements between the Agency and States Required in Connection with the Treaty on the Non-Proliferation of Nuclear Weapons.

핵무기 개발 의도가 있는 핵무기비보유국이 비밀리에 핵무기 개발계획을 추진하는 경우에는 고의적으로 관련 시설을 신고의 대상에서 누락시킬 수가 있으며, 기존의 안전조치체제는 이러한 사실을 탐지하거나 제지할 방법이 없었다. 이라크는 전면안전조치를 적용받는 국가이면서도 비밀리에 핵무기개발을 추진하고 있었음이 유엔 강제사찰을 통하여 발각되었다. 또한 북한에 적용하려던 특별사찰도 실시되지 않아 북한의 핵개발 의혹이 해소되지 않고 있으며, 이란 등도 핵개발 의혹국으로 대두되는 등 기존 안전조치체제를 강화시킬 필요가 제기되었다. 이에 따라 IAEA는 1993년부터 안전조치강화 프로그램을 추진하였고, 1997년 5월 IAEA 특별이사회에서 '모델 추가의정서'가 승인됨에 따라 '강화된 안전조치체제'가 INFCIRC/540[38]으로 공표되어 기존의 IAEA 안전조치체제를 보완하게 되었다.

3. IAEA 전면안전조치체제

1) 안전조치의 목표

IAEA 안전조치의 목표는 평화적 목적의 원자력 활동으로부터 핵무기나 핵폭발장치로 전용되거나 오용되지 않았다는 것을 확인하고, 만일 이러한 의도가 있을 경우 이를 지연시키며, 전용이나 오용이 일어났을 경우 이를 탐지하는 것이다. IAEA는 전용이나 오용이 의심스러운 경우 경고하고, 검증이 불충분하거나 불가능할 경우 보고해야 할 의무가 있다. 이러한 목표와 의무 달성을 위해 IAEA 전면안전조치체제를 규정하는 INFCIRC/153 제28조는 다음과 같이 안전조치의 기술적 목표를 규정하고 있다.

---

38) INFCIRC/540. Model Protocol Additional to the Agreement(s) between State(s) and the International Atomic Energy Agency for the Application of Safeguards.

> "… 평화적인 원자력 활동으로부터 핵무기 제조나 혹은 알려지지 않은 목적의 핵폭발장치 제조를 위한 핵물질 유의량 전용에 대한 적시 탐지 …"

여기서 '유의량(significant quantity)'이란 핵무기나 핵폭발 장치를 획득하지 못하도록 검증하는데 주안점을 두고 책정하는 값으로서 핵무기나 핵폭발장치를 만드는데 필요하다고 보는 핵물질의 양, 즉 '문턱값(threshold value)'을 의미한다.[39] 또한 '적시 탐지'는 전용된 물질을 핵폭발 장치의 부품으로 전환시키는 데 필요한 시간 내에 탐지하는 것을 말한다.[40] 즉, 안전조치의 기술적 목적은 "한 국가가 핵무기나 핵폭발장치에 필요한 양의 핵물질을 빼돌려 핵무기나 핵폭발장치 제조에 전환하기 전에 탐지해" 내는 것이다.

그러나 IAEA 안전조치가 핵무기 또는 핵폭발장치를 제조한다는 증거를 잡는다거나 핵물질의 물리적 전용을 적극적으로 입증하고 하는 것은 아니다. IAEA 안전조치를 통해 이러한 증거를 잡기는 매우 어려운 일이다. 이는 한 국가가 IAEA 안전조치협정을 위반했다는 사실을 설명하는데 "협정에 의해 요구된 핵물질이 핵무기 또는 다른 핵폭발장치로 전용되지 않았다는 것을 검증할 수 없다"라고 결론을 내리는 데

---

39) 일반적으로 '유의량' 플루토늄(Pu-239를 95% 이상 함유)은 8Kg, 고농축우라늄(U-235를 90~95% 이상 함유)은 25Kg로 보고 있다. 그러나 이 양은 안전조치 목적으로 책정된 값으로서 연쇄 핵분열에 필요한 최소한의 임계질량과는 다르다. 한국원자력연구소(역), 『IAEA 안전조치: 목표, 한계, 업적』 KAERI/TS-99/99 (대전: 한국원자력연구소, 1999), pp.26-27.

40) 적시 탐지 시간은 물질의 성분에 따라 달라진다. 예를 들어, 적시 탐지 기간은 고농축우라늄, 플루토늄 또는 우라늄의 산화물을 포함하고 있는 핵연료는 1개월 이내, 플루토늄이나 고농축우라늄을 포함하고 있는 조사후핵연료는 3개월 이내, 천연우라늄, 저농축우라늄이나 토륨으로 구성된 핵물질은 12개월 이내이다. 한국원자력연구소(역), 『IAEA 안전조치의 발전』 KAERI/TS-80/99 (대전: 한국원자력연구소, 1999), p.42.

서도 알 수 있다.[41]

2) 안전조치 대상 및 기술적 수단

IAEA 전면안전조치는 당사국 내의 모든 평화적 목적의 원자력 활동에 수반되는 핵물질, 장비, 시설, 기술 및 이들에 의하여 파생되는 핵물질 등을 대상으로 한다.[42] 여기서 주목해야 할 사실은 IAEA 안전조치는 IAEA와 전면안전조치협정을 체결한 당사국이 IAEA에 신고한 시설이나 물질에 한정된다는 것이다. 따라서 전면안전조치협정만으로는 현실적으로 IAEA는 은폐의 소지가 있는 시설에 대해서 검증할 수 있는 방법과 권한이 없다.

기술적 관점에서, 안전조치는 우라늄 원광에 대해서는 적용하지 않으며, 우라늄 정광에 대해서는 부분적으로 적용되고 있다. 그리고 그 이후의 처리과정 즉, 핵연료를 제조하기 위한 변환, 농축, 재변환, 성형가공, 사용후핵연료의 저장 및 재처리 등 전 과정에 걸쳐 안전조치가 적용된다. 특히 농축 및 재처리에 대해서는 다른 과정보다도 더욱 엄격하게 적용된다. 안전조치 적용기간 관점에서, 대상 핵물질은 원자력 활동에 이용될 수 없거나 또는 소멸될 때까지 안전조치의 대상이 되며, 안전조치 대상에서 제외되는 시점은 IAEA가 정하거나 원자력협력협정상의 해당 국가와 상호 협의에 의하여 결정된다.

---

41) INFCIRC/153의 제19절.

42) 여기서 군사적 목적의 원자력 황동은 제외된다. NPT 제3조 1항에서는 평화적 목적에서 핵무기 또는 기타 핵폭발장치로의 전용을 방지하기 위해 IAEA 안전조치를 적용하는 것으로 규정하고 있다. 이는 NPT 협상 당시 핵무기비보유국이면서 핵잠수함 프로그램을 갖고 있었던 국가들의 주장 때문이었다. 이에 따라 군사적 목적의 원자력 활동으로부터 핵무기로 전용되는 것을 IAEA 안전조치로는 방지할 수가 없다. 이는 계속적으로 NPT 상의 구멍(loophole)로 지적되고 있다. Chunyan Ma, & Frank von Hippel, "Ending the Production of Highly Enriched Uranium for Naval Reactors," *The Nonproliferation Review* (Spring 2001), p.87.

현재 각국에 적용되고 있는 IAEA 안전조치체제는 세 가지 기술적 수단으로 운영되고 있다. 첫째, 핵물질 계량(accountancy)이다. 핵물질 계량은 일정한 지역 내에 있는 핵물질의 양과 일정한 기간 중에 발생하는 양의 변화를 확인하는 데 목적이 있다. 이를 위하여 물질수지구역(MBA: Material Balance Area)을 지정하여 특정 MBA 내에서의 핵물질 및 핵관련 물자의 수량에 대한 정보를 측정, 분석, 기록, 보고, 유지, 관리한다 . 핵물질 및 관련 물자의 재고가 항시 정확히 파악된다면 이들이 군사적 목적으로 전용되지 않았다는 것을 확인할 수 있다. 만일 파악된 재고의 양이 공식적으로 손실이 인정되는 양을 고려하여도 원래 있어야 할 양과 차이가 난다면 일단 전용을 의심할 수 있다. 정확한 핵물질 계량을 위해서는 신뢰성 있는 계량체제가 구축되어 있어야 한다.

둘째, 격납(containment) 및 감시(surveillance)이다. 격납은 핵물질의 이동 및 핵물질에 접근하는 것을 통제 또는 제한하기 위하여 벽, 용기, 탱크 또는 파이프와 같은 물리적 방벽을 이용하는 수단이다. 핵물질을 포함하고 있는 벽이나 용기의 문이나 뚜껑이 비정상적인 방법으로 열렸는지를 확인하기 위하여 봉인(sealing)을 사용한다. 감시는 핵물질이나, 핵물질을 포함하고 있는 용기 등에 대하여 사람이나 기계의 접근을 감시하는 수단이다. 이를 위하여 감시카메라를 설치하며 이를 통하여 핵물질이나 기기 등이 이동되거나 조작되는 상황을 파악한다. 이러한 봉인이나 감시카메라는 IAEA 사찰관이 정기적으로 확인하며, IAEA 본부에서 정밀하게 분석이 이루어진다.

셋째, 사찰(inspection)이다. 사찰은 핵물질 또는 관련 물자가 실제로 장부상의 기재내용과 일치하는지의 여부를 확인하는 데 목적이 있다.[43] 사찰관은 해당 국가가 보고한 보고기록과 사찰을 통하여 얻은 정보를

---

43) 일반 대중이나 매스컴에서 일반적으로 '핵사찰'이라는 말을 안전조치와 동등한 의미로 사용하고 있지만 정확한 의미에서의 사찰은 안전조치의 일부에 해당되는 하나의 활동이다.

비교 · 검사한다. 구체적으로 핵물질의 위치, 동일성, 수량, 조성비 등을 검사하기 위하여 계량기록 및 작업기록의 검토, 시료 채취 · 분석, 격납, 봉인, 감시수단 등을 사용한다. 이러한 사찰의 적용과 시행 임무는 IAEA가 담당하고 있으며 사찰의 수준과 횟수는 안전조치협정에 의하여 결정된다.

3) 안전조치의 이행

상기한 IAEA 안전조치의 이러한 기술적 목적을 달성하기 위하여 IAEA 전면안전조치체제는 다음과 같은 원칙 및 기준으로 이행되고 있다.[44)]

첫째, 각 국가는 국가핵물질계량관리체제(SSAC: State System of Accounting and Control of Nuclear Materials)를 유지한다.[45)] IAEA의 핵물질 계량과 입증은 해당시설에 보관되어 있는 기록뿐만 아니라 SSAC에 의해 제출되는 보고자료에 기반을 두고 있다. 시설 운영자가 기록을 적절하고 정확하게 유지하고 또한 규정된 양식에 의하여 적시에 정확한 보고를 하는가를 확인하는 것은 당사국 주무부서의 책임이다. 또한 당사국은 IAEA 사찰관이 원자력 시설과 물질에 접근할 수 있게 하고 그들이 효과적으로 업무를 수행할 수 있도록 지원해 주어야 할 책임이 있다. SSAC의 목적으로는 국가내 핵물질을 계량하고 통제하며 핵물질의 손실이나 불법이동을 방지한다는 국가적 목적과 국가와 IAEA 간 협정에 따른 IAEA 안전조치의 적용에 필요한 사항을 이행한다는 국제적 목적이 있다. 이 두가지 목적은 성질상 서로 다르므로, SSAC를 구축하는 목적이 무엇이냐에 따라 국가안전조치체제의 내용 및 기능 등이 달라질 수 있다.[46)]

---

44) Roland Timerbayev, "Enhancing IAEA Safeguards," in Alexei Arbatov and Vladimir Dvorkin (eds.), *Nuclear Weapons after Cold War* (Moscow: R. Elinin Publishing House, 2008), pp.139-140.

45) IAEA 전면안전조치협정은 "국가는 협정에 따라 안전조치를 받는 모든 핵물질에 대한 계량 및 통제체제를 갖추고 유지해야 한다"고 규정하고 있다.

둘째, 각 국가는 모든 핵물질의 초기 재고량, 시설 설계정보 등을 IAEA에 신고한다. 최초보고서는 협정이 발효하는 해당 월의 최종일로부터 30일 이내에 IAEA에 제출되어야 한다. 최초 보고서로부터, IAEA는 모든 핵물질의 단일 재고목록을 작성하고, 후속 보고서 및 IAEA 검증활동에 근거하여 이 재고목록을 유지하게 된다. 후속 보고서로는 정의된 지역에서 안전조치 대상 핵물질의 현황 및 이전 보고 이후에 발생된 해당 현황의 변동과 관련해서 국가가 IAEA에 제출하는 계량보고서가 있다.[47] 국가는 계량보고서를 안전조치협정 또는 보조약정에 규정된 시기에 제출한다.

셋째, IAEA는 신고된 정보의 정확성(correctness) 및 완전성(completeness)을 검증하기 위해 사찰을 실시한다 이 사찰은 수시사찰(ad hoc inspection)이라고 하는데 ①핵물질이 새로 반입되었거나 기타의 사유로 재고변동이 있을 경우 이에 대한 최초 보고서의 검증, ②핵물질이 반출 또는 반입되기 전에 핵물질의 양 및 조성을 확인하는 활동을 포함한다.[48]

넷째, 사찰관들이 재고량 및 변동사항을 확인하기 위해 정기적으로 사찰한다. 이는 일반사찰(routine inspection)이라고 하는데 ①해당 국가가 IAEA에 정기적으로 제출하는 보고서와 실제 기록과의 일치성 검증, ②대상 핵물질의 위치, 정체(identity), 양(quantity) 및 조성

---

46) 두 가지 목적 중 하나만을 추구할 수도 있고, 양자 모두를 추구할 수도 있다. 국가가 두 가지 목적을 다 추구하는 조합된 시스템을 설정하기로 결정했을 때는 IAEA 안전조치의 적용에 필요한 요구와 다른 목적을 위하여 단지 필요한 것과를 분명히 구분할 필요가 있다. 한국은 두 가지 목적을 모두 추구하는 SSAC를 운영 중이다.

47) 국가와 IAEA 간에 합의된 보고서 형식은 보조약정에 기술되어 있다. 계량보고서에는 재고변동보고서, 물질수지보고서 물자재고목록이 있다. 한국원자력연구원(역), 『IAEA 안전조치 용어집』, KAERI/GP-265/2007 (대전: 한국원자력연구원, 2007), pp.209-211.

48) 한국원자력연구소, 『IAEA 핸드북』, p.218.

(composition)의 확인, ③감시카메라의 필름 및 배터리 등의 교체, 봉인장치의 이상 유무 확인, ④선적한 핵물질과 인수한 핵물질의 확인 및 불확실성이 있을 경우 이에 관한 정보 등을 조사 · 분석하는 것을 포함한다.[49]

다섯째, 특수 봉인, 비디오 감시 등 최대한의 기술적 수단을 사용한다.

여섯째, IAEA는 ①각 국가가 제출한 특별보고서에 포함된 정보의 검증, ②일반사찰을 통하여 획득한 정보, 해당국 정부의 해명 및 이용 가능한 정보가 안전조치협정에 따른 책임 수행에 충분하지 못하다고 IAEA가 간주할 경우 특별사찰을 실시한다.[50] 특별사찰에서 IAEA는 해당국의 핵물질이 존재하는 모든 시설에 접근할 수 있어야 한다. 그러나 이라크에 대해서 실시된 강제사찰은 앞에 언급한 사찰의 범주에 들어가는 것은 아니고, 유엔 안보리의 결의안에 따라 실시된 것이다.

일곱째, 만일 안전조치협정 위반이 있었을 경우, IAEA 사무총장은 이를 이사회에 보고해야 하며, 필요시 유엔안보리에도 보고해야 한다.

4) 전면안전조치체제의 한계

어떠한 국제적 안전조치체제도 핵물질 또는 장비가 군사적 목적으로 전용되는 것을 완전하게 방지할 수는 없다. IAEA 전면안전조치체제도 마찬가지이다. IAEA는 NPT 당사국이 NPT에서 탈퇴하려는 법적인 권리행사를 막을 수도 없고, NPT나 이와 유사한 조약을 수락하지 않은 국가들이 안전조치를 적용받지 않는 원자력 시설을 건설하는 것도 막을

---

49) *Ibid.*, p.218.

50) 특별사찰은 1990년대 초반 북한에 대해 적용된 바가 있다. IAEA는 1992년부터 실시된 북한에 대한 수시사찰 결과 북한이 신고한 사항과 일치하지 않는 사항을 발견하였다. IAEA는 두 곳의 미신고시설에 대한 사찰이 불일치사항을 해결하는데 중요하다는 판단 아래 1993년 2월 9일 두 시설에 대한 특별사찰을 허락하도록 북한에게 공식적으로 요구하였다. IAEA는 2월 18일까지 수락하지 않으면 이 문제를 IAEA 이사회에 회부하겠다고 통보하였으나, 북한은 2월 13일 이 요구를 거절하였다.

수 없다. IAEA 안전조치체제는 안전조치 적용을 받는 물질의 전용이나 시설의 오용을 탐지하고 국제적 조치를 하도록 하는 것 외에 다른 방도를 구비하지 못하고 있다. 이는 국제적 위치에서 IAEA의 권리는 당사국과 맺은 협정에 규정된 것에 국한되기 때문이다. 기존 IAEA 전면안전조치체제의 한계점은 다음과 같다.

첫째, 한 국가가 고의적으로 관련 시설을 신고에서 누락하는 경우 이에 대한 대응방안 없다는 것이다. 핵무기 개발 의도가 있는 핵비보유국이 비밀리에 핵무기 개발계획을 추진하는 경우에는 고의적으로 관련 시설을 신고의 대상에서 누락시킬 수가 있으며, 기존의 안전조치체제는 이러한 사실을 탐지하거나 제지할 방법이 없다.

둘째, 당사국의 안전조치협정 위반시 이를 제재할 수 있는 직접적 권한이 IAEA에게는 없다. IAEA 헌장과 안전조치협정은 동 협정을 위반하면 이를 국제사회(유엔 안전보장이사회, 유엔총회, 모든 IAEA 회원국)에 통보하여 국제적으로 정치적, 경제적 압력을 가하고, IAEA 원조 삭감, IAEA 회원국으로서 갖는 특권과 권리에 대한 정지, 제공된 물질 및 장비 반환 등의 공식적 제재조치를 가하도록 규정하고 있다.

셋째, 사찰활동은 시설이 안전하게 정상적으로 가동되는데 지장을 주지 않는 범위 내에서 실시해야 하며, 사찰관의 시설 방문시에는 해당국 관련 부서의 직원을 대동해야 한다. 사찰관은 시설이나 장비를 직접 운전할 수 없으며, 시설 내에서의 업무 이외의 출입도 제한된다. 이러한 사찰관의 활동 제약은 안전조치의 효과성에 명시되어 있다.

넷째, IAEA는 사찰의 결과 핵물질의 '전용' 또는 '비전용'에 대한 결론을 내리는 것이 아니라, 단지 핵물질이 '전용되지 않았다고 보증할 수 없다'는 정도의 결론을 내릴 수 있다. 이는 태생적인 문제점으로서 당사국과의 논란을 가져올 수 있는 여지가 많다.

4. 강화된 안전조치체제

1) 배경 및 경과

상기한 IAEA 전면안전조치체제의 한계성은 1990년대 들면서 여러 문제점을 노출시켰다. 이라크는 전면안전조치를 적용받는 국가이면서도 비밀리에 핵무기개발을 추진하고 있었음이 유엔 강제사찰을 통하여 발각되었다. 또한 북한에 적용하려던 특별사찰도 실시되지 못하여 북한의 핵개발 의혹이 해소되지 않았고, 이란 등도 핵개발 의혹국으로 대두됨에 따라 국제사회는 기존 안전조치체제를 강화시킬 필요성을 인식하게 되었다.

이에 따라 IAEA는 1993년부터 시작하여 1995년까지 종료한다는 뜻에서 '93+2 프로그램'이라는 안전조치강화 프로그램을 추진하였다. IAEA 이사회는 안전조치체제를 강화시키기 위하여 우선 기존의 안전조치협정에 규정되어 있는 법적 체제 내에서 가능한 부분을 Part 1로 분류하고, 이를 각 국가와의 협의를 통하여 가능한 한 조속히 적용키로 하였다. 이와 동시에 나머지 부분은 Part 2로 분류하고 이에 대하여는 추가적으로 해당 국가들과 협의하여 법적 근거를 마련한 뒤 이를 적용할 것을 제안하였다.[51] 이에 따라 IAEA 사무국은 안전조치 강화를 위한 실질적 요건으로서 핵물질을 다루고 있는 시설 및 연구에 대해서는 기존의 안전조치협정을 보다 엄격히 적용함으로써 안전조치의 효과를

---

51) 이에 앞서 2년에 걸쳐 IAEA 사무국은 ①정보에의 접근 증대, ②장소에의 접근 증대, 그리고 ③현 체제의 최적화를 주요 내용으로 하는 GOV/2784를 정리하여 1995년 3월 이사회에 상정되었다. 이사회는 안전조치의 강화와 비용 효율화를 위한 프로그램 93+2의 일반적인 방향과 기본 원칙에 대해 지지를 표명하였다. 그러나 일부 국가는 안전조치 강화 프로그램의 일부가 기존의 전면안전조치협정에 있는 법적 요건의 범위 내에 포함될 수 없다는 점을 지적하고 이의 보완을 요구하였다. 이에 따라 Part 1과 Part 2로 분리하는 방안이 제안된 것이다. 한국원자력연구소, 『원자력 대외정책 연구』, KAERI/RR-1807/97 (대전: 한국원자력연구소, 1997), p.27.

증대시키고, 핵물질을 다루지 않는 농축 및 재처리 관련 원자력 활동에 대해서는 새로운 법적 근거로 사용될 의정서를 각국과 협의하여 마련하도록 하였으며, 이를 위한 초안을 각국에 배포하였다.

이에 따라 IAEA는 1996년 초부터 'Part 1'을 시행하고, 'Part 2'에 대하여서는 1996년 6월 이사회를 통하여 제안된 의정서 초안을 협의하기 위한 위원회를 구성하였다. 이 위원회는 1996년 7월부터 1997년 4월까지 4차례의 협의를 통하여 회원국의 절충안을 작성하고 IAEA의 이사회에 승인을 요청하였다. 이 절충안은 1997년 5월 개최된 IAEA 특별이사회에서 통과되어 '모델 추가의정서(INFCIRC/540)'로 등록되었다.[52] 이에 따라 '강화된 안전조치 체제(SSS: Strengthened Safeguards System)'가 확립되었고, IAEA는 추가의정서를 회원국과 체결하기 위한 협상을 시작하게 되었다.[53]

2) 주요 내용

강화된 안전조치체제에서 추가된 내용은 다음과 같이 요약된다.[54]

- 우라늄 채광부터 폐기물 처분까지를 포함하는 당사국 핵연료주기의 모든 활동 및 핵물질이 존재하는 장소에 관한 정보 제공과 사찰관의 접근 허용.
- 원자력 부지의 모든 건물에 대한 정보 제공과 사찰관의 접근 허용.
- 핵연료주기 관련 연구개발에 대한 정보 제공과 사찰관의 접근

---

52) 추가의정서는 기존 안전조치협정에 추가된다는 의미를 갖는다. 즉, 추가의정서는 독립적으로 존재하는 문서가 아니라 기존의 안전조치협정을 보완하는 문서라 할 수 있다. 한국원자력연구소,『국제 안전조치체제 강화에 따른 국가 대응방안 연구』, KAERI/RR-1823/97 (대전: 과학기술처, 1998), p.72.

53) IAEA 추가의정서의 특징 가운데 하나는 비차별적이라는 것이다. 추가의정서는 전면안전조치협정을 체결한 국가뿐만 아니라 부분안전조치협정 또는 자발적 안전조치협정을 체결한 국가에게도 적용된다. Timerbayev(2008), p.141.

54) *Ibid.*, p.141.

허용.
- 원자력 관련 장비 제조 및 민감기술의 수출에 관한 정보 제공, 그리고 장비 제조 및 수입장비 소재지에 대한 사찰관의 접근 허용.
- IAEA가 필요하다고 할 경우신고된 원자력 관련 시설외지점[55]에서의 환경시료 채취.
- 사찰관 선정절차, 복수비자 발급, 통신수단 이용 등에 관련된 행정적 편의 제공.

상기 내용을 확대신고, 추가접근, 환경시료 채취 측면에서 자세히 살펴보면 다음과 같다.

가. 확대신고(expanded declaration)

SSS는 전면안전조치협정에 따라 신고되는 정보에 더하여 추가적인 정보를 신고하도록 신고범위를 확대하였다. 확대신고는 의무적 신고사항과, "모든 합당한 노력을 기울인다"라고 하는 선택적 확대 신고사항으로 나뉘어진다.[56] 의무적으로 확대 신고해야 하는 정보는 ①핵물질을 사용하지 않는 정부주도형 핵연료주기 관련 연구개발 사업에 관한 정보, ②핵물질이 통상적으로 사용되는 시설 및 시설외지점의 운영상태에 관한 정보, ③부지에 관한 정보, ④농축과 재처리에 필수적인 민감부품 생산시설에 관한 정보, ⑤우라늄 및 토륨 광산에 관한 정보, ⑥선원물질에 관한 정보(수출입 정보 포함), ⑦안전조치 종료 또는 면제된 핵물질에 관한 정보, ⑧플루토늄이나 고농축우라늄, 우라늄 233을 함유한 중 · 고준위 폐기물의 처리에 관한 정보, ⑨NSG Part 1품목의 수출입에 관한 정보, ⑩핵연료주기 연구개발에 관한 향후 10년간의 일

---

55) 시설외지점(LOFs: Location Outside Facilities)은 핵물질 임시저장과 같이 핵물질을 보유하고는 있으나 사용되지는 않는 장소, 또는 일반 원자력시설로 분류되지 않으며 최대보유량이 1 effective-kg 미만인 장소를 말함.

56) INFCIRC/540 제2조.

반적 계획에 관한 정보 등이다.

당사국이 선택적으로 확대 신고해야 하는 사항은 정부가 재원을 지원하지 않고 핵물질을 사용하지 않는 ①농축; 재처리; 플루토늄, 고농축우라늄, 우라늄-233을 함유한 중 · 고준위 폐기물의 처리 활동과 관련된 핵연료주기 연구개발사업에 관한 정보와, ②부지 내의 활동과 기능적으로 관련이 있다고 판단되는 부지 외부의 활동에 관한 정보 등을 포함하고 있다.

나. 추가접근(complementary access)

추가접근이란 일상적인 사찰활동 이외에도 IAEA 사찰관이 추가의정서에 정하는 바에 따라 확대신고 대상지점을 방문하는 것을 의미한다. 이는 정상적인 사찰활동으로 간주되지 않으며 계량관리 등 기존 안전조치체제에서 시행하는 활동을 하지는 않으나 필요에 따라 육안관찰, 환경시료 채취, 봉인 등 관련 행위를 할 수 있다는 점에서 SSS 이행을 위한 중요한 활동이 된다.[57)]

IAEA 사찰관에 의한 추가접근은 크게 두 가지로 나뉠 수 있다.[58)] 첫째, 시설 부지, 우라늄 광산 및 정련공장, 핵연료 제조에 사용하기에는 미진한 선원물질이 있는 장소, 안전조치가 면제 또는 종료된 핵물질이 있는 장소, 해체된 시설 등에 대해서는 IAEA가 선정한 지점에 대하여 추가접근을 실시할 수 있다. 둘째, IAEA는 핵물질 미사용 핵연료주기 관련 연구개발 활동이나 민감부품 생산활동이 일어나는 장소에 대해 의문 또는 불일치가 있을 경우에만 추가접근을 실시할 수 있다. 이 장소들에 대한 추가접근을 위해서 IAEA는 확대신고에 따라 보고된 정보와 IAEA가 자체적으로 확인한 정보 사이에 의문이나 불일치가 생기면 우

57) 한국원자력연구소, 『국제 안전조치체제 강화에 따른 국가 대응방안 연구』, KAERI/RR-1823/97 (대전: 과학기술처, 1998), pp.72-73.
58) INFCIRC/540 제5조.

선 IAEA 내부의 정보평가기구에서 평가받은 후 의문이나 불일치로 판명받으면 이를 문서로 해당국에 통보하고 이에 대한 해명기회를 주어야 한다. 만일 해당국의 해명이 불명확할 경우 IAEA는 해당사안에 대한 추가접근을 실시하게 된다.[59)]

이에 있어서 핵확산에 민감한 정보, 안전 또는 물리적 방호에 관련된 정보, 개인 또는 상업적 비밀보호를 위해 당사국은 접근통제(managed access)를 할 수 있다.[60)]

다. 환경시료 채취

환경시료는 공기, 물, 채소, 토양 등으로서 일정 지점에서 이들을 채취하여 그 안에 있는 동위원소들을 아주 미세하게 분석하면 과거의 원자력 활동을 자세히 알아낼 수 있다. SSS에서 규정하는 환경시료는 일반환경시료, 특정지점환경시료와 광역환경시료가 있다. 일반환경시료는 추가접근 활동중 채취할 할 수 있는 환경시료이다. 특정지점환경시료란 IAEA가 특정 지점에서 미신고 핵물질 또는 원자력 활동의 부재에 관한 결론을 도출하는데 도움을 줄 목적으로 IAEA에 의하여 지정된 지점과 근접 지점에서 채취한 환경시료를 의미한다. 광역환경시료란 IAEA가 넓은 지역에서 미신고 핵물질 또는 원자력 활동의 부재에 관한 결론을 도출하는 데 도움을 줄 목적으로 IAEA가 지정한 일련의 지점에서 채취한 환경시료를 말한다.[61)] 채취된 환경시료는 IAEA가 인정한 청정실험실(Clean Laboratory)에서 분석하되 비밀보장은 유지되며, 그 결과는 해당국에 통보되어야 한다.[62)]

---

59) 한국원자력연구소(1998), pp.74-75.
60) INFCIRC/540 제7조.
61) 한국원자력연구소(1998), pp.74-75.
62) *Ibid*., pp.77-78.

3) 강화된 안전조치체제의 효과

정보원 확대, 확대신고, 추가접근, 환경시료 채취 등 강화된 안전조치체제의 기술적 수단들로 인하여 한 국가가 특정 원자력 활동을 숨기기는 매우 어렵게 된 것이 사실이다. IAEA는 환경시료 채취 등과 같은 강화된 안전조치체제를 통하여 이미 여러 성과를 거둔 것으로 평가하고 있다.[63)]

가장 비근한 예로서, 첫째, 2005년 IAEA가 이란이 자국 내의 모든 원자력 활동을 IAEA에 보고해야 하는 의무를 제대로 이행하지 않았다고 결론 내린 것이다. 여기서는 환경시료 분석이 큰 역할을 하였다. IAEA는 신고시설이 아닌 지역에서 채취한 환경시료 분석을 통해서 IAEA에 신고하지 않은 우라늄 농축 활동으로부터 나온 것으로 보이는 농축우라늄 입자를 발견하였다.[64)] 이후 이에 대한 의혹이 불식되지 못하자 2006년 7월 이란 문제는 유엔 안보리에 회부되었고, 유엔 안보리는 이란이 농축활동을 중지할 것을 요구했고 중지하지 않을 경우 외교적 경제제적 제재에 직면할 것이라고 경고하였다.[65)]

둘째, 2004년 8월 한국은 추가의정서 발효에 따른 최초신고서 준비과정중 IAEA에 보고하지 않은 농축 및 플루토늄 분리에 대한 연구활동이 과거에 있었음을 IAEA에 통보한 사실이다.[66)] IAEA는 이를 조사하기 위해 사찰팀을 파견하였으며, 2004년 11월 IAEA 사무총장은 IAEA 이사회에 연구활동에 관련된 핵물질양은 극히 적었지만 한국이 이를 제 시

---

63) Gene Aloise, "IAEA Safeguards and Other Measures to Halt the Spread of Nuclear Weapons and Material," Testimony Before the Subcommittee on National Security, Emerging Threats, and International Relations, Committee on Governmental Reform, House of Representatives (GAO-06-1128T, GAO, 2006), p.9.

64) George Bunn, "Nuclear Safeguards: How far can Inspectors go?" *IAEA Bulletin*, 48-2 (March 2007), p.53

65) Aloise(2006), p.9. 이란에 대한 IAEA 안전조치 적용 현안에 대해서는 뒤에 자세히 기술한다.

66) *Ibid.*, p.9.

간 내에 IAEA에 보고하지 않은 것은 우려할 사항이라고 보고하였다. IAEA는 한국이 제공한 정보, 환경시료 분석 등을 통해 계속적인 조사를 벌인 결과 2007년도에 신고된 핵물질의 전용이나 미신고 핵물질 또는 활동이 있다는 것을 발견하지 못했음에 따라 한국의 모든 핵물질이 평화적 활동하에 있다고 결론지었다.[67]

셋째, IAEA는 2004년 전면안전조치협정에 따라 보고된 정보의 정확성과 완전성을 계속 평가하는 과정에서, 이집트 원자력기구(Egyptian Atomic Energy Authority) 및 전 · 현직 관료들이 발표한 공개문서들에 플루토늄 및 고농축우라늄 생산과 관련된 미신고 원자력 활동의 존재 가능성이 제시된 것을 확인함에 따라 이를 조사할 필요성을 제기하였다.[68] 2004년 10월부터 IAEA 사찰팀의 이집트 관련 시설 방문, 이집트의 추가정보 제공, 양자간 회의 등을 통하여 IAEA는 이집트가 적은 양의 연구활동이었지만 IAEA에 보고하지 않은 사실을 확인하였다.[69]

세 가지 예에서 이란과 이집트의 경우는 전면안전조치협정의 법적 체제 내에서 강화된 안전조치(국가 레벨의 접근(state-level approach) 방식)에 따른 효과이고, 한국의 경우는 추가의정서에 따른 효과이었다고 평가할 수 있다.

4) 통합 안전조치(Integrated Safeguards)

1990년대에 안전조치체제 강화를 논의할 때의 목표는 강화된 조치들이 기존 안전조치에 새로운 층(layer)을 더하기보다는 통합되어 최적화를 이루는 것이었다. 통합안전조치란 가용한 자원 내에서 최대의 효과성과 효율성을 달성하기 위하여 전면안전조치협정과 추가의정서하에서 가능한 모든 안전조치 수단들을 최적으로 조합하는 것을 의미한

---

67) IAEA, *The Safeguards Implementation Report for 2007* (GOV/2008/20, 2008). p.9.

68) AEA, *Implementation of the NPT Safeguards Agreement in the Arab Republic of Egypt*. GOV/2005/9 (February 2005), p.1.

69) *Ibid.*, p.5.

다.[70] 통합안전조치를 통해 IAEA 사찰을 줄이면서 안전조치 효과를 강화할 수 있다는 바탕하에 IAEA는 핵투명성이 확보된 국가들에 대해 이의 적용을 확대해 나가려고 하고 있다.

통합안전조치는 IAEA가 새롭게 추진해 온 '국가 레벨의 접근' 방식에 기초하고 있다. 안전조치 이행에 대한 기존의 접근방식은 '개개 시설' 차원에서 신고된 핵물질이 전용되지 않았다는 것을 검증하는데 초점을 두고 있었다. 이에 비해 '국가 레벨의 접근' 방식은 한 국가의 원자력 프로그램을 전체로 보는 것이다. 따라서 이 방식은 신고된 정보, IAEA가 검증활동에서 얻은 정보, 공개 정보 등 광범위한 정보의 평가를 수반하게 된다.[71]

추가의정서가 없는 전면안조치협정하에서는 미신고 시설이 발견되지 않고 있을 수 있다는 가정하에서 검증활동이 수행된다. 그러나, 전면안전조치협정과 추가의정서를 모두 체결한 국가에 대해서는 미신고 시설을 찾을 가능성이 커졌기 때문에 검증노력을 줄일 수 있다.

IAEA 입장에서는 유사한 시설 및 핵연료주기에 대해서 통합안전조치를 적용함으로써 일관성을 확보하고, 실제 적용시 국가별 특성을 고려해 융통성을 확보함으로써 사찰의 효과성을 높일 수도 있다. 아울러 사찰량을 줄이는 대신 원격 감시장비 활용, 당사국의 역할 증대 등을 통해 사찰의 효율성 및 완전성을 확보할 수 있다.[72] 통합안전조치 이행시 통상 농축시설이나 재처리시설에 대한 안전조치는 강화될 것이나, 상대적으로 핵물질 전용이 어려운 경수로, 저농축우라늄, 천연우라늄, 사용후핵연료에 대한 안전조치는 감소되고 SSAC의 역할이 증대되어

---

70) IAEA, *The Safeguards System of the International Atomic Energy Agency*, http://www.iaea.org/ OurWork/SV/Safeguards/safeg_system.pdf (검색일: 2008.8.22), p.14.

71) *Ibid.*, p.8.

72) 한국원자력통제기술원, 『국제 핵비확산체제 변화에 따른 통제정책 및 대응전략 연구』, KINAC/RR-017/2007 (대전: 과학기술부, 2007), p.61.

당사국과 IAEA 간의 협력이 긴요하게 될 것이다.[73)]

III. IAEA 안전조치의 이행과 국제적 현안

1. IAEA 안전조치 이행 현황

2007년 말 현재 IAEA는 163개국과 안전조치협정을 발효 중이다. 82개국이 전면안전조치협정과 추가의정서를 동시에 발효하고 있으며, 72개국은 전면안전조치협정은 발효 중이나 아직 추가의정서를 발효하지는 않았다.[74)] 2007년 말 현재 추가의정서 발효국 가운데 통합안전조치를 적용을 승인받은 국가는 모두 24개국이다.[75)] NPT 핵비보유 당사국중 30개국이 아직 전면안전조치협정을 체결하지 않고 있다.[76)] IAEA는 2007년 말 현재 197개의 발전로, 142개의 연구로 및 임계시설(critical assembly), 기타 242개 시설(18개 변환공장, 39개 핵연료 제조공장, 8개 재처리공장, 14개 농축공장, 98개 분리저장시설, 기타 65개 시설), 368개의 시설외부 장소에 대하여 안전조치를 적용하고 있다.[77)]

---

73) *Ibid.*, pp.61-62.

74) IAEA, *The Safeguards Implementation Report for 2007*, GOV/2008/20 (June 2008), p.1.

75) 24개국은 호주, 오스트리아, 방글라데시, 불가리아, 캐나다 체코, 에콰도르, 가나, 그리스, 헝가리, 인도네시아, 아일랜드, 자메이카, 일본, 라트비아, 리투아니아, 말리, 노르웨이, 페루, 폴란드, 포르투갈, 루마니아, 슬로베니아, 우즈베키스탄이다(*Ibid.*, p.17). 한국은 2008년 7월 1일부터 적용하고 있다.

76) 이외에 인도, 파키스탄, 이스라엘 3개국이 INFCIRC/66/Rev.2에 따른 부분 안전조치협정을, 5개 핵보유국이 자발적 안전조치협정을 체결하고 있다.

77) IAEA, *The Safeguards Implementation Report for 2007*, p.63.

2. 한국에서의 안전조치 이행 현황

한국은 1968년 7월 1일 NPT에 서명하고, 1975년 4월 이를 발효시켰으며, 같은 해 10월 국회 동의를 받아 IAEA와 전면안전조치협정을 체결하였다.[78] IAEA가 한국에 대한 사찰활동을 본격적으로 시작하게 된 시점은 1978년 10월 16일 한국원자력연구원 내에서 가동을 시작한 중수로핵연료 가공시설에 대한 시설부록약정이 체결된 1979년 3월 1일 이후라고 할 수 있다. 한국은 1995년 1월 5일 개정, 공포된 개정 원자력법에 따라 IAEA 사찰과는 별도로 정부가 주도하는 자체적인 국가사찰을 1996년부터 시작하였다.[79] 국가사찰의 목적은 이를 운영함으로써 국가신뢰로를 확보하고 궁극적으로 IAEA 사찰을 국가사찰로 대체하는 데 있다.[80] 국가사찰은 사업자의 업무 부담을 최소화하는 방향으로 이루어지고 있으며IAEA 사찰이 이행되는 기간 및 장소에서 병행하여 실시해 오고 있다.[81]

2006년 한국은 34개 시설 및 국가 시설외지점에 대하여 총 161회의 핵물질 계량관리 국가검사를 수행하였으며, 총 검사량은 580인 · 일(man/day)이었다. 동 기간 중 IAEA는 120회의 사찰을 수행하였고, 사찰량은 494/580 인 · 일이었다. 2004년 2월 19일 추가의정서가 발효됨에

---

78) 대한민국 정부와 IAEA 간의 핵무기 비확산에 관한 조약에 관련된 안전조치의 적용을 위한 협정(Agreement between the Government of the Republic of Korea and the International Atomic Energy Agency for the Application of Safeguards in connection with the Treaty on the Non-Proliferation of Nuclear Weapons) (1975. 11).

79) 이러한 원자력 통제업무를 지원하기 위한 기술 지원기관으로 한국원자력연구원 내 원자력통제기술센터가 1994년 출범하였으며, 2006년 7월 한국원자력통제기술원으로 독립하였다.

80) 이렇게 확보된 사찰능력은 향후 북핵문제 타결 후 북한 핵시설 사찰에 크게 활용될 수 있을 것이다.

81) 한국원자력통제기술원(2007), pp.54-55.

따라 핵연료주기 관련 연구개발에 관한 활동정보 등 매년 5월 15일까지 확대신고서를 제출하고 있으며, IAEA는 제출한 정보의 정확성과 완전성을 검증하기 위하여 2006년 중 총 15회의 추가접근을 수행하였다.

IAEA는 2008년 6월 이사회에서 미신고 원자력 활동이 없음을 공식적으로 인정하는 '포괄적 결론(broader conclusion)'을 승인하고, 7월 1일부터 통합안전조치를 적용하기로 결정하였다. '포괄적 결론'은 한국이 신고한 모든 핵물질을 전용하지 않았고, 신고하지 아니한 핵물질이나 핵활동이 없었음을 IAEA가 공식적으로 인정한 것으로 한국이 핵비확산에 관련된 국제의무를 충실히 이행해 왔음을 의미한다.

이러한 포괄적 결론을 토대로 IAEA는 2008년 하반기부터 통합안전조치를 한국에 적용하기로 하였다. IAEA의 통합안전조치 적용에 따라 한국 정부는 국내 원자력 시설에 대한 IAEA 사찰회수가 기존에 비해 약 60%가 감소하고 원자력 활동의 자율성이 크게 향상될 것으로 보고 있다.

3. IAEA 안전조치 이행상의 국제적 현안

1) 이란

NPT 당사국으로 1974년 5월 IAEA 전면안전조치협정을 체결하고 안전조치를 받고 있던 이란의 비밀 핵개발 의혹은 2002년 8월 이란의 재야단체인 NCRI(National Council of Resistance of Iran)가 핵개발과 연계된 2개의 미신고 시설의 존재와 세부 관련 정보를 폭로함으로써 국제사회에 알려지게 되었다.[82] 이후 2002년 12월 미국 ISIS(Institute For Science and International Security)가 관련 시설들에 대한 인공위성 사

82) NCRI가 폭로한 미신고 시설은 이란 중부 아락(Arak)지역의 중수생산 시설과 나탄즈(Natanz) 지역의 핵연료생산 시설(지하시설)이며, 이 당시에 건설 중이었다.

진을 제시하고, 이란이 비밀리에 핵개발 프로그램을 추진하고 있다고 주장하면서 이란 문제는 국제사회의 주요 현안으로 대두되었다.[83)]

이란의 미신고 시설들에 대한 이러한 폭로와 공개가 이어지자, 2003년 2월 이란의 하타미(Khatami) 대통령은 이스파한과 나탄즈(Natanz)에 민간용 원자력 발전의 핵연료 생산을 위한 천연우라늄 처리시설이 존재한다고 발표하고, NPT 위반이 아님을 검증하기 위하여 IAEA 사무총장의 방문을 허용한다고 밝혔다. 이후 IAEA는 이란의 군사시설을 포함한 다양한 원자력시설 등에 대해 집중적인 사찰을 수행하여 2004년 11월까지 이란이 과거 핵물질과 핵물질 처리 · 저장 시설들에 대해 보고하지 않거나 설계정보를 제공하지 않는 등 수많은 사례에서 안전조치협정을 위반한 사실을 밝혀냈다.

이란은 상기 안전조치 위반에 대한 수정조치로 ①핵물질의 재고량 변동보고서, 물자재고량목록 및 물질수지보고서, ②칼라에 전기공사의 파일럿 농축시설, 테헤란 원자력연구센터 및 라스카르 압바드의 레이저우라늄농축공장, 이스파한 및 아나락의 폐기물 저장시설에 대한 신고서와 ③테헤란 원자력연구센터 및 이스파한 원자력기술센터에 소재한 시설들의 설계정보를 IAEA에 제공하였다. 그러나 계속적인 IAEA의 사찰에도 불구하고, 이란이 농축우라늄 오염원의 출처, 농축프로그램의 본질과 범위, 금속우라늄 제조 및 주조법 문서의 획득과 이의 근본적인 이유, 폴로늄(Po-210)의 생산 및 목적, 걱친 우라늄광산 활동, 그리고 핵무기와 연관될 수 있는 고폭실험 및 미사일 프로그램 관련 활동들을 해명하지 못하고 있다.

IAEA 이사회의 지속적인 결의안에도 불구하고 이란이 오랜 미해결 사안에 대해 비협조적태도를 보이자, 2006년 1월 30일 런던에서 미국

---

83) 특히 이란이 러시아, 중국, 핵 밀거래 네트워크 등으로부터 우라늄 농축기술, 우라늄 구입, 중수 생산시설의 도입을 추진한 사실이 밝혀짐에 따라 이란의 핵개발 의혹에 대한 우려가 증가해 왔다.

및 EU 3개국은 러시아, 중국과 함께 이란 핵문제를 논의하고자 외무장관 회의를 개최하였다. 이 회의에서 6개국 외무장관은 이란 핵문제를 유엔 안보리에 보고하기로 합의하였고, 결국 2006년 3월 IAEA 이사회는 이란의 핵문제를 유엔 안보리로 보고하는 의장성명을 채택하고, 이를 유엔 안보리로 회부하였다. IAEA는 이란 핵문제의 주요 현안에 대한 진전을 이루지 못하고 있으며 이는 심각한 우려사항이라고 보고하였다.[84)]

2) 인도

2005년 7월 18일 미국의 부시 대통령과 인도의 만모한 싱 총리는 미국 백악관에서 개최된 정상회담에서 민간 원자력기술의 협력을 포함하는 전략적 파트너십을 구축한다는 공동성명서를 발표하였다. 이 공동서명서에는 인도가 IAEA에 민수용 원자력시설을 신고하고, 이 시설들에 대하여 IAEA의 자발적 안전조치를 수용하고, 추가의정서를 서명 · 준수한다는 내용도 포함되어 있다.[85)]

이에 따라 인도는 IAEA와 안전조치협정을 협상한 결과, 2008년 8월 1일 IAEA 이사회는 IAEA와 인도 간 체결될 안전조치 협정문[86)]을 승인하였다. 이 안전조치협정은 특정 시설에 대해서만 사찰을 적용하는 INFCIRC/66/Rev.2 형태에 바탕을 두고 있으나, 사찰 대상시설을 지정하지 않고 및 안전조치 수락 조건을 명시하는 등 인도에게만 한정된 방식으로 구성되었다. 이 협정은 사찰 대상시설을 향후 인도가 순차적으

---

84) IAEA. *Implementation of the NPT Safeguards Agreement and relevant provisions of Security Council resolutions 1737 (2006), 1747 (2007) and 1803 (2008) in the Islamic Republic of Iran*. GOV/2008/38 (September, 2008), p.6.

85) 이병욱. "미국-인도 원자력협력과 국제핵비확산체제," 박기덕 · 이상현(편), 『북핵문제와 한반도 평화체제』 (세종연구소, 2008), p.93.

86) IAEA, *The Conclusion of Safeguards Agreements and Additional Protocols: An Agreement with the Government of India for the Application of Safeguards to Civilian Nuclear Facilities*. GOV/2008/30, June 2008.

로 통보하는 방식으로 기본협정(umbrella agreement)의 성격을 가지는 것으로 보인다. 인도는 별도 문서로 2014년까지 순차적으로 사찰대상에 포함시킬 14기의 원자로 목록을 공개하였다. 농축시설을 안전조치 대상에 포함시키고자 할 경우에는 인도와 IAEA가 그 방안을 협의키로 하였다.

인도는 국제핵연료 시장을 통한 핵연료 입수가 가능하도록 국제협력체제가 확립된 이후에야 이러한 안전조치를 수용할 것임을 명시하였다.[87] 구체적으로는 여러 국가의 산업체로부터 신뢰성있고, 중단되지 않으며 지속적인 핵연료 공급을 보장받을 수 있어야 하며 원전 수명기간중 핵연료의 공급 중단에 대비한 전략적 비축을 할 수 있도록 지원할 것을 요구하고 있다. 핵연료 공급이 중단될 경우, 인도는 자국 민수용 원자로의 지속적인 운전을 위한 시정조치를 취할 수 있다.[88]

IAEA와 안전조치협정을 체결코자 하는 인도 정부의 공식 입장과는 달리, 미국과 인도의 전문가들은 각자의 입장에서 우려를 표명하고 있다. 인도측은 다른 핵보유 5개국들은 안전조치하의 민수용 시설을 단지 군사용으로 재분류함으로써 IAEA 사찰을 면제받을 수 있는데 반하여, 인도에게는 이러한 권리가 없음에 불만을 표명하고 있으며, 미국측은 핵연료 공급 중단시 인도가 취할 수 있는 시정조치가 IAEA 사찰 철회일 수도 있다는 점에 우려를 표명하고 있다. 반면에 IAEA 사무총장은 인도와의 안전조치협정은 무기한이며, 협정 자체 이외에 어떠한 안전조치 단절 조건이 없음을 천명하고 동 협정이 "인도와 세계는 물론 핵비확산, 나아가 핵무기없는 세상을 위한 우리의 공동 노력에 좋은 것"임을 강조하였다.

NPT 비가입국인 인도가 IAEA 안전조치협정을 체결코자 하는 것은

---

87) 이는 NSG에서 인도에 대한 원자력 수출 금지를 해지하여야 안전조치를 수용하겠다는 의미로 해석된다.

88) 시정조치가 무엇인지에 대한 구체적인 언급은 없으나, 인도가 IAEA 사찰을 거부하는 것일 수도 있다는 견해도 있다.

그 대가로 원자로 수명기간 동안 핵연료 공급보장을 받고 나아가 미국 등 전 세계 국가와 원자력 협력이 가능해 질 것을 기대했기 때문으로 보인다. 인도의 핵실험 이후 가해진 국제적 제재를 해소시키는 것은 그 동안 이룩해 온 국제 핵비확산 규범과 노력에 대한 도전으로 볼 수 있으나, 인도를 핵비확산체제로 끌어들이기 위한 또 다른 차원으로 해석할 수도 있다.

3) 북한

북한은 1985년 12월 NPT에 가입하였고, 1992년 1월 30일 IAEA와의 전면안전조치협정에 서명하고 4월 10일 최고인민회의의 승인을 거쳐 이를 비준하였다. 이에 따라 북한은 북한의 원자력시설에 대한 최초보고서를 1992년 5월 IAEA에 송부하였다. IAEA는 북한의 원자력 시설에 대한 수시사찰 결과 북한이 신고한 사항과 일치하지 않는 사항을 발견하였고 북한에게 이에 대한 시급한 해명을 요청하였다. 북한이 이를 거절하자 IAEA는 두 곳의 미신고시설에 대한 사찰이 불일치사항을 해결하는데 중요하다는 판단 아래 1993년 2월 9일 두 시설에 대한 특별사찰을 허락하도록 북한에게 공식적으로 요구하였다. 이러한 와중에 북한은 1993년 3월 12일 NPT 탈퇴를 선언하였으나, 6월 11일 미 · 북 제1단계 회담 공동발표문에서 NPT 탈퇴를 유보한 뒤, 1994년 10월의 미 · 북 기본합의에서 흑연감속로의 경수로 전환에 따른 경수로 건설 및 대체에너지 지원, 그리고 흑연감속로 및 관련시설의 동결 및 해체 합의와 함께 북한은 NPT에 복귀할 것에 합의하였다. 이후 원자력 시설 동결과 관련된 IAEA 안전조치가 북한에 대해 적용되어 왔으나, 2003년 1월 미국과의 관계가 악화되어 북한이 NPT 탈퇴를 선언하면서 이후 북한에서 IAEA 안전조치가 이행되지 못하고 있으며 어떠한 안전조치 결론도 내리지 못하고 있다.[89]

---

89) IAEA, *The Safeguards Implementation Report for 2007*, GOV/2008/20 (June

북한이 NPT 탈퇴 선언을 했다 하더라도 절차상의 문제가 있어 북한이 NPT 당사국인가 혹은 아닌가는 아직 논란의 여지가 있다. IAEA 사무총장은 2003년 7월 및 2008년 6월 이사회에서 NPT 상에서 북한의 법적 위치에 명확해질 때까지는 북한에 대한 IAEA의 안전조치 권한은 명확하지 못하다고 언급하였다. 만일 북한이 아직 NPT 당사국이라면 IAEA 전면안전조치협정은 유효하며 이에 따라 북한의 모든 핵물질 및 시설이 신고되어야 한다. 만일 북한이 NPT 당사국이 아니라도, 북한의 IRT 연구로 및 관련 핵물질에 대한 INFCIRC/66 형태의 안전조치협정은 이행되어야 한다.[90)]

4. IAEA 안전조치체제의 당면과제

1) IAEA 안전조치체제의 법적 권한

앞에서 설명한 바와 같이 IAEA의 안전조치 권한은 각 회원국과 IAEA 간의 안전조치협정에 의해 주어진다. 이 협정이 체결되지 않은 국가에게는 IAEA는 아무 권리를 갖지 못한다. 따라서 NPT 등 IAEA 전면안전조치를 요구하는 국제조약에 가입하지 않은 국가에게 대해서는 IAEA가 충분한 정보를 확보할 수 없으며 이는 IAEA 안전조치체제의 취약성으로 연결된다. 예를 들면, 원자력 활동이 있으면서도 NPT 비당사국인 인도, 파키스탄, 이스라엘, 북한에 대한 아직 완전한 정보를 갖고 있지 못하다. 이들 국가는 IAEA 부분안전조치협정을 맺고 있어 일부 핵물질, 장비 및 시설에 대해서만 IAEA의 감시가 가능한 상태이다. 최근 국제적으로 핵물질 및 장비에 대한 불법 교역이 밝혀지면서 이들 국가들의 수출정보가 절실히 필요한 상태에 있다.[91)]

2008), p.11.

90) IAEA, *Application of Safeguards in the Democratic People's Republic of Korea (DPRK)*, GOV/2008/40 (September, 2008), p.3

91) Aloise(2006), p.11.

최근에는 강화된 안전조치체제에서 주어지는 IAEA의 권한만으로는 투명성 보장이 완전하지 못하므로 핵연료주기기설 및 군사시설에의 접근, 이에 대한 정보를 알고 있는 사람들과의 개인적 인터뷰 등 법적으로 IAEA의 권한이 더욱 강화돼야 한다는 제안도 있다(예: "추가의정서 플러스").[92] 또한 IAEA 안전조치체제를 위반했거나 NPT 등을 탈퇴했을 때를 대비한 IAEA의 권한 설정 제안도 있는 상태이다.

2) 강화된 안전조치체제의 보편성(universality) 확보

IAEA 추가의정서를 중심으로 구성된 강화된 안전조치체제는 추가정보를 확보하고 IAEA 사찰능력을 크게 증대시킴으로써 IAEA 안전조치체제를 명실상부한 핵비확산 검증체제로 자리 잡을 수 있게 하였다. 그러나 1997년 구축된 지 10년이 넘은 강화된 안전조치체제가 완전한 국제적 규범으로 자리 잡은 것은 아직 아니다. 미국이 2004년 부시 대통령의 국방대학 연설을 통해 수출조건으로 추가의정서를 요구할 것을 제안하고, 같은 해 G-8 정상회담에서도 모든 국가의 추가의정서 체결을 촉구하면서 원자력 공급에 있어서 추가의정서가 새로운 필수조건이 되어야 한다고 강조하는[93] 등 국제사회가 추가의정서를 국제적 규범으로 정착시키려고 노력하고 있으나 아직 만족할 만한 수준이 되지 못하고 있는 것으로 평가되고 있다. NSG는 수출조건으로 IAEA 전면안전조치를 요구하고는 있으나 아직 추가의정서를 수출조건으로 요구하고 있지는 않다.

2007년말 현재 NPT 당사국 가운데 30개국이 아직 전면안전조치협

---

92) IAEA, *Reinforcing the Global Nuclear Order for Peace and Prosperity: The Role of the IAEA to 2020 and Beyond*, Report prepared by an independent Commission at the request of the Director General of the International Atomic Energy Agency (May 2008), pp.18-19.

93) Theodore Hirsh, "The IAEA Additional protocol: What It Is and Why It Matters," *The Nonproliferation Review* (Fall-Winter, 2004), p.1.

정을 체결하지 않고 있으며, 전면안전조치협정을 체결한 154개국 가운데 82개국만이 추가의정서를 비준한 상태이다. 브라질, 아르헨티나, 이란, 멕시코, 이집트, 태국 등 72개국은 아직 추가의정서를 비준하지 않은 상태에 있다. 부분안전조치협정을 체결하고 있는 인도, 파키스탄, 이스라엘도 아직 추가의정서를 비준하지 않았으며, 5개 핵보유국 가운데 미국이 아직 비준하지 않은 상태에 있다. 특히 추가의정서의 보편성을 강조하고 있는 미국이 아직 추가의정서를 비준하지 못하고 있는 것은 큰 걸림돌 가운데 하나가 아닐 수 없다.[94)]

3) 세계적 원자력 이용 확대에 대비한 핵비확산 노력

세계적인 기후변화 대응, 에너지 안보 확보 등을 위하여 많은 국가들이 원자력 발전을 새로 시작하거나 확대할 것으로 예상되고 있다. 특히, 중국, 인도, 러시아 등이 대규모의 신규 원전건설 계획을 추진하고 있다. 중동지역, 아프리카 지역, 동남아시아 지역의 많은 개도국들도 2020년대에 원전 건설을 계획하고 있다. 지난 30년간 원전 건설이 없었던 미국에서도 원전 건설을 위한 인허가 과정중에 있다. 프랑스, 일본, 한국 등도 지속적으로 원자력 발전을 확대해가고 있다.

이러한 세계적인 원자력 이용 확대는 안전조치를 포함해 향후 IAEA 차원의 적절한 대응이 필요한 사항이다. 특히 원자력 기술의 확산은 그만큼 핵확산 위험성에 대한 우려를 수반한다. 이란과 같이 설득력이 부족한 핵연료 자립을 주장하며 농축, 재처리 등 민감시설을 확보하려는 국가들이 늘어날 경우에 대한 대비가 필요하다는 것이 국제사회의 일반적인 인식이다. 현재 이러한 국가들의 민감시설 확보 동기를 원천적

---

94) 미국은 추가의정서에 1998년 서명하였으나 아직 비준하지 못하고 있으며, 2008년 말까지는 비준할 것이라 기대하고 있다. Patricia McNerny, "Presentation to Panel One: Designing Safeguards for the Future at International Meeting on Next Generation Safeguards," http://www.state.gov/t/isn/rls/rm/109981.htm (검색일: 2008.9.22).

으로 봉쇄하기 위해 국제적 핵연료 공급보장체제 등이 IAEA를 중심으로 논의되고 있다. IAEA는 안전조치를 포함해 향후 구축될 이러한 체제에서의 역할을 모색해 나가야 할 것이다.

4) 안전조치 자원의 확보

세계적인 원자력 이용의 확대, 상용 핵연료주기 시설의 증가, 강화된 안전조치체제의 적용 확대 등은 IAEA 안전조치에 필요한 자원의 증가를 의미한다. 이 측면에서 IAEA 향후 많은 문제점에 직면할 것으로 평가되고 있어 이에 대한 대책들이 요청되고 있다.[95] 예를 들면, IAEA는 안전조치 임무 수행을 위협할 만큼 인력위기를 맞고 있다. 2005년 조사에 따르면 IAEA 고위 사찰관 및 경영층 75명 가운데 50%가 넘는 38명이 향후 5년 이외에 은퇴한다고 보고되었다.[96] 이 경우 관련 지식 및 전문성의 상당한 손실이 있을 것이며 이로 인해 각 국가에 대한 평가의 질이 낮추어질 수밖에 없을 것이다. 이에 따라 이들 퇴역 전문인력을 대체할 적절한 계획이 세워져야 할 것이다.

Ⅳ. 결론 및 한국에의 함의

IAEA 안전조치체제는 NPT를 중심으로 한 국제 핵비확산체제를 강건하게 유지해 주는 버팀목이 되어 왔고, 핵비확산을 보증함으로써 원자력의 평화적 이용 증진에도 크게 기여해 온 것으로 평가되고 있으며,

---

95) IAEA, *Reinforcing the Global Nuclear Order for Peace and Prosperity: The Role of the IAEA to 2020 and Beyond*, Report prepared by an independent Commission at the request of the Director General of the International Atomic Energy Agency (May 2008), pp.18-19.

96) Aloise(2006), p.12.

향후에도 이러한 중요한 역할을 담당하게 될 것이다.

IAEA 안전조치체제는 시대 변화에 따라 변화해 왔다. 1960년대의 부분 안전조치체제는 NPT 발효에 따라 전면안전조치체제로 탈바꿈했으며, 1990년대 초 구소련 붕괴, 이라크의 비밀 핵 프로그램 추진 등에 따라 1997년 전면안전조치협정과 추가의정서로 대표되는 '강화된 안전조치체제'가 탄생하였다. '강화된 안전조치체제'는 확대신고, 추가접근, 환경시료 채취 등 추가적인 조치들을 갖춤에 따라 미신고 원자력 활동을 탐지할 수 있는 능력을 확보하게 되었다. 이에 따라 한 국가가 '강화된 안전조치체제' 하에서 비밀 핵개발 프로그램을 추진할 수 있는 가능성은 매우 희박해졌다.

그러나 이러한 '강화된 안전조치체제'가 국제적 규범으로 확실히 자리잡은 것은 아니다. NPT 핵비보유 당사국 가운데 16%가 아직 전면안전조치협정을 체결하지 않고 있으며, 전면안전조치협정을 체결한 국가 가운데 약 47%가 아직 추가의정서를 비준하지 않고 있다. 이 가운데는 원자력 활동이 활발한 국가들도 있다. 또한 NPT 비당사국인 인도, 파키스탄, 이스라엘도 아직 비준하지 않고 있다. 모든 국가가 추가의정서를 비준하기에는 아직 힘든 여정이 남아 있는 것으로 보인다.

21세기 들어 세계는 급변하고 있다. 미국 9·11 테러로 인해 핵테러에 대한 우려가 증가하고 핵물질 및 장비의 불법거래 네트워크가 발견되면서, 또한 반면에 새로운 원자력 르네상스 시대를 맞이하고 있다. 이러한 시대적 변화는 또 다른 모습의 IAEA 안전조치체제를 가져올 것이다.

에너지 자원이 거의 전무한 한국은 세계 6위의 원자력 발전국으로서 현재 전력의 40% 정도를 원자력에 의존하고 있으며, 2030년까지 60%까지 확대해 나갈 계획이다. 이미 원전 건설에 필요한 모든 기술을 자립하여 독자적으로 원전을 건설하고 있으며, 이제 원전을 수출할 능력까지 완비하고 있다. 또한 원자력 선진국들과 미래 원자력시스템을 공동 개발하는 데 참여할 정도의 기술수준을 확보하고 있다.

이러한 원자력의 평화적 이용은 국제적 핵비확산 신뢰성이 확보되었을 때 가능한 것이다. 한국은 모든 국제 핵비확산체제에 참여하고 있으며 국내적으로도 국가 원자력통제체제를 구축하여 운영하고 있다. 이에 따라 2008년 7월 1일부터 한국에 대해 IAEA가 통합안전조치를 적용키로 한 것은 한국의 핵투명성을 국제적으로 인정받은 것이라 할 수 있다.

한국은 향후에도 2004년 『핵의 평화적 이용에 관한 4원칙』[97)]을 확정・발표한 바와 같이 원자력 선진국으로서 국제 핵비확산체제에 능동적이고 적극적으로 참여하고, IAEA 안전조치체제에 대한 기술적, 재정적 지원을 대폭 향상시켜 나가야 할 것이다.

---

97) ①정부는 핵무기를 개발하거나 보유할 의사가 전혀 없음을 다시 한번 천명한다. ②정부는 핵 투명성 원칙을 확고하게 유지하고, 국제협력을 강화해 나갈 것이다. ③정부는 핵비확산에 관한 국제 규범을 성실히 준수할 것이다. ④정부는 국제적인 신뢰를 바탕으로 핵의 평화적 이용 범위를 확대해 나갈 것이다.

참고문헌

이병욱. “미국-인도 원자력협력과 국제핵비확산체제.” 박기덕 · 이상현 편. 『북핵문제와 한반도 평화체제』. 세종연구소, 2008.

한국원자력연구소. 『IAEA 핸드북』. 대전: 한국원자력연구소, 1995.

______. 『한국 원자력 협력 표준협정 모델 개발』 KAERI/RR-1689/96. 대전: 과학기술처, 1997.

______. 『원자력 대외정책 연구』 KAERI/RR-1807/97. 대전: 한국원자력연구소, 1997.

______. 『국제 안전조치체제 강화에 따른 국가 대응방안 연구』 KAERI/RR-1823/97. 대전: 과학기술처, 1998.

______ 역. 『IAEA 안전조치의 발전』 KAERI/TS-80/99. 대전: 한국원자력연구소, 1999.

______ 역. 『IAEA 안전조치: 목표, 한계, 업적』 KAERI/TS-99/99. 대전: 한국원자력연구소, 1999.

______. 『INFCIRC/153 제정 배경과 조문의 해석』 KAERI/TS-148/2000. 대전: 원자력연구소, 2000.

______. 『핵비확산 핸드북』 KAERI/TR-2543/03. 대전: 한국원자력연구소, 2003.

______. 『원자력 대외정책 연구』 KAERI/RR-2867/2007. 대전: 한국원자력연구원, 2007.

______ 역. 『IAEA 안전조치 용어집』 KAERI/GP-265/2007. 대전: 한국원자력연구원, 2007.

한국원자력통제기술원. 『국제 핵비확산체제 변화에 따른 통제정책 및 대응전략 연구』 KINAC/RR-017/2007. 대전: 과학기술부, 2007.

Aloise, Gene. “IAEA Safeguards and Other Measures to Halt the Spread of Nuclear Weapons and Material.” Testimony Before the Subcommittee on National Security, Emerging Threats, and International Relations, Committee on Governmental Reform, House of Representatives, GAO-06-1128T, GAO, 2006.

Bunn, George. “Nuclear Safeguards: How far can Inspectors go?” *IAEA Bulletin*, 48-2 (March 2007).

Fischer, David. “Nuclear Safeguards: The First Steps.” *IAEA Bulletin* 49-1

(September 2007).

Hirsh, Theodore. "The IAEA Additional protocol: What It Is and Why It Matters." *The Nonproliferation Review*. (Fall-Winter, 2004).

IAEA. *The Safeguards System of the International Atomic Energy Agency*. http://www.iaea.org/OurWork/SV/Safeguards/safeg_system.pdf (검색일: 2008.8.22).

______. *Non-Proliferation of Nuclear Weapons & Nuclear Security: IAEA Safeguards Agreements and Additional Protocol*. Vienna: IAEA, May 2005.

______. *Reinforcing the Global Nuclear Order for Peace and Prosperity: The Role of the IAEA to 2020 and Beyond*, Report prepared by an independent Commission at the request of the Director General of the International Atomic Energy Agency, May 2008.

______. *Implementation of the NPT Safeguards Agreement in the Arab Republic of Egypt*. GOV/2005/9, February 2005.

______. *The Safeguards Implementation Report for 2007*. GOV/2008/20, June 2008.

______. *The Conclusion of Safeguards Agreements and Additional Protocols: An Agreement with the Government of India for the Application of Safeguards to Civilian Nuclear Facilities*. GOV/2008/30, June 2008.

______. *Implementation of the NPT Safeguards Agreement and relevant provisions of Security Council resolutions 1737 (2006)*, 1747 (2007) and 1803 (2008) in the Islamic Republic of Iran. GOV/2008/38, September, 2008.

______. *Application of Safeguards in the Democratic People's Republic of Korea (DPRK)*. GOV/2008/40, September, 2008.

Ma, Chunyan, & von Hippel, Frank. "Ending the Production of Highly Enriched Uranium for Naval Reactors." *The Nonproliferation Review*, (Spring 2001).

McNerny, Patricia. "Presentation to Panel One: Designing Safeguards for the Future at International Meeting on Next Generation Safeguards." http://www.state.gov/t/isn/rls/rm/109981.htm (검색일: 2008.9.22).

Timerbayev, Roland. "Enhancing IAEA Safeguards." in Alexei Arbatov and Vladimir Dvorkin (eds.), *Nuclear Weapons after Cold War*. Moscow: R. Elinin Publishing House, 2008.

핵확산 방지구상(PSI)의 성과와 전망

이서항 | 주 뭄바이 총영사

I. 서론: NPT의 문제점과 PSI 제기 배경

흔히 NPT로 알려진 핵확산금지조약(Treaty on the Non-Proliferation of Nuclear Weapons, 이하 NPT로 명기)은 조약의 주요 목적을 그 명칭이 시사하는 바대로 기존의 핵무기 보유국가(Nuclear Weapon State: NWS)[1]를 제외한 다른 어떠한 비핵국가(Non-Nuclear Weapon State: NNWS)에게 '핵무기가 확산되는 것을 막는 것(non-proliferation)'에 두고 있으며 핵무기 관련 물질 · 장비 등의 국가 간 이전 및 거래 등의 규제를 통해 이러한 목적을 달성할 수 있는 것으로 보았다.

이에 따라 NPT는 제1조 및 제2조에서 핵무기 자체는 물론 핵무기를

1) NPT 제9조 3항에 따르면 핵보유 국가(NWS)는 1967년 1월 1일 이전에 핵무기를 제조했거나 핵 폭발장치를 완성한 국가들을 지칭하며 실제적으로 이러한 범주에 속하는 국가는 미국, 러시아(구소련), 영국, 프랑스, 중국 5개국뿐이다. 나머지 국가들은 모두 비핵국가(NNWS)로 분류된다.

만들 수 있는 관련 물자 · 장비의 이전과 추구를 금지토록 하는 핵보유 국가와 비핵국가의 기본 의무를 각기 규정한 뒤 제3조에서(특히 제2항) 모든 조약 당사국들은 어느 비핵국가에게든 핵무기 제조에 이용될 수 있는 원료 혹은 특별한 핵분열 물질 그리고 장비 · 기술 등을 평화적 목적이라 할지라도 국제원자력기구(International Atomic Energy Agency: IAEA)가 정한 확실한 안전조치가 보장되지 않는 한 제공 또는 거래하지 말 것을 규정하고 있다. 다시 말해, NPT는 핵무기는 물론 생산과 관련된 물질 · 장비 등의 이전 · 거래 규제를 통해 핵무기의 확산이 이루어지지 않을 것으로 보았으며 이러한 성격 때문에 NPT는 '핵관련 거래 행위(conduct of nuclear trade)'를 규제하는 최초의 국제협정으로 간주되고 있다.[2)]

이와 같이 핵관련 물질 · 장비 · 기술 등의 국가 간 이전 · 거래에 대한 규제는 핵무기의 확산을 막는 효율적 수단으로 인식되었기 때문에 NPT 발효 초기부터 핵무기 제조와 관련된 물질 · 장비 · 기술 등의 국가 간 거래와 이동은 철저한 통제대상이 될 수밖에 없었다. 이에 따라 NPT 주요 당사국들—특히 핵관련 물질 · 기술 개발의 잠재력을 지닌 선진국들은 조약 발효 이후 핵개발에 이용될 수 있는 원자력 관련 물품과 장비의 수출을 포함한 국가 간 거래 · 이동을 규제하는 세부 지침을 제정해 왔다.

NPT 발효 직후 지난 1971년 결성된 핵수출국위원회(Nuclear Exporters' Committee)[3)]에 의해 채택된 지침서(guidelines)나 1975년 핵 공급국 그룹(Nuclear Suppliers Group: NSG)[4)]에 의해 채택된 지침서는 모두 원자력 관련 물품 · 기술 등의 국가 간 거래와 이전(특히 수출)을 통제

---

2) Emily Bailey, Richard Guthrie, Darryl Howlett and John Simpson, *Briefing Book: The Evolution of the Nuclear Non-Proliferation Regime*, 6th Edition(Southampton: Programme for Promoting Nuclear Non-Proliferation, 2000), p.53.

3) 핵수출국 위원회는 위원장의 이름을 따 '쟁거 위원회(Zangger Committee)'라는 이름으로 보다 더 잘 알려져 있으며 NPT 제3조 2항 규정에 따라 설립되었다.

하는 대표적 규정들이다. 물론 NPT는 제4조에서 원자력의 평화적 이용 극대화를 위해 원자력 이용과 관련한 핵보유국과 비핵국가 간의 국제적 협력을 보장하고 있으나 이러한 협력이 핵무기의 확산을 가져와서는 안 된다는 인식에서 핵관련 물질 · 장비 · 기술 등의 국가 간 거래와 이전을 통제하고 있는 것이다.

핵확산을 막기 위한 목적으로 원자력 관련 물품 · 기술의 국가 간 거래와 이전을 통제하는 규정들은 위의 두 지침서외에도 1984년 출범한 호주그룹(Australian Group: AG)과 1987년 설립된 미사일 기술통제체제(Missile Technology Control Regime: MTCR)에 의해 채택된 지침서가 존재하며 이들 규정들은 원자력 관련 물품 · 기술 등이 핵무기제조에 이용되지 않도록 적극적인 수출통제(export control)의 내용을 담고 있다.[5] NPT 발효와 함께 채택된 이들 지침서들은 비록 각국의 비준절차를 거친 공식적인 국제협약의 성격은 띠지 않고 있으나 원자력 관련 물품 · 기술 등의 수출통제에 대한 참여국의 자발적 의사에 따라 합의된 문건들로서 NPT조약 자체 및 다른 관련 조치들과 함께 범세계적 차원에서 핵확산을 막는 이른바 '핵확산 금지체제(nuclear non-proliferation regime)'[6]의 주요한 구성요소가 되고 있다.

핵무기 제조에 이용될 수 있는 원자력 관련 물질 · 장비 · 기술의 국

---

4) NSG는 일명 '런던 클럽'으로도 불리며 원자력 관련 민감 품목의 수출통제를 위해 설립되었다.

5) 호주 그룹은 특히 화학무기 제조와 관련된 물질과 기술의 수출통제에 초점을 맞추고 있으며 MTCR은 WMD 제조 물질 자체보다는 운반수단(미사일) 통제에 초점을 맞추고 있다.

6) 일반적으로 '체제(regime)'는 "국제정치의 특정 문제영역에서 행위자의 이익을 보호하며 행동을 규제하는 원칙, 규범, 절차 등의 총체"라고 정의되고 있으며 이에 따라 '핵확산 금지체제'는 핵확산을 막기 위해 국제적으로 합의된 여러 가지 원칙, 규범, 지침, 협정 등의 총체라고 할 수 있다. '체제'의 일반적 정의에 대해서는 Stephen D. Krasner, "Structural Causes and Regime Consequences: Regimes as Intervening Variables," in Stephen D. Krasner(ed.), *International Regimes*(Ithaca, NY: Cornell University Press, 1982), pp.1-21 참조.

가 간 거래 및 이전 규제에 중점을 둔 이러한 수출통제 조치들은 핵확산 금지 체제의 다른 구성요소들과 함께 그동안 어느 정도 핵확산을 막는 데 공헌해 온 것으로 평가된다. 1970년 NPT 발효 이후 현재에 이르기까지 공식적이든 혹은 비공식적이든 사실상의 핵보유 국가가 1960년대 초반 NPT 협상 시 예상되었던 숫자보다 크게 늘지 않았다는 사실은 이러한 평가가 그다지 틀리지 않음을 반영한다고 할 수 있다.[7)]

그러나 최근 수년간—특히 2001년 9 · 11 테러 사태 이후 범세계적인 핵확산의 위험과 도전은 과거와는 확연히 다른 양상을 보이고 있으며 핵확산을 막기 위한 기존의 수출통제 조치들도 여러 가지 미비점을 드러내고 있는 것으로 지적되고 있다. 예를 들면, 이란 · 북한 등과 같이 핵무기보유를 추구하는 국가가 숫적으로 증가했을 뿐 아니라 알 카에다 등과 같은 비국가조직의 테러단체들이 테러에 사용할 목적으로 핵무기를 포함한 대량살상무기(weapons of mass destruction: WMD) 보유를 추구하고 있다는 사실 등은 핵무기 확산 위험의 새로운 측면을 보여 주고 있다.[8)] 또한 원자력 관련 물질 · 장비 · 기술 등의 국가 간 거래와 이전을 규제하는 각종 수출통제 조치들도 단순한 규정에 지날 뿐 어느 한 국가가 이를 위반할 경우 제재조치가 거의 없다는 것과 원자력의 평화적 이용 여부를 감시하는 IAEA도 당사국의 비밀적인 핵 활동을 찾아내는 데 주력할 뿐 국가 간 '핵관련 거래행위'를 강제적으로 금지시

---

7) 1960년대 초기 NPT와 같은 핵무기 통제 협약의 필요성을 강조했던 미국의 케네디(John F. Kennedy) 대통령은 국제적으로 핵무기에 대한 아무런 규제가 없을 경우 핵보유국은 당시로부터 20년 이내에 15~20개국 이상으로 늘어날 것으로 경고한 바 있다. Stephen M. Younger, *The Bomb: A New History* (New York: Harper-Collins, 2009), p.133 및 Thomas C. Reed and Danny B. Stillman, *The Nuclear Express: A Political History of the Bomb and Its Proliferation* (Minneapolis: Zenith Press, 2009), p.114 참조.

8) 영국의 *Financial Times* 신문은 2002년 7월 9일 WMD 관련 특집기사에서 국제안보 전문가들에 대한 인터뷰 결과를 종합한 뒤 "테러집단에 의한 WMD 보유와 사용가능성은 이제 더 이상 상상의 문제가 아니다"라고 결론지은 바 있다.

킬 능력을 갖추지 못하고 있는 점 등은 최근의 핵확산 위험의 실상을 드러내는 것이라고 할 수 있다.

핵무기 문제와 관련한 국제적 현실은 한마디로 국가조직이 아닌 테러단체의 핵무기 추구 등으로 인해 핵확산 위험이 확대되었을 뿐 아니라 수출통제를 중심으로 한 기존의 핵확산 금지 조치들도 한계를 보이고 있다. 이와 같은 새로운 핵확산 위험의 부상은 과거의 단순하고 수동적인 금지조치의 유지를 넘어서 핵확산을 보다 적극적으로 막을 수 있는 능동적인 방법과 수단의 모색 필요성을 제기하게 되었으며 이러한 배경하에서 나온 것이 바로 2003년 5월 31일 미국 부시 대통령의 폴란드 방문시 발표된 '핵확산 방지 구상(Proliferation Security Initiative: PSI, 이하 PSI로 명기)'이다.[9)]

PSI는 기존의 수출통제를 중심으로 채택된 핵확산 금지 조치들이 단순한 비(非)확산(non-proliferation)을 규정하는 데 그치고 있다고 보고 이를 넘어서 보다 적극적이고 능동적인 방법으로 핵확산에 대응해야겠다는 이른바 '대(對)확산(counter-proliferation)'전략을 구체화한 정책이다. 본래 대확산 개념은 WMD확산 방지의 수단으로 군사적 대응을 포함하는 전략개념으로 1993년 당시 클린턴 미국대통령의 안보보좌관인 레스 아스핀(Les Aspin)이 처음으로 소개한 용어이나[10)] 보다 구체

---

9) PSI발표의 직접적인 계기를 제공한 것은 2002년 12월 아리비아해 공해상에서 발생한 미사일 탑재 북한 화물선 서산호의 나포사건으로 알려지고 있다. 당시 서산호는 국기를 게양하지 않고 항해 중 스페인과 미국의 군함에 의해 나포되었는데 이 선박에는 예멘으로 향하는 15기의 북한제 스커드 미사일과 고체 추진체가 선적되어 있었다. 미국과 스페인은 이 선박의 나포 이후 상기 화물을 제3국에 이전하지 않겠다는 예멘 측 약속을 받은 후 예멘으로의 항해를 허용했는데 WMD 적재 선박 나포의 정당성을 확보하기 위해 고안된 것이 곧 PSI라는 것이다. 서산호 사건의 자세한 내용과 의미는 Mark J. Valencia, *The Proliferation Security Initiative: Making Waves in Asia*, Adelphi Paper 376(London: IISS, 2005), pp.35-36 참조.

10) John Baylis, James Wirtz, Colin S. Gray and Eliot Cohen, *Strategy in the Contemporary World*, 2nd Edition(Oxford: Oxford University Press, 2007), p.241.

적인 뜻을 갖고 사용되기 시작한 것은 9 · 11 테러사태 이후 2002년 12월 미국 백악관이 발표한 'WMD 대응 국가전략'문서 부터이다. 'WMD 대응 국가전략'은 WMD 확산에 대한 세 가지의 기본적 대응방안을 제시하고 있는데 이는 첫째, 적대적인 국가 또는 테러조직으로의 WMD 이전에 대한 차단(interdiction), 둘째, 상대방의 WMD 사용 억지, 셋째, WMD 사용에 대한 방어력 증대를 포함하고 있다.[11] 이러한 대응방법은 결국 WMD 확산을 막는데 있어서 군사적 역할을 강조 또는 증대한 것으로서 PSI는 '대확산' 개념에 바탕을 두어 미국의 적대국 또는 테러조직에 의한 핵무기를 포함한 WMD 이동 의혹이 제기될 경우 사전의 예방적 차원에서 적극적인 군사행동이 포함된 '차단'을 중요한 이행 수단의 하나로 도입한 것이다.

기존의 수출통제 차원을 넘어 핵확산을 막는 적극적인 대응방법의 하나로서 발표된 PSI는 그동안 적지 않은 성과를 올린 것으로 평가된다. 예를 들면, 2008년 5월 PSI시행 5주년을 맞아 개최된 한 국제회의에서 미 국무부는 그동안 핵관련 거래를 차단한 실제사례는 30여 건 이상이며 이러한 사례들은 아시아 및 중동지역에서의 핵무기 및 미사일 확산을 지연시키는 데 공헌하고 있다고 주장한 바 있다.[12] 그러나 다른 한편으로, PSI의 효율성과 적법성 등에 대한 문제점이 이 구상의 발표 초기부터 꾸준히 제기되고 있는 것도 무시할 수 없다. 즉, 일부 학자 및 전문가들은 핵무기를 포함한 WMD 확산 저지 정책으로서의 PSI 효용성에 대한 의구심을 제기하고 있으며 확산방지를 실행하기 위해 행동원칙으로 제시된 '차단'에 대한 국제법적인 정당성에 대해서도 문제점을 지적하고 있다. 또한 PSI에 대한 중국 · 인도 등을 포함한 주요국의 참여와 지지가 결여되어 있는 것도 문제점의 하나로 꼽히고 있다.

---

11) White House, *National Strategy to Combat Weapons of Mass Destruction* (WMD), December 2002, p.2.

12) Wade Boese, "Interdiction Initiative Successes Assessed," *Arms Control Today* 38 (July/August 2008), p.33.

이 글은 이와 같이 최근 핵확산 방지의 새로운 접근방법으로 제시된 PSI에 대한 서로 다른 주장과 평가가 존재하고 있는 것을 감안, PSI의 기본 개념과 성격에 대한 정확한 이해와 함께 PSI를 둘러싸고 제기되고 있는 문제점들을 살펴보는 데 주목적이 있다. 이와 관련, 북한의 끊임없는 핵개발 시도로 인해 핵확산 위험에 직면하고 있는 우리로서는 PSI의 개념을 명확히 파악하고 이를 바탕으로 그동안 유지해 온 PSI 정책을 평가 · 검토 해보는 것은 매우 유익한 일이 아닐 수 없을 것이다. 이에 따라 이 글은 첫째, PSI의 기본 성격과 목표 그리고 최근의 진전 상황 및 성과를 살펴보고, 둘째, 일부에서 제기되고 있는 PSI에 대한 문제점들을 평가하는 동시에 향후 발전 방향을 전망하며, 끝으로 북한의 핵개발 시도로 인해 핵확산 위험이 상존하고 있는 한반도 안보 현실에서 PSI에 대한 한국의 바람직한 대응방향과 과제를 제시하고자 한다.

II. PSI의 기본 개념과 성격

이미 설명된 바와 같이 PSI는 NPT 체제하에서 핵무기를 포함한 WMD의 확산금지에 관한 기존의 국제적 규범이 제대로 지켜지지 않고 있으며 테러 단체를 포함한 비국가 조직들이 WMD 보유를 추구하고 있는 상황에서 새롭게 제시된 WMD 확산방지 조치라고 할 수 있다. 2003년 5월 PSI의 발표 당시 부시 미국대통령은 기자회견에서 "WMD 혹은 그와 연계된 부품들이 (불법적으로) 이동 중일 경우 우리는 그것들을 압류할 수 있는 수단과 권위를 가져야 할 것"이라고 언급한 바 있으며[13] 이에 따라 PSI는 범세계적 차원에서 '확산 우려가 있는 WMD 및

13) Global Security Newswire, "Bush Proposes New Initiative to Block Suspect Cargo Shipments," http://www.nti.org(검색일: 2008. 10. 8).

운반수단과 관련 물질의 선적 및 이동의 저지'를 목표로 삼고 있다.[14)]

PSI가 제안된 이후 이 제안에 찬성하는 서방 11개국은[15)] 즉각적으로 회의를 갖고 "WMD 확산 금지에 관한 국제적 조치를 준수하지 않거나 참여를 거부하고 있는 국가 및 비국가 단체에 대해서는 보다 과감하고 혁신적인 방법이 강구되어야 한다"는 점을 확인한 바 있다. 이들 국가들은 또한 이를 실행할 수 있는 구체적인 방법으로서 2003년 9월 파리에서 열린 회의를 통해 참여국의 관할영역에서뿐만 아니라 공해 및 영공에서 WMD 적재 의혹 선박 및 항공기들을 정지 · 검색할 수 있는 이른바 '차단행동원칙 성명서(Statement of Interdiction Principles)'를 채택했다.[16)]

미국을 포함한 PSI 참여 핵심국가들에 의해 채택된 이들 차단 행동원칙들은 첫째, 단독 또는 공동으로 WMD 확산 우려 국가 및 비국가 단체에 의한 WMD 및 관련 물자의 이전 · 운송을 저지하기 위한 효율적 조치의 이행, 둘째, 참여국 간 관련 정보의 기밀 유지 및 신속한 교환을 위한 절차 간소화와 필요 재원 및 능력의 확보를 포함한 차단 노력의 협력 최대화, 셋째, 의혹화물 차단 노력을 지원하기 위한 참여국의 국내절차 및 국제법 기반의 강화, 넷째, 참여국의 국내절차 및 국제법 허용 범위 안에서 WMD 및 그 운반수단과 관련물질의 차단을 위한 특정행동(specific actions)의 수행을 포함하고 있다. 이들 4개 원칙 중 특히 WMD 차단을 위한 특정행동의 수행은 보다 구체적으로 명시되어 예를 들면, (1)확산 우려 국가 및 단체로부터 나오거나 향하는 WMD 및 관련 물자의 운송 및 지원 금지, (2)내해 · 영해 또는 공해상에서 WMD 및 관

---

14) U.S. Department of State, "The Proliferation Security Initiative," http://www.state.gov(검색일: 2008. 4. 18).

15) 미국이외에 호주, 프랑스, 독일, 이탈리아, 일본, 네덜란드, 폴란드, 포르투갈, 스페인, 영국을 포함한다.

16) U.S. Department of State, "The Proliferation Security Initiative: Statement of Interdiction Principles," http://www.state.gov(검색일: 2008. 4. 18).

련 물자 적재 의혹 자국 선박에 대한 승선 · 검색 및 화물압류, (3) WMD 화물 적재 의혹 자국 선박에 대한 타국기관의 승선 · 검색 및 화물압류의 승인, (4) WMD 적재 의혹 선박에 대한 자국 내해 · 영해 · 접속수역 내에서는 물론 항구 입항 및 출발 시 정선 또는 검색 및 화물 압류가 가능하도록 적절한 조치의 시행과 조건의 구비, (5) WMD 적재 의혹 항공기에 대한 검색 및 화물압류 또는 착륙 및 영공통과 거부, (6) 자국의 항구 및 공항 등 관련시설이 WMD 확산 우려 국가 또는 비국가 단체의 화물 환적 장소로 이용될 시 이에 대한 검색 및 압류를 시행할 것을 제시하고 있다.

이러한 차단원칙과 실제적인 차단을 위한 세부적인 행동지침은 NSG나 MTCR의 지침서 등 기존의 다른 수출통제 조치들과 마찬가지로 공식적인 국제협약의 형태를 갖추지 않고 참여국의 자발적인 의사에 따라 합의한 형식을 띄고 있는 데 PSI에 참여할 수 있는 방법과 수준은 각국의 의사와 능력에 따라 크게 여섯 가지로 분류되고 있다. PSI의 참여방법은 첫째, 공식 · 공개적으로 PSI 이념 및 차단 원칙을 지지하며 PSI 목표를 지원하기 위한 모든 관련 조치의 수행, 둘째, 해상 · 공중 · 육지에서 차단을 수행할 수 있는 자국 관련 기관에 대한 정보제공 및 필요시 관련 기관의 차단능력 강화 의사 표명, 셋째, PSI 노력에 공헌할 수 있는 국가적 '자산'(정보수집능력 혹은 법집행기관이 특별히 보유하고 있는 장점 등)의 확인, 넷째, PSI 활동 지원 접수 시 접촉 창구 제공 및 적절한 내부적인 PSI 협력 절차 수립, 다섯째, PSI 차단 훈련 및 실제 차단 작전 참가, 여섯째, 승선협정 체결과 같은 관련 협약체결 및 PSI 협력 기반 제공 등을 포함하고 있다.[17] 이 중 첫 번째 및 다섯 번째 활동 수준의 참여국들은 이른바 PSI의 '핵심그룹국가(core group)'들로 불리며 PSI 목표 및 원칙을 지지하면서 나머지 다른 활동에 개입하는 국

---

17) U.S. Department of State, "The Proliferation Security Initiative," http://www.state.gov(검색일: 2008. 4. 18).

가들은 단순한 '참여국(participants)'으로 불려진다.[18)]

PSI는 WMD 의 불법적인 이동을 막기 위해 실제적으로 이를 지지하는 국가들의 참여아래 다양한 종류와 범위의 활동을 벌이고 있는데 PSI 목표 이행을 위한 중요한 활동들로서는 국제적인 WMD 이동과 관련한 정보 교환, 참여국 간의 정책조정과 차단훈련 실시, 그리고 의혹 WMD 물품의 실제 압류작전 시행(즉, 차단) 등을 들 수 있다. PSI는 특히 WMD 관련 물품의 정보교환과 차단 시행 시 국제협력의 증대를 위해 각종 회의를 개최하며 이중 전문가 운영회의(Operational Group of Experts: OEG)는 불법적인 WMD 이동을 저지하기 위한 정보 교환뿐만 아니라 실제 차단 방법 및 기술 등을 정기적으로 논의하고 있다.

핵무기를 포함한 WMD 및 관련 물품 · 기술의 불법적인 선적과 이동을 저지하기 위해 설정한 이와 같은 행동원칙과 운영상황 등을 감안해 볼 때, PSI는 한마디로 "참여국의 해상 및 영공은 물론 선박 · 항구 · 공항 등이 WMD 확산 우려가 있는 이른바 '불량국가(rogue states)' 또는 테러조직과 같은 비국가 단체에 의해 사용되는 것을 막기 위해 서로 협력하기로 한 국제적 합의"라고 요약할 수 있다.[19)] PSI는 또한 불법적인 WMD의 선적과 이동을 통제하기 위한 새로운 수단으로 '차단'을 도입한 것이 특징이다. 차단은 WMD 및 관련물품의 수출통제와 관련하여 일부 국가나 혹은 민간 상사들이 위조 또는 미비서류로 WMD 물품을 확산 우려 국가와 민간단체에게 판매 또는 선적할 경우 이를 해상 및 영공 등에서 물리적 힘의 개입을 통해 저지하는 것이라고 할 수 있다. 이 같은 방법은 결국 WMD 및 관련부품의 공급자와 수요자 간의 거래를 비용을 포함한 현실적인 측면에서 더욱 어렵게 만듦으로써 불법적인 WMD의 이전 자체가 불가능하도록 국제적인 환경을 조성하는 것에

---

18) 그러나 미국은 2005년 8월 '핵심그룹국가' 이름을 없애고 모두 '참여국'이라는 이름으로 단일화한 것으로 알려지고 있다. Valencia(2005), p.29.

19) U.S. Department of State, "The Proliferation Security Initiative," http://www.state.gov(검색일: 2008. 4. 18).

궁극적인 목적이 있다.[20)]

PSI의 구체적 이행수단으로 제시된 '차단'이라는 개념은 물론 PSI에 의해 처음으로 도입된 것은 아니다. 차단은 WMD 확산을 금지하는 수동적인 규정의 열거가 아니라 WMD 확산을 능동적으로 저지하는 물리적 또는 군사적 힘의 사용을 내포하고 있으며 이는 이미 2002년 12월 미국 백악관이 대(對)확산 전략의 차원에서 발표한 'WMD 대응 국가전략'문서를 통해 제시된 것이다.

핵무기를 포함한 WMD의 확산을 막기 위한 구체적인 행동원칙의 설정과 차단이라는 새로운 방법의 도입은 결국 기존의 수출통제 조치를 포함한 WMD 확산방지 조치들이 제대로 작동하지 않고 있으며 WMD 보유를 추구하는 국가들과 비국가 조직들이 증가하여 WMD 확산위험이 과거 어느 때 보다도 확대되어 있다는 판단에서부터 유래한 것이다. 미국은 '불량국'으로 불리는 적대국들과 알 카에다를 포함한 테러단체들에 의한 핵무기 보유를 자신과 서방세계에 대한 가장 중요한 안보위협으로 간주하고 있기 때문에 PSI라는 새로운 차원의 핵확산 방지 구상을 제시한 것이다. 또한 PSI는 WMD 및 관련물품을 이동과정 중에 차단함으로써 불량국가나 테러단체들에 의해 WMD가 보유되거나 실제로 사용되는 것을 사전에 저지하는 측면도 지니고 있는 데 이러한 이유로 인해 PSI는 WMD 확산 방지와 관련한 예방적(preventive) 조치라는 평가도 받고 있다. 이 같은 예방적 성격은 WMD 및 관련물품이 불량국가 혹은 테러단체에 의해 보유되거나 무기로서 완성된 이후에 이를 무력화하기 위해 취할 수 있는 이른바 선제공격(preemptive strike)적 행동과는 구별된다고 할 수 있다.[21)]

---

20) Mark J. Valencia, "The Proliferation Security Initiative: A Glass Half-Full," *Arms Control Today* 37(June 2007), p. 17.

21) 선제공격의 대표적 사례는 1981년 6월 이스라엘 공군이 이라크의 오시락(Osirak) 핵시설을 파괴한 것을 들 수 있으며 '예방적 조치'와 '선제공격'의 자세한 차이에 대해서는 Baylis, Wirtz, Gray, and Cohen(2007), pp. 239-246 참조.

미국은 PSI가 제시하고 있는 '차단'과 같은 새로운 WMD 확산 저지 방법이 기존의 국제법 규범과 어긋나지 않는다고 주장하고 있으며 그 근거의 한 예로서 1992년 1월 31일 채택된 유엔 안전보장 이사회 의장 성명을 들고 있다. 상기 의장 성명은 "핵무기를 포함한 모든 WMD의 확산이 국제평화 및 안보에 위협이 되고 있다"고 전제하고 안보리 회원국은 "WMD 연구 또는 생산과 관련된 기술의 확산방지를 위해 적절한 행동을 취할 것을 요구한다"고 규정하고 있으며[22] 미국은 PSI가 이러한 국제적 합의에 기초하고 있다고 밝히고 있다(물론 미국의 주장에 대해서는 다양한 반박이 제기되고 있으며 PSI의 국제법적 정당성 여부를 포함한 쟁점들의 분석은 이 장의 제4절 참조).

이상과 같은 PSI의 제기 배경과 개념 및 특징, 그리고 운영상황 등을 살펴 볼 때, PSI가 지니는 성격은 다음과 같이 네 가지로 요약될 수 있다.

첫째, PSI는 핵무기를 포함한 WMD 확산을 방지하기 위해 이행수단으로 '차단'이라는 개념을 도입한 새로운 접근방법이라는 점이다. 미국은 최근 WMD 보유를 추구하는 국가 및 비정부 조직이 증가하고 있으며 WMD 확산을 방지하기 위한 수출통제 조치 등 기존의 국제적 규범들이 제대로 작동하고 있지 않다고 판단, 보다 적극적이고 능동적인 확산방지 방법의 하나로 '차단'이라는 물리적 힘의 행사 가능성이 내포된 PSI를 제안하게 된 것이다.

둘째, PSI는 WMD 및 관련물품을 이동과정 중에 저지한다는 점에서 WMD 확산 방지의 예방적 조치라는 성격을 갖고 있다. 즉, PSI의 핵심개념으로 도입된 '차단'은 WMD 및 관련 물품이 확산 우려 국가 또는 테러단체에 의해 보유되거나 군사적 무기로서 완성되는 것을 사전에 막는 효과를 지니고 있다. 이 같은 예방적 성격의 조치는 WMD 및 관련물품이 불량국가 또는 테러단체에 의해 보유되거나 무기로서 완성된

22) UN Security Council, "Note by the President of the Security Council," s/23500, 31 January 1992.

뒤 이를 무력화하기 위해 취할 수 있는 '선제공격'적 행동과 구별된다고 할 수 있다.

셋째, PSI는 공식적인 국제협정에 기반한 상설기구 혹은 조직이 아니라 WMD 확산 방지에 찬성하는 국가들이 자발적 의사에 따라 참여하는 협력체로서의 성격을 지니고 있다. 즉, PSI는 WMD 확산 방지를 위해 참여국들이 자신들의 의사에 따라 동반자적 협력관계를 구축한 '자발적 의지의 연합체(coalition of the willing)'라고 할 수 있다.[23)]

넷째, PSI는 WMD 확산 위험에 대한 새로운 대응으로서 제기배경이 되었던 북한의 서산호 사례가 보여 주듯이 선박이 무엇을 적재하느냐에 따라 국제평화 및 안보가 위협받을 수 있다는 인식에서 출발, 제안 초기에는 주로 해상에서 선박에 의한 WMD 이동을 차단하는 것에 초점을 맞추었으나 이후 시행과정에서 불법적 WMD 이동과 관련된 모든 경로와 운송수단을 차단하는 포괄적 성격의 WMD 확산 방지 수단으로 진화되고 있다. 즉, PSI는 2003년 9월 채택된 차단 행동원칙에서도 나타나듯이 불법적인 WMD 이동을 전면적으로 막기 위해 해상에서의 차단은 물론 WMD 이동에 이용될 수 있는 모든 장소(항구 · 공항 등)와 운송수단(항공기 · 철도 등), 그리고 더 나아가 WMD 구입 및 거래와 관계된 금융망까지 통제의 대상으로 삼고 있다.

이상과 같은 PSI의 성격을 감안할 때, PSI는 한마디로 핵무기를 포함한 WMD 확산 우려가 있는 국가 및 비정부 조직에 의한 WMD 보유를 저지하는 새로운 차원의 적극적이고 능동적이며 또한 포괄적인 확산방지 접근방안이라고 할 수 있을 것이다.

---

23) Mary Beth Nikitin, "Proliferation Security Initiative(PSI)," *CRS Report for Congress*, February 4, 2008, p.5.

Ⅲ. PSI의 최근 발전과 성과

1. PSI의 최근 발전

PSI는 2003년 5월 제안된 뒤 올해로 시행 5주년을 맞았으며 시행초기와 비교해 볼 때 다음과 같은 네 가지 측면에서 두드러진 변화와 진전을 보이고 있는 것으로 평가되고 있다.

첫째, 참여국의 괄목할 만한 증대이다. PSI는 부시 대통령의 제안 직후 미국 이외에 호주, 프랑스, 독일, 이탈리아, 일본, 네덜란드, 폴란드, 포르투갈, 스페인, 영국 등 10개국이 즉각적으로 지지를 표명하고 WMD 확산 방지를 위한 차단 행동원칙을 합의하는 등 PSI운영의 이른바 '핵심그룹 국가'를 형성하였으며 이후 캐나다 · 싱가포르 등이 이에 합류하였다. 이들 핵심그룹 국가들은 PSI운영과 관련된 실제 지침의 논의는 물론 정기적인 차단훈련을 실시하고 상황발생 시 직접적인 차단에까지 참여하고 있다. 한편 PSI의 목표와 차단원칙을 공개적으로 지지하되 자국의 여건이 허락하는 범위 안에서 제한적으로 정보교환 등 PSI 활동에 관여하는 국가들은 일반적인 '참여국'으로 불려 왔는데 이들 국가들의 수도 PSI 발족 이후 계속 증가하여 왔다. 미국은 그동안 PSI 참여 수준을 고려, 핵심그룹 국가와 일반 참여국을 구별해 왔으나 전 세계 국가의 PSI 지지를 유도하기 위해 2005년 8월부터는 이러한 구별을 없애고 모두 '참여국'으로 통합해 부르고 있으며,[24] PSI 참여국은 2008년 말 현재 모두 90여 개국에 이르는 것으로 집계되고 있다.[25] 미

24) Valencia(2005), p.29.

25) U.S. Department of State, "Proliferation Security Initiative Participants," http://www.state.gov (검색일: 2008. 9. 11) 및 U.S. Government Accountability Office (GAO), "Nonproliferation," Report to Congressional Committees (November 2008), p.39.

국은 또한 WMD 차단이 비밀유지를 요하는 군사적 성격을 띠고 있다는 것과 PSI 참여가 국가에 따라서는 국내정치적으로 영향을 미친다는 점을 감안, 참여국의 구체적 명단을 공개적으로 발표하지 않았으나 최근에는 이를 모두 밝히고 있다.

PSI의 발전과 관련한 두 번째 두드러진 사항은 PSI 주도국인 미국이 공해상에서의 WMD 적재 의혹 선박에 대한 정선과 검색을 용이하게 할 수 있도록 세계 상선의 주요 등록국으로 꼽히는 국가들과 꾸준히 양자간 '승선협정(ship-boarding agreement)'을 체결해 왔다는 점이다. 공해상에서의 WMD 적재 의혹 선박에 대한 차단은 관할권을 가진 해당 선박의 등록 국적국—즉, flag state—의 승인이 필요하다는 점에서 승선협정은 매우 중요한 의미를 지닌다. 미국은 그동안 세계 최대 선박 등록 국적국인 파나마를 비롯 라이베리아, 몽골, 사이프러스, 벨리즈, 마샬군도 등 8개국과 이러한 협정을 체결해 왔는데 이들 국가들에게 등록된 상선은 톤수를 기준으로 세계 상선의 70%가 넘는다.[26] 승선협정의 주요 내용은 의혹 선박에 대한 승선요청이 제기된 후 2시간 내에 등록국으로부터 응답이 없을 경우 정선 및 검색 승인이 이루어진 것으로 간주된다는 것을 포함하고 있는데, 이는 공해상에서의 의혹 선박에 대한 강제적인 차단과 관련하여 국제법적인 논쟁을 감소시키는 효과도 지니고 있다.

셋째, PSI 시행 이후 특기할 만한 또 다른 발전은 다양한 수준에서의 참여국의 정기적인 회의 개최와 차단 훈련의 실시이다. PSI는 정기적으로 참여국의 고위급 대표가 참석하는 정치적 성격의 회의와 정보교환 및 차단문제 등을 실무적으로 논의하기 위한 전문가 운영회의(OEG)를 개최하고 있으며 WMD 이동을 효율적으로 막기 위한 차단훈련을 실시하고 있다. 특히 차단훈련은 해상, 육상, 공중에서의 불법적인 WMD 이동시 이를 실제적으로 차단하기 위한 국제적 협력을 증대시키기 위한

---

26) Valencia(2007), p.20.

것으로서 2003년 9월 호주정부 주최로 해상차단을 중심으로 한 제1차 훈련이 실시된 이래 2008년 9월까지 참여국을 순회하며 모두 36차례의 가상훈련이 실시된 바 있다.[27] PSI의 이와 같은 정기적인 회의 개최와 훈련의 실시 등은 PSI가 불법적인 WMD 이동을 막기 위해 행동중심의 동반자적 협력관계를 구축한 자발적인 '연계망 조직(network)'임을 보여주는 근거가 되고 있다.

넷째, PSI 발전과 관련한 또 다른 두드러진 사항은 국제법적 정당성 확보를 위한 보완노력의 전개이다. 잘 알려진 바와 같이, PSI의 핵심개념인 '차단'은 관련 참여국의 국내절차 및 국제법 허용 범위 안에서 시행될 것임이 강조되고 있음에도 불구하고 참여국의 내해 · 영해에서뿐만 아니라 공해상에서의 WMD 적재 의혹 선박에 대한 정선 및 검색과 화물의 압류까지 제시하고 있어 국제법상 비판의 대상이 되어 왔다. 즉, 유엔 해양법협약에 따르면 영해에서는 외국선박의 '무해 통항권(innocent passage)'이 보장되어 있으며(제17조 및 19조) 공해상의 선박에 대한 정선 및 검색은 해적행위, 노예거래, 무국적 및 국기오용 등의 경우를 제외하고는 제3국에 의한 정선 · 검색이 허용되지 않고 있는데(제10조), PSI는 이를 차단 행동원칙에서 제시하고 있어 국제법 위반이라는 지적을 받아왔던 것이다. PSI 주도국인 미국은 이러한 국제법적 논란—특히 공해상에서의 선박 정선 및 검색—을 피하기 위해 앞서 지적한 바와 같이 파나마, 라이베리아 등 세계 상선의 주요 등록국들과 승선협정을 체결해 왔으며 기존의 국제법 규범을 개정하거나 유엔의 승인을 확보하려는 노력을 기울여 왔다. 이와 관련하여 가시적 성과를 거둔 사례가 바로 2005년 5월 '항해 안전에 대한 불법행위 억제협약(Convention for the Suppression of Unlawful Acts Against the Safety of Marine Navigation: SUA)'의 개정과 2004년 4월 28일 비정부 조직 · 단체에 대한 WMD 획득을 규제하도록 규정한 유엔 안전보장이사회 결의

27) U.S. GAO(2008), p.22.

문 제1540호의 채택이다.

본래 SUA는 1985년 이탈리아 여객선 아칠레 라우로(Achille Lauro)호가 팔레스타인 해방 전선과 관련된 테러단체에 의해 납치되어 인명이 살상되는 사건이 일어난 것이 계기가 되어, 1998년 선박에 대한 테러와 납치를 금지하는 국제협약으로 채택된 바 있다. 그러나 미국 등 국제사회는 2005년 의정서의 채택을 통해 여객선은 물론 모든 선박이 WMD 수송에 사용되지 않도록 규제범위를 추가하는 등 선박과 관련된 불법행위의 범위를 확대하고 WMD 적재 의혹이 제기될 경우 선박 등록국의 승인 없이도 제3국이 승선 · 검색할 수 있도록 개정한 것이다.[28]

한편 유엔 안보리 결의문 제1540호는 미국 및 영국 등의 주도에 의해 공해를 포함한 연안국 관할권이 미치지 않는 해상 및 상공에서 WMD 적재의혹 선박 및 항공기에 대한 제3국의 개입 및 검색이 가능하도록 유엔의 승인을 추구한 것으로서 특히 '비국가 행위자(non-state actors)'에 의한 WMD 관련 물품 운송을 금지하고 있다. 미국은 본래 상기 결의문 안에 차단(interdiction)이라는 용어가 포함되어 유엔이 PSI를 합법화시켜 주는 형식을 갖추도록 시도했으나 중국 및 러시아 등의 반대로 이러한 시도는 성공을 거두지 못하였다. 그러나 유엔 결의문 1540호는 제10항에 "모든 국가들은 핵 · 화학 · 생물학 무기와 운반 수단, 그리고 관련 물질의 불법적 이동거래를 금지하도록 협력적인 행동을 취한다"라는 문구가 포함되어 있으며 미국은 이러한 표현이 궁극적으로 PSI가 추구하는 '차단'을 정당화하고 있다고 주장하고 있다.[29]

이상의 사례에서 보는 바와 같이 미국은 PSI의 국제법적 정당성을 보완하기 위해 기존 국제협약의 개정이나 유엔의 승인 확보와 같은 노력을 벌이고 있으며, 이외에도 국제사회의 지지를 얻기 위한 다양한 시도를 추진하고 있다. 최근 국제민간항공기구(ICAO)는 항공기를 이용한

---

28) Valencia(2005), pp.51-52.

29) *Ibid.*, p.48.

WMD 관련 물품의 수송을 불법화한 바 있는데 이러한 것도 PSI의 정당성을 확보하기 위해 미국의 주도에 의해 이루어진 것이다.

2. PSI의 성과

PSI의 목적이 행동 수단인 '차단'을 통해 불법적인 WMD 및 운반수단 그리고 관련 물질의 거래와 이동을 막는 데 있는 만큼 시행 5년의 기간 동안 과연 소기의 성과를 거두었는지를 살펴보는 것은 매우 중요한 일이다. PSI 주도국인 미국은 그동안 PSI를 통한 WMD 및 관련 물품의 실제 차단 사례가 30여 차례가 넘으며, 이러한 차단을 통해 아시아 및 중동지역에서의 핵무기 및 미사일 확산이 지연되어 왔다고 주장해 왔다.[30] 그러나 미국은 WMD 차단 사례를 모두 구체적으로 밝히지 않았으며 대표적인 성공사례만 선택적으로 발표해 왔다. 예를 들면, 2005년 5월 라이스 국무장관은 그동안 11건의 WMD 차단 성공사례가 있었음을 밝힌 바 있으며, 2006년 7월 로버트 조셉 당시 국무부 군축담당 차관은 차단 성공사례가 30건 이상이라고 발표한 바 있다.[31]

PSI와 관련된 차단 사례의 구체적이지 못한 추상적인 발표는 WMD 관련 정보와 차단방법이 자세히 알려질 경우 앞으로 실제 차단을 더욱 어렵게 할 수 있다는 우려 때문인 것으로 알려지고 있다.[32] 이러한 상황에서 WMD 차단의 대표적인 성공사례로 제시되는 것이 2003년 10월 지중해 공해상에서 발생한 독일선적 BBC 차이나(BBC China)호에 대한 차단이다. 당시 BBC 차이나호는 우라늄 농축에 이용될 수 있는 원심분리기 등을 적재하고 말레이시아를 출발, 리비아로 항해 중이었는데 미국과 영국의 정보제공과 선적국인 독일과 지중해상의 연안국인 이탈리

30) Boese(2008), p.33.

31) *Ibid.*, p.33.

32) *Ibid.*, p.34.

아의 협력으로 본래 목적지인 리비아로 가는 것을 차단하고 이탈리아에 선박을 정박시켰다는 것이다.

한편 PSI에 의한 WMD 차단 사례가 구체성을 띠지 못하고 총 시행 건수만 발표되는 것에 대한 비판이 제기되자, 미국은 최근 PSI 시행 5주년을 맞아 개최된 한 국제회의에서 브리핑을 통해 2005년 이후 일어난 대표적 차단 사례를 설명했는데 이에 포함된 사례는 모두 5건이다. 이 중 3건의 사례는 이란으로 향하던 미사일 및 핵물질 관련물품을 차단한 것이며, 1건은 시리아로 가던 미사일 부품의 차단, 그리고 나머지 1건은 시리아 국적의 비행기가 북한으로 왕복비행할 수 없도록 제3국으로 하여금 영공통과를 거부토록 한 것이다.[33] 특히 시리아 국적 비행기의 북한 왕복비행을 위한 제3국의 영공통과 거부는 2007년 6월 발생한 사례로서, 이는 2006년 10월 북한의 핵실험 실시 이후 채택된 북한으로 향하는 탄도미사일 부품 및 관련기술의 이전을 금지하는 유엔 안전보장이사회 결의문 제1718호의 내용과도 일치하는 것이다.

미국에 의해 제시된 이러한 차단사례의 내용과 참여국의 증대 사실 등을 고려할 때 PSI가 범세계적 차원에서 WMD 확산 방지에 어느 정도 공헌하고 있는 것은 긍정적으로 평가할 수 있을 것이다. 앞서 인용한 미국 당국자의 주장대로 PSI는 아시아 및 중동지역에서 핵무기를 포함한 WMD와 미사일의 확산을 지연시키고 있으며, 참여국의 증대와 승선 협정체결과 같은 참여국 간 협력 범위의 확대로 불법적인 WMD 및 관련물품의 거래와 이전은 더욱 어려워지고 있다고 할 수 있다.

그러나 PSI의 성과에 대해 비판이 전혀 없는 것은 아니다. 일부 전문가 및 학자들이 제기하고 있는 PSI성과에 대한 비판은 대체로 다음 세 가지로 요약되고 있다. 첫째, 차단사례에서 나타나는 바와 같이 WMD 차단의 대상이 대부분 간접 시설 또는 대형장비와 부품에 집중되어 있으며 핵무기의 직접 원료가 되는 농축 우라늄이나 플루토늄과 같은 소

33) *Ibid.*, p.34.

형물품의 이동은 차단이 어려워 PSI성과가 의심된다는 것이다. 또한 WMD 관련 물품은 평화적 또는 군사적 목적으로 사용될 수 있는 '2중 용도(dual use)' 물품이기 때문에 차단의 성과가 자칫 과대평가 될 수 있다는 것이다.[34] 이는 WMD 및 관련 물품의 이동 · 거래에 대한 정보 부족의 한계를 드러내는 것이기도 하지만, 그만큼 PSI 차단을 피해 갈 수 있는 여지와 허점이 많이 존재한다는 것을 반영하는 것이다.

둘째, 이제까지 PSI에 의해 WMD 관련물품을 차단한 실제 사례는 모두 30건 이상으로 발표되고 있는데 이는 과거 불법적인 WMD 이동 통계와 비교할 때 매우 극소수의 사례에 해당된다는 것이다. 즉, 현재 국제적으로 WMD 관련물품의 밀수출 또는 도난사례를 집계하고 있는 '스탠포드 데이터베이스(Stanford Database)' 자료에 따르면 지난 1991~2001년까지의 10년간 불법적 WMD 이동의 발생 건수는 연 평균 64.5건인데, 지난 5년간 PSI의 총 차단사례가 30건을 겨우 넘는다는 것은 PSI에 의한 WMD 차단이 국제적으로 실제 이동되는 것의 일부분에 대해서만 시행되었다는 것을 스스로 드러낸다는 것이다.[35]

셋째, PSI에 의한 WMD 차단이 일부 특정 국가만을 대상으로 시행되어 성과가 그만큼 감소되고 있다는 점이다. 즉, 이제까지 발표된 차단 사례는 모두 이란, 북한, 시리아 등 미국에 의해 이른바 '불량국'으로 불리는 일부 국가에 한정되어 있으며 WMD 관련 활동이 활발하나 미국과 전략적 협력관계를 맺고 있는 인도, 파키스탄, 이스라엘 등에 대해서는 WMD 관련 물품의 차단이 전혀 시도되지 않고 있다는 것이다. 이는 미국이 WMD라는 무기 자체보다는 특정 국가를 상대로 PSI를 시행하고 있다는 인상을 주기에 충분하며, 이 같은 PSI의 적용과 관련한 차별을 일부 학자들은 '핵 인종차별주의(nuclear apartheid)'라고 비판하고 있다.[36]

---

34) Valencia(2005), p.33.

35) *Ibid.*, p.33.

Ⅳ. PSI의 주요 쟁점

PSI가 '물리적 힘의 행사'라는 의미가 담긴 '차단'을 통해 범세계적 차원에서 핵무기를 포함한 WMD 확산 방지에 공헌하고 있는 것은 부인할 수 없으나, 그동안 PSI의 성과에 대한 비판의 대두와 함께 관련 학자들에 의해 문제점이 제기되고 있는 것은 사실이다. PSI 발표 이후 이제까지 제기되고 있는 문제점들은 대체로 첫째, WMD 차단 전략으로서의 효용성, 둘째, 국제법적 정당성, 셋째, 운영의 차별주의와 투명성 등에 관한 것들에 집중되고 있다.

1. WMD 차단전략으로서의 효용성

PSI는 WMD 확산 방지를 위해 확산 우려 국가 및 비정부 조직으로부터 나오거나 향하는 WMD 및 관련 물품을 해상, 공중, 육상에서 차단하는 것을 이행수단으로 삼고 있으나, 과연 이러한 이행수단과 관련활동이 범세계적인 WMD 확산방지 전략으로서 어느 정도의 효용성을 발휘하고 있는가에 대해서는 관련국가와 전문가에 따라 서로 다른 평가가 존재하고 있다. 이미 살펴본 바와 같이 미국 등 PSI 참여국들은 '대(對)확산' 개념에 기초를 둔 적극적이고 능동적이며 새로운 WMD확산 방지 접근 방법으로서 PSI를 긍정적으로 평가하고 있으나 일부 국가와 전문가들은 PSI의 한계와 단점을 제기하고 있다.

이들이 제기하고 있는 PSI의 한계는 우선 농축 우라늄이나 플루토늄과 같은 핵무기 제조와 직접 관련된 소형물품이 차단 대상에서 빠져 나

36) 최근 미국은 NPT 미가입국인 인도와 민간부문에서의 원자력 협력 협정을 체결, 상원의 승인까지 획득했는데 일부 인사들은 이러한 미국의 행태를 '핵 인종차별주의'라고 지칭하며 비판하고 있다. *The New York Times*, October 2, 2008, p. A10 참조.

가기 용이하다는 점이다. 이제까지 밝혀진 차단사례가 대부분 미사일과 같은 대형장비와 간접시설에 집중되어 있는 것도 이 같은 비판의 적합성을 반영하고 있다. 이들은 또한 최근의 WMD 확산이 극히 비밀스럽고 정교한 방법을 통해 이루어지고 있으므로 차단을 피할 수 있는 방안이 존재하며 PSI가 시행되는 것에 비례하여 회피방법도 개발될 수 있는 여지가 많다고 주장하고 있다. 예를 들면, PSI에 의한 화물 검색과 차단을 피하기 위해 PSI 참여국이 아닌 국가의 선박이나 항공기를 이용할 수 있다는 것이다. 실제로 2002년 12월 나포된 바 있는 북한의 서산호는 '판 호프(Pan Hope)'라는 이름으로 캄보디아에 등록된 선박이었던 것으로 밝혀진 바 있다.[37] 또한 의혹 화물에 대한 검색과 차단을 위해서는 관련 정보의 수집이 필수적이나 이제까지 경험된 사례로서는 미국을 포함한 PSI 참여국의 정보가 부정확할 수 있다는 것이다.

한편 이러한 단점들을 해결하고 PSI의 효율성을 높이기 위해서는 국제사회의 보다 많은 국가들이 PSI에 참여하거나 활동을 지지해야하는 것이 관건인데 일부 주요 국가들이 전략적 또는 국제법상의 이유를 들어 PSI에 대해 유보적 태도를 보이고 있는 것도 PSI의 효용성과 관련된 문제점의 하나로 지적되고 있다. 2008년 11월 현재 PSI에 참여하고 있는 국가는 모두 93개국으로 집계되고 있으나 이는 전 세계국가 수의 절반 밖에 되지 않는다. 또한 이들 93개국 중 실제 '차단'에 관여하는 PSI 활동 핵심참여국은 20개국 미만인 것으로 알려지고 있다. 더욱이 WMD의 확산 우려가 높은 아시아 지역에서 중국, 인도, 파키스탄, 인도네시아 등이 차단 활동 및 정보공유에 관여하고 있지 않을 뿐 아니라 PSI를 지지하지 않고 있는 것은 WMD 확산 방지를 위한 PSI의 효용성을 감소시킬 수 있는 것으로 지적되고 있다.[38]

---

37) Valencia(2005), p.35.
38) Valencia(2007), p.18.

2. 국제법적 정당성

이미 지적된 바와 같이 PSI는 WMD 확산 방지를 위해 물리적 힘의 사용을 시사하는 '차단'을 이행 수단으로 삼고 있어 이의 국제법적 정당성에 관한 여러 가지 논쟁을 야기하고 있다. 이와 관련, 해양법의 영역에서 우선 제기되는 것이 연안국 영해에서 보장되는 외국 선박에 대한 이른바 '무해 통항권(innocent passage)' 침해 가능성이다. 해양의 이용에 관한 국제적 규범을 법제화한 유엔 해양법협약의 제17조 및 19조에 따르면, 모든 국가의 선박은 연안국의 평화 · 공공질서 · 안전을 해치지 않는 한 해당국 영해에서 자유로운 통항권을 향유할 수 있는데(즉, '무해 통항권'),[39] 차단을 통한 연안국의 외국 선박에 대한 정선과 검색 그리고 더 나아가 화물의 압류는 이러한 권리의 침해가 된다는 것이다.

더욱이 유엔 해양법협약 제23조에 따르면, 핵추진 선박과 핵물질 또는 기타 유독한 물질을 운반하는 선박도 국제협정이 정한 서류를 휴대하고 국제협정에 의해 확립된 예방조치를 준수할 경우 무해 통항권을 향유할 수 있는데, WMD관련 물품의 적재 의혹만으로 정선과 검색을 행사하는 것은 부당하다고 해양법 관련 전문가들은 주장하고 있다. 이들은 영해에서의 외국선박 통항이 연안국에게 무해 또는 유해하다는 판정의 기준은 '선박이 적재하는 화물의 유형(type of cargoes)'이 아니라 '선박이 수행하는 활동의 내용(type of activities a ship engages in)'이 되어야 함을 감안할 때 WMD 적재 의혹 외국선박에 대한 연안국의 차단은 유엔 해양법협약의 위반이 될 수 있다고 지적하고 있다.[40]

해양법과 관련한 PSI의 또 다른 쟁점은 어떠한 나라에게도 관할권이

---

39) 유엔 해양법협약 제17조는 "…ships of all States, whether coastal or land-locked, enjoy the right of innocent passage through the territorial sea"라고 규정하고 있으며 제19조 1항은 "Passage is innocent so long as it is not prejudicial to the peace, good order or security of the coastal State"라고 기술하고 있다.

40) Valencia(2005), pp.41-43.

속하지 않는 공해상에서의 선박 차단문제이다. 유엔 해양법협약 제92조에 따르면, 공해를 항해중인 선박은 오직 해당 선박의 등록국(국적국)에 의해서만 관할될 수 있다. 또한 유엔 해양법협약 제110조는 공해상 선박의 관할권에 대한 예외적 조건으로 해적행위의 진압, 노예거래의 규제, 무허가 방송의 차단, 무국적 및 국기오용 등의 특별한 사례에 있어서만 선박 등록국이 아닌 제3국에 의한 임검권(right of visit)을 허용하고 있는데, WMD 관련 화물을 적재했다는 의혹만으로 등록국의 승인 없이 제3국이 공해상의 선박을 차단하는 것은 해양법협약의 위반이 될 수 있다는 것이다.[41]

한편 PSI의 국제법적 정당성과 관련하여 제기되는 보다 근본적인 문제점은 PSI가 '차단'이라는 물리적 힘의 사용을 내포하고 있는 만큼 이러한 권한이 과연 유엔의 승인하에 행사되고 있느냐의 여부이다. PSI 비판자들은 국제사회에서 힘의 사용은 유엔헌장 제51조에 규정된 자위권 행사 이외에 유엔의 승인하에서만 가능한 것인데 PSI는 유엔의 틀 밖에서 운용되고 있다고 지적하고 있다.[42]

물론 이와 같은 국제법상의 여러 가지 문제점 제기에 대해 반론이 전혀 없는 것은 아니다. 미국은 PSI 발표 이래 과거와는 다른 양상으로 전개되고 있는 WMD의 확산을 방지하기 위해서는 새로운 국제법 규범의 창출이 필요하다는 것을 강조해 왔으며, PSI는 WMD 확산 방지를 위해 유엔 회원국에 의한 적절한 조치 수행을 규정한 1992년 안전보장이사회 의장성명과 일치한다고 주장해 왔다. 더욱이 미국은 2006년 10월 북한의 핵실험 시행 이후 채택된 유엔 안보리 결의문 제1718호도 구체적으로 북한으로 향하거나 또는 북한으로부터 나오는 WMD 및 운반수단 그리고 관련 물자의 이동을 금지하는 내용을 담고 있어 유엔의 확산 우려 국가에 대한 PSI 시행을 지지하는 한 사례라고 지적하고 있다.[43]

---

41) *Ibid.*, p.44.

42) *Ibid.*, p.68.

이외에도 미국은 이미 전장에서 설명된 바와 같이 공해상에서의 의혹선박 차단에 대한 논란을 피하기 위한 일환으로 세계 주요 선박 등록국과 양자 승선협정을 체결해 왔다. 또한 미국은 PSI 주요 참여국과 함께 비정부 조직 · 단체의 WMD 획득을 막기 위한 2004년 유엔 안보리 결의문(제1540호) 채택과 선박의 WMD 수송 금지 등을 추가한 2005년 SUA의 개정 등 PSI의 국제법적 정당성 확보를 위한 보완 노력을 기울여 왔다.

3. 운영의 차별주의와 투명성 문제

PSI가 비판받고 있는 또 다른 중요한 이유는 운영의 차별주의와 투명성 결여이다. 즉, PSI의 주요 적용대상이 이란, 북한, 시리아 등 미국에 의해 '불량국'으로 불리는 일부 특정국가에게 국한되어 있으며 참여국 현황이나 실제 차단 사례 등을 포함한 PSI운영에 관한 자세한 정보가 공개되지 않고 있다는 점이다. 다시 말하면, PSI는 범세계적 차원에서 WMD 확산을 방지하는 것에 목적이 있지만, PSI 주도국인 미국은 자국과 전략적 협력관계를 맺고 있는 인도, 파키스탄, 이스라엘 등의 WMD 관련 물품의 이동과 거래에 대해서는 주의를 기울이지 않고, 이른바 불량국가로 지목된 이란, 북한 등 소수국가에 대해서만 집중적으로 정보를 수집하고 차단을 시행한다는 것이다. 실제로 지난 5월 미국에 의해 발표된 최근의 PSI차단 사례도 모두 이들 나라를 대상으로 하여 이루어진 것이다. 이 때문에 일부 전문가들은 미국이 '핵의 2중 기준(nuclear double-standard)' 또는 '핵 인종차별주의'에 근거하여 PSI를 운영하고 있으며 핵을 포함한 WMD라는 무기보다는 특정 국가를 상대로 PSI를

---

43) 그러나 PSI 비판자들은 유엔 안보리 결의문 제1718호의 실제문구가 유엔 회원국들로 하여금 북한의 WMD 관련 물품 운송 금지에 관한 협력적 행동을 취하도록 '촉구(calls upon)'한다는 내용으로 되어 있어 강제성이 없다고 주장하고 있다.

운영할 경우 범세계적 차원에서 효율적으로 WMD 확산을 막을 수 없다고 주장하고 있다.[44)]

이와 함께 PSI운영과 관련된 정보 · 자료의 투명성 부족도 비판의 대상이 되어 왔다. 최근 PSI 참여국의 수와 명단이 공개되기는 했으나 그동안 각국에 의한 참여도의 수준이나 차단된 물품의 내용 등이 자세히 밝혀지지 않은 것은 PSI의 객관성을 스스로 저해하는 것이라고 할 수 있다. 물론 PSI 차단 사례 및 경과 등을 상세히 공개하는 것은 관련 정보와 차단방법을 노정시킴으로써 앞으로 실제 있을 수 있는 차단을 더욱 어렵게 할 수 있으나 PSI 운영에 대한 투명성 결여는 PSI에 대한 국제적 지지와 신뢰성을 감소시킬 수 있는 것이다.

끝으로, 이제까지 언급된 쟁점들 이외에도 PSI 비판자들이 제기하는 문제점들은 다수 존재한다. 예를 들면, WMD 관련 물품의 적재 의혹이 있는 선박 또는 화물로 오인되어 차단이 이루어졌으나 검색 결과 불법이 없는 선박 또는 정상적인 화물로 판정되었을 경우 선박이동 및 화물의 운송 지연에 따른 경제적 배상과 책임문제도 쟁점으로 부각될 수 있다. 이러한 경우 PSI는 정상적인 국제화물의 이동을 방해한다는 비판을 받을 수 있는 것이다.

V. 맺음말: PSI의 장래와 한국의 과제

범세계적 차원에서 핵무기를 포함한 WMD 확산 방지를 위한 보다 적극적인 방법의 하나로 시행되고 있는 PSI는 지난 5년 동안 이루어진 실제 차단 사례에서도 나타나듯이 WMD와 운반수단 및 관련물품(특히 미사일)의 불법적인 거래와 이동을 막는 데 어느 정도 공헌한 것으

44) Valencia(2005), p.69.

로 평가된다. 그러나 PSI가 물리적 힘의 사용을 시사하는 '차단'을 주요 이행 수단으로 삼고 있으며 그동안 채택된 유엔 안보리 결의문 내에도 '차단'을 공식적으로 허용하는 내용이 포함되지 않음에 따라 PSI에 대한 국제법적 정당성 측면에서의 비판과 WMD 차단 전략으로서의 효용성에 대한 문제점 등의 제기는 끊임없이 이어질 것으로 보인다. 이에 따라 PSI의 성과는 '절반의 성공'으로 평가되기도 한다.[45)]

PSI에 대한 비판이 제기됨에 따라 PSI 주도국인 미국은 앞으로 대외적으로 정보 교환 및 공유를 포함한 참여국 간의 협력강화는 물론 참여국 증대 및 양자 승선협정 체결과 같은 PSI의 외연 확대와 국제법적 정당성 확보 차원에서 유엔의 지지 유도 등을 추구해 나갈 것으로 전망된다. 또한 내부적으로는 WMD 차단 전략으로서의 효용성을 높이기 위해 PSI 참여국 각각의 국내적 차단능력을 강화해 나갈 것으로 전망된다. 이러한 PSI 운영 강화의 방향은 PSI 시행 5주년을 맞아 지난 5월 워싱턴에서 개최된 참여국 회의에서도 확인된 것이며 최근 발간된 미 행정부 감사국(Government Accountability Office)의 보고서도 PSI 운영의 효율적 시행을 위한 미국과 일반 참여국 간의 협력 강화, 필요소요자금 확보 및 명확한 정책방향 제시 등을 위한 미 행정부 내 관련부서(국무부 및 국방부 등) 간의 업무조정 및 협의강화를 촉구한 바 있다.[46)]

이외에도 PSI는 운영의 차별주의와 투명성 등에 대해서도 비판을 받고 있지만 대표적 WMD 확산 우려 국가들로 꼽히는 이란, 북한, 시리아 등이 대외정책의 변화 없이 평화적 핵 이용 확대라는 이름 아래 핵무기 개발을 계속 추구한다면 이들 국가들에 대한 PSI 차단은 지속적으로 시행될 것으로 전망된다. 이와 함께 최근의 WMD 관련 수출통제 조치들

---

45) PSI의 대표적 비판자인 미국의 Mark J. Valencia는 PSI의 성과를 절반만 채운 유리컵(a glass half-full)으로 비유하고 있다. Valencia(2007), pp.17-21 참조.

46) U.S. Department of State, "Washington Declaration for PSI 5th Anniversary Senior-Level Meeting," http://www.state.gov(검색일: 2008. 9.9) 및 U.S. GAO (2008), pp.26-27.

이 크게 이완되어 있으며 무기산업의 세계화 등에 따른 WMD 거래 및 이동과정에서 민간단체 및 개인의 역할이 증대되고 있음을 감안할 때, 비국가 행위자—즉, 테러단체와 같은 비정부 조직 · 단체들에 대한 감시와 관찰도 더욱 강화될 것으로 예상된다.

한편, 2009년 1월 취임한 오바마 대통령도 2007년 상원의원 재임 당시 범세계적인 핵확산 방지를 위한 의회차원에서의 '적절한 조치'를 통한 PSI 운영 강화를 촉구한 바 있으며 앞으로 국내 경제 및 이라크 문제등과 같은 보다 시급한 외교과제에 직면하고 있어 새로운 미 행정부에서 PSI에 대한 재검토나 큰 변화는 제기되지 않고 기존의 운영방향이 유지될 것으로 보인다.[47] 실제로 오바마 신 행정부는 2009년 1월 출범시 백악관 홈페이지를 통해 국토안보와 관련한 새로운 국정 아젠다를 제시하면서 미국에 대한 핵테러 위험감소와 국제적인 핵무기능력 확산 방지 및 핵비확산체제 강화 차원에서 WMD 및 관련 물자의 범세계적 이동 · 선적의 중지를 목표로 한 경찰 및 차단 노력을 강화하기 위해 PSI를 '제도화'하겠다는 의사를 밝힌 바 있다.[48]

이러한 PSI의 강화와 발전 전망은 우리나라에게 적지 않은 과제를 던져주고 있다. 우리나라는 북한에 의한 핵확산 위험에 직면하고 있으면서도 그동안 PSI에 대해 소극적 내지 유보적 태도를 취해 왔기 때문이다. 잘 알려진 바와 같이 북한은 2006년 10월 핵실험을 실시했다고 발표한 바 있으며 북한의 핵무기 관련 능력은 최고 6~8개의 핵탄두를 제조할 수 있는 40~50kg의 플루토늄을 보유한 것으로 추정되고 있다.[49] 그러나 6자회담 등을 통한 북한 핵문제 해결은 아직까지 이루어지지 않고

---

47) Arms Control Association, "GAO Report Calls for Revamped PSI," http://www.armscontrol.org (검색일:2008. 12. 10).

48) White House, "The Agenda: Homeland Security, "http://www.whitehouse.gov(검색일: 2009.1.29).

49) Siegfried S. Hecker, "Denuclearizing North Korea," *Bulletin of Atomic Scientists* 64(May/June 2008), p.44.

있으며 완전한 한반도 비핵화에 이르기까지는 플루토늄 보유량 검증 및 우라늄 농축 프로그램 폐기 등을 포함한 수없는 난관이 펼쳐져 있는 것으로 평가되고 있다. 한국은 북한의 핵개발 상황에 대응하여 그동안 PSI의 목적과 취지에는 이의를 표명하지 않았으나 남북관계와 6자회담에 미칠 수 있는 부정적 영향을 감안, PSI에 대한 정식 참여를 유보해 왔던 것이다.

물론 한국은 미국의 군사동맹국으로서 2005년 12월 PSI에 대한 부분적 협력을 결정, 기존의 한 · 미 군사훈련에 WMD 차단훈련을 포함시키고 PSI의 역외 차단훈련에 대한 참관단을 파견하는 등의 활동을 벌여왔다. 예를 들면, 한국은 2006년 4월부터 2007년 10월까지 호주, 네덜란드, 우크라이나 등에서 시행된 육상, 해상, 공중 차단 훈련에 5차례의 참관단을 파견한 바 있다. 그러나 이러한 활동으로 PSI의 정식 참여국 또는 지지국으로 분류된 것은 아니며,[50] 오히려 한국은 2006년 11월 13일 정부의 공식적 입장 발표를 통해 PSI 목적과 원칙을 지지하나 한국의 판단에 따라 참여 범위를 조절하겠다는 뜻을 밝혔다.

한국은 PSI에 대한 정식 참여를 유보하는 주요 이유로서 2005년 8월 10일 발효된 남북 해운합의서를 내세웠는데 이 합의서는 남북 경제교류 활성화를 위해 남북한 영해 안에서 각기 7개의 항구 간 통항로를 개방하고 선박의 상대방 해상 운항 시 정보수집과 안보관련 의혹물자(무기 등)의 운송을 막기 위해 필요할 경우 상대방 관련 기관의 호출에 응하거나 검색을 받도록 규정하고 있다. 이 합의서는 또한 선박이 호출에 응하지 않거나 금지활동 규정을 위반할 경우 검색은 물론 영해 밖으로의 퇴거를 명령할 수 있는 데 한국은 이러한 규정이 WMD 적재 의혹 북한 선박에 대한 차단을 대신할 수 있다고 주장한 것이다.

---

50) 미국 국무부가 PSI시행 5주년을 맞아 2008년 5월 22일자로 발표한 PSI 참여국 명단에 한국은 등재되어 있지 않았다. U.S. Department of State, "Proliferation Security Initiative Participants," http://www.state.gov (검색일: 2008. 9. 11).

그러나 남북 해운합의서에 따른 우리나라 영해 안에서의 북한 선박 호출이나 검색은 그동안 한 번도 이루어지지 않은 것으로 알려지고 있다. 한 자료에 의하면, 2006년 한 해 동안 우리나라 해양경찰청은 점검 차원에서 우리나라 영해를 지나는 북한 선박에 대해 22번이나 호출 신호를 보냈으나 북한은 한 번도 응하지 않았던 것으로 밝혀지고 있다. 이 같은 사실은 남북 해운합의서가 PSI를 대신할 수 없다는 것을 단적으로 보여준다. 즉, 북한 선박이 WMD 의혹 화물을 적재하고 우리나라 영해를 통과한다고 하더라도 해운합의서에 의존하는 한 이를 효율적으로 막을 수 없는 것이다. 특히 남북 해운합의서가 규정하고 있는 집행 수준은 의혹 선박에 대한 퇴거뿐이며 의혹 화물에 대한 압류는 불가능하다고 볼 수 있다. 더욱이 우리가 PSI에 가입하지 않고 남북 해운합의서를 운용한다면 WMD 물품 적재 의혹 선박에 대한 정보수집도 우리가 자체적으로 수행해야 하며 WMD 검색 범위도 육상(공항)과 영공이 제외된 해상 위주가 될 수밖에 없을 것이다.

남북 해운합의서에 의존하는 이러한 취약점은 우리로 하여금 북한의 WMD 취득이나 이동을 효율적으로 막기 위해서는 PSI에 대한 정식 참여의 필요성을 증대시키고 있다. PSI에 정식 참여할 경우 미국과는 물론 다수국과의 관련 정보교환 및 공유가 가능할 뿐만 아니라 WMD 검색 범위도 보다 확대될 것이다.

그동안 우리의 PSI 참여를 반대하는 사람들은 한국의 PSI 가입이 북한을 자극시켜 남북관계 발전과 6자회담 진행을 경색시키고, 우리나라 영해와 한반도 주변 공해지대에서의 의혹 북한 선박 차단은 불필요한 군사적 긴장을 초래할 수 있다고 주장해 왔다. 그러나 PSI에 의한 차단 대상은 핵무기를 포함한 WMD와 운반수단, 그리고 관련물품을 적재한 선박이며 북한이 핵무기 개발을 추구하는 한 PSI 적용의 예외 대상이 될 수는 없는 것이다. 다시 말해, PSI는 '누구(who)'가 아니라 '무엇(what)'을 대상으로 하는 개념이며 WMD 및 관련 물자를 불법적으로 거래하는 국가나 단체 · 개인은 그 누구라도 대상이 될 수 있는 것이다.

더욱이 유엔은 2006년 10월 북한의 핵실험 발표 이후 안보리 결의문 제1718호의 채택을 통해 북한으로 향하거나 또는 북한으로부터 나오는 WMD 및 운반수단과 관련물자의 이동금지를 위한 국제협력을 촉구한 바도 있다. 따라서 PSI가 강조하듯이 국내절차에 의한 우리나라 관할권 영역 안에서의 WMD 관련물품 적재 의혹 북한선박에 대한 검색과 차단은 국제법적으로도 아무런 문제를 야기하지 않는 것이다.

오늘날 핵무기를 포함한 WMD 확산 방지는 인권문제의 경우처럼 인류가 추구해야 할 보편적 가치의 하나로 간주되고 있다. PSI의 본래 목표가 북한이라는 특정 국가를 대상으로 삼은 것이 아니라 범세계적 차원에서 WMD 확산 방지를 강화하겠다는 것에서 출발한 것이며 그동안 참여국가의 증대와 실제 차단사례의 축적을 통해 핵확산 금지체제의 확립된 구성요소로서 자리 잡아 가고 있음을 감안할 때, 우리는 그동안 소극적이고 유보적 태도를 보여 왔던 PSI 참여 문제에 대해 긍정적으로 재검토를 벌여야 할 것이다. 우리나라의 PSI 참여는 먼저 PSI 목표 및 차단원칙에 대한 공식적이며 공개적인 지지 표명이 이루어져야하며, 이후 PSI가 정보교환에서부터 물리적 차단 및 훈련에 이르기까지 다양한 범주의 활동을 포함하고 있는 만큼 우리가 보유하고 있는 국가적 능력에 따라 단계적 · 신축적으로 접근하는 것이 바람직할 것이다.*

---

* 후기: 우리나라는 북한의 제2차 핵실험이 이루어진 다음날인 2009년 5월 26일 드디어 PSI에 대한 전면 참여를 발표했다. 과거 노무현 정부 때와는 달리 이명박 정부 출범 이후 우리나라는 PSI 참여의 원칙을 정해 놓았으나 북한이 우리의 방침을 '선전포고' 운운하며 반발함에 따라 공식발표를 미루어 왔었는데 2009년 4월 초 이후 장거리 미사일 시험발사와 핵실험을 포함한 일련의 도발적 행동은 자연스럽게 우리의 PSI 참여의 길을 열어주었다. 그러나 우리의 PSI 참여는 북한만을 대상으로 하는 것은 아니며 핵을 포함한 WMD 불법거래의 주체는 누구라도 PSI에 의한 규제대상이 될 수 있음을 상기해야 할 것이다.

참고문헌

Bailey, Emily et al. *Briefing Book: The Evolution of the Nuclear Non-Proliferation Regime*, 6th Edition. Southampton: Programme for Promoting Nuclear Non-Proliferation, 2000.

Baylis, John. *Strategy in the Contemporary World*, 2nd Edition. Oxford: Oxford University Press, 2007.

Boese, Wade. "Interdiction Initiative Successes Assessed." *Arms Control Today* 38, July/August 2008.

Hecker, Siegfried S. "Denuclearizing North Korea." *Bulletin of Atomic Scientists* 64, May/June 2008.

Krasner, Stephen D. *International Regimes*. Ithaca, NY: Cornell University Press, 1982.

Nikitin, Mary Beth. "Proliferation Security Initiative(PSI)." *CRS Report for Congress*, February 4, 2008.

Reed, Thomas C., and Danny B. Stillman. *The Nuclear Express: A Political History of the Bomb and Its Proliferation*. Minnea-polis: Zenith Press, 2009.

UN Security Council. "Note by the President of the Security Council." s/23500, 31 January 1992.

U.S. Department of State. "The Proliferation Security Initiative." http://www.state.gov(검색일: 2008. 4. 18).

______. "Washington Declaration for PSI 5th Anniversary Senior-Level Meeting." http://www.state.gov(검색일: 2008. 9.9).

______. "Proliferation Security Initiative Participants." http://www.state.gov(검색일: 2008. 9. 11).

Valencia, Mark J. "The Proliferation Security Initiative: A Glass Half-Full." *Arms Control Today* 37, June 2007.

White House. *National Strategy to Combat Weapons of Mass Destruction* (WMD), December 2002.

Younger, Stephen M. *The Bomb: A New History*. New York: Harper-Collins, 2009.

2부

핵비확산체제에 대한 주요 도전

제5장

미국의 핵전략 변화와 함의

전성훈 | 통일연구원 선임연구위원

I. 서론

핵무기를 보유하게 되면서 역대 미 행정부가 수행해야 하는 주된 과제는 기존의 핵무기 운용전략을 재검토하는 것이다. 매 행정부마다 대통령의 통치철학에 바탕을 두되 당시의 전반적인 국제정치 상황, 주요 적대국이 야기하는 군사적 위협, 동맹국들의 입장, 핵무장 기술의 발전 상태, 경제상황과 국내 정치적 요인 등을 고려한 새로운 핵전략을 제시하는 것이 전통이 되었다. 새로운 전략은 백악관이 발표하는 국가안보전략(National Security Strategy)과 국방부가 발간하는 국방전략검토보고서(Quadrennial Defense Review Report: QDR), 핵태세검토보고서(Nuclear Posture Review Report: NPR) 등에 구체화되었다. 특히 냉전의 종식으로 크게 변화된 전략환경에 대응하기 위해서, 미국은 클린턴 행정부 때인 1993년부터 새로운 행정부 출범 초기에 NPR을 발표해왔다.

미국의 핵전략은 냉전시대에는 소련이라는 초강대국의 압도적인 재래식 군사력과 가공할 핵무기의 사용을 억지하는 데 주안점을 두었다.[1] 그러나 냉전이 종식되면서 미국은 억지전략의 대상과 목표를 다변화하기 시작했다. 구체적으로, 소련에 비해 재래식 및 핵 전력이 취약한 중국, 대량살상무기에 집착해 온 이란, 이라크, 북한, 리비아, 시리아 등 소위 불량국가, 그리고 9 · 11 이후에는 테러집단으로까지 대상을 확대했다. 특히 테러집단은 일반국가와 달리 국민과 영토 등 지켜야 할 이익이 크고 명확하지 않기 때문에 비합리적 의사결정의 가능성이 높고, 그만큼 효과적인 대응이 어려운 새로운 대상으로 인식되었다.

본 장에서는 1945년 이후 지금까지 발표되고 실행된 다양한 핵전략 가운데 가장 대표적인 여섯 가지 전략을 소개하고자 한다. 먼저 제II절에서는 냉전시대에 운용된 다음과 같은 다섯 가지 전략들을 설명할 것이다: 첫째, 핵무기를 독점하던 트루먼 행정부가 힘의 우위에 바탕을 두고 입안한 최초의 핵전략인 도시파괴전략(City Busting Strategy), 둘째, 재래식 전력을 유지하는데 드는 막대한 비용을 절감하기 위해서 핵무기의 사용 의존도를 높인 아이젠하워 대통령의 대량보복전략(Massive Retaliation Strategy), 셋째, 핵무기에 대한 과도한 의존으로 야기되는 전략운용상의 불합리를 해소하고 나토 동맹국들의 재래식 전력 증강을 유도한 케네디 대통령의 유연반응전략(Flexible Response Strategy), 넷째, 미 · 소가 서로의 대량보복능력에 스스로를 노출시킴으로써 평화를 이루고자 했던 맥나마라 국방장관의 상호확증파괴전략(Mutual Assured Destruction Strategy), 마지막으로, 소련의 핵전략 증강과 초강대국 지위를 인정하고 더 이상의 핵군비경쟁을 자제하기로 한 닉슨 대통령의 충분성 전략(Strategy of Sufficiency)이 그것이다.

제III절에서는 탈냉전 시대의 대표적은 핵전략으로서 아들 부시

---

1) 이런 점에서, 미국의 핵전략은 전통적으로 '억지전략'에 해당된다. 억지(Deterrence)란 적대관계에 있는 상대방에게 그가 감당하길 꺼리는 위협을 가할 수 있는 능력을 과시함으로써 상대의 행위를 예방하거나 단념시키는 행위이다.

(George Walker Bush) 행정부가 수립한 핵전략을 소개할 것이다. 부시 행정부의 핵전략은 소련과 동구 공산정권의 붕괴로 야기된 안보환경의 변화뿐만 아니라 냉전 종식 이후 분명한 방향을 설정하지 못했던 미국 정부에게 안보정책의 방향을 제시한 역사적인 사건이었던 9·11 테러 이후의 급격한 상황변화를 모두 고려한 탈냉전 시대 미국 핵전략의 종합판이라고 할 수 있다. 그리고 2008년도 미국 대선에 출마한 공화당의 매케인 후보와 민주당의 오바마 후보가 표방한 핵정책의 특징과 미국의 핵전략이 핵비확산 체제에 주는 의미도 살펴보고자 한다.

제IV절에서는 미국의 핵전략이 한반도의 안보에 미친 영향과 그 함의를 살펴볼 것이다. 먼저 미국의 핵전략 수립에 큰 영향을 미친 사건인 한국전쟁과 아이젠하워 정부의 핵전략과의 관계를 살펴보고자 한다. 한국전쟁이 미국과 서유럽 정부의 핵전략에 어떤 영향을 미쳤는가를 분석하고, 정전협정 체결과정에서 미국의 핵전략이 어떤 역할을 했는가도 검토할 것이다. 또한 미국의 핵전략의 근간이라고 할 수 있는 우방국 보호용 핵우산 정책과 한국안보와의 상관관계를 살펴보고, 핵우산 정책의 한계와 문제점을 지적하고자 한다. 마지막으로, 미국의 핵전략과 북한과의 상관관계를 살펴볼 것이다.

II. 냉전시대의 핵전략[2)]

1. 도시파괴전략

1948년 11월 23일 트루먼 행정부가 "국가안보회의문서 20/4호(NSC

2) 본 장의 내용은 필자의 다음 저서의 내용을 발췌·요약한 것이다. 전성훈, 『핵억지전략과 북한 핵문제』 (서울: 통일연구원, 2004), pp. 25-66.

20/4)"를 통해 공식적으로 채택한 최초의 핵전략이다. 억지가 실패하는 경우 전략공군사령부(Strategic Air Command: SAC)가 소련의 도시와 산업시설에 대한 원폭공격을 실시하도록 규정하고 있다. 도시파괴전략(City Busting Strategy)은 미국이 핵무기 보유를 독점한 나라였다는 당시의 시대상황에 기초하고 있으며 원폭이 야기하는 가공할 위협을 통해서 새로운 전쟁의 발발을 막을 수 있을 것이라는 인식을 반영하고 있다. 아울러 미국의 핵무기 독점과 냉전의 개시가 거의 동시에 시작되는 시점에 탄생한 최초의 핵전략이라는 역사적 중요성을 갖는다. 반면에, 도시파괴전략은 미국의 강점과 소련의 약점을 활용해서 단순하며 단도직입적이고 즉흥적으로 만들어졌다는 비판을 받았다.[3)]

도시파괴전략은 소련이 1949년 8월 최초의 원폭실험에 성공함으로써 그 유효성에 의문이 제기되기 시작했다. 1949년 8월의 핵실험은 CIA가 1946년에 소련의 최초 원폭 실험시기로 추정한 1950~1953년보다 앞선 것으로서 미국 전체를 긴장시키는 사건이었다. 트루먼 행정부는 소련의 원폭실험에 대해 두 가지 대응책을 강구하게 되는데 그 하나가 수소폭탄의 개발이고, 다른 하나가 안보정책의 전면 재검토였다. 이후 미국은 1952년에 수소폭탄 실험에 성공하게 되었고, 소련도 그 다음해 8월에 수소폭탄 실험을 실시했다.

소련의 원폭실험에 대한 정책적 대응은 1950년 4월에 작성되어 9월에 대통령의 승인을 받은 "국가안보회의문서 68호(NSC-68호)"에 집약되었다. NSC-68호 문서의 탄생배경을 좀 더 구체적으로 살펴보면 다음과 같다. 제2차 세계대전이 종식되고 아직 국제질서가 제자리를 잡지 못하고 있던 상황에서 1940년대 후반에 발생한 일련의 사건들은 미국 정부로 하여금 대폭적인 전략증강을 결심하게 만든 동인이 되었다. 1948~1949년의 베를린 위기, 국민당 정권의 패배와 사회주의 중국의

3) Honoré Catudal, *Nuclear Deterrence—Does It Deter?* (Atlantic Highlands, N.J.: Humanities Press International, Inc., 1986), p. 87.

수립, 미국의 당초 예상보다 훨씬 앞선 소련의 원폭실험 성공 등은 미국의 외교안보 정책을 전면 재검토하게 만든 중요한 계기가 되었고, 그 결과 한국전쟁이 발발하기 전인 1950년 초에 미 국무부 정책실장 니체(Paul Nitze)의 주도로 NSC-68호가 작성되었다.

NSC-68호는 1954년까지 소련이 최대 200개의 원자탄을 보유할 것으로 추정하면서 소련에 대해서 군사적 우위를 유지해야 한다고 강조했다. NSC-68호는 당시 미국 외교의 축이었던 봉쇄전략을 계산되고 점진적인 강압전략으로 규정하면서 군사력 우위의 뒷받침이 없는 봉쇄전략은 허풍에 지나지 않는다고 보았다.[4] NSC-68호는 소련 내외에서 소련 지도부의 영향력을 축소하기 위한 적극적인 조치를 취할 것을 요구했는데, 이는 아이젠하워 행정부에서 덜레스(John Dulles) 국무장관에 의해 봉쇄전략에 반대되는 롤백(rollback) 전략으로 명명되었다.

2. 대량보복전략

아이젠하워 행정부의 덜레스 국무장관이 1954년 1월 12일 뉴욕의 외교협회에서 행한 연설에서 공식 천명한 핵전략으로서 다양한 형태의 침략을 전면 핵보복전쟁 위협을 통해 저지한다는 것을 골자로 한다. 대량보복전략(Massive Retaliation Strategy)은 아이젠하워 행정부가 국가안보상황을 파악하고 정책을 수립한 관점, 일명 새로운 시각(New Look)에 기반을 두고 있다.

아이젠하워 정부는 취임 당시 미국이 핵전력과 기술 분야에서 소련에 대해 우위를 점유하고 있던 현실을 이용하고자 했다. 즉 병력에 대한 의존도를 줄여서 국방비를 감축하는 대신 핵무기와 그 운반수단인 전폭기에 대한 의존도를 높이고자 한 것이다. 덜레스 국무장관은 외교협회 연설에서 지금까지 미국의 정책이 소련이 주도하는 비상사태에

---

4) *Ibid.*, p. 93.

대응하는 것에 불과했다고 비판하면서 다음과 같이 발언했다.[5)]

> 심각한 재정적, 경제적 및 사회적 여파 때문에 안전보장을 위한 총체적인 비용 지출이 계속될 수 없다. 그러나 군사계획을 변경하기 전에 대통령과 참모들은 일단의 기본적인 정책결정을 내려야 한다. 이것이 완료되었다. 기본결정은 우리가 선택한 수단과 장소에서 즉각적으로 보복할 수 있는 더 거대한 [핵] 능력에 주로 의존해야 한다는 것이다. 결과적으로 더 적은 비용으로 더 많은 기본적인 안전을 확보하는 것이 가능하게 되었다.

덜레스 장관 본인이 대량보복이라는 단어를 사용하지는 않았지만 위의 발언은 대량보복전략을 공식화하는 계기가 되었다. 덜레스 장관의 연설은 상당한 파장을 몰고 왔다.[6)] 서유럽 국가들은 미국이 유럽에서 국지전이 발생해도 이를 전면 핵전쟁으로 확대하겠다는 의사를 보인 것으로 추정했고, 연설문의 '즉각적인'이란 표현은 미국이 서유럽과 적절한 협의를 하지 않을 수도 있다는 뜻으로 받아들였다. 이에 대해서, 덜레스는 소련의 침공을 저지하는 데 필요하다면 핵무기 사용의 경계선까지 갈 의지가 있다는 정도로 자신의 발언수위를 낮추면서, 새로운 정책을 "벼랑 끝 정책(policy of brinkmanship)"으로 명명했다.

대량보복전략에 대해서 미국 내에서도 비용을 너무 중시했고, 대량보복의 신뢰성에 문제가 있으며, 핵전쟁의 가능성을 높인 전략이라는 비판이 나왔다. 특히 신뢰성 문제는 대량보복전략의 가장 큰 단점으로 지적되었다. "모든 것을 얻지 않으면 모든 것을 잃는 식(all or nothing)"의 대량보복전략은 전면 핵전쟁을 감수해야만 하는 상황이 아니면 적용될 수 없는 만큼 신뢰할 수 없다는 것이다. 키신저(Henry Kissinger)

---

5) *Ibid.*, p. 106; John Foster Dulles, "The evolution of foreign policy," *Department of State Bulletin*, January 25, 1954, pp. 107-110.

6) Honoré Catudal, *Nuclear Deterrence—Does It Deter?* pp. 106-107.

가 지적했듯이, 소련이 조금씩 현상을 잠식하면서 점차적으로 서방에 피해를 가해온다면 이를 막을 수 없다는 단점이 있는 것이다.[7] 아이젠하워 자신도 대량보복전략이 상대가 정치 · 군사적으로 미국의 이익을 서서히 조금씩 잠식하는 것을 막을 수 없는 획일적인 전략이라고 지적한 바 있다.[8]

대량보복전략이 선언된 것은 1954년 1월이지만 그전에 이미 전략은 실행되고 있었다. 1953년 10월 서독에 미 육군의 280mm 대포가 최초의 전술핵무기로 배치된 것이다. 당시 서방은 전술핵 배치 사실을 언론에 공표해서 억지 효과를 높이고자 했다. 전술핵탄두의 숫자는 1960년대 중반 7,000여 개가 배치되어 최고조에 이르게 되고, 이 숫자는 1980년대 초반 6,000개를 밑돌게 된다. 대량보복전략은 1956년 NATO의 "군사위원회(Military Committee)" 문서 14/2호(MC 14/2)에서 공식으로 채택되었다. 대량보복전략에 의거해서 NATO의 재래식 전력 규모를 1952년 2월 리스본 연례회의 결정사항이자 "리스본 전력 목표(Lisbon Force Goals)"로 알려진 96개 사단에서부터 30개 사단으로 축소하는 것이 가능해졌다.

역사학자인 가디스에 따르면, 도시파괴전략과 대량보복전략은 각각 대칭적 대응(symmetric response)과 비대칭적 대응(asymmetric response)에 비유된다.[9] 트루먼 행정부는 미국이 반드시 대응을 하되 상대의 공격 수위를 넘지 않는다는 대칭적 대응을 통해서 대응의 불가피성과 한계를 상대의 마음에 분명히 인식시킴으로써 억지가 작동할 것으로 보았다. 이에 비해, 아이젠하워 행정부는 상대가 계산할 수 없을 정도로 엄청난 보복의 가능성을 열어 둠으로써 대응의 확실성과 그

---

7) Henry Kissinger, *Nuclear Weapons and Foreign Policy* (Garden City, N.Y.: Doubleday, 1958), pp. 23-24.

8) Honoré Catudal, *Nuclear Deterrence—Does It Deter?* p. 122.

9) John Gaddis, *Strategies of Containment: A Critical Appraisal of Post-war American National Security Policy* (New York: Oxford University Press, 1982), p. 151.

성격의 불확실성을 연계하는 비대칭적 대응을 추구했다는 것이다.

1960년 12월 미 국방부는 대량 핵전쟁 발발시 핵전력 3축의 운용을 조율하는 계획을 마련하게 되는데, 이것이 통합작전계획(Single Integrated Operations Plan: SIOP)의 효시가 되었다. 극비사항으로 분류되는 SIOP은 특정 상황에서 표적으로 설정된 개개의 목표물에 대해 공격핵무기를 분배한 표적설정 계획서로서 각 행정부의 정책지침에 따라 합참의장이 마련한다.[10)]

3. 유연반응전략

유연반응전략(Flexible Response Strategy)은 케네디 대통령이 1961년 취임하면서 상대에 대해 행사할 수 있는 보복옵션을 다양하게 확대하기 위해서 적용하기 시작했고, 이후 NATO에 대해서도 수용하도록 요구해서 1967년에 NATO의 공식전략으로 채택된 핵전략이다. '유연반응'이란 케네디 행정부에서 합참의장을 지낸 테일러(Maxwell Taylor) 장군이 그의 저서에서 사용한 말이다. 테일러는 서유럽에서 재래식 전쟁을 제한적으로 치르는 것이 불가능하다는 견해를 비판하면서 소련의 침공을 유연반응이 가능한 육군전력으로 격퇴할 수 있다고 주장했다. 테일러의 주장에 매료된 케네디 대통령은 1961년 3월 의회에 신 행정부의 전략을 설명하면서 이를 유연반응이라고 명명하고 그 목표를 다음과 같이 밝혔다.[11)]

> 제한전쟁이건 전면전쟁이건, 핵전쟁이건 재래식 전쟁이건, 전쟁의 규모가 크건 작건 간에 모든 전쟁을 억지하는 것, 모든 잠재적 침략자들에게 공

10) SIOP는 통상 '싸이옵'이라고 읽는다. Peter Pringle et al., *SIOP: The Secret U.S. Plan for Nuclear War* (N.Y.: W.W. Norton & Co., 1984).

11) Honoré Catudal, *Nuclear Deterrence—Does It Deter?* p. 113.

격이 무용지물이란 것을 확신시키는 것, 군비경쟁을 종식시키기 위해 적절한 협상력을 확보하는 것.

대량보복전략이 전면핵전쟁이 아니면 굴복이라는 양극단의 선택을 강요하는 것이라면 유연반응전략은 양극단 사이에서 다양한 선택이 가능하도록 함으로써 정책선택의 폭을 넓힌 핵전략이다. 대량보복전략은 상대방이 제한된 규모의 군사공격을 감행할 때 적용할 수 없다는 문제를 안고 있었다. 예를 들어, 서유럽의 특정지역에서 소련과 소규모의 국지전이 벌어졌을 때 핵무기를 동원한 대량보복을 할 수 없었기 때문이다. 따라서 유연반응전략은 대량보복전략의 이런 한계를 극복하고 소규모의 재래식 침공이 발생하더라도 그에 걸맞는 대응이 가능하도록 함으로써 보복위협의 신뢰성을 높일 수 있을 것으로 기대되었다. 유연반응전략은 재래식 무기에서부터 시작해서 핵무기 사용까지 가는 확전의 사다리(escalation ladder)를 구축해서 소련의 침공을 저지하고자 했다.

맥나마라 국방장관이 NATO 장관회의에서 기존의 대량보복전략을 대체하기 위해 유연반응전략을 처음 제시한 것은 1962년 5월의 일이었다. 맥나라마는 당시 NATO가 보유한 수적으로 엄청난 핵무기가 사용 가능한 군사력으로 전환되지 못했다는 인식이 유연반응전략의 배경이었다고 밝히고, 전쟁 초기 소규모의 핵무기를 사용해도 국가존립을 위협할 정도의 위험을 수반할 수 있다는 전제하에 NATO 차원에서 핵의 역할을 다음 경우로 제한하자고 제의했었다고 밝혔다: ①소련의 핵전쟁 시작을 억지함, ②재래식 전쟁에 승산이 없을 때 상대로 하여금 전쟁을 끝내도록 설득하기 위한 최후수단으로 사용함.[12] 유연반응전략은 NATO 동맹국들의 강력한 반발에 부딪혀서 5년이나 지난 1967년에야 NATO 군사위원회의 문서 14/3호(MC 14/3)에서 공식으로 채택되었다.

12) Robert McNamara, "The military role of nuclear weapons: perceptions and misperceptions," *Foreign Affairs*, Fall 1983, p. 64.

NATO 회원국들은 미국이 유연반응전략을 채택함으로써 유럽의 안보와 미국의 안보를 분리(decoupling)하려 한다고 비판하면서, 유럽의 안전을 보장하겠다는 미국의 방위공약에 대한 의심을 드러냈다. 당시 케네디 행정부와 NATO 모두 서유럽에서 전술핵의 사용은 미 · 소 간의 전면 핵전쟁을 야기할 것이라는 점에 공감하고 있었다. NATO는 바로 이점이 소련의 서유럽 침공에 대한 억지역할을 하는 것으로 간주했다. 하지만 유연반응전략이 전술핵의 사용을 최대한 규제함으로써 소련의 재래식 침공을 부추길 수 있다는 우려가 제기되었다. 이는 소련에 의한 재래식 전쟁이 발발하는 경우 미국의 개입 영역과 성격을 서유럽과 재래식 무기로 제한함으로써, 서유럽과 미국의 안보를 분리하여 미국 본토의 안전은 확보하고, 더 나아가 미국이 서유럽에서 발을 빼는 결과를 초래할 수 있다는 걱정이기도 했다.

동맹국들의 이런 우려를 감안해서 1967년에 채택된 유연반응전략은 필요한 경우 전술핵의 사용에서부터 시작해서 궁극적으로 전면핵전쟁으로 확대할 수 있는 가능성을 분명히 해 두었다.[13] 1960년에 2,000개를 조금 넘던 유럽배치 전술핵탄두의 숫자가 유연반응전략이 채택된 케네디와 존슨 행정부를 거치면서 1968년에는 7,000개를 넘게 되었지만, NATO의 불안이 완전히 가신 것은 아니었다.

4. 상호확증파괴전략

1960년대 들어 소련의 핵전력이 급격하게 신장되면서 미국의 핵 우위는 점차 사라지게 되었고, 미 · 소 모두 상대의 핵전력을 선제공격해서 제압할 수 없는 상황에 도달했다. 아울러 1960년대 미국의 여론은 미국 핵전력의 상당부분이 소련의 도시를 표적으로 배치되었고 소련의 핵전력도 유사한 형태로 배치되어 있다는 인식을 갖고 있었다. 이러

13) Honoré Catudal, *Nuclear Deterrence—Does It Deter?* p. 117.

한 전략적, 국내적 현실을 활용해서 맥나마라 국방장관이 1960년대 중반에 개념화한 것이 상호확증파괴(MAD: Mutual Assured Destruction Strategy) 전략이다. MAD 전략은 미 · 소가 서로에 대한 확증파괴능력, 즉 2차 공격력을 갖추었다는 것과 미 · 소 관계에서 "전략적 균형(strategic parity)"이 달성되었음을 미국이 인정한다는 전략적, 정치적 의미를 갖는다.

MAD 전략에 따르면 양 당사자 간에 핵의 정체(nuclear stalemate)를 보장하기 위해서 생존성(survivability)과 취약성(vulnerability)이라는 두 가지 요건을 갖추어야 한다. 생존성은 쌍방이 상대방의 선제공격으로부터 살아남을 수 있는 전력을 보유하는 것이다. 취약성은 선제공격을 받은 피공격측이 보복공격을 통해 공격측의 도시, 산업시설 등 사회적 가치가 있는 표적들을 파괴할 수 있을 만큼 선제공격측이 보복공격에 취약해야 한다는 것을 말한다. 생존성이 없는 측은 상대의 선제공격을 그만큼 더 두려워하게 되고, 취약성이 없는 측은 상대의 보복공격을 두려워하지 않을 것이다. 따라서 만일 위기가 발생한다면 생존성이나 취약성이 없는 측이 상대에 대해 선제공격을 감행할 동기가 높아질 것이고, 그만큼 핵의 정체가 깨질 가능성이 커진다는 것이 MAD 전략의 기본논리이다.[14] 취약성을 높이기 위해서 미 · 소가 1972년에 합의한 것이 영공방어를 사실상 포기하기로 한 "전략탄도미사일요격체계 제한조약" 즉, ABM 조약이다.

맥나마라는 MAD 전략이 다음과 같은 이점을 갖는다고 보았다.[15] 첫째, 상대에 대한 전력상의 우위를 유지하기 위해서 지속적인 투자를 하지 않아도 되기 때문에 장기적으로 국방비를 절약할 수 있다. 이 점은 1966년 당시 시점에서 새로운 무기 구매가 안보증진을 가져오지 않을

14) Coit Blacker and Gloria Duffy, *International Arms Control: Issues and Agreements* (Stanford: Stanford University Press, 1984), pp. 203, 230.

15) Honoré Catudal, *Nuclear Deterrence—Does It Deter?* p. 145.

것이라는 현실, 즉 전력증강의 효용성이 포화상태에 달했다는 맥나마라의 상황판단을 반영하고 있다. 둘째, 핵무기 사용 위협의 신뢰성이 낮아짐으로써 핵무기가 정치적 영향력 확대의 수단으로 사용될 가능성을 없앨 수 있다. 셋째, MAD 전략하에서는 미국이 소련과의 군비통제 협상에 진지하게 참여할 동기가 생기게 된다.

MAD 전략에 대한 비판도 다음과 같이 만만치 않다.[16] 첫째, 소련도 미 · 소 간에 억지관계가 성립하는 것으로 인식할 것이라는 잘못된 가정에 기초하고 있다는 지적이다. 둘째, 소련은 MAD와 같은 핵전략을 우세한 측이 기득권을 유지하기 위한 전략으로 간주하고 비판한다는 사실이다. 셋째, 억지가 실패하는 경우의 유일한 대안이 국가적 가치에 대한 대량파괴이기 때문에 비도덕적이라는 주장이다. 넷째, 상호 취약성의 유지를 통해서 안전과 평화를 보장하는 기본개념에 대한 거부감이다. "MAD"라는 용어를 만들어낸 허드슨연구소의 브레넌(Donald Brennan)은 이런 거부감의 표시로서 미쳤다는 뜻의 MAD라는 말을 사용했다고 한다.

5. 충분성 전략

닉슨 대통령이 맥나마라의 의견을 수용해서 제창한 충분성(sufficiency) 원칙을 기초로 삼아 고안된 핵전략이다. 충분성 원칙은 미 · 소의 전략관계에서 균등(parity) 혹은 "대체적인 등가성(rough equivalence)"의 상태를 달성하는 것이 바람직하다는 전략개념이다. 1969년 닉슨 행정부 취임 당시 미국은 소련과 중국의 도시를 공격하는 데 필요한 이상의 핵무기를 보유했고, 과잉 핵무기는 주로 소련의 군사목표물을 겨냥해서 배치되어 있었다.

닉슨 행정부 초기 키신저 안보보좌관이 주도한 외교안보 정책보고서

---

16) *Ibid*.

는 충분성의 요건을 다음과 같이 네 가지로 파악했다.[17] 첫째, 2차 공격력을 확보할 수 있어야 한다. 둘째, 상대가 선제공격으로 군사적 이익을 얻지 못할 정도로 견고한 핵전력을 갖춤으로써 위기시의 안정을 유지한다. 셋째, 상대의 핵전력에 똑같이 맞대응 할 필요는 없지만 핵전력의 규모와 능력이 상대에 비해 열세여서는 안 된다. 즉 "필수적인 등가성(essential equivalence)" 혹은 균등이 유지되어야 한다. 넷째, 제한된 탄도미사일요격체계가 소규모의 또는 우발적인 미사일 공격을 제압할 수 있어야 하며 억지용 ICBM 전력을 보호하는 데 기여해야 한다.

결과적으로 충분성 전략은 전략핵무기 분야에서 대소 열세를 허용하지 않되 기존의 우위 입장을 사실상 포기하는 것이며, 미국이 일방적으로 자제하지는 않겠지만 상호 자제하는 것이 서로에게 이익이 된다는 인식을 담고 있다.[18] 닉슨 행정부는 소련에 대한 핵 우위를 포기하고 충분성과 균등 원칙에 입각해서 "전략무기제한조약(Strategic Arms Limitation Talks Treaty: SALT Treaty)"을 비롯한 다양한 군비통제조약의 협상에 임하게 된다. 하지만 1970년부터 최초로 다탄두(Multiple Independently Targetable Reentry Vehicle: MIRV)를 개발하는 등 핵무기 증강을 선도했다는 사실은 충분성 전략의 한계를 보여주는 것이기도 하다.

---

17) Coit Blacker and Gloria Duffy, *International Arms Control: Issues and Agreements*, pp. 225-226.

18) Honoré Catudal, *Nuclear Deterrence—Does It Deter?* p. 151.

III. 탈냉전시대의 핵전략

1. 부시 행정부의 핵전략[19]

부시(George Walker Bush) 행정부가 새롭게 체계화한 핵전략은 적어도 세 가지 측면에서 조명해야 한다. 첫째는 기존의 MAD 개념을 뛰어 넘는 핵전략을 추구했고, 둘째는 새로운 핵태세검토보고서(NPR)에서 핵무기 사용이 가능한 상황과 대상을 명시했다는 점이다. 마지막으로, 육사연설과 국가안보전략보고서 등에서 선제공격 의지를 분명히 밝히고 선제공격 독트린에 의거해서 군사력을 운용했다는 것이다.

1) MAD를 뛰어넘는 핵전략 추구

부시 행정부는 냉전시대 핵전략의 기초였던 MAD 개념을 뛰어 넘는 새로운 핵전략을 채택했다. 부시 행정부는 세계정세가 근본적으로 변했고 러시아도 더 이상 미국의 적국이 아니기 때문에 냉전시대에 바탕을 둔 핵전략에서 탈피해야 한다고 보았다. MAD 개념을 미·러 관계의 중심에 상정하는 것은 의혹과 불신을 높이고 불필요하게 과도한 핵전력을 유지하게 만들기 때문에 핵공포의 균형에서 탈피, 공동의 책임과 이익에 기초한 새로운 관계를 설정해야 하며 이를 위한 새로운 기반과 틀이 필요하다는 것이다.[20] 아울러 오늘날 당면한 가장 심각한 위협은 러시아의 수천 개 핵무기가 아니라 대량살상무기와 미사일을 보유한 일부 불량국가가 미국과 동맹국들을 위협하고 테러를 가하는 것이라고 규정했다. 또 이미 단거리미사일에는 매우 취약한 상태이고, 중장

---

19) 본 절은 필자의 다음 저서의 내용을 발췌·보완한 것이다. 전성훈, 『핵 억지전략과 북한 핵문제』(서울: 통일연구원, 2004), pp. 73-100.

20) The White House, *Administration Missile Defense Papers*, July 2001, pp. 1-5, http://www.ceip.org/ files/projects/npp/resources/EmbassyCable NMD_copy.htm

거리미사일에는 점점 더 취약해지고 있으며, 향후 5년 이내에 불량국가의 장거리미사일이 본토를 위협할 수 있을 것으로 예상했다.[21)]

공격력 위주의 억지를 초월해서 공격력과 방어력을 모두 염두에 둔 부시 행정부의 새로운 억지개념을 월포비츠 국방부장관은 "중층적 억지(layered deterrence)"라고 명명했다.[22)] 중층적 억지는 다음 세 가지 요소로 구성된다: ①다른 나라들이 미국과 경쟁할 동기를 없앨 수 있는 능력을 개발 · 배치함으로써 이들이 애초부터 위험한 능력을 추구하지 못하도록 단념시킴, ②이들이 이미 시작했지만 아직 중대한 위협은 되지 못한 위험한 능력의 추구에 더 이상 투자하지 못하게 좌절시킴, ③우리를 위협할 수 있는 능력을 보유한 집단이 이 능력을 사용하지 못하도록 강력한 보복력으로 억지함. 여기서 미사일방어는 기존의 억지를 대체하는 것이 아니라 새로운 현실을 반영하고 추가하는 것으로서 소량의 미사일에 대한 "보험정책"으로 규정되었다.[23)]

새로운 전략을 실천하기 위한 하나의 방법론이 바로 부시 대통령이 2001년 5월 1일자 연설에서 밝힌 "새로운 틀" 또는 그 후에 다른 관료들이 보다 구체적으로 밝힌 "새로운 전략적 틀(a new strategic framework)"이다. 새로운 전략적 틀은 ABM 조약을 포함한 과거와의 단절을 의미하며 이에 입각한 미 · 러 관계는 공개와 상호신뢰 및 협력에 기초하게 되며 여기에는 서로간에 조기경보와 방어 능력을 높일 수 있도록 정보를 공유하는 것도 포함된다. 새로운 전략적 틀은 다음과 같

---

21) 2001년 상원 국방위원회 예산청문회에서 인호프(James Inhofe) 의원의 질문에 대한 월포비츠 국방 부장관의 답변. Federal News Service, Hearing of the Senate Armed Services Committee on the Fiscal Year 2002 Defense Budget for Ballistic Missile Defense Programs, Washington, D.C., July 12, 2001, p. 30.

22) Paul Wolfowitz, Prepared Testimony at the Senate Armed Services Committee on The Fiscal Year 2002 Defense Budget for Ballistic Missile Defense Program, Washington, D.C., July 12, 2001, p. 5, http://www.defenselink.mil./cgi-bin/dlprint.cgi

23) The White House, *Administration Missile Defense Papers*, p. 2.

은 다섯 가지 요소로 구성된다: ①비확산(non-proliferation) 외교, ②확산저지(counter proliferation) 전략, ③미사일방어망(missile defense) 구축, ④실질적인 핵군축을 통해 최소한의 핵무기로 신뢰할 수 있는 억지력 유지, ⑤상호 신뢰와 투명성 증진 방안 실천.[24)]

2) 핵태세검토보고서

2001년 12월 31일 의회에 제출된 부시 행정부의 핵태세검토보고서(Nuclear Posture Review Report: NPR)는 미군 전체의 전반적인 구조조정 방향을 담고 있는 QDR에 바탕을 두고 있다. 럼스펠드 국방장관은 새로운 NPR 탄생의 배경과 필요성을 다음과 같이 세 가지로 제시했다.[25)] 첫째, 냉전종식 이후 국제안보환경의 변화에 대응한 미국의 핵전력 변화 상태가 미흡하다. 미 · 러 관계가 근본적으로 우호적인 방향으로 변하고 있기 때문에 러시아가 과거 소련과 같이 적대적인 위협을 제기한다는 전제하에 상응하는 규모의 핵전력을 유지할 필요가 없어졌다. 둘째, WMD로 무장한 불량국가들과 테러집단이 새로운 위협으로 등장한 상황에서 과거와 같이 공격력에 의존하는 억지만으로는 안전을 보장하기 어렵다. 이들 집단에게 합리적인 의사결정을 기대할 수 없으며, 이들은 감당할 수 없는 보복위협도 겁내지 않고 공격을 감행할 수 있기 때문에 적절한 방어망의 구축이 필요하다. 셋째, ICBM, SLBM 및 장거리 폭격기로 구성되는 이른 바, 핵전력의 3축에 의존했던 기존의 공격력에서 탈피해서 비핵 전력을 강화하고 이를 전략핵무기와 통합 · 운영함으로써 대통령에게 보다 다양한 옵션을 제공해야 한다.

21세기의 새로운 안보환경과 관련해서 NPR은 세 가지 "긴급상황(contingency)"을 상정했다. 긴급상황은 냉전시대 소련에 대해서와 같은 대규모의 핵사용은 불필요하지만 소규모의 핵사용이 가능한 상황을

24) *Ibid.*, pp. 3-5.

25) http://www.globalsecurity.org/wmd/library/policy/dod/npr.htm

말한다. 첫째, 즉각적(immediate) 상황은 잘 조직된 당면위협을 말하는데, 이스라엘에 대한 이라크의 공격, 남한에 대한 북한의 공격 및 대만해협에서의 분쟁 등 세 가지 사례가 해당된다. 둘째, 잠재적(potential) 상황은 즉각적이지는 않지만 가능성이 있는 사태를 말하는데 대량살상무기를 보유한 새로운 적대집단의 등장이 한 예이다. 셋째, 예견되지 않은(unexpected) 상황은 기존 핵국의 지도부가 적대세력으로 교체되거나 쿠바 미사일 위기와 같이 적대국이 갑작스럽게 WMD 능력을 과시하는 등의 예상하지 못한 긴급한 안보적 도전을 말한다.

NPR은 북한, 이란, 이라크, 시리아, 리비아 등 5개국을 세 가지 긴급상황에 모두 개입할 수 있는 국가로 지목했다.[26] 중국은 즉각적 및 잠재적 긴급상황에 개입할 수 있는 국가로 보았고, 러시아는 예견되지 않은 긴급상황에 개입할 수 있는 국가로 분류했다. 결과적으로 NPR은 이상의 7개국에 대해서 다음의 경우에 핵무기가 사용될 수 있다고 규정했다: ①재래식 공격을 견디어 낼 수 있는 표적에 대해서, ②대량살상무기를 이용한 선제공격에 대한 보복 공격시,[27] 혹은 ③"놀랄만한 군사적 사태(surprising military developments)"가 전개되는 경우.[28]

---

26) 핵공격의 대상국 명단이 밝혀짐으로써 우려와 비판이 야기되었지만 과거 행정부의 NPR도 대상국을 명시했었다. 부시 행정부의 NPR이 차이가 있다면 명단이 외부에 공개되었다는 점이다. Barry Blechman, "New nuclear policy makes for a safer world," *Los Angeles Times*, March 18, 2002.

27) 미국이 WMD 공격을 받을 경우에 핵으로 보복하겠다는 입장을 처음으로 공식 표명한 것은 1991년 걸프전 당시였다. 당시 부시 대통령은 이라크에 대해 화생무기의 사용은 핵보복을 암시하는 "가능한 한 가장 강력한 보복(the strongest possible response)"을 자초할 것이라고 서면 경고했다. 클린턴 행정부의 코헨 국방장관도 1996년 미국이 화학무기 공격을 받으면 미국의 모든 무기로 보복을 가할 것이며 핵무기 없이도 파괴적인 보복이 가능하지만 핵무기의 사용 가능성을 부인하지 않겠다고 밝혔다. 이러한 기조가 클린턴 행정부의 PDD-60에 반영되어 있고, 아들 부시 행정부의 NPR에도 분명히 명시된 것이다. Walter Pincus, "Rogue nations policy builds on Clinton's lead," *Washington Post*, March 12, 2002, p. A04.

3) 선제공격 독트린의 채택

부시 대통령은 미 행정부가 역사적으로 기피해왔던 선제공격 독트린을 공식적인 군사안보전략의 요소로 채택하고 이에 필요한 군사적 대비태세를 갖춰 나갔다. 부시 행정부가 선제공격 독트린을 채택한 이유와 그 추진 방법 등 새로운 전략에 대한 사항들은 다음 두 가지 문건을 통해 확인할 수 있다. 또한 2003년 이라크 전쟁은 선제공격 독트린이 현실에 구현된 전쟁이었다.

(1) 미 육사 연설

부시 대통령은 2002년 6월 미 육사에서 행한 연설에서 9 · 11 사태가 탱크 한 대 값도 안되는 수십만 불로 가능했다고 지적하고, 자유에 대한 가장 중대한 위협은 "극단주의와 기술(radicalism and technology)"이 만나는 곳에 있다고 강조했다.[29] 부시는 냉전시대 미국의 안보가 의존했던 억지와 봉쇄 전략이 일부 경우에는 그대로 적용될 것이라고 밝히면서 억지의 효용성을 완전히 부인하지는 않았다. 하지만 새로운 위협은 새로운 사고를 요구한다면서 특정국가에 대해 대량보복을 가하겠다는 억지는 보호할 국민과 국가가 없는 테러집단에게는 아무런 의미가 없다고 주장했다. 봉쇄 역시 정서불안 상태의 독재자가 WMD를 사용하거나 테러집단에게 제공할 수 있기 때문에 효과적인 안전보장수단이 되지 못한다고 보았다.

이렇게 WMD로 무장한 불량국가와 테러집단을 새롭고 심각한 위협으로 규정한 부시 대통령은 위협이 구체화될 때까지 기다릴 수만은 없

---

28) 놀랄만한 군사적 사태는 불량국가나 테러집단이 재래식 무기로 대응하기 어려운 전혀 새로운 무기를 갑자기 개발할 가능성에 대한 미 국방부의 우려를 반영하고 있다. Paul Richter, "U.S. works up plan for using nuclear arms," *Los Angeles Times*, March 9, 2002.

29) Bush's United States Military Academy Graduation Speech, *Washington Post*, June 2, 2002.

다면서 신속한 행동의 필요성을 제기했다.[30] 아울러 테러와의 전쟁은 방어적 태세만으로는 이길 수 없으며 적에게 전쟁을 걸어서 적의 계획을 붕괴시키고 최악의 위협이 현실화되기 전에 맞서야 한다고 주장하고, 안전을 위한 유일한 길은 행동이라면서 공세적 전력을 추구할 것임을 시사했다. 결국 부시 대통령은 미국의 안보를 위해서는 미국인들이 전향적이고 단호한 사고를 갖추고 선제행동을 준비해야 한다면서 선제공격의 의지를 분명히 밝혔다.

(2) 2002년 국가안보전략보고서

2002년 9월에 발간된 국가안보전략보고서는 부시 행정부의 국가안보에 대한 기본입장과 추진전략을 천명한 보고서이다.[31] 이 보고서는 9·11 사태의 경험을 반영하듯이, 지구적 테러위협에 대한 강력한 대처를 강조하면서 새로운 위협의 특징으로 다음 세 가지를 들었다: ①보복위협에 의한 억지로는 국민의 생명과 재산을 담보로 모험을 하는 불량국가 지도자들을 통제하기 어려움, ②불량국가와 테러범들은 WMD를 사용 가능한 무기로 보고 주변국을 협박하고 침략할 수단으로 삼음, ③전통적인 억지로는 비인간적인 파괴와 무고한 인명 살상을 노리면서 순교자를 자처하는 테러범들을 통제할 수 없음. 또한 보고서는 냉전 종식 이후 새로운 위협의 실체를 파악하는 데 거의 10년이 걸렸다고 밝히면서, 다음과 같은 점들을 고려할 때, 과거와 같이 "반응적인 태세(reactive posture)"에서 상대의 선제공격을 허용해서는 안 된다고 밝혔

30) 럼스펠드 국방장관도 2002년 6월 6일 NATO 회원국들에게 WMD로 무장한 테러집단과 문제국들을 상대로 행동하기 전에 완전한 증거(absolute proof)가 나올 때가지 기다릴 수는 없다고 밝혔다. 이에 대해서 로버트슨 NATO 사무총장은 NATO는 방어적 동맹으로 남아있고 해결해야 할 문제를 찾아 나서지는 않는다며 회의적인 반응을 보였다. Thomas Ricks and Vernon Loeb, "Bush developing military policy of striking first," *Washington Post*, June 10, 2002, p. A01.

31) *The National Security Strategy of the United States of America* (Washington, D.C.: The White House, September 2002).

다: ①불량국가와 테러범들이 추구하는 목표, ②이들을 억지할 능력의 부재, ③이들이 제기하는 위협의 급박함, ④이들이 야기할 피해의 규모.

국가안보전략보고서는 이러한 위협에 대처하기 위해 국제사회의 지원과 공조를 모색하겠지만 미국에 대한 테러범들의 공격을 예방하기 위해서 필요하다면 선제공격을 감행함으로써 자위권을 행사하고 독자적으로 행동하기를 주저하지 않겠다고 강조했다. 즉 미국이 오랜 동안 선제공격의 선택권을 보유해왔다고 밝히고, 위협이 클수록 대응조치를 취하지 않아서 야기되는 위험도 높아지기 때문에 그만큼 방어를 위한 "선행 행위(anticipatory action)"의 정당성도 높아진다고 밝혔다. 적들의 호전적인 행위를 예방하고 미리 차단하기 위해서 필요하다면 선제공격을 가하겠다는 강한 의지를 표명한 것이다.

(3) 2003년 이라크전쟁

부시 행정부가 후세인 정권의 테러지원 및 WMD 개발을 저지하겠다는 명분으로 시작한 이라크전쟁은 부시 행정부가 밝힌 선제공격 독트린이 현실에 적용된 전쟁이라고 할 수 있다. 이라크가 테러조직과 연결되어 있고 WMD를 개발했다는 역사적인 증거가 있고 또한 그 현실적인 가능성을 배제할 수 없었던 것이 사실이다. 그럼에도 불구하고, 두 사안을 입증할 명백한 증거가 부족하고 미국에 대한 이라크의 명시적인 공격위협도 없는 상태에서 선제공격을 감행한 부시 행정부에 대해 국내외적으로 많은 비판이 제기되었다. 이유야 어찌되었든 간에, 이라크전쟁은 외부의 적대세력이 야기하는 위협이 무르익는 상황을 그냥 앉아서 보고만 있지는 않겠다는 부시 행정부의 '선행 행위'의 의지가 구현된 전쟁임이 분명하다.

한편 가디스(John Lewis Gaddis) 교수는 9 · 11 사태 이후 안전보장에 대한 점증하는 압력 속에서 이라크에 대해 벌인 선제공격은 사실상 예방공격이었다고 분석했다. 예방의 목적으로 선제공격을 가한, 즉 선제와 예방을 융합한 전쟁이 이라크전쟁이라는 것이다.[32] 결국, 테러집단의 위협이 성숙해서 미국을 공격하기 이전에 즉 예방적 차원에서 먼저 선제공격을 가하겠다는 전략이 구현된 것이 바로 이라크전쟁이었다고 할 수 있다.

2. 차기 미 행정부의 핵전략과 핵비확산체제

대선과정에서 민주 · 공화 양당과 오바마 · 매케인 후보가 제시한 차기 미 행정부의 핵전략은 상당한 부분에서 유사성을 띤다. 우선 두 진영 모두 핵을 보유한 국가들의 핵무기 사용 가능성을 줄여야 하고, 대폭적인 핵군축을 추진해야 한다는 데 동의한다. 즉 핵의 수직적 확산을 규제해야 한다는 의미이다. 물론 핵보유국들의 이러한 노력은 핵비확산 체제의 강화와 핵물질 사용에 대한 규제를 통해서 새로운 핵보유국의 탄생을 막는 노력, 즉 핵무기의의 수평적 확산을 저지하기 위한 노력과 병행되어야 한다는 전제가 깔려있다.

새 정부가 출범하면 기존의 핵전략을 검토한 결과와 새로운 전략환경의 변화를 반영한 새로운 NPR을 작성해서 의회에 보고하게 될 것이다. 민주 · 공화 양당이 발표한 정강정책과 오바마 · 매케인 후보의 연설을 통해서 차기 미 행정부의 핵전략의 특징을 개략적으로 전망해볼 수 있다. 이와 함께, 미국의 핵전략이 핵비확산 체제에 미치는 영향에 대해서도 함께 살펴보고자 한다.

민주당은 정강정책에서 핵문제에 대해 상당 부분을 할애했다. "대량살상무기의 확산과 사용의 예방"이라는 항목에서 궁극적으로 핵무기 없는 세계를 실현해야 한다는 목표를 제시하고, 핵무기와 핵물질을 안전하게 관리하면서 핵무기용 핵물질의 생산을 금지해야 한다고 밝혔다. 아울러 과거 냉전시대의 핵태세에서 탈피, 러시아와 검증가능한 대폭

---

32) John Lewis Gaddis, "Grand strategy in the second term," *Foreign Affairs*. January/February 2005, pp. 4-5.

적인 핵군축을 추진하고 핵실험전면금지조약(Comprehensive Test Ban Treaty: CTBT)의 비준 및 NPT 강화를 위해 노력하겠다고 밝혔다. 정강정책은 또한 이란의 핵보유를 저지하고 북한의 비핵화를 실현해야 한다고 강조했다.[33)]

한편, 오바마 후보는 핵무기, 세균무기 및 사이버 공격을 21세기에 미국이 직면할 수 있는 재앙적인 위협으로 규정하고, 이러한 위협에 대처하기 위한 정책방안을 제시했다.[34)] 핵무기의 위협에 대처하기 위해서 오바마 후보는 핵테러 위협을 줄이고 핵비확산체제를 강화해야 한다고 주장했다. 핵테러 위협을 제거하기 위한 구체적인 방안으로 핵무기용 핵물질의 안전한 관리, 민간영역에서의 고농축우라늄(Highly Enriched Uranium: HEU) 사용 자제, 확산방지구상(Proliferation Security Initiative: PSI) 강화, 개별국가 차원의 핵물질 관리체제 구축을 지원, 핵테러를 예방하기 위한 정상회담 개최, 강력한 협상을 통한 이란 · 북한의 핵프로그램 제거, IAEA 강화 등을 제안했다. 핵비확산체제를 강화하기 위한 방안으로는 핵무기없는 세계의 구현이라는 목표 설정, 검증가능한 대폭적인 핵군축 실현, 미 의회의 CTBT 비준, 2010년에 예정된 NPT 검토회의의 성공적 개최 등을 제안했다. 특히 오바마 후보는 핵군축, 미사일 경계태세 강화, 미 · 러 중거리미사일폐기조약의 참여국 확대 등을 위해서 러시아와 긴밀하게 협력해야 한다고 주장했다.[35)]

공화당의 정강정책에는 미국의 핵전략에 관한 구체적인 내용이 담겨져 있지는 않다. 핵문제와 관련해서는 단지 북한과 이란의 핵개발을 저지해야 한다는 언급이 있을 뿐이다.[36)] 북한과 관련해서, 공화당의

---

33) *Renewing America's Promise*, August 9, 2008, pp. 26-27, http://www.loe.org/images/080829/2008platform.pdf

34) *Fact Sheet: Obama's New Plan to Confront 21st Century Threats*, July 16, 2008, http://www.barackobama.com

35) Barack Obama, *A New Strategy for a New World*, July 15, 2008, http://my.barackobama.com/page/community/amandascott

정강정책은 북한 핵의 "완전하고 검증가능하며 돌이킬 수 없는 폐기(Complete, Verifiable, and Irreversible Dismantlement: CVID)"와 핵확산 실태에 대한 철저한 규명을 주문하고 있다. 부시 행정부 1기에서 견지되다가 2기에서 버려진 CVID 원칙을 다시 부활시킨 것이다.

매케인 후보의 핵정책은 상당 부분 2008년 5월 27일 덴버대학에서 한 연설에 담겨져 있다.[37] 그는 냉전이 끝난 지 20여 년이 되었다면서 세계적으로 핵무기의 숫자를 대폭적으로 감축하기 위해서 추가조치를 취할 시점이 도래했으며 이를 위해서 미국이 리더십을 발휘해야 한다고 밝혔다. 특히 핵무기가 다시 인류에 대해서 사용될 가능성과 위험을 줄여야 한다고 주장했다. 합참의장에게 미국의 핵전략과 정책을 모든 부분에서 포괄적으로 재검토하도록 지시하겠다는 의사도 밝혔다. 민주당이 거의 언급하지 않는 미사일방어망에 대해서는 강력한 미사일방어망을 갖춰야 한다고 하면서, 새로운 군축조약을 체결하고 미사일방어망에 대한 신뢰를 높이기 위해서 러시아와 협력해야 한다는 입장도 밝혔다. WMD 테러를 방지하기 위한 노력, 중거리미사일폐기조약의 범세계적인 확대, NPT 체제의 강화 등에서도 오바마 후보와 같은 입장을 표명했다.

핵무기를 포함한 대량살상기의 사용과 테러 위협을 제거하는 문제는 탈냉전 이후 특히 9 · 11 테러 이후 미국의 핵전략이 완수해야 할 주요 임무로 자리 잡았다. 이런 점을 고려할 때, 미국의 핵전략은 현재 부시 행정부에서도 그렇지만 차기 미 행정부에서도 핵비확산 체제를 강화하는 차원에서, 핵무기와 핵무기의 제조기술은 물론 재처리, 농축과 같이 핵무기로 전용될 수 있는 민감한 기술의 확산을 저지하기 위한 노

---

36) *2008 Repbulican Platform*, September 5, 2008, p. 10. http://www.gop.com/pdf/PlatformFINAL_WithCover.pdf

37) U.S. Senator John McCain's remarks prepared for delivery at the University of Denver in Denver, Colorado, May 27, 2008, http://www.johnmccain.com/Informing/News/Speeches/e9c72a28-c05c-4928-ae29-51f54de08df3.htm

력이 병행될 것으로 전망된다. 예를 들어, 2004년 2월 11일 미 국방대학교에서 행한 연설에서 부시 대통령은 WMD 확산과의 전쟁을 수행하기 위한 일곱 가지 구상을 밝혔는데, 이 구상의 대부분이 차기 행정부에서도 그대로 이어질 것으로 전망된다.[38]

- 확산방지구상(PSI)을 확대함.
- 확산을 통제하기 위한 각국의 국내법 및 국제적 법규를 강화함.
- WMD와 위험한 물질이 나쁜 단체에게 유입되지 못하도록 하기 위한 노력을 확대함.
- 확산의 위험을 없애면서 평화적 목적의 원자력 발전소를 건설할 수 있는 체계를 구축함.
- 원자력의 평화적인 이용을 위한 장비를 수입할 수 있는 국가를 IAEA 추가의정서에 서명한 국가로 제한함.
- 안전조치와 검증체계 구축에 집중할 수 있는 특별위원회를 IAEA 이사회에 신설함.
- 확산 행위를 한 것으로 의심되어 조사를 받는 국가는 IAEA 이사회나 특별위원회의 회원이 되지 못하도록 함.

오마바 후보의 경우, 민간영역에서의 HEU 사용 자제, 개별국가 차원의 핵물질 관리체제 구축 등 무기급 핵물질의 생산과 확산을 방지하기 위한 구체적인 제안을 했다. 매케인 후보의 경우에는 덴버대학교 연설에서 보다 강한 입장을 밝혔다. 일부국가들이 평화적인 목적이란 명목하에 핵무기를 개발하고 있다고 지적하고, 이런 속임수를 예방하기 위한 지름길은 농축 · 재처리 기술의 확산을 막는 것이라면서 이를 위해

---

38) President Announces New Measures to Counter the Threat of WMD, The National Defense University, February 11, 2004, http://www.whitehouse.gov/news/releases/2004/02/20040211-4.html

다른 나라들이 평화적인 목적으로 농축과 재처리를 추진하는 것을 허용하지 않겠다는 입장을 고수했다. 결국 민주 · 공화 양당이 핵물질과 기술의 확산을 저지해야 한다는 데 있어서는 거의 완벽한 의견일치를 이루고 있는 것으로 판단된다. 따라서 차기 미 행정부는 강력한 핵비확산 정책을 전개할 것으로 예상되며, 새로운 핵태세검토보고서에도 이러한 입장들이 적절하게 반영될 것으로 보인다.

Ⅳ. 미국의 핵전략과 한반도

1. 한국전쟁과 대량보복전략[39)]

대량보복전략의 골자는 한국전쟁에서와 같이 공산주의의 군사적 모험을 국지적인 재래식 전력으로 대처하는 데 멈추지 않고, 공산주의의 종주국들에 대해서 즉각적으로 또한 대량으로 보복할 수 있는 능력을 갖춤으로써 대응하겠다는 것이다. 이 전략은 '새로운 관점'에 입각한 아이젠하워 정부의 전력구조 재편을 정당화하는 논리이자 1950년대 미국의 안보전략을 규율하는 원칙이었다.[40)] 결국 한국전쟁으로 인해서 제2차 세계대전 이후 새로운 형성과정에 있었던 미국의 외교안보전략이 큰 영향을 받았고, 군사비 지출이 크게 증가되었으며, 대공산권 봉쇄정책의 지구화를 야기하면서 중 · 미의 관계도 크게 악화되었다.

대량보복전략의 탄생은 미국이 한국전쟁을 통해 습득한 뼈저린 경험

---

39) 본 절은 필자의 다음 기고의 내용을 발췌 · 정리한 것이다. 전성훈, "미국과 북한의 핵 억지전략과 한국의 대응전략," 『전략연구』 제XIII권 제2호, 2006, pp. 161-166.

40) Alexander George and Richard Smoke, *Deterrence in American Foreign Policy: Theory and Practice* (New York: Columbia University Press, 1974), p. 27.

들과 직간접적으로 관련되어 있다. 한 연구에 따르면, 대량보복전략의 탄생 배경은 구체적으로 다음과 같이 세 가지로 파악된다.[41]

첫째, 대량보복전략은 한국전쟁의 경험이 낳은 산물이었다. 한국전쟁에서 값비싼 희생을 치른 미국은 이 전쟁을 가급적 빨리 끝내길 원했으며, 더 나아가서 일단의 영향력 있는 군 장교들은 "네버어게인 클럽(Never Again Club)"이란 단체를 만들어서 아시아에서 다시는 미 육군이 개입하는 일이 없어야 한다고 주장했다. 그러나 공산권 봉쇄를 위해서는 아시아 지역에 미국의 힘을 투사할 수 있는 수단이 필요했는데, 대량보복전략이 그런 수단을 제공하는 대안으로 떠오른 것이다. 지상전에 개입해서 엄청난 희생을 치르는 대신에 공산주의의 심장부를 직접 전략핵무기로 공격하겠다고 위협함으로써 공산주의자들의 군사모험주의를 사전에 차단하겠다는 것이 대량보복전략의 요체였다.

둘째, 적정한 억지력을 유지하는 데 따르는 '비용 대(對) 효과'의 경제적 측면도 중요한 고려 요소였다. 아이젠하워 정부는 세금을 줄이고 예산의 균형을 잡으면서 가급적 국방비의 지출을 줄이려고 했는데, 이는 한국전쟁을 치르는 수준으로 재래식 전력을 유지해서는 달성할 수 없는 목표였다. 핵무기가 같은 비용이면 더 큰 파괴력을 갖는 것으로 인식되었기 때문에 대량보복전략은 미국으로 하여금 핵무기에 대한 의존도를 높이고 대신 재래식 전력은 해당 지역의 동맹국들이 주로 책임지는 구도를 만들었다.

셋째, 핵무기와 운반수단의 제조기술이 발달함에 따라 전쟁수행 방법도 변화될 것이라는 고려이다. 기술발달에 따라서 다양한 규모의 핵무기를 융통성 있게 활용할 수 있게 됨으로써 한국전쟁과 같은 대규모의 재래식 전쟁을 피할 수 있는 가능성이 열릴 것으로 기대되었다.

요약하면, 대량보복전략은 미국이 핵무기를 사용하지 않는 전쟁은 더 이상 하지 않겠다는 독트린이었고, 동맹국들은 주로 병력을 제공하

---

41) *Ibid.*, pp. 27-28.

는 대신에 미국은 핵무기를 통해서 자유세계를 지키는 데 기여하겠다는 선언이기도 했다. '새로운 관점'에 입각해서 재래식 전력을 제한하는 전력구조와 대량보복전략은 1950년대에 미국 군사안보전략의 대세를 이루었다.

한국전쟁의 발발을 막는 데는 실패했지만 미국정부는 전쟁을 끝내기 위해서 정전협정 전후에 북한과 중국에 대해서 대량보복 위협을 구사했다. 예를 들어, 아이젠하워 대통령은 지지부진한 정전협상에 활력을 불어넣기 위해서는 결정적인 방안들이 필요하다면서 다음과 같이 말했다.[42]

> 한 가지 가능한 방안은 공산주의 지도부로 하여금 협상에 만족할 만한 진전이 없는 경우 우리는 무기를 사용하는 데 있어서 아무런 주저 없이 단호하게 행동할 의향이 있고, 적대상황을 한반도에 국한시킬 책임도 더 이상 지지 않겠다는 것을 이해하게 하는 것이다.

정전협상의 유엔측 협상대표였던 클라크(Mark Clark) 장군도 1953년 5월 22일 "공산측이 이 마지막 제안을 거부하고 건설적인 제안을 내놓지 않는다면 나는 정전협상을 중단하고 한국에서 전혀 시도된 적이 없는 새로운 방식으로 전쟁을 수행할 권한을 부여받았다"고 말했다.[43] 미국 정부는 필요한 경우 중국에 대한 위협을 신속하게 행동으로 옮길 수 있다는 의지의 표시로써 1953년 봄에 핵탄두를 탑재한 미사일을 오키나와에 배치하기도 했다.

핵전쟁을 초래할 수 있다는 대량보복 위협이 정전협정 체결을 촉진한 것은 틀림없다. 정전협정이 체결된 후 1954년 4월 제네바 회의에 참석한 덜레스 국무장관은 공산주의자들이 빨리 전쟁을 끝내지 않으면 만주의 기반을 위협할 정도로 전쟁이 확대될 수 있다고 인식하고 나서

---

42) *Ibid.*, p. 238.
43) *Ibid.*, p. 239.

야 정전이 가능했다고 회상했고, 아이젠하워 대통령도 정전협정이 체결될 수 있었던 원인이 무엇이냐는 질문에 대해 핵전쟁의 위험이라고 공개했다.[44)]

한국전쟁이 대량보복전략의 탄생에 직접적이고 막대한 기여를 한 것과 동시에 한국의 국방정책 역시 미국의 새로운 핵전략에 크게 영향을 받았다. "뉴룩(New Look)" 정책에 바탕을 두고 아이젠하워 행정부가 한국의 지상군과 미군의 핵무장 공군력으로 한국의 안보를 담당하도록 했기 때문이다. 즉 미국의 대량보복전략으로 인해서 한국군의 전력구조는 육군에 상대적으로 지나치게 비중이 두어지는 육군중심의 불균형한 모습을 띠게 되었다.[45)]

2. 핵우산과 한국안보

한국은 1978년 이후 공식적으로 미국의 핵우산 보호를 받고 있다. 1978년 제11차 SCM에서 당시 브라운 국방장관이 한국에 대해서 핵우산을 지속시킨다는 공약을 천명한 이래, 한국은 한·미 상호방위조약에 의거해서 미국의 핵우산을 제공받아 왔다.[46)]

핵우산은 핵전략의 연장선상에서 나온 개념으로서 정확하게는 "핵확장억지전략(Nuclear Extended Deterrence Strategy)"이라고 부른다. 이는 적대국이 미국의 동맹국을 재래식 무기와 WMD로 공격하는 경우, 해당 적대국에게 핵무기를 사용해서 감당할 수 없는 피해를 주겠다는 보복위협을 함으로써, 적대국의 공격을 사전에 억지하고 동맹국을 보호하겠다는 전략이다. 즉 핵전략의 보호대상이 미국에서부터 동맹국으로 확대되고 핵전력의 투사지역도 미 본토로부터 동맹국 영토로까지

---

44) *Ibid.*, p. 241, 각주 13.
45) 서진태, 『미국의 New Look 정책의 재조명』(서울: 세종연구소, 1997), pp. 7-9.
46) 전호훤, "미국의 대한 핵우산 공약에 대한 역사적 조명," 『국방정책연구』 제24권 제2호 (2008년 여름), pp. 37-38.

확장된다는 의미이다. 2006년도 한 · 미 SCM에서 핵우산 대신 확장억지라는 표현이 사용된 것을 두고 한국에 대한 미국의 안보공약이 더 강화된 것으로 본 것은 잘못된 해석이었다.

미국이 동맹국들에게 제공하는 핵우산의 법적 근거는 다음 두 가지이다. 첫째는 미국이 동맹국들과 맺고 있는 상호방위조약이다. 한 · 미 상호방위조약도 여기에 해당된다. 둘째, 미국이 NPT에 가입하고 핵보유를 포기한 비핵국가들에게 제공하고 있는 소위 조건부 "소극적 안전보장(Negative Security Assurance: NSA)" 약속이다.

먼저, 한 · 미동맹의 경우 양국은 1978년 이후 매년 개최되는 SCM 회의 때마다 미국의 대남 핵우산 제공의사를 확인하고 이를 문서화 해두었다. 미국의 핵우산 제공 의사를 명시적으로 서면으로 보장받아 온 것이다.

미국이 비핵국가들에게 제공하는 조건부 소극적 안전보장이란, NPT에 가입하거나 그에 준하는 지위에 있는 비핵국가에 대해서 핵무기를 사용하지 않겠다는 원칙을 기본정책으로 견지하는 가운데 다음과 같은 경우에는 핵을 사용할 수 있다는 '예외조항'을 조건으로 두고 있다는 뜻이다. 그 조건이란 비핵국가라 하더라도 핵보유국과 동맹관계에 있거나 관련을 맺고 있으면서 미국이나 미국의 동맹국을 공격하는 경우 해당 비핵국가에 대해서는 조건부 소극적 안전보장 약속을 철회하고 핵무기를 사용할 수 있다는 것이다.

조건부 소극적 안전보장에 따르면, 핵보유국인 중국이나 러시아와 관계를 맺고 있는 북한이 미국의 동맹국인 남한을 공격하는 경우, 미국은 상기 예외조항에 의거해서 북한에 대해 핵무기를 사용할 수 있다. 따라서 한 · 미 상호방위조약이 미국의 핵우산 제공을 보장하는 원칙적인 안전장치라면, 미국의 조건부 소극적 안전보장 약속에 담겨있는 예외조항은 핵우산 보장을 보다 구체적으로 적시하고 있는 추가적인 안전장치라고 할 수 있다. 그러나 북한이 세계 9번째 핵보유국으로 등장한 만큼 예외조항은 더 이상 의미가 없으며, 핵보유국 북한이 남침을 감행할 경우, 이를 핵으로 보복·격퇴하는 데 국제법적인 제약은 없는 것으로 판단된다.

미국이 동맹국들에게 핵우산 제공 정책을 추진해오는 과정에서 핵우산에 대해서 다음과 같은 두 가지 문제점이 지적되어 왔다.

첫째, 핵우산의 신뢰성 문제이다. 적대국으로 하여금 미국에 대한 공격과 미국의 동맹국에 대한 공격이 핵무기로 보복할 가치와 필요성이 똑같은 사안이라는 점을 신뢰하게 만들어야만 핵우산 정책이 성공할 수 있기 때문이다. 핵우산이 제공되기 시작한 이후 오늘날까지 동맹국이 공격받을 경우에도 미국이 과연 핵무기를 사용할 수 있을까 하는 의구심은 지속되어 왔으며, 이런 의문은 소련이 미국 본토를 공격할 수 있는 전략 핵무기를 보유하면서 더욱 커졌다. 그 이유는 서유럽에 대한 소련의 공격에 대해 미국이 핵으로 보복할 경우 미국 본토가 소련의 보복 핵공격 위협에 놓이게 되기 때문이다. 예를 들어, 독일의 뮌헨을 보호하기 위해서 뉴욕을 희생할 수 있는가 하는 의문이었던 것이다.

이런 문제점은 북한이 핵무기를 탑재한 장거리미사일을 개발해서 미국 본토나 괌 등을 위협하게 되는 경우 한반도에도 그대로 적용될 것이다. 미국이 서울을 보호하기 위해서 로스앤젤레스나 뉴욕 혹은 워싱턴을 희생할 수 있는가 하는 의문이 강하게 제기될 수 있는 것이다.

둘째, 핵무기를 사용한 선제공격이 초래하는 정치적, 도덕적 부담이다. 핵우산은 적대국의 재래식 공격에 대해서도 핵무기의 사용 가능성을 상정하고 있기 때문에 핵무기의 선제사용은 여러 형태의 부담을 수반할 수 있다. 미국이 1945년 일본에 두 발의 핵무기를 사용한 것에 대해서 아직도 정치적, 도덕적 비판을 받고 있는 것이 현실이다.

3. 미국의 핵전략과 북한

냉전시대에 미국은 남한과 서유럽 등에 상당수의 전술핵무기를 배치했었다. 소련과 중국의 막대한 재래식 전력에 대응해서 공산주의의 침략을 사전에 방지하기 위해서는 양국의 재래식 전력을 상쇄할 수 있을 만큼의 화력이 필요했는데, 바로 전술핵무기가 그 역할을 담당했던 것이다. 따라서 주한미군의 전술핵무기는 북한에게는 상당한 압박요인이었을 것이며, 과거 6 · 25 전쟁과 같이 재래식 전력의 우세를 바탕으로 한 군사적인 모험을 사실상 불가능하게 만든 효과적인 억지력이었다.

북한은 핵무기를 개발한 원인을 미국의 대북한 핵위협에 두고 있다. 따라서 핵전략의 주요 목표를 미국의 위협에 대한 억지력을 확보하기 위한 것이라고 선전하고 있다.[47] 제1차 6자회담이 끝난 직후 발표된 로동신문 논평은 북한의 핵 억지력이 어떤 의미를 갖는가를 구체적으로 설명해주고 있다.[48] 이 논평에 따르면, 북한은 자주권 수호, 자위수단, 방어적 성격, 주체적인 방법 및 이전 금지라는 다섯 가지 측면에서 핵 보유를 정당화하고 있다. 먼저 자주권과 관련해서, 논평은 "우리에게는 자주권을 수호하기 위하여 핵 억제력이 필요한 것이다. 핵 억제력 강화는 주권국가의 자주권에 속하는 문제이다"라고 주장했다. 자위수단과 방어적 성격의 측면에서 논평은 "세계적으로 핵무력을 가장 많이 가지고 있는 나라는 미국이다. 이러한 형편에서 핵무기를 가지고 있지 못한 나라들은 미국의 핵위협에 대처하여 자위적 국방력을 갖추지 않을 수 없다. 우리의 핵 억제력은 미국의 대조선 핵선제공격, 무력침공에 대처하기 위한 것"이라고 주장했다.

한편 논평은 북한의 핵 억지력이 다른 나라에 의존하지 않고 자립적으로 개발해서 보유하게 된 것이라며 주체성을 강조하고 있다. 또한 핵 억지력을 보유하되 핵무기를 다른 나라에 이전하지는 않겠다는 의사를 표명하면서 "우리는 우리의 핵 억제력을 대양건너 미국에 가지고 가서

---

47) 아래의 내용은 필자의 다음 기고에서 발췌 · 정리한 것이다. 전성훈, "미국과 북한의 핵 억지전략과 한국의 대응전략," 『전략연구』 제XIII권 제2호 (2006), pp. 152-155.

48) "우리의 핵 억제력은 자주권 수호 수단이다" 로동신문 논평, 『로동신문』, 2003년 9월 1일.

미국과 싸움하겠다고 한 적이 없으며 그것을 다른 나라에 팔겠다고 말한 적도 없다"고 주장했다. 유엔총회에 참석 중이던 최수헌 외무부상도 2003년 10월 1일 "핵 억지력의 어떤 수단도 다른 나라에 이전할 의사는 없으며 핵 억제력은 다른 나라를 공격하기 위한 것이 아니라 우리의 주권을 방어하기 위한 자위적 수단"이라고 주장했다.[49)]

북한을 방문한 해리슨을 만난 자리에서 김영남도 핵물질이나 핵무기의 해외 이전은 하지 않겠다는 뜻을 재차 밝히면서 "우리는 미사일과 핵물질 사이에 분명한 구분을 둔다. 우리는 외화벌이를 위해 미사일을 판매할 권한이 있다. 그러나 핵물질에 대한 우리의 과거, 현재, 미래의 정책은 알카에다 또는 다른 누구에게도 결코 핵물질을 이전하지 않는다는 것이다"라고 주장했다.[50)]

그러나 2007년 9월 이스라엘이 폭파한 시리아의 핵시설이 북한의 협조로 건설된 신형 5MWe 원자로라는 사실이 밝혀지면서 확산을 하지 않겠다는 북한의 주장은 거짓으로 판명되었다.

북한이 아직 미국 본토를 위협할 수 있는 정도의 장거리 운반수단을 갖지 못했을 뿐만 아니라 미국에 대해 핵을 사용한다면 북한 정권의 종말은 명약관화한 사실이기 때문에 북한 정권이 미국에 대해 핵을 사용할 가능성은 거의 없다고 할 수 있다. 다만 미국은 북한의 핵이 제3세계로 확산되어서 테러집단에 의해 사용될 가능성을 더 크게 우려하는 것으로 보인다.

대량살상무기의 확산을 저지하기 위해서 봉쇄와 나포까지 포함하는 공세적인 외교정책인 PSI와 함께 전세계 주요 무역항에 세관을 파견해서 미국으로 향하는 모든 컨테이너 선박을 사전에 검사하는 "컨테이너 안보구상(Container Security Initiative: CSI)"을 시행하는 것도 바로 불

---

49) Anthony Faiola, "N. Korea claims nuclear advance," *Washington Post*, October 3, 2003, p. A01; 『연합뉴스』, 2003년 10월 2일.

50) Selig Harrison, "Inside North Korea: leaders open to ending nuclear crisis," *Financial Times*, May 4, 2004.

량국가의 대량살상무기가 확산되고 통상적인 운반수단을 통해서 미국 본토로 반입될 가능성을 우려하고 있기 때문이다.

결국 미국은 북한 핵의 직접적인 위협보다는 범세계적 핵비확산 체제유지에 미치는 부정적인 영향이나 북한 핵에 대응한 한국, 일본, 대만의 핵무장으로 야기되는 핵무장 도미노 현상을 더 우려하는 것으로 보인다.

참고문헌

서진태. 『미국의 New Look 정책의 재조명』. 서울: 세종연구소, 1997.

이종선. "핵우산 개념의 변화 및 요인." 『국제정치논총』 제34집 2호. 1994.

장노순. "합리적 억지이론의 한계: 정보전을 중심으로." 『국제정치논총』 제41집 4호. 2001.

전성훈. 『핵 억지전략과 북한 핵문제』. 서울: 통일연구원, 2004.

______. "억지이론과 억지전략에 대한 소고." 『전략연구』 2004년 제2호.

______. "미국과 북한의 핵 억지전략과 한국의 대응전략." 『전략연구』 제XIII권 제2호. 2006.

전호훤. "미국의 대한 핵우산 공약에 대한 역사적 조명." 『국방정책연구』 제24권 제2호 (2008년 여름).

최 영. 『현대핵전략이론』. 서울: 일지사, 1987.

Blacker, Coit, and Gloria Duffy. *International Arms Control: Issues and Agreements*. Stanford: Stanford University Press, 1984.

Bundy, McGeorge, George Kennan, Robert McNamara, and Gerald Smith. "Nuclear weapons and the Atlantic Alliance." *Foreign Affairs*, Spring 1982.

Catudal, Honoré. *Nuclear Deterrence—Does It Deter?* Atlantic Highlands, NJ: Humanities Press International, Inc., 1986.

Freedman, Lawrence. *The Evolution of Nuclear Strategy*. N.Y.: St. Martin's Press, 1989.

Gaddis, John. *Strategies of Containment: A Critical Appraisal of Post-war American National Security Policy*. New York: Oxford University Press, 1982.

George, Alexander, and Richard Smoke. *Deterrence in American Foreign Policy: Theory and Practice*. New York: Columbia University Press, 1974.

Kissinger, Henry. *Nuclear Weapons and Foreign Policy*. Garden City, N.Y.: Doubleday, 1958.

Lockwood, Dunbar. "New nuclear posture review shows little change in policies." *Arms Control Today*, November 1994.

Martel, William. "Deterrence and alternative images of nuclear possession." In

T. Paul et al., eds. *The Absolute Weapon Revisited: Nuclear Arms and the Emerging International Order*. Ann Arbor, MI: The University of Michigan Press, 1998.

Shelling, Thomas. *Arms and Influence*. New Haven: Yale University Press, 1966.

Wirtz, James. "Beyond bipolarity: prospects for nuclear stability after the cold war." In T. Paul et al., eds. *The Absolute Weapon Revisited: Nuclear Arms and the Emerging International Order*. Ann Arbor, MI: The University of Michigan Press, 1998.

제6장

핵군축의 현황과 장래

한용섭 | 국방대학교

I. 서론

1944년 미국이 핵실험을 하고 1945년 8월 일본의 히로시마와 나가사키에 원자탄을 투하한 이후, 1949년 소련이 핵실험을 함으로써 강대국간의 핵군비경쟁은 시작되었다. 그 후 1953년에 영국이, 1959년에 프랑스가, 1964년에 중공이 핵실험을 함으로써 5개 핵보유국이 탄생되었다. 1968년 성안되고 1970년 발효된 핵확산금지조약(NPT)에서 미 · 소 · 영 · 프 · 중 5개국은 핵보유국으로 인정되었다. 공교롭게도 UN안보리 상임이사국 5개국이 핵보유국이 된 것이다.

NPT조약 제6조에 의하면 "핵보유국은 조속한 시일 내에 핵무기 경쟁 중지 및 핵군비의 축소를 위한 효과적 조치에 관한 교섭과 전반적이고 완전한 군축에 관한 조약체결을 위한 교섭을 성실히 추구하기로 약속한다"고 함으로써 핵보유국에게 핵군축 의무를 부과하고 있다. NPT조약이 비핵국의 핵개발과 핵확산을 금지시키는 의무만 부과하는 국제적 불평등조약이란 비판을 극복하고자 핵국에게도 핵군축의무를 부과함으로써 균형을 잡고자 의도한 것이다. 하지만 냉전시대 동안에는 미국과 소련 간에 패권경쟁을 위한 핵군비경쟁이 지속되었다. 한편 미소 간의 핵군비경쟁으로 인한 핵전쟁의 위험을 방지하고 과다한 군비지출로 인한 경제력의 소모를 우려하여 1970년대 초반부터 미소 간에 핵군축 협상을 하게 된다.

1972년 닉슨 미국 대통령과 브레주네프 소련 공산당 서기장 간에 맺어진 ABM(탄도탄요격미사일) 조약은 미소 간의 핵군비경쟁의 속도를 늦추기 위한 것이었다. 1979년에 START(Strategic Arms Reduction Treaty)조약이 체결되었고, 1987년에 중거리핵무기폐기협정(INF: Intermediate Nuclear Forces Treaty)이 체결되었다. 냉전이 종식된 후 테러와 대량살상무기의 확산 등 국경을 초월한 초국가적 위협과 이에 따른 미국의 일방주의적인 조치에 의해 ABM조약은 2002년 6월 폐기되었고 미국과 러시아 간에는 SORT(전략공격무기감축협정: Strategic Offensive Reduction Treaty)가 새로이 맺어졌다.

냉전기의 미국과 소련은 양극을 형성하면서 적대관계를 지속하는 가운데 수평적 · 수직적 핵확산을 심화시켜 왔지만 그러한 가운데도 미소 양국은 핵군축을 꾸준히 시도했다. ABM 조약으로부터 SORT에 이르는 몇 개의 조약은 과도한 군비경쟁으로 빚어진 공포의 균형과 죄수의 딜레마 상황에서 양국의 지도자들이 상호협력과 평화공존을 하기 위해 선택한 것이었다. 그러나 실제적으로 미소 간의 핵군축은 생각보다 더디게 진전되었다.

한편 중소규모의 핵국인 영국, 프랑스, 중국은 미소 양국이 주도하는 핵군축에 소극적이었다. 탈냉전 이후 영국과 프랑스는 자발적인 핵군축을 시도했으나, 중국은 핵기술의 선진화를 위해 계속 노력하고 있다. 사실상의 핵보유국인 인도와 파키스탄, 이스라엘 등은 핵군축을 생각도 하지 않고 있다. 탈냉전 이후 북한과 이란은 지속적으로 핵개발을 추진하고 있다. 이러한 움직임은 NPT체제에 대한 도전일 뿐만 아니라 핵군축을 시도해 온 미 · 러에 대한 정면 도전으로 간주되기도 했다.

본 장에서는 세계적 차원에서 핵군비경쟁이 어떻게 전개되어 왔으며 핵군축이 도입되게 된 배경은 어떤 것인지를 개관하고, 미소 간의 핵군축의 역사와 전개과정을 고찰한다. 다음으로 영국 프랑스 중국의 핵군축에 대한 입장과 신생 핵국들의 핵군축에 대한 대응과정을 살펴보면서 향후 핵군축의 전망과 과제를 도출해 보기로 한다.

Ⅱ. 세계의 핵군비경쟁 양상과 핵군축 도입의 배경

본 절에서는 제2차 세계대전 이후 전개된 핵군비경쟁의 양상과 원인을 살펴본다. 특히 냉전기간 중 미국과 소련 간에 전개되었던 핵군비경쟁의 양상과 원인을 살펴보고, 1987년을 기점으로 실질적인 핵군축에 들어가게 된 배경을 분석해 본다. 아울러 핵군축의 일반적인 동향을 살펴보기로 한다.

1945년부터 1990년까지 세계는 미국을 정점으로 한 자유진영과 소련을 정점으로 한 공산지영이 양편으로 갈라져서 양적 및 질적인 면에서 군비경쟁을 전개해 왔다. 먼저 양적인 군비경쟁을 고찰해 보기 위해서 세계의 군사비 지출총액이 어떻게 변화하는가를 보기로 한다. 〈표 1〉을 보면, 1955년에 세계의 군사비총액은 1,273억 달러였으나 1980년에 6,020억 달러, 1985년에는 9,522억 달러를 거쳐 1990년에 가장 많은 1조 861억 달러를 기록했다. 냉전체제의 붕괴와 함께 소련이 해체되고 난 후에는 세계의 군사비 총액은 1995년에 7,230억 달러로 급격히 감소했다. 그 후 2000년에 7,570억 달러로 약간 상승했다. 그러나 9 · 11 테러 이후 미국이 국방예산을 대폭 증가시킴에 따라 2003년 말 세계의 군사비 총액은 8,500억 달러(미국 국방예산: 4,660억 달러), 2008년에는 미국의 이라크 전쟁에 사용한 전쟁비용이 급증함에 따라 다시 1조 달러

〈표 1〉 세계의 군사비 지출 총계(1955~2000년)

(단위: 억 US달러, current dollar)

1955	1960	1965	1970	1975	1980	1985	1990	1995	2000
1,273	1,308	1,622	2,458	3,629	6,020	9,522	10,861	7,230	7,570

출처: US Arms Control and Disarmament Agency, *World Military Expenditures and Arms Transfers* 1967-76, 1974-86, 1991-92, 1995; SIPRI, *Military Expenditures in SIPRI Yearbook* 1999, 2001.

를 넘어서고 있다.

여기서 볼 수 있듯이 양극체제하에서 자유진영과 공산진영은 격렬한 군비경쟁을 해왔다. 국제정치에 관한 이론은 양극체제가 다극체제보다 안정적이었다고 하지만, 군비경쟁은 다극체제에서보다 양극체제에서 더 정도가 심하고 격렬하게 전개되었던 것을 발견할 수 있다. 냉전시대의 군비경쟁의 원인은 국내적 요인보다는 국제적 요인이 더 크게 작용했음을 알 수 있다. 즉, 국가 대 국가, 진영 대 진영 간의 적대감과 작용-반작용[1]의 결과 군비경쟁이 더 치열했다고 볼 수 있다.

〈표 1〉에서는 제2차 세계대전 이후 1980년대가 미 · 소 간의 군비경쟁과 자유 · 공산 양 진영 간의 군비경쟁이 가장 치열했음을 보여준다. 이 치열한 군비경쟁을 더욱 격화시킨 것은 미국의 레이건 행정부의 대 소련 안보전략이었다고 볼 수 있다. 레이건 행정부는 소련과의 군비경쟁을 통한 승리냐 혹은 소련이 군비경쟁을 포기하고 군축협상으로 나오게 만드느냐의 선택을 강요하게 만드는 양면전략(two-track approach)을 추구했다.[2] 미국과 소련은 1980년대 10년 동안 세계 군사비의 약 70%를 지출함으로써 결국 1990년의 세계군사비가 1조 달러를

---

1) Theresa C. Smith, "Arms Race Instability and War," *The Journal of Conflict Resolution*, Vol. 24, No.2, June 1980, p.255.

2) Peter Schweizer, *Victory*, 한용섭 역, 『소련을 붕괴시킨 레이건의 비밀전략』(서울: 오름시스템, 2006), pp. 194-218.

넘기는 데 중심역할을 했다.

둘째, 미 · 소 간에 양적인 군비경쟁이 더욱 심해진 것은 핵무기증강경쟁을 통해서였다. 핵억지(nuclear deterrence) 이론에 의하면 "억지는 한 국가가 침략을 하려고 할 때 감당하지 못할 손실을 입히겠다고 위협함으로써 그 행동을 하지 못하게 하려는 시도"[3)]라고 할 수 있다. 재래식 무기보다 몇천 배 혹은 몇만 배의 효과가 큰 가공할 만한 핵무기의 등장과 함께 억지이론은 곧 핵억지이론이 되었으며, 핵무기를 보유하고자 하는 국가들은 핵억지이론으로 그들의 방위와 군비건설 노력을 정당화시켰다. 그 결과 핵군비경쟁은 상대방 국가보다 더 많은 핵무기를 제조하려는 양상으로 전개되었다.

〈그림 1〉의 세계의 핵무기 보유량의 변화양상은 매우 시사적이다. 1948년 미국의 핵독점에서 1968년 NPT조약이 성안될 당시 5개 핵국으로 증가했다. 이때 세계에서는 2000년대에 가면 30~40개국이 핵보유국

〈그림 1〉 세계의 핵무기 보유량

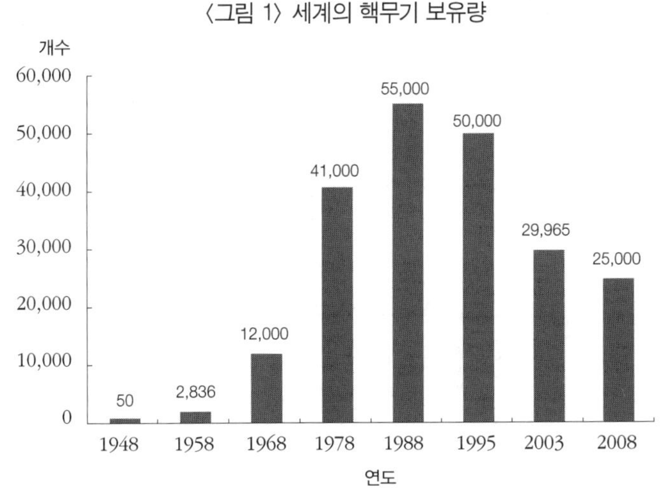

---

3) Phil Williams, "Nuclear Deterrence," John Baylis, et al., *Contemporary Strategy*, 2nd ed. (New York: Holems and Meier, 1987), pp. 113-139.

이 될 것이란 비관적인 전망이 나오기도 했다. 그래서 핵확산을 막고자 국제적인 비확산노력이 더욱 박차를 가하게 되었는데, 그 결과 나온 것이 NPT조약이고 거기에 근거한 비확산체제이다. 핵군비경쟁은 1970년대와 1980년대에 더욱 심화되었다.

1978년에 세계의 핵보유량은 41,000기, 1988년에 55,000기로 최고조에 달했다. 1988년을 고비로 세계의 핵보유량은 감소하기 시작했는데 그 이유는 1987년에 미소 간에 체결된 중거리핵무기 감축협정 때문이었다. 레이건과 고르바초프 사이의 미소 정상회담에서 유럽에 양국이 배치하였거나 배치예정이던 사거리 500에서 5,500km의 소련 SS-20, 미국 퍼싱-2 미사일을 폐기하기로 합의하고 상호 검증에 합의했다. 그 이후 1995년에 START조약을 이행하면서 50,000기, 2003년에 29,965기, 2008년에 약 25,000기를 보유하고 있는 것으로 나타났다.

셋째, 미소 간 핵군비경쟁을 더욱 악화시킨 이유는 질적인 측면에서 서로 우위에 서고자 하는 경쟁 때문이었다. 양극 체제하에서 미국과 소련은 양적 군비경쟁을 벌였을 뿐만 아니라 군사기술에서 우위를 차지하려는 질적 경쟁을 끊임없이 전개했다. 이것은 군사기술혁신으로 발전했으며, 20세기 후반에는 군사혁신이라는 개념도 등장했다.

〈표 2〉에서 보듯, 미국은 원자탄, 대륙간폭격기, 수소탄, 잠수함발사유도탄, 다탄두미사일(MIRV: Multiple Independently-targetable Reentry Vehicle), 장거리순항미사일 분야 등에서 소련보다 앞서 나갔다. 소련은 미국에 도달하기 위해 대륙간탄도탄을 개발하였는데 인공위성과 요격미사일 두 가지 분야에서는 미국을 앞섰던 것이다. 그러나 미국이 앞섰던 분야에서조차 미국이 먼저 개발해 놓으면 소련은 몇 년 이내에 따라잡았다. 양극체제하에서 미소 간의 군비경쟁은 매우 치열했으며 조금도 상대국에 뒤지지 않으려는 정치적 의지가 강했고, 기술경쟁과 자원의 투자도 뒷받침이 되었다.

탈냉전 이후 미·소 간의 군사기술 개발경쟁은 미국의 승리로 막을 내렸다. 미국은 군사기술분야에서 세계패권을 유지하고 있으며 냉전

〈표 2〉 미국과 소련의 핵무기체계 개발 연대 비교표

미국의 개발 시기	핵군비경쟁의 종류	소련의 개발 시기
1944	원자탄	1949
1948	대륙간폭격기	1955
1954	운반가능한 수소탄	1955
1958	인공위성(대륙간탄도탄)	1957
1960	잠수함발사유도탄	1968
1970	요격미사일	1968
1972	다탄두미사일	1975
1982	장거리순항미사일	1989

출처: Paul P. Craig & John A. Jungerman, *Nuclear Arms Race: Technology and Society* (New York: McGraw-Hill Bok Company, 1988), p.37. 이 책의 그림을 도표로 바꾼 것임.

시기에 ABM조약으로 개발할 수 없었던 미사일방어체제를 개발하여 실전에 배치하게 되었다. 미국의 미사일방어체제에 대해 러시아와 중국은 반대하는 한편, 이에 맞서기 위한 공격용 미사일을 개발하고 있다. 따라서 21세기의 핵분야의 군비경쟁은 미사일기술 분야의 개발경쟁이 그 핵심이 되고 있는 것이다.

Ⅲ. 미·소 양국 간 핵군축의 전개 과정과 평가

1945년 8월 6일 일본 히로시마에 대한 원폭공격을 시작으로 미국의 핵전략은 그 모습을 드러내게 되고, 이에 영향을 받은 소련은 1949년에 원자폭탄을 제조하였다. 앞서〈표 2〉에서 본 바와 같이 1957년에는 소련이 우주선 스푸트니크를 쏘아 올림으로써 군비경쟁은 우주로 비약하여 미소 양국은 대륙간탄도탄 개발에 돌입하게 되었다. 한편 미국은 1960년에 잠수함발사 미사일을 개발함으로써 소련과의 경쟁관계는 가속되었다. 미국의 핵 우위로 시작한 핵경쟁은 소련의 핵무기의 증강의 결과로 1968년에 양적 균형이 이루어지게 되며, 양국 모두 ABM을 보유함으로써 제2격 능력도 갖추게 됨으로써 양국의 경쟁 관계는 안정을 찾았다. 그러나 끝없는 핵군비경쟁에서 오는 불안과 경제력의 소진으로 인한 한계를 느끼기 시작함으로써 핵전쟁 위협을 감소시키고 핵전쟁 발생시 피해의 축소, 핵군비경쟁에 소요되는 경비의 절감과 군비경쟁의 안정성을 도모하기 위해 핵군축협상에 돌입하게 되었다.[4)]

미소 양국간 핵군축 협상은 크게 보아 여섯 가지 단계를 거치게 되는

〈표 3〉 미·소(러) 간의 주요 핵군축 조약

협정	SALT I	SALT II	INF	START I	START II	SORT
조인	1972.5	1979.6	1987.12	1991.7	1993.1	2002.5
발효	1972.10	비준 안 됨	1988.6	1994.12	비준 안 됨	비준 안 됨
의의	핵감축 첫 협정	ICBM등 부분 감축	2,700기 모두 폐기	실질적 감축 시작		
내용	ICBM, SLBM 생산 동결. 핵탄두는 제한하지 않음	ICBM, SLBM 등 2,200기로 제한	500~5,000km 사정거리의 지상발사 핵미사일 모두 폐기	7년간 1/3 수준으로 줄여 6,000여 기 수준 유지	9년간 3,000~3,500 수준으로 감축	향후 1,700~2,200 수준으로 감축

출처: 김강녕, "미 · 러 안보관계의 현황과 전망,"『동북아농촌 제23집』(2002), p.82에 필자의 수정을 가함

4) Albert Carnesale and Richard Haass, eds., *Superpower Arms Control: Setting the Record Straight* (Cambridge, MA: Ballinger Publishing Company, 1987), pp.65-138.

데 이를 요약하면 위의 〈표 3〉과 같다. 제일 첫 핵군축협상은 1972년 5월 조인된 SALT-I이라고 할 수 있다. 양국의 전략적 컨센서스가 이루어진 시점에서 미국은 SALT와 ABM조약을 제시했다. 사실상 SALT협상은 1968년으로 거슬러 올라간다. 미국과 소련은 1968년 7월 핵확산금지조약(NPT)의 서명과 함께 전략무기제한협상을 하기로 발표했다. 1972년에 소련은 미국에 의해 제안된 SALT에 합의하게 되는데 이를 SALT- I 이라고 부른다. SALT-I의 경우 예비교섭, 본교섭, 원칙적 합의, 우발전쟁 방지협정 조인, SALT- I 협정 조인 등을 내용으로 하여 1972년 5월에 발효되었다. 동시에 ABM 규제에 관한 협정과 공격용 전략무기 제한에 관한 내용이 포함되었다.[5)]

1979년에 이르러 지미 카터 미국 대통령과 브레주네프 소련 공산당 서기장 간에SALT-II협상이 있었다. 이것은 SALT-I을 항구협정으로 전환하고, MIRV를 중심으로 하는 공격용 전략무기의 제한을 목적으로 협상기본원칙, SALT-II 타개의 방향모색, 블라디보스토크 합의, SALT-II 교섭의 정지, SALT-II 협정 조인의 순으로 1979년 6월에 발효되었다.

전략무기제한협정의 성격을 갖고 있는 SALT는 동서냉전이 종식되고 국제안보상 군사적 해결 가능성이 줄어든 탈냉전기의 상황에서는 변화될 수 밖에 없었다. 냉전기의 미 · 소 간의 쌍무적이고, 다변적인 일련의 군비통제조약들의 장점에도 불구하고 전쟁억제의 요소로서 강하게 작용하지 못하였고, 핵전쟁의 위험이나 영향력을 실질적으로 감소시키지 못하였기 때문에 양국 간의 전략적 변화가 필요하게 되었다.

이러한 핵군비통제협상의 환경 변화는 SALT에서 START로 변화하게 하였으며 그 결과 ICBM 핵무기 체제를 감축하기 위한 협상의 목적을 달성하게 되었다. 또한 탈냉전 이후에는 미러 간의 핵군비경쟁은 거의 끝나고, 인도와 파키스탄, 북한과 이란 등에서 핵무기 확산이 발생하게

---

5) 미국에서는 1,054기의 ICBM, 656기의 SLBM이 허용되고 소련에게는 1,608기의 ICBM, 740기의 SLBM이 허용되었다.

되었다. 따라서 핵국가들과 유엔, NPT체제, 국제사회에서는 비핵국가들의 핵확산을 막고자 하는 핵군비통제 움직임이 등장하게 되었다. 아래에서는 우선 미소 간의 핵군축회담에 대해 약술하기로 한다.

1. SALT-I

SALT-I은 전문 및 본문 8개조로 구성되어 있고 여기에 부속 의정서가 붙어있으며 협정의 유효기간은 5년간이지만, 당사국은 가급적 빠른 시일 내에 잠정협정에 대체하는 완벽한 조치에 대한 협정을 맺을 것을 목적으로 하고 있다. 또한, 제6조에서 각 조항의 수행 이행을 증진시키기 위하여 ABM조약에 의해 설치된 상설 협의위원회의 활용을 의무화함으로써 SALT-II 교섭의 출구를 열어 놓았다.

조약에 의하면 당사국은 1972년 7월 1일 이후로는 지상에 고정기지를 둔 ICBM 발사장치를 건설하지 않으며, 경형 ICBM이나, 1964년 이전에 배치한 구형 ICBM의 지상기지 발사장치를 1964년 이후에 배치한 중형 ICBM 지상기지 발사장치로 개조하지 않는다.[6] 그리고 SLBM 발사장치와 현대화 탄도탄 잠수함을 현재 운행중이고 건조중인 수로 제한하며, 또한 1964년 이전에 배치된 구형 ICBM 발사장치나 구형 잠수함의 발사장치를 동수로 대체하기 위해 건조되는 발사장치나 잠수함은 당사측이 결정한 절차에 따르도록 한다고 되어 있다.

SALT-I에서는 검증조항을 두었는 바, 본 조약의 이행여부를 확인하기 위해 각 당사국은 일반적으로 확정되고 있는 국제법의 원칙에 준수하는 방식으로 자국의 기술적 검증수단을 사용하며, 상대국의 기술적 검증수단에 간섭하지 않는다고 하고 있다. 또, 당사국의 기술적 수단에 의한 검증을 방해하는 고의적인 은폐조치를 취하지 않으며, 이러한 의

---

6) 김순규, "미 · 소 간의 전략무기제한교섭에 관한 분석적 연구"(경희대학교 박사학위논문, 1980), pp.41-42.

무로 해서 현재의 건조, 조립, 개조 및 분해, 수리방법의 변경을 요하지 않는다. 또한 잠정협정의 적용을 받는 전략 공격미사일 및 발사장치의 현대화와 대체는 잠정협정 조항이 정하는 바에 따르도록 한다.

2. SALT-II

그러나 SALT-I에서 규정한 양적 상한선은 질적인 핵군비경쟁을 막지 못하여 핵무기가 다탄두화 하는 기술적 경쟁을 초래하였다. 이에 1979년에 SALT-I의 문제점을 개선하기 위해 SALT-II를 합의하였는데, 이는 다탄두의수를 제한시키는 협정이었다. 그러나 SALT-II는 소련의 아프가니스탄 침공에 따른 양국 간의 관계악화로 미국 상원에서 비준되지 못하였다.

SALT-II 협정은 전문과 본문 19개 조항으로 구성된 전략 공격무기 제한에 관한 미 · 소 간 조약, 신형 전략핵의 개발과 배치를 규제한 의정서, 1 SALT-III 교섭을 위한 원칙과 지침을 담은 공동성명, 세부사항에 관한 합의서 등 4개의 부속문서로 구성되어 있다.

협정의 내용을 보면 몇 가지 원칙이 있음을 알 수 있는데 그 내용으로는 첫째, 협정의 내용이 1974년 11월의 블라디보스토크 합의를 크게 벗어나지 못하고 있는데, 당시 전략무기 제한이 상한을 각 2,400으로 하였던 것을 상한에 대한 적용개념을 그대로 받아들여 150이 감소된 2,250을 유지시키도록 하고 있다. 둘째, 블라디보스토크 합의와 마찬가지로 전략핵의 운반수단을 중점적으로 제한하는 원칙이 그대로 유지되었다. 셋째, 신형 운반수단의 개발을 원칙적으로 전면금지함과 동시에 소련의 백파이어와 같은 제한대상에서 제외된 무기도 생산량을 동결토록 약속한 조치가 처음으로 나타났다. 넷째, 미 · 소 간의 힘의 균형원칙이 시종일관 작용하고 있는데, 전략무기 제한 총수에서 SALT-I 협정과는 달리 미 · 소가 완전 동량으로 규제하고 있다는 것이다.

3. INF 조약

미 · 소 간의 냉전 해소 움직임은 1985년 고르바초프의 등장과 함께 본격화되었는데 1987년 양국의 안보 관계사상 최초로 상대방 군인, 민간 전문가가 입회하여 사찰하는 가운데 중거리핵무기 폐기가 이루어지는 중거리핵무기폐기협정(INF)이 체결되었다. 상호 600여 회의 미소간 현장사찰이 이루어져서 2,000여 기가 넘는 중거리핵무기가 모두 폐기되었다.

4. START

SALT 조약에 대한 불만족으로 시작된 START의 목적은 ICBM 핵무기 체제를 감축하는 것이었다. START I은 1991년 7월 조지 부시 미국 대통령과 고르바초프 소련 대통령이 양국이 보유한 대륙간탄도미사일 등 장거리 핵무기를 향후 7년간 각각 30%와 38%로 줄인다는 내용의 협정에 서명하면서 발효된 것이다. START II는 1993년 1월 부시 미 대통령과 옐친 러시아 대통령이 양국 전략핵무기의 3분의 2를 감축하여 핵탄두를 3,500기 수준으로 줄이는 내용의 협정에 서명하면서 시작된 것이다.

START I에 포함된 중요 내용은 양국 모두 핵탄두의 수를 6,000개 이하로 감축하고, 이 중 지상발사 ICBM과 SLBM에 장착된 탄두는 4,900개를 넘지 못하도록 하였다. 그리고 600km 이상의 사정거리를 가진 해상발사 순항미사일의 탄두 수는 880개로 제한하였다. 6,000개의 탄두가 장착되는 ICBM, SLBM, 중폭격기는 모두 1,600기로 제한하였다. 소련의 SS-18 중 ICBM은 308기에서 154기로, 그 탄두 수는 1,540개로 감축하도록 하였다. 또한 앞으로의 중규모 ICBM과 이동식 ICBM의 신규 배치를 금지시켰다. 지상발사 이동식 ICBM의 탄두수를 1,100개로 제한하였다. 발사기지와 배치, 운용과 도로 및 철도 이동식 체계에 의한 분산을 통제하고, 현장불시 사찰에 대해 합의하였다. 미 배치된 미사일과 발사대에 대해 제한을 가하고 이를 현장사찰의 대상으로 하였다. INF조약에 규정된 SS-25, SS-24 생산시설에 대한 현장감시가 포함되었다. 전략원자력잠수함에 대한 제한과 여기에 탑재되는 미사일의 수, 탄두 수는 규정되지 않았다. 10개 이상의 MIRV를 가지는 미사일의 계획과 실험, 배치가 금지되고, 현재 보유하고 있는 MIRV장착 미사일 수 이상으로 보유하지 못하도록 하였다. 앞으로의 모든 전략무기체계의 개발, 실험, 배치와 운용의 투명도를 제공하였다. 기타 핵무기 관련한 정보의 상호공개가 시작되었다.

이러한 내용에서 보듯이 START는 기존의 협정과는 달리 중폭격기의 탑재 탄두 수에 대한 산정규칙을 제시하였으며, 미사일은 물론 탄두 수에 대한 제한 포함, 협정 이행상태에 대한 점검을 위한 현장사찰제도를 도입하였다는 것은 매우 의미있는 변화였다.[7)]

5. START II 조약

START II 조약은 1993년 1월 3일 부시와 옐친 사이에 2단계 감축협정에 대한 논의가 진행되어 체결되었다. 조약의 내용은 1992년 워싱턴 정상회담에서 논의된 내용이었는데 주요 내용은 핵탄두수를 각각 4,250개와 3,800개로 줄이고, 2003년까지의 2단계 최종시한까지는 양국의 핵탄두 숫자를 각각 3,500개와 3,000개의 수준으로 감축한다는 것이다. 또한, SLBM의 경우 미국과 러시아가 각각 1,750기와 1,700기만을 보유하고, 또 MIRV화 ICBM과 중ICBM은 2003년까지 폐기하도록 하였다.

START II는 세 가지 점에서 START I과 차이점이 있는데, 첫째는 중폭격기에 대한 탄두 수 산정방식의 변화로서 START I에서는 폭격기에 탑재할 ALCM의 탄두수로 폭격기의 탄두수를 추정하였는데, START II에서는 실제로 이를 운반하는 중폭격기의 제원에 따른 운반능력을 탄두

---

7) 상게서, pp.46-48.

수의 산정기준으로 정하였다는 것이다. 따라서 미국이 보유한 B-52H와 B-2 기종은 각각 20개와 16개의 탄두를 운반하고, 소련의 Tu-95 H6, H16 기종은 각각 6개와 16개의 탄두를 운반하는 것으로 산정하였으며. 이를 통해 미·소 간의 신뢰성과 투명성을 증대시키는 효과를 가져왔다.

둘째 ICBM과 SLBM의 유형에 따른 공식적인 탄두 감축규정을 들 수 있는데, START I은 하나의 미사일에 4개의 탄두를 넘지 못하도록 하였지만, START II는 단일탄두 미사일만을 배치할 수 있도록 함으로써 과거 SALT의 맹점이었던 MIRV 문제를 해결하는 큰 성과 중의 하나였다. 이러한 탄두수를 발사수단의 유형에 따른 규정은 검증과정에서 객관성과 효율성을 더욱 증대시키는 계기가 되었다.

셋째 START I에서 요구되었던 중규모 ICBM의 사일로 발사대의 폐기와 관련된 것으로서 START II에서는 90개의 중규모 ICBM의 사일로 발사대를 단일탄두 ICBM의 발사대로 바꾸도록 하였고, 이에 따라 러시아는 SS-25 이동식미사일을 사일로 발사로 교체하고 있으며[8] 이동식 발사대의 폐기 문제는 선제공격으로부터 피할 수 있고, 검증과정에 어려움이 있기 때문에 상대방으로 하여금 위협을 더 강하게 느끼도록 하는 원인의 제거라는 측면에서 매우 의미 있는 사안이었다.

6. 전략공격무기감축협정(SORT)

2002년 5월 24일 모스크바에서 부시 미국 대통령과 블라디미르 푸틴 러시아 대통령은 정상회담을 갖고 양국의 핵탄두 수를 대폭 줄이고 경제협력 관계를 더욱 확대키로 합의하는 등 21세기 새 동반자 관계를 열었다. 이 회담에서 양국 정상은 제1차 전략무기감축협정에 따라 각각 보유할 수 있도록 허용된 현 6천 기(미국 6천 기, 러시아 5,500기) 수준인 양국의 공격용 핵탄두 수를 2012년까지 1,700~2,200기 선으로 대폭

8) IISS, *Strategic Survey 1993~1994*, pp.229.

감축키로 합의하고, 협정에 서명했다. 양국 간의 '전략공격무기감축에 관한 협정'이 바로 그것이다.

미 · 러 신 핵감축협정은 전문과 함께 5개조로 구성되어 있는데 그 주요 내용을 보면 다음과 같다. 즉 "미 · 러 양국은 2012년까지 전략핵무기 비축량을 1,700 내지 2,200기로 각각 줄인다. 기존 전략무기감축 협정은 효력을 유지하며 양국 간 연장합의가 없으면 2009년 만료된다. 쌍무 이행위원회를 설치, 매년 두 차례 이상 만나 이행의 투명성을 논의한다. 이 협정은 양국 의회에서 비준을 받아야 한다. 유엔에 이 협정을 등록한다."는 조항이 바로 그것이다.

미 · 러 양국이 일단 미사일에서 핵탄두를 떼어낸 뒤 폐기하는 대신 상당수를 '예비탄두'로 보관할 예정임에도 불구하고 이 협정은 두 나라가 냉전시대의 구원을 씻고 안보, 경제 등 다양한 분야에서 선린관계를 구축하는 기틀을 마련한 것으로 평가되고 있는데 이 협정의 의의는 다음과 같다.

첫째, 2001년 12월 미국이 ABM 협정을 탈퇴하겠다고 발표한 이후 불안하게 유지되어 온 핵무기군축에 대한 구속력을 확보했다는 점이다. 특히 협상팀이 고민했던 핵무기 폐기안에 대해서는 미국의 요구대로 '저장'하도록 하는데 합의했다. 제2차 세계대전 이후 경쟁적으로 핵무기를 늘리던 양국이 전략무기감축 등을 통해 핵군비 축소 노력을 해오다 지난 2001년 11월 미 텍사스주 크로포드 목장에서 정상회담을 열고 핵탄두를 2/3가량 줄이기로 구두로 전격 합의한 바 있다. 핵공격 위협의 공포로부터 벗어나는 동시에 소모적 군사비를 줄이자는 공감대가 형성되었기 때문이다. 미 · 러 신 핵감축협정은 이러한 노력이 결실을 보게 되었다고 할 수 있다.

둘째, 미 · 러 밀월시대의 개막의 의미를 둘 수 있다. 미 · 러 양국 모스크바 정상회담과 이러한 합의를 통해 세계 양대 핵 강국인 미 · 러가 제 2차 세계대전 이후 계속되어 온 냉전시대를 실질적으로 청산하고 새로운 동반자적 협력 구도의 발판을 마련하게 되었다고 볼 수 있다.

부시 대통령은 2002년 5월 13일 핵감축협상이 타결되었다고 발표하면서 "냉전의 유산을 청산하는 계기가 될 것"임을 강조한 바 있다. "냉전시대의 장례식을 치르게 되었다."(뉴욕타임스), "신 핵감축협정은 과거 어떤 지도자도 해내지 못한 업적인 것이며 현재 우리에게 위협이 되는 것은 서쪽(미국)이 아니라 남쪽(체첸)과 동쪽(중국)이다."(이즈베스티아)는 지적도 이러한 미·러 밀월시대 개막의 의미를 잘 시사해 주고 있다.

셋째, 미·러 양국이 윈-윈 게임의 성과를 거둔 의미를 들 수 있다. 미국은 자국의 군사적 우위를 유지하는 가운데 핵무기 감축을 주도할 수 있는 능력을 과시했으며, 러시아는 미국 등 서방국가와의 안보협력 속에서 세계무역기구(WTO) 가입 등을 포함한 본격적인 시장경제국가로 발돋움할 수 있는 초석을 마련했다. 이는 과거 서로 적대적인 국가 간에 정상회담을 통해 상호 국익문제를 현실적으로 타결한 또 다른 좋은 사례가 아닐 수 없다.

그러나 미·러 양국은 부시 행정부의 구 동구권에 대한 MD체제의 배치를 둘러싸고 논란을 벌인 바 있으며, 2008년 8월 그루지아 전쟁사태로 인한 냉각상태에 들어갔다. 미국은 나토의 구 소련연방공화국으로의 확대와 MD체제의 지속적인 배치를 추구하고 있으므로 미·러 간의 핵군축의 모멘텀이 살아날 가능성이 적다.

7. 넌-루가 프로그램

미국은 1992년부터 구소련과 구소련 연방공화국에 미국의 넌-루가 프로그램에 의해 매년 2억 불을 지원함으로써 러시아, 우크라이나, 벨로루시, 카자흐스탄 등지에서 구 소련의 핵무기와 핵잠수함을 해체시켜 왔으며, 핵분야에 종사하던 과학자와 전문가들을 다른 직종으로의 전업을 지원해 왔다. 넌-루가 프로그램은 미국 상원의 공화당 리차드 루가 상원의원과 민주당 샘 넌 상원의원이 공동으로 발의한 법안의 명칭이며 일명 협력적위협감소 프로그램(cooperative threat reduction program)이라고 불린다.

미국은 10년 동안 혼자서 러시아와 벨로루시 카자흐스탄, 우크라이나에 현금 지원을 해 왔는데, 2002년까지 약 24억 달러에 달하는 금액을 지원해 왔던 것이다. 이것이 구소련과 다른 공화국에 산재되어 있었던 핵무기의 폐기와 핵과학자들의 소개를 도왔다고 할 수 있다.

2002년 캐나다에서 개최된 G-8 정상회담에서는 2003년부터 향후 10년 동안 미국이 100억 불 지원, 미국을 제외한 G-8국가 및 기타 12개국이 100억 불의 매칭펀드를 조성하여 러시아와 구소련 연방공화국에게 핵해체 및 비확산프로그램을 지원해 주기로 결정했다. 이 프로그램을 통해 구소련의 핵잠수함 해체사업, 러시아내 핵시설의 안전도 제고, 핵물질의 밀수출방지, 국제핵과학센터의 운영을 통한 핵과학자들의 안전한 직업전환 지원 등을 해왔다. 이것은 세계의 핵군비통제에 지대한 공헌을 해왔다고 할 수 있다. 넌-루가 프로그램은 세계적 차원의 대량살상무기 와 물질의 비확산에 기여해왔다. 핵무기를 직접 해체한 결과 2008년 현재 약 500톤의 핵물질이 미국 내에 보관되어 있다. 이것이 핵군축에 직접 기여한 결과를 가져왔다.

8. 소결론

이상과 같이 미국과 구소련, 미국과 러시아 간에는 상호 협력하여 핵군축을 지속적으로 전개해 왔음을 알 수 있다. 냉전기간에는 한편으로 핵군비경쟁, 다른 한편으로 핵군비감축을 시도해 왔다. 탈냉전기 10년 간에는 미 · 러 밀월시대에 협력적 위협감소를 통해 러시아와 독립연합공화국들의 핵무기해체를 달성해 왔다. 그럼에도 불구하고 미국과 러시아는 2008년 현재 미국의 미사일방어체제의 개발과 배치를 둘러싸고 긴장이 높아가고 있는 실정이다. 특히 미국이 폴란드와 체코공화국에 MD체제를 배치하려는 움직임을 노정시킴에 따라 러시아는 고유가에 힘입어 부상한 경제파워와 신흥 민족주의의 부활을 등에 업고, TOPOL-M을 비롯한 신형 전략공격무기를 개발함으로써 미국과 대립각을 세우고 있는 형편이다. 미국에서 오바마 민주당 신행정부가 출범함에 따라 미 · 러 간 핵군축은 새로운 조명을 받고 있다.

Ⅳ. 영·프·중 기존핵보유국의 핵군축과 신생 핵보유국의 핵군축 동향

앞에서 언급한 미 · 소, 미 · 러 간의 핵군축회담에도 불구하고 영 · 프 · 중 3국간에는 영국이 1963년 미 · 소와 함께 부분적 핵실험금지 조약에 서명한 경우를 제외하고는 공식적인 핵군축모임은 없었으며, 각자 미 · 소 같은 핵 초강대국과 경쟁상대가 안 된다고 생각하여 핵보유국 5개국 간 회의에 불참하거나 군축노력을 회피해 왔다.[9]

영국은 1968년 NPT의 원 서명자이자 NPT의 기탁국 중 하나이다. 2008년 현재 200 내지 250 기의 핵탄두를 보유하고 있는 것으로 추정되고 있다. 프랑스는 1992년에서야 NPT에 가입하였으며 중국도 마찬가지이다. 프랑스는 현재 350여 기의 핵무기를 보유하고 있는 것으로 추정되고 있다. 중국은 매우 다양한 견해가 엇갈리고 있는 바, 분석가에 따라 150기부터 450여 기에 달하는 핵무기를 보유하고 있는 것으로 추정되고 있다. 그러나 이들 3개국도 탈냉전 후 안보정세의 변화와 국제적인 핵군축의 흐름에 수수방관만 하지 않았다. 국제적 여론을 의식한 탓이다.

영국은 1990년대 초 모든 전략핵무기의 공격목표를 제거했으며 전술

9) Jack Mendelsohn and Dunbar Lockwood, "The Nuclear Weapon States and Article VI of the NPT," *Arms Control Today*(March 1995), pp. 11-16.

공대지 핵무기를 취소했다. 그리고 지상기지 핵야포와 랜스미사일 기지를 폐쇄했다. 4개 트라이던트급 잠수함에서 핵탄두수를 128개에서 96개 이하로 감소시켰다.

프랑스는 1990년대 후반에 플루톤 단거리 미사일을 퇴역시켰으며 480㎞ 사거리 미사일 하디스를 배치하지 않기로 했다. 핵잠수함도 세 개에서 두 개로 줄였다. 트리옴팡급 전략핵잠수함도 6개에서 4개를 건설키로 변경했다. S45 중거리 지상발사미사일 배치도 취소했다. 그러나 안보정책의 중요한 지주로서 핵능력의 쇄신을 앞세우고 있으며, 국방비의 감소추세에도 불구하고 핵전력의 최신화는 지속되고 있다.

중국은 1994년 9월 3일 옐친 러시아 대통령과의 합의에서 서로 상대방에 대하여 핵탄으로 공격하지 않으며 무력을 사용하지 않기로 하였다. 중국은 선제불사용이라는 선언적 정책에다가 1996년에 전면핵실험금지 조약에 서명하며, 결국 핵무기의 완전한 제거라는 목표를 향해 노력할 것이라고 거듭 천명한 바 있다. 그러나 1996년 전면핵실험금지 조약이 체결되기 전까지 프랑스와 중국은 핵실험을 더욱 열심히 하였기 때문에 세계의 비난을 받기도 했다. 2008년 현재 미국의 미사일 방어체제를 비난하면서 미사일과 우주항공력 개발에 박차를 가하고 있는 실정이다.

위에서 설명한 영국, 프랑스, 중국은 NPT체제가 인정한 핵보유국이면서 유엔안보리 상임이사국이다. 이들의 핵독점에 반대하여 인도는 비동맹운동을 주도하는 한편 중국의 핵위협을 억제하기 위해 핵개발을 시도했고, 파키스탄은 인도의 핵개발에 대한 억지력 차원에서 핵개발을 시작했다.[10] 이스라엘은 주변의 위협세력을 억제하고 유사시 대응하기 위해 핵개발을 서둘렀다.

---

10) Leonard S. Spector and Mark G. McDonough, *Tracking Nuclear Proliferation: A Guide in maps and Charts*(Washington, D.C.: Carnegie Endowment for International Peace, 1995), pp. 97-101.

NPT회원국이 아닌 인도는 1974년 5월 핵실험을 감행함으로써 핵무장능력이 있음을 내외에 과시하였다. 인도는 1950년대와 60년대에 캐나다와 미국으로부터 기술지원에 의해 연구용원자로를 건설하였으며 바바 원자력연구센터에 플루토늄 추출시설을 세웠다. 1962년 중국과 국경분쟁에서 패배한 뒤 핵무기를 갖고자 하는 의지가 견고해졌으며, 1974년 드디어 핵폭발실험을 하기에 이르렀다.

그럼에도 불구하고 인도는 평화적 핵폭발 실험을 하였다고 주장하였으며 미국 · 캐나다와 체결한 원자력협력 협정을 위반한 것이 아니라고 우겼다. 이에 대응하여 캐나다는 모든 원자력 상업계약을 취소시켰으며 미국은 1963년도에 판매하였던 타라푸스 핵발전 원자로에 대한 통제를 강화했다. 1980년대에 들어와 인도는 파키스탄이 핵능력을 보유함에 따라 핵위협이 파키스탄으로부터 온다고 간주하고 핵개발을 서두른 흔적이 있다. 2008년 현재 핵보유 수는 100여 기 내외로 추정되고 있다. 인도는 1998년 5월 핵실험을 6차례나 강행했다. 인도는 NPT회원국이 아니고 모든 핵시설에 대해서도 IAEA의 안전조치를 취하지 않고 있다.

인도는 핵실험 이후 국제여론의 비난을 회피하기 위해 더 이상 핵실험을 하지 않고, 핵실험금지조약에 가입하겠다고 선언하였으나 아직 가입하지 않고 있다. 인도는 핵실험금지조약이 성안된 1996년까지 기존의 핵보유국 5개국이 시한이 설정된 전면 핵폐기에 찬성하지 않을 경우 핵실험금지조약에 가입할 수 없다고 완강한 입장을 표명한 바 있다. 그러다가 1998년 5월에 연쇄적으로 핵실험을 감행했으며, 2007년에는 미국과 원자력협력협정을 체결했다. 이에 대해 세계의 여론은 NPT를 위반하고 핵을 보유한 인도에 대해서 미국이 원자력 기술을 제공함은 국제적인 비확산규범을 위반한 국가에 대해 일반적으로 제재를 가하였던 미국이 인도에 대해서만 유독 인센티브를 제공하는 것과 같다고 하면서, 미국의 차별적 대우에 대해 비판적인 견해가 우세하다.

한편, 파키스탄은 NPT회원국이 아니며 1971년 인도 · 파키스탄 전쟁에서 패배 후 1972년에 핵무기개발계획을 수립했다. 1974년 인도의 핵실험에 자극을 받아 핵무기개발을 서둘렀으며 1980년대에 이르러 큰 진전이 있었다. 이 계획의 핵심은 카후타 농축시설이며 물론 이 시설은 IAEA의 안전조치를 받지 않고 있다. 미국정부의 고위관리에 의하면 파키스탄은 1991년 7월에 이미 카후타 우라늄 농축시설과 주요 핵무기 부품제조시설에서 무기용 핵물질 생산을 동결했다고 한다. 그러나 1994년 8월에 전 파키스탄수상 나와츠샤리프는 파키스탄이 핵무기를 보유했다고 선언했다. 더욱이 파키스탄의 핵무기 생산능력은 중국으로부터 원조를 받아 건설중인 쿠삽원자로가 IAEA의 사찰을 받지 않는다면 더욱 강화될 것이라고 우려하고 있다. 현재 파키스탄은 1945년 나가사키에 투하된 핵폭탄과 같은 위력의 폭탄을 50~70개 보유한 것으로 판단되고 있다. 파키스탄이 핵무기 개발을 서두르는 이유는 인도의 핵보유 사실과 그로부터 오는 안보위협 때문이다. 따라서 인도가 NPT에 가입하거나 또는 핵비확산 조치를 받아들인다면 파키스탄도 그렇게 하겠다고 제의하였다. 그러나 인도는 그들의 안보위협이 중국으로부터 온다는 사실을 강조하면서 파키스탄의 제의를 거부했다. 파키스탄은 1998년 5월 인도의 핵실험에 맞춰 핵무기 실험을 강행했다.

파키스탄과 인도 간에 신뢰구축과 군비통제 조치가 전혀 없었던 것은 아니다. 1991년 1월 발표된 양자 간의 핵군비통제협정이 그 대표적인 예이다. 양국은 고위군사당국자 간 직통전화 개설을 비롯하여 양국의 핵시설에 공격을 금지하는 협정에 따라 1992년과 93년에 상기 핵시설의 목록이 교환되었다. 1992년 8월에는 군사훈련의 상호 사전통보와 전투기의 영공비행 금지에 합의했다. 또한 화학무기의 보유 · 생산 · 사용에 금지하는 협정에 서명했으며 1993년 CWC에 모두 가입했다. 그러나 모든 양자간 협정의 이행여부를 검증하는 장치에 대한 구체적인 조치는 여전히 결여되어 있다. 아울러 1991년 6얼 파키스탄은 미국 · 러시아 · 중국이 파키스탄과 인도 간의 핵군비통제협상에 중재역할을 해주도록 요청했다. 인도가 이 제안을 거절했음은 물론이다. 파키스탄의 핵무장능력을 제한하기 위해 미국은 주도적 역할을 해왔다.

1990년 10월 미국은 파키스탄에 대한 경제 · 군사원조를 중단했다. 파키스탄의 핵문제에 대해 파키스탄 · 인도 양자 간에 해결노력이 부진한 것을 고려하여 1992년 말 미 의회에서는 행정부가 남아시아에서 지역 비확산정책을 추진하도록 요구하는 「대외지원법」에 새로운 조항을 추가했다. 그리고 행정부는 매년 2회 중국, 인도, 파키스탄의 핵무기, 미사일 프로그램의 상황에 대해서 보고하도록 하였다. 미 행정부는 1994년 남아시아의 핵문제에 구체적인 제안을 내놓고 인도와 파키스탄을 계속 설득해 왔으나, 1998년 핵실험 이후 모든 노력이 수포로 돌아갔다고 볼 수 있다. 2006년 6월 인도와 파키스탄 양국 외무장관 간에 핵분야 신뢰구축과 양국관계의 안정에 관한 합의에 도달했다. 인 · 파 양국은 핵무기를 보유한 결과 양국관계가 더욱 안정적이 되었으며, 핵분야의 신뢰구축을 위해 소통을 증대시키기로 합의했다.

한편 이스라엘은 이스라엘을 둘러싼 중동국가들로부터 오는 생존상의 위협을 억제하고 대응하기 위해 핵무기 개발을 시작했다. 미국의 강력한 반대에 부딪쳐 이스라엘은 프랑스로부터 비밀리에 원조를 받아 핵개발을 시도했다. 이스라엘의 핵무기계획은 1956년 가을 수에즈운하 위기발생 때 시작됐다. 중동에서 고립되어 적으로 둘러싸인 이스라엘은 안보목적상 프랑스와 비밀계약으로 대규모 플루토늄 생산이 가능한 원자로를 디모나에 건설하기 시작했다. 첩보에 의하면 프랑스는 핵무기설계와 제조에 관한 정보도 제공한 것으로 되어 있다.이스라엘은 NPT회원국이 아니며 사실상 핵무기보유국으로 간주되고 있다. 1986년 10월 전 핵물리학자 모데차이 바누누는 런던 선데이타임즈와의 기자회견에서 이스라엘이 아마도 200여 기의 핵폭발장치를 가지고 있을 것으로 추정했다.[11)]

이스라엘은 현재 핵운반이 가능한 두 종류의 미사일 체계를 배치하

---

11) *Sunday Times* (London), "The Secret of Israel's Nuclear Arsenal"(Oct. 5, 1986).

고 있다. 제리코 I 과 제리코 II 가 그것인데 제리코 I 은 고체연료시스템과 2단계미사일로써 660㎞의 사정거리를 갖고 있다. 제리코 II 는 고체연료이면서 2단계 시스템이나 1500㎞ 사정거리를 갖고 있다. 결국 이스라엘은 더 이상의 무기용 우라늄과 플루토늄의 생산을 금하는 클린턴 행정부의 "핵분열 물질 중단"에 관한 조약의 제안에 찬성하지 않고 있으며 앞으로도 핵옵션에 대한 제약을 원하지 않고 있다.

전술한 인도, 파키스탄, 이스라엘 외에도 핵무기를 보유하고자 야심을 가진 국가들이 많이 있었다. 그 예는 루마니아, 남아프리카공화국, 이라크, 이란, 북한 등이다. 남아프리카공화국은 핵보유에 성공하였으나 그동안 미국과 구소련이 주도한 외교압력과 경제제재를 받아왔으며 냉전의 종식과 함께 자발적으로 핵무기를 폐기하면서 1991년 7월 NPT에 가입하였으며 그해 9월 16일 IAEA 안전조치협정에 서명하였다.[12] 1993년 3월 남아프리카공화국의 드 클러크(de Klerk) 대통령이 자발적으로 핵무기를 폐기하겠다고 선언하고 핵무기 폐기에 착수하여 1994년에 작업을 마쳤다.

루마니아, 이라크, 이란, 북한 등은 남아프리카공화국과는 달리 NPT 회원국이 먼저 되었으면서도 IAEA의 사찰제도의 취약성을 악용하여 핵무기를 개발해 왔던 국가들이다. 루마니아는 1970년에 NPT회원국이었으면서도 차우세스쿠 독제정권하에서 핵무기보유를 시도했으나 성공여부는 알려지지 않았으며, 이라크는 1969년 NPT회원국이 되었으나 1991년 걸프전 패배 이후 UN특별위원회에 의해 핵무기개발계획이 탄로 났으며 중지되었다.

그리고 북한의 경우는 1985년에 NPT회원국이 되었으나 1980년대 말부터 핵개발을 서두르다가 국제적 압력에 직면하여 1994년 10월 핵동결을 약속했다. 그러나 2002년 10월 고농축우라늄 개발계획이 밝혀져

---

12) Frank V. Pabian, "South Africa's Nuclear Weapon Program: Lessons for U.S. Nonproliferation Policy," *The Nonproliferation Review*, Fall 1995, pp.1-19.

다시 한 번 핵개발 의혹을 받고 있다. 북한의 핵개발을 막기 위해 2003년 8월부터 남북한, 미국, 중국, 러시아 일본 등 6개국 정부의 대표가 참여하는 6자회담이 개최되어 2005년 9 · 19공동선언, 2007년 2 · 13합의, 10 · 3합의 등이 있었으며, 2008년 말 현재 북한의 핵시설과 프로그램은 불능화 단계를 밟고 있으나 북한 핵에 대한 검증과 폐기에 이르지 못하고 있다. 이란의 경우도 1970년에 NPT회원국이 되었으나 아직도 핵개발 혐의를 받고 있다. 아울러 북한이 시리아에 원자력발전소 시설을 수출했다는 혐의를 받고 있으며, 만약 국제사회가 이란의 핵개발을 막지 못한다면 중동전체에 핵도미노가 발생할 가능성이 여전히 남아 있다고 하겠다.

V. 결론

냉전기간 중에도 미국과 소련은 공포의 균형을 이루고 난 후부터 세계적인 핵확산을 우려하여 핵확산금지체제를 구축하는 한편, 양자간 핵무기 제한협상을 지속적으로 전개해 왔다. 1980년대에 이르러 세계적인 핵보유고가 최고조에 달함에 따라 미국과 소련은 우선 유럽에서 중거리핵무기 폐기협상을 전개하여 사상 최초로 핵무기의 폐기를 이행하기에 이르렀다. 1990년대 탈냉전 이후 미국과 러시아는 협력적 위협감소프로그램에 의해 핵무기를 지속적으로 폐기해 왔다.

그러나 양극체제가 소멸됨에 따라서 각 진영에 속했던 비핵국들과 비동맹에 속했던 비핵국들이 핵무기를 경쟁적으로 개발하게 되었다. 1995년 핵확산금지조약이 25년째 되는 해에 NPT의 회원국들이 동 조약의 무기한 연장에 합의하면서 1996년까지 포괄적핵실험금지조약에 합의하기로 하였다. 영국과 프랑스도 일방적인 핵감축 조치를 취하는 한편 중국도 핵실험을 중단하면서 핵군축은 가속도가 붙는 듯 했다. 그러나 인도와 파키스탄, 이스라엘, 북한, 이란 등에서 핵개발을 계속함으로써 세계적인 핵군축은 도전에 직면하게 되었다.

또한 9 · 11테러 이후 미국의 부시 행정부가 신핵태세보고서를 발표하고 핵확산위험이 높은 국가들에 대해서 핵공격목표를 재설정하고 ABM조약을 일방적으로 파기하는 한편 MD체제 구축을 비롯한 신전략 삼각체제를 설정함에 따라 미국과 러시아 간에 이루어졌던 핵군축은 모멘텀을 급속하게 잃어가기 시작했다.

21세기 초반 8년간 미국의 부시 행정부는 유일 초강대국의 지위를 유지하면서 미사일 방어체제의 구축을 추진했다. 핵군축에 대해서는 큰 관심을 보이지 않았고, 폴란드와 체코 공화국에 미사일 방어체제를 구축하려고 시도하면서 러시아와 갈등관계가 표출되었다. 이 과정에서 미국과 러시아 간의 핵공격무기감축협정(SORT)은 진전을 이룰 수 없었고, 미국과 러시아, 미국과 중국 사이에 공격용 미사일과 미사일 방어체제 개발 경쟁이 일어나게 되었다.

한편 미국은 부상하는 인도와의 관계를 개선하고 대 테러전에서 협력을 강화시킬 목적하에 인도와 핵협력협정을 체결하게 되었는데, 이것이 핵비확산체제를 지지하는 모든 국가들에게 핵을 보유한 인도에 대해서만 우대적인 대우를 해주는 것으로 인식되면서, 미국은 비확산정책에서조차 미국의 국익이 우선한다는 신호를 잘못 보내었다. 미국은 북한의 핵문제를 해결하기를 원했지만, 미북 직접대화를 늦게 시도하는 바람에 북한의 핵실험, 핵카드 활용에 오히려 빌미를 주는 계기가 되었다. 이란은 계속 반미노선을 강화시키면서 핵개발카드를 포기하지 않았다. 그래서 세계적인 차원에서는 핵군축에 진전을 보지 못하고 오히려 도전요소만 커져 갔던 것이다.

2008년 11월 미국 대통령 선거에서 오바마 민주당 후보가 승리함에 따라 차기 민주당 정부는 세계적인 차원에서 핵군축을 다시 재개할 것으로 전망된다. 부시 행정부가 일방적으로 추진해 왔던 MD에 대한 재고를 시작할 것이며, 러시아와 핵군축을 시도하고 세계적인 비확산체제를 강화시킬 것으로 전망된다. 그러나 도전 또한 만만치 않다. 이러한 도전을 어떻게 극복해 나갈 것인가는 미국의 오바마 신행정부와 러시아의 메드베데프 정부, UN과 안보협력을 위한 다자기구들에 달려 있다.

특히 세계적인 경제불황이 계속됨에 따라 전략무기경쟁을 위한 군사비 지출에 어려움을 겪게 된다면 핵군축은 다시 한 번 세계의 주목을 받게 될 것이다. 특히 테러세력이 핵무기를 손에 넣고자 노력할 경우 이를 방지하기 위한 글로벌비확산체제를 강화시키기 위한 움직임이 탄력성을 받을 가능성도 있다.

2010년 NPT 40주년을 맞이하게 될 때 세계는 다시 한 번 NPT체제를 재평가하고 이를 강화시키기 위한 움직임에 동참할 가능성도 있다. 이에 대비하여 세계의 비확산전문가들은 다시 한번 경각심을 높일 때가 되고 있는 것이다.

참고문헌

김점곤 외 편역. 『세계군축: 이론과 실제』. 서울: 전영사, 1991.

러셋, 부르스 지음, 이춘근 역. 『핵전쟁은 가능한가?』. 서울: 청아출판사, 1998.

이서항. 『세계 군축사례와 한반도 군비통제 단계별 추진과업』. 서울: 외교안보연구원, 1994. 12.

외교안보연구원. "포괄적핵실험금지조약(CTBT) 협상동향과 전망." 『주요 국제문제분석』. 1996.7.10.

하영선. 『Nuclear Proliferation, World Order and Korea』. 서울: 서울대 출판부, 1983.

한용섭. "전략무기감축과 신 NPT체제." 『군사논단』 겨울. 1996.

Brodie, Bernard. *Strategy in the Missile Age*. Princeton, NJ: Princeton University Press, 1959.

Brown, Michael E. *Recent and Future Developments in Nuclear Arsenals*. The UNIDIR Conference Paper, December 1992.

Carnesale, Albert, and Richard N. Haass. *Superpower Arms Control: Setting the Record Straight*. Cambridge, MA: Ballinger Publishing Company, 1987.

Center for Non-Proliferation Studies of Monterey Institute of International Studies. *Theater Missile Defense in Northeast Asia: An Annotated Chronology: 1990-Present*, 1999.

Craig, Paul P., & John A. Jungerman. *Nuclear Arms Race: Technology and Society*. New York: McGraw Hill, 1988.

Diehl, Sarah J., and James Clay Moltz. *Nuclear Weapons and Nonproliferation*. Santa Babara, CA: ABC-CLIO, 2002.

Dunn, Lewis. *Controlling the Bomb: Nuclear Proliferation in the 1980s*. New York: Yale University Press, 1979.

Feldman, Shai. *Nuclear Weapons and Arms Control in the Middle East*. Cambridge, MA: The MIT Press, 1997.

Goldblat, Jozef. *Twenty Years of the Non-Proliferation Treaty: Implementation and Prospects*. PRIO, 1990.

Han, Yong-Sup. *Nuclear Disarmament and Nonproliferation in Northeast Asia*. New York and Geneva: United Nations, 1995.

Lewis Dunn. *Controlling the Bomb: Nuclear Proliferation in the 1980s*. New York: Yale University Press, 1979.

Lewis, John Willson, and Hua Di. "China's Ballistic Missile Programs: Technologies, Strategies and Goals." *International Security*, Vol. 17, No. 2, Fall 1992.

Nye, Joseph Jr. "Nuclear Learning and U.S.-Soviet Security Regimes." *International Orgnization*, Vol. 41, No 3, Summer 1987.

Potter, William C. "Nuclear Proliferation: U.S.-Soviet Cooperation." *Washington Quarterly*, Vol. 8, No. 1, Winter 1985.

Rauf, Tarig. "An Unequivocal Success? Implications of the NPT Review Conference." *Arms Control Today*. July/August 2000.

Reiss, Mitchell. *Bridled Ambition: Why Countries Constrain Their Nuclear Capabilities*. Washington, D.C.: Woodrow Wilson Center Press, 1995.

Rhodes, Richard. *Arsenals of Folly: The Making of the Nuclear Arms Race*. London: Simon and Schuster, 2007.

Robert, Strong. "The Nuclear Weapon States." In William Kincade and Christoph Bertram, eds. *Nuclear Proliferation in the 1980s. London: MacMillian Press*, 1982.

Rumsfeld, Donald H. *Executive Summary of the Report of the Commission to Assess the Ballistic Missile Threat to the United States*. July 15, 1998.

Sagan, Scott D., and Kenneth N. Waltz. *The Spread of Nuclear Weapons: A Debate*. New York and London: W.W. Norton & Company, 1995.

Spector, Leonard S., and Mark G. Mcdonough. *Tracking Nuclear Proliferation: A Guide in Maps and Charts*. Carnegie Endowment For International Peace, 1995.

UNIDIR. *Nuclear Deterrence: Problems and Perspectives in the 1990s*. 1993.

제7장

핵비확산체제에 대한 도전: 북한과 이란

황지환 | 명지대학교 북한학과

I. 비확산체제의 성립과 위기

1960년대 이후 핵확산을 방지하기 위한 노력은 흔히 비확산체제(non-proliferation regime)라고 불리는 다양한 조치들을 포함하고 있다. 1945년 미국이 일본에 핵폭탄을 투하한 이후 핵무기를 보유하는 것은 자국의 안보를 보장하는 중요한 수단일 뿐만 아니라 강대국으로서의 능력과 지위를 상징하는 것으로 일정부분 긍정적으로 인식되었다.[1)]

이러한 인식하에 소련과 영국, 프랑스 및 중국이 차례로 핵무기 개발에 성공하였다. 하지만, 핵확산은 세계질서에 커다란 위협이 되며 핵확산을 막는 것이 세계질서의 안정과 평화를 위해 최상의 방법이라는 주장이 설득력을 얻기 시작했다. 이에 소위 비확산체제가 구축되기 시작

1) Scott Sagan, "Why Do States Build Nuclear Weapons?: Three Models in Search of A Bomb," *International Security*, Vol. 21, No. 3 (1996/97).

했는데, 핵확산금지조약(NPT)이 비확산 노력의 한가운데 있으며, 국제원자력기구는 핵확산의 방지를 위해 적극적인 활동을 펼치고 있다.

NPT는 조약이 성립되기 이전에 핵무기를 보유한 5개국을 제외한 모든 국가들의 핵무기 보유를 불법화하고, 기존의 5개국에 대해서는 핵군축을 위해 성실히 노력할 것을 규정하고 있다. 1995년 5월 11일에 열린 NPT 검토 및 기한연장 회의에서는 표결 없이 조약을 무기한 연장하기로 합의했다. 이 회의의 결정으로 NPT 조약은 무기한 효력을 발생하게 되어 향후 NPT 검토절차를 강화하기 위한 조치들이 이루어지게 되었으며, 핵확산 금지 및 군축을 위한 행동강령도 제시되었다.[2] 1960년대 이래 핵무기를 만들 수 있는 능력을 가진 국가들의 수가 크게 증가할 것으로 예상되었지만, 오늘날 핵무기 보유국의 수가 예상만큼 증가하지 않았던 것은 NPT를 비롯한 비확산체제의 유용성을 잘 설명해 준다.[3]

하지만, 비확산체제가 순조롭게 유지되어 왔거나 앞으로도 장밋빛 미래만 가지고 있는 것은 아니다.[4] 비확산체제에 대한 도전은 지속되어 왔는데, 1990년대 초반 NPT의 기한연장에 대한 토의를 앞두고 불거진 이라크의 핵 의혹과 북한 핵 문제는 비확산체제에 커다란 위기를 안겨주기도 했다. 또한 1998년 5월 인도와 파키스탄이 연이어 핵실험을 하여 핵능력을 공공연히 과시한 사건은 엄청난 충격이었다. 더구나 1990년대 초반 이후 핵 문제가 해결되지 못하고 2006년 10월 북한이 마침내 핵실험을 감행한 것은, 핵무기의 수평적 확산을 통제하려는 국제

---

2) 1995년 NPT의 검토 및 기한연장 회의의 결과에 대해서는 다음을 참조. Bernhanykun Andemicael, Merle Opelz and Jan Priest, "Measure for measure: The NPT and the road ahead," *IAEA Bulletin*, Vol. 37, No. 3 (1995).

3) 존 베일리스, 스티브 스미스 편저, 하영선 외 옮김, 『세계정치론』 (서울: 을유문화사, 2006), p. 515.

4) Tom Sauer, "The Nuclear Nonproliferation Regime in Crisis," *Peace Review*, Vol. 18, No. 3 (2006); Jean Du Preez, "Half Full or Half Empty?: Realizing the Promise of the Nuclear Nonproliferation Treaty," *Arms Control Today*, Vol. 36 (December 2006).

사회의 노력에 찬물을 끼얹었다. 이처럼 비확산체제의 유용성에도 불구하고 핵 확산의 위협은 계속되고 있다. 최근 이란 핵 문제나 시리아의 핵 의혹은 앞으로도 비확산체제가 안정적으로 운영되는 것이 쉽지 않음을 잘 보여준다. 이러한 관점에서 최근 비확산체제에 대한 주요한 도전을 제기하고 있는 북한과 이란의 사례를 분석하는 것은 비확산체제의 향방에 대한 중요한 실마리를 제공해 줄 것이다.

II. 약소국의 핵 개발과 비확산체제에 대한 도전: 이론적 시각

이란과 북한이 비확산체제에 주는 도전의 독특한 모습은 두 국가 모두 약소국들이라는 사실이다. 1945년 이후 초기의 수평적 핵무기 확산 과정은 미국, 소련, 영국, 프랑스, 중국 등 강대국들을 중심으로 진행되어 왔다. 하지만, 1960년대 말 이후 비확산체제가 확립된 이후 핵무기를 개발하려고 시도한 국가들은 대체로 국제질서에서 상대적으로 취약한 국가들이었다. 이 글에서 다루어지는 이란과 북한뿐만 아니라 남아프리카공화국, 리비아, 파키스탄 등의 국가들이 약소국으로의 핵 확산 과정을 잘 보여준다. 강대국들은 이미 1960년대까지 핵보유국의 지위를 확보했기 때문이기도 하지만, 그동안 비확산체제에 대한 도전은 약소국들로부터 제기되었다는 사실은 부정할 수 없다.

그렇다면 정치적으로나 경제적으로 취약한 국가들이 비확산체제가 확립된 국제사회에서 왜 핵무기를 개발하려는 위험과 비용을 감수하는 것일까? 약소국의 핵 개발 원인은 대체로 강대국들이 핵무기를 개발했던 이유와 유사하다고 할 수 있다. 핵무기 개발에 대한 일반적인 통념은 현실주의의 안보모델에 의해서 설명된다.[5] 현실주의 국제정치학자들은 국가들이 다른 재래식 방식으로 안보를 확보할 수 없는 심대한 군사적 위협에 직면했을 경우 핵무기 개발을 추구하게 된다고 설명한다.

이는 현실주의자들이 주장하는 것처럼 국가들이 무정부적 국제질서에 놓여 있어 자국의 독립과 안보를 지키기 위해서는 스스로에게 의존할 수밖에 없기 때문이다.[6] 따라서 핵무기를 보유하거나 개발하고 있는 상대국의 위협을 느끼는 국가들은 핵 억지력의 확보를 통해 세력균형을 유지하고 안보를 추구하게 된다.

약소국 역시 대개의 경우 안보 위협을 이유로 핵무기 개발을 추진해 왔다. 하지만, 약소국의 경우 스스로 핵무기를 개발하지 않고 강대국의 핵우산 속에 들어감으로써 안보를 확보할 수도 있다. 이는 동맹에 의한 안전보장을 의미하는 소위 외부적 균형정책(external balancing)으로 설명된다. 안보위협을 당하는 국가는 스스로 군비증강을 하는 내부적 균형정책(internal balancing)과 동맹을 맺는 외부적 균형정책의 두 가지 선택지를 가질 수 있다.[7] 핵무기의 경우에도 스스로 개발하여 핵 억지를 달성할 수도 있고, 핵무기 보유국과 동맹을 맺음으로써 핵 억지를 확보할 수도 있다. 한국이나 일본이 미국의 핵우산에 의지했던 것처럼 약소국의 경우 대체로 핵무기를 보유한 강대국의 확대억지력(extended deterrence)에 의해 핵무기 개발의 비용부담 없이 신속하게 핵억지력을 확보할 수 있다. 하지만, 동맹국에 핵 억지력을 의존하게 되면 불가

5) 안보위협과 핵확산에 대해서는 다음을 참조. Sagan, *op. cit.*; Bradley A. Thayer, "The Causes of Nuclear Proliferation and the Nonproliferation Regime," *Security Studies*, Vol. 4, No. 3 (1995); Benjamin Frankel, "The Brooding Shadow: Systemic Incentives and Nuclear Weapons Proliferation," *Security Studies*, Vol. 2, No. 3/4 (1993); Richard K. Betts, "Paranoids, Pygmies, Pariahs, and Non-proliferation Revisited," *Security Studies*, Vol. 2, No. 3/4 (1993).

6) Kenneth Waltz, *Theory of International Politics* (Reading: Addison-Wesley, 1979); Robert O. Keohane, ed., *Neorealism and Its Critics* (New York: Columbia University Press, 1986).

7) Hans J. Morgenthau, *Politics Among Nations*, Sixth Edition, revised by Kenneth W. Thompson (New York: Alfred A Nopf, 1985); Waltz, *op. cit.*; James D. Morrow, "Arms versus Allies: Trade-offs in the Search for Security," *International Organization*, Vol. 47, No. 2 (1993).

피하게 군사적 충돌의 연루(entrapment) 가능성 때문에 동맹의 포기(abandonment)라는 확대억지력의 신뢰성 문제가 발생하게 된다.[8] 따라서 약소국의 경우에도 자국 스스로의 핵억지력 확보를 위해 비확산체제의 감시 속에서도 핵무기 개발의 위험과 비용을 감수하려는 경향을 종종 보이고 있다.

결국 공격적이든 방어적이든 약소국들이 자국의 안보를 확대하려는 노력이 핵확산의 주요한 논리로 영향을 미치고 있으며, 이는 최근 비확산체제에 대한 커다란 도전으로 작용하고 있다. 비확산체제가 1960년대 말 이후 핵무기의 수평적 확산을 효과적으로 저지한 듯 보이지만, 약소국의 경우에도 자국의 안보를 이유로 핵무기 프로그램을 진행시키는 경우 비확산체제가 그리 커다란 제약요인이 되지 못했다는 사실을 잘 보여준다. 따라서 비확산체제가 약소국으로의 핵 확산을 막는 근본적인 해결책이 되지는 못하고 있으며, 이는 비확산체제 자체에 상당한 결함이 있다는 점을 의미한다.

북한이나 이란의 경우에서 잘 나타나듯, 안보 확대를 이유로 핵 개발을 할 경우 NPT는 그 회원국들을 저지하는데 상당한 한계를 보여주고 있다. 이는 비확산체제가 약소국 회원국들조차 제대로 관리하지 못할 정도의 구조적 결함 때문에 핵확산 노력에 효과적으로 대응하지 못하고 있는 것이다. 약소국에 대해서도 안보에 관한 문제가 불거질 경우 비확산체제가 그리 효과적으로 대응하지 못했다는 사실은 최근 비확산체제 위기의 주요한 원인이 되고 있다. 따라서 약소국들의 행동방식을 분석하고 이에 대한 적절한 대응책을 마련하는 것이 위기에 처한 비확산체제를 재확립하는 길일 것이다. 이러한 관점에서 이 장은 북한과 이란의 사례가 국제 비확산체제에 제기하는 도전과 더불어 비확산체제 자체의 구조적 문제점을 살펴본다.

---

8) Sagan, *op. cit.*, p. 57; Glenn H. Snyder, "The Security Dilemma in Alliance Politics," *World Politics*, Vol. 36, No. 4 (1984), pp. 466-468.

III. 비확산체제와 북한의 도전

1. 제1차 북한 핵 위기와 비확산체제

북한은 1993년 3월 NPT 탈퇴를 선언했다. NPT 발족 이후 최초로 북한이 규정에 명기된 3개월의 유예기간을 두고 탈퇴를 선언함으로써 북한 핵 문제는 본격적인 위기국면으로 접어들었고, 이는 중대한 도전으로 간주되었다. 당시 북한의 핵 프로그램에 대한 의심이 증폭되면서 이를 검증하려는 국제사회의 노력과 압력이 증대되었는데, 북한이 이에 반발하는 과정에서 NPT 탈퇴를 선언한 것이다. 1990년대 초반 당시는 NPT의 검토 및 기한연장을 위한 협상을 앞두고 있는 상황이어서 북한의 핵 의혹과 NPT 탈퇴는 비확산체제의 미래에 심각한 위기를 초래했다. 더구나 당시는 1991년의 걸프전쟁 이후 이라크의 핵 시설에 대한 논란이 있은 직후여서 이라크의 핵 의혹을 제대로 규명하지 못한 IAEA의 신뢰성에 대한 비판이 제기되고 있었던 시기였다. 따라서 북한의 핵 의혹은 비확산체제의 안정성에 상당한 문제점을 제기하였다.[9)]

북한은 소련의 권고에 따라 1985년 NPT에 가입하였다. NPT 규정은 조약에 가입한지 18개월 이내에 IAEA의 안전조치협정(Safeguards Agreement)에 서명하고 국제사회의 핵 검증을 받기를 의무화하고 있다. 북한은 조약에 가입하고도 이 의무를 계속해서 미루어오다 1992년 1월에 와서야 IAEA와 협정을 체결하였다. 이후 북한은 1992년 5월 자국의 핵물질과 시설에 관해 150페이지에 달하는 보고서를 IAEA에 제출하는데, 이 보고서에서 북한은 1990년 봄에 영변의 5메가와트 원자로에서

---

9) 1990년대 초반 이후 북핵 위기 과정과 북한의 핵 정책에 대한 자세한 분석은 다음을 참조. 황지환, "전망이론을 통해 본 북한의 핵 정책 변화: 제 1, 2차 북한 핵 위기의 분석,"『국제정치논총』제46집 1호 (2006).

약 90그램의 플루토늄을 추출한 적이 있다고 밝혔다. 그러나 IAEA가 영변 핵 시설에 대한 사찰을 진행한 결과 북한의 보고와는 달리 실제로는 1989년부터 1991년까지 세 번의 독립적인 핵 재처리 활동이 있었음이 발견되었다. 이는 북한이 IAEA에 보고하지 않은 핵 활동을 통해 비밀리에 상당량의 핵무기급 플루토늄을 확보했을 가능성을 의미하는 것이다. IAEA는 북한에 이러한 편차에 대한 검증을 요구하며 두 곳의 미신고 시설에 대한 특별사찰을 요구하였지만, 북한은 이 시설들이 군사시설이라고 주장하며 IAEA의 사찰요구를 강력하게 거부하였다.

국제사회의 핵 사찰 요구를 북한이 완강히 거부하자, 한국과 미국은 전년도에 취소하였던 팀스피리트(Team Spirit) 훈련을 1993년에 재개하였고 국제사회는 북한에 대한 압박의 수위를 높이기 시작했다. 이에 북한은 국제사회의 사찰요구를 단호히 거절하고 1993년 3월 NPT에서 탈퇴한다고 선언하였고, IAEA는 북한이 안전조치협정을 위반했다고 비난하였다. 북한의 NPT 탈퇴선언은 핵확산을 방지하려는 국제사회에 커다란 충격을 주었으며, NPT의 기한연장 협상을 앞둔 비확산체제의 미래를 어둡게 만들었다.

2. 제2차 북한 핵 위기와 비확산체제

북한은 2003년 1월 또 다시 NPT 탈퇴를 선언했다.[10] 과거로 거슬러 올라가면, 1994년 6월까지 진행된 북한 핵 위기는 북한에 대한 미국의 선제공격이 논의될 정도로 고조되었으나, 6월 중순 지미 카터 전 미국 대통령과 김일성 주석의 평양회담에서 극적인 합의를 이루었다. 이후 북한은 1994년 10월의 제네바 합의(Agreed Framework)를 통해 핵 프로그램을 동결시키기로 미국과 합의하였다. 이 합의에서 미국은 북한에 대한 핵무기 위협과 사용을 하지 않겠다는 공식적인 보장을 해 주기

10) 『로동신문』, 2003년 1월 11일.

로 했으며, 북한이 기존에 가지고 있던 흑연감속로(graphite-moderated reactor)를 대체하는 2기의 경수로(light-water reactor)를 제공하는 문제를 주선해 주기로 했다. 또한 핵 프로그램 동결로 인한 에너지 부족분을 보충하기 위해 연간 50만 톤의 중유를 북한에 공급해 주기로 합의했다. 이에 대해 북한은 자신들의 핵 프로그램을 동결하고 NPT 회원국 지위를 계속해서 유지하면서 조약하의 안전조치협정 규정을 이행하기로 약속했다. 이로써 북한은 비확산체제에 완전히 복귀하는 듯 했다.

그러나, 제네바 합의는 2002년 10월 북한의 고농축 우라늄 프로그램에 대한 북미간의 논란 끝에 붕괴되었다. 미국은 북한이 비밀리에 우라늄 프로그램을 진행시켜 제네바 합의를 위반했다며 중유공급을 중단시켰다. 북한 역시 미국이 합의에 규정된 중유공급을 중단함으로써 제네바 합의의 이행을 거부했다며 동결된 핵 프로그램을 해제하여 핵활동을 재개하고 핵시설 건설을 개시하겠다고 선언했다.[11] 이후 북한은 IAEA에 영변 핵 시설에 있는 봉인과 감시장비를 제거할 것을 요구하였는데, IAEA가 북한의 요구를 수용하지 않자, 북한 스스로 봉인과 감시장치를 제거하였으며 핵시설을 재가동시켰다.[12] 또한 북한은 IAEA 사찰단을 강제로 추방하였다. 이에 따라 1994년의 제네바 합의는 실질적으로 폐기되어 사문서화되었으며, 북한은 2003년 1월 이번에는 3개월의 유예기간 없이 즉각적이고 자동적인 NPT 탈퇴를 선언함으로써 비확산체제에 다시 한번 도전하였다.

3. 비확산체제에 대한 북한의 인식과 도전

1) 북한의 NPT 탈퇴 문제

북한 핵 문제는 국제 비확산체제에 심각한 도전을 야기하며 비확산

---

11) 『로동신문』, 2002년 11월 22일, 12월 13일.

12) 『로동신문』, 2002년 12월 15일, 23일.

체제의 구조적 문제점을 노출시켰다. 우선 IAEA는 북한의 NPT 탈퇴를 실질적으로 막을 수 있는 장치가 없었다. NPT 규정 10조에 따르면, 회원국은 "특별한 사태가 국가의 최고이익을 위협할 경우" 3개월의 유예기간을 두고 조약에서 탈퇴할 수 있다.[13] 하지만, NPT로부터의 탈퇴는 국제사회의 강력한 제재를 자초하는 모험적인 행동이었기 때문에 현실적으로 탈퇴문제는 비확산체제에서 심각한 고려대상이 아니었던 것으로 보인다. 오히려 이스라엘이나 인도, 파키스탄과 같이 NPT의 비회원국이면서 핵 의혹을 받고 있던 국가들로의 핵 확산 및 이들의 비확산체제 편입이 주요한 관심의 대상이었기 때문에 NPT 회원국이 탈퇴를 하며 핵을 확산시키는 문제는 상대적으로 관심을 덜 받은 것으로 보인다.

이러한 상황에서 북한이 두 번이나 NPT 탈퇴를 선언했다는 사실은 기본적으로 회원국이 비확산체제의 구속과 제재로부터 일정부분 자유로울 수 있다는 것을 의미한다. 북한의 탈퇴 이후 최근 회원국의 탈퇴문제에 대해 국제사회가 인식을 공유하여, UN 안보리나 IAEA에서 탈퇴를 논의하게 하거나, 탈퇴하려는 회원국에 대해 불이익을 주는 방안이 논의되고 있다.[14] 하지만, 북한의 사례는 비확산체제 자체가 NPT의 회원국 행동을 실질적으로 규제할 수 없다는 구조적 한계를 보여준 것이다.

2) 북한의 도전에 대한 비확산체제 대응력의 한계

북한은 IAEA의 사찰요구를 무시하며 비확산체제에 도전을 가했는데, IAEA를 비롯한 비확산체제는 북한의 강경한 대응에 사실상 무기력하여 실질적인 감시와 제재수단을 확보하지 못했다. 가령 1993년 초 IAEA가 북한의 핵 의혹을 규명하기 위해 2곳의 미신고 시설에 대해 특

---

13) "If it decides that extraordinary events have jeopardized the supreme interests of its country" 〈http://www.iaea.org/Publications/Documents/Infcircs/Others/infcirc140.pdf〉 (검색일: 2009년 1월 10일).

14) 최강, "미국의 대량살상무기 대응전략: 이란 및 북한 핵문제를 중심으로," 『주요국제문제분석』 (외교안보연구원, 2005년 6월 13일).

별사찰을 요구했을 때 북한은 IAEA의 요구를 거부하고 오히려 NPT 탈퇴를 선언하였다. 하지만, 당시 IAEA가 이에 대해 취할 수 있는 실질적인 제재조치는 기술적인 지원을 중단하는 정도였다.

1994년 초 북핵 위기가 고조되었을 때에도 IAEA가 안전조치협정의 완전한 준수와 사찰을 요구한데 대해 북한은 IAEA의 요구를 거부하고 감시 카메라 장치 등 일상적인 활동의 유지에만 동의했고, 특별사찰은 받아들이지 않았다. 북한의 반대에 직면한 IAEA는 당시 북한이 동의한 제한된 사찰만을 수용할 수밖에 없었다. 이후 북한은 IAEA와의 동의나 협의없이 영변 원자로에서 연료봉을 분리시켜 재처리를 시작했는데, 이는 IAEA가 북한의 과거 핵 활동을 검증하는 것을 원천적으로 방해하는 행동이었다.[15] 1994년 6월 위기가 고조될 당시에도 IAEA가 북한에 대한 기술적인 지원을 중단하자 북한은 곧바로 사찰단원들을 추방하고 안전조치협정을 폐기하는 결정을 내리며 IAEA의 탈퇴도 선언했다. 특히 북한은 당시 IAEA의 조치가 매우 오만한 행동이었다며 비판하기도 했다.[16]

북한은 2002년 가을 이후 2차 핵 위기 당시에도 제네바협정이 붕괴되자 IAEA 사찰단의 임무가 종료되었다며 이들을 추방하는 결정을 일방적으로 내렸다.[17] 북한은 또한 이듬해 1월, NPT의 탈퇴를 다시 선언할 때에도 유예기간 없이 NPT로부터 자동적이고 즉각적으로 탈퇴가 효력을 가지게 되었다고 선언하며 IAEA 안전조치로부터도 완전히 자유롭다고 주장했다. 이는 북한이 비확산체제를 존중하며 순응하는 것이 아니라 자국의 필요에 따라 이를 자의적으로 해석하고 있었다는 것을 의미한다. 하지만, 비확산체제가 북한의 행동을 막기 위해 실질적으로 취할 수 있는 대응조치는 없었다. 이는 비확산체제에 대한 북한의

---

15) 『로동신문』, 1994년 5월 16일.

16) 『로동신문』, 1994년 6월 14일.

17) 『로동신문』, 2002년 12월 28일.

인식과 행동이 매우 부정적이며, 이에 대해 비확산체제가 취할 수 있는 조치가 구조적으로 제한되어 있음을 의미한다.

3) 국제 무정부질서와 핵의 권력정치

비확산체제의 위기는 상당부분 국제사회의 무정부성으로부터 기인하는 것인데, 이는 비확산체제의 유지가 국제질서의 근본적인 측면에 커다란 영향을 받게 됨을 의미한다. 즉 북한의 사례가 보여주는 비확산체제의 근본적인 문제점은 핵문제가 국제 무정부질서에 영향받는 권력정치적 속성을 강하게 가지고 있다는 점이다. 따라서 현재의 NPT 체제나 IAEA의 검증체계로는 비확산체제의 준수와 이행을 보장하거나 강제하기가 어렵고 위반사항을 발견해 낼 수 있는 장치나 방법을 확보하기가 상당히 어렵다고 할 수 있다.[18] 이러한 문제점을 극복하기 위해 IAEA는 기존의 안전조치에 더하여 미신고시설까지 포함한 거의 모든 핵 시설과 핵 활동의 사찰을 위해 추가의정서(Additional Protocols)를 도입하였다.[19] 하지만, 추가의정서가 핵문제의 권력정치적 속성을 극복하고 실효성을 확보할 수 있을지에 대해 여전히 의문이 제기되고 있다.

결국 NPT나 IAEA는 회원국에 대한 실질적인 강제이행의 능력이 없기 때문에 비확산체제를 유지하기 위해서는 현실적으로 국제사회의 다른 수단에 의존해야 한다. 국제사회의 무정부적 성격 때문에 국가의 행동을 완전하게 강제할 수 있는 수단이 존재하지 않는데, 이는 비확산체제의 원래 목적과는 다른 정치적 논리가 핵 문제에 개입될 가능성을 의미한다. 특히 북한 핵 문제에서 비확산체제의 이러한 구조적 한계점이 잘 드러난다. 예를 들면 북한이 IAEA의 사찰 요구를 거부하였을 때

---

18) 최강, *op. cit*.

19) 이에 대해서는 IAEA 홈페이지의 추가의정서 문서와 안전조치협정 및 추가의정서에 대한 부가설명을 참고. 〈http://www.iaea.org/Publications/Documents/Infcircs/1997/infcirc540c.pdf〉; 〈http://www.iaea.org/Publications/Factsheets/English/sg_overview.html〉 (검색일: 2009년 1월 10일).

IAEA가 취할 수 있는 조치는 북한 문제를 UN 안전보장이사회에 회부하는 것뿐이었다.[20] 하지만, 북한은 UN의 결의문에 크게 동요하지 않았으며, 오히려 IAEA가 북한의 내정간섭을 하고 있다고 비난하였다.[21] 북한은 또한 UN 안보리의 제재에도 아랑곳 않았고 오히려 UN 안보리가 북핵 문제를 논의하기에 적절한 장소가 아니라고 주장하기도 했다.[22]

북한의 이러한 인식은 핵 문제를 NPT나 IAEA와 같은 비확산체제가 아닌 북미관계의 정치적 틀 속에서 접근하려는 시도 때문이다. 북한은 그동안 한반도 평화의 근본적인 위협요인은 자신들이 아니라 미국이라고 주장해 왔다. 특히 한반도의 핵 문제는 북한의 핵무기 프로그램 때문에 발생한 것이 아니라, 애초에 핵무기를 한반도로 끌어들인 냉전기 미국의 핵정책과 대북 적대시 정책에서 비롯되었다는 인식을 보여주고 있다.[23] 한반도의 평화는 북한이 위협하는 것이 아니라 미국이 위협하고 있으며, 북한은 대미억지력을 유지하기 위해 핵무기를 보유하고 있다는 주장이다. 따라서 북한은 핵문제가 비확산체제의 관점에서 다루어질 것이 아니라 미국의 대북적대시 정책을 해소하는 과정에서 논의되어야 한다는 인식을 가지고 있다.

실제 북한은 핵문제의 진전이 북미간의 협상결과에 따라 달라질 수 있음을 언급해 왔다.[24] 이는 북한이 NPT나 IAEA 등 비확산체제에 종속되기보다는 미국과의 협상 진전에 따라 대응조치를 취하겠다는 의사를 보인 것이다. 이는 북한이 비확산체제의 중요성을 심각하게 받아들

20) Glenn Kessler, "IAEA Sends N. Korea Issue to Security Council," *Washington Post*, February 12, 2003.

21) 『조선중앙통신』, 2003년 2월 13일.

22) 『로동신문』, 1993년 4월 11일.

23) 김일성의 1994년도 신년사 참조, 『로동신문』, 1994년 1월 1일. 북한은 핵 문제에 있어서 미국의 책임성을 강조하기 위해 '북한 핵 문제(North Korean nuclear issue)'라는 표현을 쓰지 않고, '조선반도에서의 핵 문제(nuclear issue on the Korean peninsula)'라고 표현해 왔다.

24) 『조선중앙통신』, 1993년 10월 28일.

이지 않는다는 것을 잘 보여주는 증거다. 따라서 북한이 핵사찰을 계속 거부하거나 협력하지 않았을 경우 IAEA는 이를 강제할 실질적인 권한을 가지고 있지 않았으며, 오히려 북미 간의 협상 결과를 지켜봐야 하는 상황이었다. 실제로 1990년대 초반 1차 핵 위기 당시 북핵 문제는 비확산체제의 틀에서가 아니라 북한과 미국 양자의 정치적 협상을 통해 해소되었다. 1994년 6월까지 고조된 위기는 지미 카터 전 미국 대통령과 김일성 주석의 평양회담에서 해결의 실마리를 찾았으며, 이후 10월의 제네바 합의(Agreed Framework)도 북한과 미국의 양자적 협상을 통해 이루어졌다.

2차 북핵 위기 역시 6자회담이라는 다자적 틀 속에서 논의되어 왔다. 6자회담이 다자적 성격을 가지기는 하지만, 이것 역시 비확산체제의 관점에서 접근한 것이 아니라 동북아시아의 관련 국가들이 지역의 안보 이슈를 해결하려고 하는 정치외교적 관점에서였다. 이에 대해 최근 엘바라데이 IAEA 사무총장은 IAEA가 북한 핵문제 해결과정의 당사자가 아니기 때문에 6자회담 당사국들이 이 문제에 집중하고 있다는 인식을 보이기도 했다.[25)]

결국 북한은 비확산체제와의 충돌이 발생할 때마다 비확산체제의 원칙에 따르기보다는 정치외교적 수단에 의해 위기를 고조시키며 자국의 협상력을 높여왔다. 북한은 기본적으로 IAEA의 원칙이 자국의 이해와 상충된다고 판단되면 단호하게 IAEA의 원칙을 무시하고 IAEA의 행동에 대해 보복했다. 따라서 북핵문제의 해결과정에서 비확산체제가 실질적인 영향력을 발휘하고 있다고 볼 수는 없으며, 오히려 북미관계 변화에 따른 종속변수로서 작용하는 모습을 보여주고 있다. 핵확산 문제가 비확산체제가 아닌 국가 간의 정치외교적 협상을 통해 접근되고 있

---

25) IAEA Director General, "Statements of the Director General: Introductory Statement to the Board of Governors," *IAEA Board of Governors*, November 27, 2008, 〈http://www.iaea.org/NewsCenter/Statements/2008/ebsp2008n013.html〉 (검색일: 2009년 1월 10일).

다는 점은 비확산체제의 구조적 한계를 잘 보여주는 것이다.

Ⅳ. 비확산체제와 이란의 도전

1. 이란 핵 문제와 비확산체제

이란은 1974년 이후 독일회사들과의 협력을 통해 페르시아만 연안지역인 부셰르(Bushehr) 지역에 원자력 발전소 1, 2호기의 건설을 추진하였다. 하지만, 이 원전은 1979년 이란 혁명 이후 건설이 중단되었으며, 1980년대 이란-이라크 전쟁 기간 중 원자로를 포함한 상당부분의 시설들이 폭격을 당한 것으로 알려져 있다. 이후 이란은 1992년 8월 러시아와 원자력협력협정을 체결하고 부셰르 원자력 발전소 건설에 박차를 가해 거의 완공단계에 이르러 정상가동직전인 것으로 알려져 있다.[26] 이란은 이러한 과정을 통해 궁극적으로는 독자적으로 완전한 핵연료주기 완성을 할 수 있는 능력을 보유하려는 노력을 해 온 것으로 보인다.

이란의 핵시설에 대한 의혹은 2002년 8월 이란의 반정부 단체가 핵 프로그램과 관련된 2곳의 미신고 비밀 핵시설이 있다며 이에 관한 세부 관련 정보를 폭로하면서 시작되었다.[27] 실제로 이란은 부셰르 원자력 발전소에서 사용될 저농축 우라늄 생산을 위해 테헤란 남부의 나탄즈(Natanz) 지역에서 우라늄 농축 공장을 추진하고 있었고, 아라크(Arak) 지역에서는 중수생산공장을 비밀리에 운영하고 있었던 것으로 밝혀졌

---

26) Peter Finn, "Neighbors Join Call Against Attack on Iran," *Washington Post*, October 17, 2007.

27) Douglas Jehl, "Group Says Iran has Secret Nuclear Arms Program," *The New York Times*, November 17, 2004; Colin Dueck and Ray Takeyh, "Iran's Nuclear Challenge," *Political Science Quarterly*, Vol. 122, No. 2 (2007), pp. 189-192.

다. 하지만, 이란은 우라늄 농축 프로그램을 추진하고 있었다는 사실을 2003년 2월까지 IAEA에 신고하지 않았다. 또한 이후 진행된 IAEA의 사찰에서 이란은 과거 핵물질에 대해 보고하지 않았으며, 핵물질을 처리 및 저장한 시설들에 대한 보고도 하지 않았고, 핵시설의 설계정보도 제공하지 않는 등 다양한 사례에서 IAEA의 안전조치협정을 위반한 사실이 밝혀졌다.[28)]

이란은 의혹이 제기된 핵 시설들이 원자력 발전을 위한 시설이라고 주장했지만, 국제사회는 이란이 비밀리에 핵무기 프로그램을 진행시키기 위해 오랫동안 우라늄 농축 공장의 존재를 숨겨왔다는 의심을 가지게 되었다. 또한 이란은 비핵국가들의 핵 프로그램 투명성 강화를 요구하는 IAEA 안전조치협정의 추가의정서 비준과 이행의 지연으로 IAEA의 계속된 주목을 받고 있다.[29)] 이란은 2003년 12월 18일 추가의정서에 서명했으나 현재까지 비준은 하지 않고 있다. 특히 이 추가의정서는 IAEA가 이란의 미신고 핵시설과 핵 활동을 검증하는 데 핵심적인 부분이기 때문에 국제사회의 특별한 관심을 받고 있다.

하지만, 이란은 국제사회의 비난에 대해 자신들의 활동은 NPT 4조에서 허용되는 평화로운 민간 핵에너지 프로그램의 일부라고 주장해 왔다. 하지만, IAEA는 이란이 NPT의 규정을 어기고 불법적인 핵 활동을 하고 있다고 여러 차례 지적했다. 이란의 핵 의혹에 대해 IAEA 사무총장은 이란이 NPT의 당사국이며 1974년 5월 IAEA와 안전조치협정을 체결하였음에도 불구하고 농축우라늄 프로그램을 신고하지 않는 등 안전조치 의무를 위반해 왔다고 보고했다.[30)] 하지만, 2003년 10월의 테헤란

---

28) 류재수, "이란 핵문제의 기술적 측면: 핵시설, 핵사찰 그리고 핵능력," 『한국원자력연구소 정책연구부 보고서』 (한국원자력연구소, 2006년 10월).

29) IAEA Director General, "Implementation of the NPT Safeguards Agreement and relevant provisions of Security Council resolutions 1737 (2006), 1747 (2007), 1803 (2008) and 1835 (2008) in the Islamic Republic of Iran," *IAEA Board of Governors Report*, November 19, 2008.

공동성명(Tehran Agreed Statement)과[31] 2004년 11월의 파리협정(Paris Agreement)[32] 을 바탕으로 유럽연합의 영국, 프랑스 및 독일이 주도하는 2년여의 외교적 노력으로 이란은 잠정적으로 우라늄 농축활동을 동결시키고 핵시설을 봉인하기도 했다. 하지만, 이란은 2005년 8월에 이르러 NPT가 보장하는 핵의 평화적 이용 권리를 포기할 수 없다며 핵 활동을 재개하여, 핵 위기가 고조되었다. 이에 대해 IAEA는 이란이 안전조치협정을 위반했다고 선언하고 이란 문제를 UN 안보리에 보고했다. 이에 UN 안보리는 여러 차례의 의장성명과 결의문을 통해[33] 이란이 우라늄 농축과 그와 관련된 핵 프로그램을 동결하고, 핵무기 원료를 생산할 수 있는 중수로 원전건설을 중단하고, IAEA의 광범위한 사찰을 허용하도록 요구해 왔다.[34] 미국 역시 이란이 NPT의 안전담보협정을 위반했다고 규정하고 이란의 핵 프로그램이 무기생산을 목적으로 하고 있으며 이는 NPT의 비확산 의무를 위배한 것이라고 주장해 왔다.

하지만, 이란의 핵 활동에 대해 다른 평가도 존재하고 있다. 2007년 11월 미국 국가정보위원회(National Intelligence Council)의 국가정보평가서(National Intelligence Estimate)는 2003년 가을 이란이 핵무기 프로그램을 중단했으며, 최소한 2007년 중반까지 재개하지 않았다고 결론지었다.[35] 이는 2005년의 정보판단을 뒤집은 것인데, 당시 정보기관들

---

30) IAEA Director General, "Implementation of the NPT Safeguards Agreement in the Islamic Republic of Iran," *IAEA Board of Governors Report*, June 6, 2003.

31) "Statement by the Iranian Government and visiting EU Foreign Ministers," October 21, 2003. 〈http://www.iaea.org/NewsCenter/Focus/IaeaIran/statement_iran21102003.shtml〉 (검색일: 2009년 1월 10일).

32) "Iran-EU Agreement on Nuclear Programme," November 14, 2004. 〈http://www.iaea.org/NewsCenter/Focus/IaeaIran/eu_iran14112004.shtml〉 (검색일: 2009년 1월 10일).

33) UN 안보리 의장성명(2006) 및 결의문 1696(2006), 1737(2006), 1747(2007), 1803(2008), 1835(2008) 참조. 〈http://www.iaea.org/NewsCenter/Focus/IaeaIran/index.shtml〉 (검색일: 2009년 1월 10일).

34) IAEA Director General, *IAEA Board of Governors Report*, November 19, 2008.

은 이란이 핵무기 보유를 위해 비밀프로그램을 추진하고 있다고 주장했었다. 새 보고서는 더불어 이란이 우라늄 농축 프로그램을 진행하더라도 2010~2015년이 되어야 핵무기를 만들기에 충분한 양의 농축우라늄을 생산할 것으로 전망하기도 했다. 이 보고서는 국제사회의 압력과 감시가 강화되었고, 이란이 중동지역에서 핵무기를 보유하지 않고도 안보를 확보하고 영향력을 증진시킬 수 있다는 자체판단에 의한 것이라고 분석했다.

IAEA도 기본적으로 이란이 신고한 핵물질에 대한 검증을 진행하고 있으며, 미신고활동에 대한 검증노력도 계속하고 있다고 밝혀 왔다. IAEA 엘바라데이 사무총장은 현재까지 이란이 신고한 핵시설에 대한 IAEA의 사찰에서 이란이 핵무기 프로그램을 가지고 있다는 어떠한 분명한 증거도 발견하지는 못했다고 보고했다.[36] 하지만, IAEA는 또한 이란의 핵무기 개발에 대한 조사를 지속하고 있다고 밝히며, 현재까지의 모든 상황은 이란이 미신고 핵물질을 보유하고 있거나 핵활동을 하지 않았다고 결론내릴 수도 없는 상황이라며 여전히 이란에 대한 의혹이 심각한 수준임을 강조하며 해명을 요구해 왔다.[37] 이란은 NPT 규정에 의한 핵의 평화적 사용 권리를 지속적으로 주장하고 있으며 국제사회의 의혹이 근거없는 주장이라고 비난하며, IAEA의 자료들이 조작된 것이라고 항변하고 있다.[38] 하지만, 여전히 IAEA 안전조치협정 추가의정서에는 비준하지 않고 있으며 다양한 의혹이 존재하기 때문에 이란의

---

35) Mark Mazzetti, "U.S. Says Iran Ended Atomic Arms Work," *The New York Times*, December 3, 2007.

36) Brian Knowlton, "Soften the Talk on Iran, Elbaradei Urges U.S.," *The New York Times*, October 29, 2007; IAEA Director General, "Statements of the Director General," November 27 2008 〈http://www.iaea.org〉 (검색일: 2009년 1월 10일).

37) IAEA Director General, *IAEA Board of Governors Report*, November 19, 2008

38) Warren Hoge, "Iran's President Vows to Ignore U.N. Measures," *The New York Times*, September 26, 2007.

비확산체제에 대한 도전은 지속적인 것으로 인식되고 있다.

2. 비확산체제에 대한 이란의 인식과 도전

전술하였다시피, 2002년 이란 핵 문제가 불거진 후 진행한 핵사찰을 통해 IAEA는 이란이 과거 20년 이상 핵무기 프로그램으로 의심받을 만한 우라늄 농축과 플루토늄 분리 등 민감한 활동을 비밀리에 진행하고도 IAEA에 신고하지 않았으며 여러 차례 안전조치협정을 위반한 사실이 있었음을 발견하였다. 이는 1990년대 초반 이후 북한 핵 문제에 이어 이란으로부터도 비확산체제에 대한 위협이 계속되고 있음을 의미하는 것이다. 이란의 핵 의혹 역시 북한 핵 문제와 마찬가지로 국제사회에 심각한 도전을 야기하며 비확산체제의 구조적 문제점을 노출시켰다.

1) 이란의 NPT 탈퇴 가능성 문제

이란 역시 북한의 경우처럼 NPT 탈퇴를 통해 비확산체제의 위기를 가속화시킬 수 있다. 이란은 NPT에서 실제로 탈퇴하는 행동을 취하지는 않았지만, 핵 위기가 고조됨에 따라 탈퇴할 가능성에 대한 우려가 제기되고 있다. 특히 유럽의 여러 국가들과는 달리 미국이 이란의 핵 의혹에 강경대응해 왔다는 사실을 고려할 때,[39] 미국의 위협과 압박이 고조될 경우 이란의 NPT 탈퇴가 예상될 수도 있다는 일부 주장이 있다.[40] 이런 점에서 비확산체제의 유지에 가장 우려스러운 부분은 이란이 북한의 전례를 따를 가능성이다.[41] 이는 NPT 당사국인 이란이 국제

---

39) 조성권 · 장노순, "미국-이란의 핵갈등과 미국의 에너지 안보," 『국가전략』 제14권 1호 (2008); Seymour M. Hersh, "Shifting Targets: The Administration's Plan for Iran," *The New York Times*, October 8, 2007.

40) 손성환, "이란이 핵개발 동향과 전망," 『주요국제문제분석』 (외교안보연구원, 2006년 3월 10일).

41) 최강, *op. cit.*

사회에 계속 비협조적인 자세를 보이며 우라늄 농축기술 획득을 추구하다가 핵무기 개발을 위한 결정적인 기술을 확보한 순간 NPT를 탈퇴하게 되는 상황으로 상정할 수 있다.

NPT에 규정된 제재는 회원국에만 적용되기 때문에 이 경우 비확산체제가 이란을 실질적으로 제재할 수단을 상실하게 된다. 따라서 이란이 NPT를 탈퇴하고 IAEA의 안전조치협정의 적용을 거부하게 되면 북한의 경우처럼 기존 핵시설을 군사적 목적으로 전용해도 확인할 수 있는 방법이 없다. 실제 2006년 5월, UN 안보리가 이란에 대해 제재를 선언한다면 이란은 NPT를 탈퇴할 것이라고 위협하기도 했다.[42] 물론 북한과는 상이한 이란의 행동 패턴으로 보아 NPT에서 탈퇴할 가능성은 상대적으로 낮아 보이며 실제로 UN 안보리 결의문에 의한 제재가 이루어졌을 때에도 행동을 취하지 않았지만, 그 가능성은 상존한다고 하겠다.

2) 비확산체제에 대한 사후적 · 미온적 협력의 일상화

북한과 비교했을 때, 이란이 IAEA의 핵 사찰과 안전조치 협정에 더 협조적인 것은 사실이다. 하지만, NPT와 IAEA 회원국으로서 이란의 행동은 매번 사후적이고 소극적인 모습을 보이고 있다. 이는 여타 회원국들에게 나쁜 선례를 남김으로써 비확산체제의 안정적 유지에 커다란 도전으로 작용할 수 있다. 이란은 대체로 IAEA가 NPT 규정과 안전조치 협정의 위반을 선언하고 핵 의혹을 제기하고 난 후에야 관련 핵 활동을 시인하고 추후에 문서를 제출하여 시간을 끄는 패턴을 보여 왔다. 북한처럼 IAEA와의 갈등이 생겼을 때 사찰을 완전히 거부하고 감시카메라를 제거하는 등의 강경한 조치는 취하지 않았지만, 회원국으로서의 의무를 이행하는 데는 굉장히 소극적이었다.

가령, 2002년 핵 문제가 불거진 후 이란은 우라늄 농축 공장의 건설

---

42) "Iran renews threat to exit NPT," *Associated Press*, May 8, 2006; 조성권 · 장노순, *op. cit.*, p. 162.

등 일련의 핵 활동은 인정했으나 구체적인 정보는 보고하지 않았다. 하지만, 2003년 2월 이후 시행된 IAEA의 사찰에서 여러 차례의 안전조치 협정을 위반한 사실이 발견되자, 그때서야 안전조치 위반에 대한 수정 조치로 여러 가지 자세한 정보를 IAEA에 추가로 제공하였다.[43] 또한 이란은 2003년 6월까지의 핵 활동이 공개된 정보와 기술에 의해 이루어졌다고 신고한 적이 있으나, 이후 IAEA가 새로운 핵 활동을 발견하고 의혹을 제기하자 우라늄 농축관련 연구개발이 1985년부터 시작되었다고 사후에 인정하기도 했다. 이러한 행동패턴은 IAEA 안전조치협정 추가의정서에 대한 대응에서도 잘 나타난다.

전술하였다시피 이란은 핵 문제가 불거진 2003년 12월 추가의정서에 서명했으나 2008년 12월 현재까지 비준은 하지 않고 있다. 이란은 추가의정서를 비준 및 이행하지 않음으로써 미신고 시설과 핵 활동 상당부분을 IAEA에 노출시키지 않았는데, 이러한 행동방식은 제기된 의혹에 대한 사찰과 부분적 협력은 수용하면서도 이행을 지연하며 시간을 끄는 패턴을 잘 보여주는 것이다. 이는 IAEA와의 합의사항을 파기하거나 이행을 완전히 거부하지는 않음으로써 북한 핵 문제와 같은 급박한 위기상황으로 전환되지 않도록 조절하면서도 지연전술을 통해 자국의 핵 활동을 보호고 이익을 최대화하려는 조치로 보인다. 따라서 이란의 행동패턴은 국제사회와의 갈등을 완화시키면서도 비확산체제의 감시시스템에서 벗어나고자 하는 노력으로 해석될 수 있다.

3) 핵의 평화적 이용 권리 주장

미국과 국제사회는 2002년 밝혀진 비밀 우라늄 농축 프로그램이 이란의 핵무기 개발 프로그램이라며 이의 포기를 종용해 왔으나, 이란은 자신들의 핵 프로그램이 평화적 목적의 에너지 개발이며 이는 NPT 4조에도 명시되어 있는 주권적 권리라며 맞서 왔다. 특히 2002년 핵 의

---

43) 류재수, *op. cit.*

혹이 불거진 후 이란은 자국의 석유 및 천연가스의 보존과 점증하는 에너지 수요를 충당하기 위해 원자력 발전소를 건설할 계획이라고 발표했다. 하지만, 국제사회는 석유매장량이 세계 3위이고 천연가스는 러시아 다음으로 많은 이란이 원자력 에너지를 비밀리에 개발하고 이용하려고 시도하는 것에 의구심을 표시하고 있다. 특히 NPT 4조의 규정에도 불구하고 실제로 우라늄 농축을 하고 있는 국가는 NPT 핵클럽 국가인 UN 안보리 상임이사국을 포함한 소수의 국가들뿐이다.[44] 한국을 포함한 원자력의 평화적 이용을 하는 대부분의 국가들이 직접 우라늄 농축 활동을 하지 않고 IAEA의 감시 하에 공급국가로부터 공급을 받고 있다.

따라서 핵의 평화적 이용을 위한 것이라 할지라도 이란이 우라늄 농축활동을 비밀리에 할 현실적인 필요성이 없었다며 국제사회는 주장하고 있다. 더구나 핵무기 개발 의혹을 가졌던 거의 모든 국가들이 초기에 핵의 평화적 이용 권리를 원용해 왔기 때문에 최근 평화적 이용 조항은 상당한 논란이 되어 왔으며, 이에 대한 해결책이 모색되고 있다.[45] 그렇기에 이란의 시도는 비확산체제에서 실질적으로 확립된 규범에 도전하는 행동으로 국제사회는 인식하고 있다.

4) 핵 확산의 네트워크 문제

이란의 핵 의혹에 대한 IAEA의 사찰 결과 이란은 비밀 핵 프로그램을 진행하는 과정에서 국제 핵 밀거래 조직과 깊은 연계를 가져 온 것으로 드러났다. 이란은 러시아와 중국뿐만 아니라 국제 핵 밀거래 네트워크로부터 우라늄 농축기술과 우라늄을 구입하고자 추진한 사실이 밝혀짐에 따라 이란의 핵개발 의혹에 대한 우려가 증가해 왔다. 이러한 밀거래 네트워크와의 연계는 비밀리에 진행되어 이란의 비밀 핵 활동

---

44) 손성환, *op. cit.*

45) Jean du Preez, *op. cit.*

과 안전조치협정 위반을 가속화시켰던 것으로 판단된다. 가령, 핵 밀거래 네트워크와 다른 해외 공급자들이 1987년 이란에 다양한 종류의 핵 부품과 설계도 등이 포함된 구매제의서를 제공했는데, 이 구매제의서에 포함된 일부 부품들이 핵무기 제조이외에는 사용되지 않는 것이어서 이란의 핵개발 의혹을 강력하게 제기하고 있다.[46)]

이란의 핵 밀거래는 다른 국가들 및 테러집단으로의 핵 확산 가능성을 보여주는 것이어서 비확산체제에 커다란 문제를 제기하고 있다. 이란의 핵 거래 네트워크가 가지는 파괴력은 이란이 그동안 다른 국가들 및 테러집단들과 지속해 온 관계에서 잘 알 수 있다. 미국은 이란이 그동안 이라크 내의 반군세력들을 군사적으로 지원하여 간접적으로 미군에 대한 공격을 지원하고 있다고 주장해 왔다. 특히 이란은 후세인 정권 붕괴 이후 이라크의 정권을 잡고 있는 시아파 및 레바논의 헤즈볼라, 시리아의 과격파, 아프간의 반군 등과 긴밀한 유대관계를 맺어 온 것으로 알려져 있으며, 더구나 알카에다와의 연계설도 대두되고 있어 비확산체제의 유지에 중대한 도전을 제기하고 있다.[47)]

V. 맺음말

북한이나 이란의 핵 프로그램 모두 이들 국가들이 위치해 있는 동북아시아나 중동지역의 국제정치 상황에 크게 영향을 받고 있다. 북한과 마찬가지로 이란 역시 핵무기 보유가 미국의 위협으로부터 자국을 보호하는 가장 확실한 수단이며, 중동지역에서 자국의 위상을 확보하는

---

46) IAEA Director General, "Implementation of the NPT Safeguards Agreement in the Islamic Republic of Iran," *IAEA Board of Governors Report*, November 18, 2005.

47) 조성권 · 장노순, *op. cit*.

데 가장 효과적인 수단이라고 생각하고 있다.[48] 따라서 북한과 이란 모두 미국 등 외부로부터의 위협에 대한 안보증강의 관점에서 핵프로그램을 추진한다고 주장하고 있기 때문에 비확산체제의 감시활동으로 핵개발을 포기할 것으로 기대하기는 어렵다. 그러므로 전술하였듯이 비확산체제가 강대국은 물론 약소국으로의 핵 확산을 막는데도 근본적인 해결책이 되지는 못한다. 물론 비확산체제 내에서 제도적 개선노력을 통해 자체의 구조적 문제점을 교정하여 안정적인 핵질서를 만들어 나가는 노력도 중요하겠지만, 사실상 이러한 문제는 기본적으로 비확산체제에 맡겨진 문제라기보다는 지역질서의 맥락 속에서 정치적으로 접근되어져야 한다.[49]

따라서 핵개발 의심 국가들을 설득하고 강제하는 일은 비확산체제 외부에서 외교적 방식을 통해 이루어져야 할 것이기 때문에 세계질서와 지역질서의 변화를 면밀히 검토하는 것이 중요하다. 그동안 이란 핵문제의 경우 미국을 비롯한 EU 3개국이 해결을 주도하고 있으며, 북한 핵문제의 경우도 베이징 6자회담의 틀이 주요한 접근법이었다. 이는 두 국가의 핵 문제 모두 비확산체제의 문제일 뿐 아니라 중동 및 동북아시아 지역이 경험한 역사적 경험을 반영하고 있기 때문이다. 엘바라데이 IAEA 사무총장이 잘 지적하고 있듯, 국가들의 권력정치적 속성 및 정치적 고려는 이미 비확산체제에 내재해 있다고 할 수 있다.[50]

---

48) Ray Takeyh, "Time for Detente with Iran," *Foreign Affairs*, Vol. 86, No. 2 (2007); Dueck and Takeyh, *op. cit*.

49) Jean du Preez, *op. cit*.

50) Paul Kerr and Miles Pomper, "Tackling the Nuclear Dilemma: An Interview with IAEA Director-General Mohamed ElBaradei," *Arms Control Today*, Vol. 35 (March 2005).

참고문헌

류재수. "이란 핵문제의 기술적 측면: 핵시설, 핵사찰 그리고 핵능력." 『한국원자력연구소 정책연구부 보고서』 (한국원자력연구소, 2006년 10월).

베일리스, 존 & 스티브 스미스 편저, 하영선 외 옮김. 『세계정치론』 (서울: 을유문화사, 2006).

손성환. "이란이 핵개발 동향과 전망." 『주요국제문제분석』(외교안보연구원, 2006년 3월 10일).

조성권 · 장노순. "미국-이란의 핵갈등과 미국의 에너지 안보." 『국가전략』 제14권 1호 (세종연구소, 2008).

최　강. "미국의 대량살상무기 대응전략: 이란 및 북한 핵문제를 중심으로." 『주요국제문제분석』 (외교안보연구원, 2005년 6월 13일).

황지환. "전망이론을 통해 본 북한의 핵 정책 변화: 제1, 2차 북한 핵 위기의 분석." 『국제정치논총』 제46집 1호 (2006).

Andemicael, Bernhanykun, Merle Opelz, and Jan Priest. "Measure for measure: The NPT and the road ahead." *IAEA Bulletin*, Vol. 37, No. 3 (1995).

Betts, Richard K. "Paranoids, Pygmies, Pariahs, and Nonproliferation Revisited." *Security Studies*, Vol. 2, No. 3/4 (1993).

Dueck, Colin, and Ray Takeyh. "Iran's Nuclear Challenge." *Political Science Quarterly*, Vol. 122, No. 2 (2007).

Frankel, Benjamin. "The Brooding Shadow: Systemic Incentives and Nuclear Weapons Proliferation." *Security Studies*, Vol. 2, No. 3/4 (1993).

IAEA. "Statement by the Iranian Government and visiting EU Foreign Ministers." October 21, 2003.

______. "Iran-EU Agreement on Nuclear Programme." November 14, 2004.

IAEA Additional Protocols and Safeguards Agreement, 〈http://www.iaea.org/Publications/Documents/Infcircs/1997/infcirc540c.pdf〉, 〈http://www.iaea.org/Publications/Factsheets/English/sg_overview.html〉.

IAEA Director General, "Implementation of the NPT Safeguards Agreement in the Islamic Republic of Iran." *IAEA Board of Governors Report*, June 6, 2003.

______. "Implementation of the NPT Safeguards Agreement in the Islamic

Republic of Iran." *IAEA Board of Governors Report*, November 18, 2005.

______. "Implementation of the NPT Safeguards Agreement and relevant provisions of Security Council resolutions 1737 (2006), 1747 (2007), 1803 (2008) and 1835 (2008) in the Islamic Republic of Iran." *IAEA Board of Governors Report*, November 19, 2008.

______. *IAEA Board of Governors Report*, November 19, 2008.

______. "Statements of the Director General: Introductory Statement to the Board of Governors." *IAEA Board of Governors*, November 27 2008.

______. "Statements of the Director General." November 27 2008,

Keohane, Robert O., ed. *Neorealism and Its Critics* (New York: Columbia University Press, 1986).

Kerr, Paul, and Miles Pomper. "Tackling the Nuclear Dilemma: An Interview with IAEA Director-General Mohamed ElBaradei." *Arms Control Today*, Vol. 35 (March 2005).

Morgenthau, Hans J. *Politics Among Nations*. Sixth edition, revised by Kenneth W. Thompson (New York: Alfred A Nopf, 1985).

Morrow, James D. "Arms versus Allies: Trade-offs in the Search for Security." *International Organization*, Vol. 47, No. 2 (1993).

Preez, Jean Du, "Half Full or Half Empty?: Realizing the Promise of the Nuclear Nonproliferation Treaty." *Arms Control Today*, Vol. 36 (December 2006).

Sagan, Scott. "Why Do States Build Nuclear Weapons?: Three Models in Search of A Bomb." *International Security*, Vol. 21, No. 3 (1996/97).

Sauer, Tom. "The Nuclear Nonproliferation Regime in Crisis." *Peace Review*, Vol. 18, No. 3 (2006).

Snyder, Glenn H. "The Security Dilemma in Alliance Politics." *World Politics*, Vol. 36, No. 4 (1984).

Takeyh, Ray. "Time for Detente with Iran." *Foreign Affairs*, Vol. 86, No. 2 (2007).

Thayer, Bradley A. "The Causes of Nuclear Proliferation and the Nonproliferation Regime." *Security Studies*, Vol. 4, No. 3 (1995).

Treaty on the Non-Proliferation of Nuclear Weapons, 〈http://www.iaea.org/Publications/Documents/Infcircs/Others/infcirc140.pdf〉 (검색일: 2009

년 1월 10일).

United Nations Security Council, Resolutions 1696, 1737, 1747, 1803, 1835. 〈http://www.iaea.org/NewsCenter/Focus/IaeaIran/index.shtml〉 (검색일: 2009년 1월 10일).

Waltz, Kenneth, *Theory of International Politics* (Reading: Addison-Wesley, 1979).

『로동신문』.

『조선중앙통신』.

Associated Press.

The New York Times.

Washington Post.

제8장

부시와 오바마: 핵 테러에 대한 두 가지 접근

신성호 | 서울대학교

I. 들어가는 말

미국은 9 · 11 이후 대량살상무기, 특히 핵무기를 이용한 테러행위를 국가안보의 가장 큰 위협으로 정의한다. 부시 대통령이 대량 살상무기와 무자비한 테러의 결합을 가장 큰 안보위협으로 강조한 이후 미국 정부는 핵무기를 이용한 테러가능성을 최악의 그러나 가능한 시나리오로 상정하고 이에 대한 대비에 총력을 기울여 왔다. 여기에 이라크 전쟁을 위시한 부시 행정부의 안보정책을 강력하게 비판한 오바마 대통령 당선자 역시 테러분자에 의한 핵테러를 자신의 가장 큰 안보정책 요소로 강조하고 있다. 그는 핵무기의 확산을 방지하는 것이야말로 미국 외교정책의 가장 주요한 목표가 되어야 한다고 강조하면서 알 카에다(al Qaeda)가 미국판 히로시마를 목표로 삼고 있다고 경고하였다.[1] 이

1) Barack Obama, "Renewing American Leadership," *Foreign Affairs* (July/August

러한 오바마의 강력한 경고에 대해 공화당 후보인 존 매케인 역시 이슬람 테러와 핵무기의 위협을 가장 큰 안보과제로 강조했다.

지난 미국 대선을 통해 드러났듯이 핵물질 확산과 핵 테러의 방지는 현 정부에 이어 차기 정부에서도 가장 중요한 미국 안보정책의 목표가 될 것이다. 그러나 핵 테러의 심각성을 강조한 공통의 수사에도 불구하고 부시 행정부의 지난 정책과 장차 들어설 오바마 행정부의 대응방안은 상당한 차이를 보인다. 부시는 핵 테러 방지의 중심을 테러의 근절에 두었고, 이는 곧 지구상에서 테러를 근본적으로 없애기 위한 전 세계 자유의 확산 정책으로 표출되었다. 부시 행정부의 이라크 침공과 민주주의 건설노력은 테러의 온상으로 지목된 중동지역의 민주화에 가장 중요한 전략적 정책이 되었다.

한편 상원의원 시절 부시 행정부의 이라크 전쟁을 반대한 오바마는 핵 테러 방지의 중심을 핵의 제거에 두었고, 이는 다시 "핵 없는 세계" 추구라는 또 다른 과감한 구상으로 나타난다. 이를 위해 오바마는 이라크에서의 조속한 철군과 함께 전 세계적인 핵확산에 대항하는 광범위한 정책구상을 발표한다. 부시의 "자유의 확산"과 오바마의 "핵 없는 세계" 구상은 공산주의 봉쇄와 핵 억제를 통한 평화를 추구한 미국의 냉전 외교안보정책과의 극적인 결별을 의미한다. 동시에 한편으로는 핵 테러에 대응하는 두 사람의 근본적인 시각의 차이를 드러낸다.

이 장의 구성은 다음과 같다. 먼저 9 · 11 이후 대두된 핵 테러의 위협과 그 실현가능성을 살펴보고 이에 대한 효과적 대비책을 정리한다. 두 번째로는 핵 테러에 대응하는 부시와 오바마의 기본적 시각과 정책의 차이를 살펴볼 것이다. 마지막으로, 핵의 통제와 제거에 새로운 초점이 맞추어질 차기 오바마 행정부의 외교 · 안보정책이 한반도에 미칠 영향을 알아보고 우리의 대응 방안을 제시코자 한다.

2007), p. 8.

II. 핵 테러의 가능성과 대응 방안

1. 누가 핵 테러를 일으킬 것인가?

현재 핵 테러는 알 카에다와 같은 과격 이슬람 테러단체에 의해 행해질 가능성이 가장 큰 것으로 이해된다. 그러나 고금을 통틀어 어떠한 테러단체도 과도한 인명살상은 오히려 자신들의 정치적 이해에 부작용으로 작용할 수 있다는 고려가 있었다. 과연 실제로 핵 테러를 할 단체나 개인은 어떤 부류인가. 그리고 그들의 이유는 무엇일까? 알 카에다 테러조직으로 대표되는 종교적 극단주의자들은 핵 테러를 일으킬 가장 유력한 단체로 여겨진다. 오사마 빈 라덴 스스로 이야기하였듯이 이들의 목표는 과거 아프가니스탄의 탈레반 체제와 같은 급진이슬람 신정(神政)을 이슬람세계에 수립하는 것을 목표로 한다.

종교적 이상주의를 추구하는 이들의 성향은 타종교와 문화에 대한 극심한 배타적 적대심으로 나타나며, 특히 자신들의 목표 추구에 방해가 되는 적들에 대해서는 무자비한 보복과 투쟁을 결의한다. 미국과 서방의 이교도들은 이들에게 가장 우선의 공격대상이며 이 과정에서 민간인과 전투원의 구분은 무의미하다. 오히려 노약자와 여성을 막론하고 최대한 많은 수의 이교도를 살상하는 것이 미덕으로 설파되기도 한다.[2] 이러한 성향을 감안할 때 이들은 수단과 기회만 주어진다면 미국을 위시한 서방에 대한 대량살상공격을 서슴지 않을 것으로 이해된다. 이전에도 민간인 여객기를 인질로 동료 테러범 석방을 요구하며 자신들의 정치적 목표를 선전한 테러리즘이 존재하였다. 이 과정에서 일부 민간인 인질들의 목숨이 희생되기도 하였으나 대부분의 경우 민간인들

2) Audrey Kurth Cronin, "Behind the Curve: Globalization and International Terrorism," *International Security*, Vol. 27, No. 3 (Winter 2002/03), pp.30-58.

은 석방되었다.

이는 테러범들 스스로가 처음부터 민간인을 희생할 의도가 없었거나, 무고한 민간인들을 희생하였을 경우 오히려 자신들의 존재가치나 지지기반이 약화될 것을 우려한 결과였다. 이에 비해 9·11 테러는 애초부터 민간여객기를 납치한 후 이를 단순한 살상 도구로 이용하였고, 3,000여 명 이상의 민간인의 생명을 앗아갔다. 9·11 테러는 테러범들이 가능만하다면 핵무기를 이용한 민간목표물에 대한 테러도 얼마든지 저지를 수 있다는 가능성을 충분히 보여준다.

미국 부시 행정부는 현재 테러분자들은 무고한 시민을 의도적으로 살상하는 것을 미화하는 사악한 도덕률을 가진다고 믿었다. 미국 정부 산하 대테러 관리들의 말에 의하면 오사마 빈 라덴은 1999년의 한 인터뷰에서 핵 무기를 획득하는 것이 이슬람의 종교적 의무라고 천명하였다. 2003년에는 급진 이슬람 종교지도자 중 하나인 나시르 빈 함드 알파드(Nasir bin Hamd al-Fahd)가 내린 이슬람 강령(fatwa)에서 지하드를 위해 대량살상무기를 사용하는 것이 종교적으로 정당하다고 설파하기도 하였다.[3] 실제로 같은 해 알 카에다의 대변인인 술레이만 아부 가이스(Suleyman abu Ghayth)는 미국이 무슬림에 가한 피해에 대한 보복으로 알 카에다가 4백만 명의 미국인을 죽일 권리가 있다고 주장하였다.[4]

2001년 9·11 이후 알 카에다 세력이 많이 약화되었다는 일부 전문가들의 분석이 제기되기도 하지만, 이들 세력은 여전히 파키스탄과 아프가니스탄 국경지대를 중심으로 건재한 것으로 알려지고 있다. 이들은 최근 이라크 및 여타 유럽지역에서의 패퇴에도 불구하고 오히려 파

---

3) Testimony of Charles E. Allen, Under Secretary for Intelligence and Analysis and Chief Intelligence Officer, U.S. Department of Homeland Security, U.S. Senate: Homeland Security and Government Affairs Committee Hearings (April 2, 2008).

4) Testimony of Rolf Mowatt-Larseen, Director, Office of Intelligence and Counterintelligence, U.S. Department of Energy, U.S. Senate: Homeland Security and Government Affairs Committee Hearings (April 2, 2008).

키스탄을 중심으로 한 국경의 은신처에 결집하면서 외국의 다양한 지하드주의자 및 극렬테러분자들을 불러모아 자신들의 이념 및 테러활동을 전파, 훈련시키고 있다. 특히, 최근 이 지역 탈레반의 새로운 지도자로 부상한 바이툴라 메수드(Baitullah Mehsud)는 뉴욕과 런던에 대한 공격을 공언하기도 하였다.[5)]

2. 핵 테러의 예상 시기는?

그래함 앨리슨 교수는 현재 가용한 기술과 재료로 볼 때 핵 테러의 가능성은 있느냐, 없느냐의 문제보다는 과연 얼마나 가까운 시일 내에 일어날 것인가의 시간문제로 주장한다. 그렇다면 과연 그 현실적 가능성은 당장이라도 있는지 아니면 몇 년 안에, 아니면 당분간은 상당한 시간이 걸릴 것인지 등의 질문이 가능하며 이에 대해 여러 의견이 존재한다. 혹자는 2001년 9 · 11 테러 이후 7년이 지난 오늘까지 미국에 대한 알 카에다의 테러가 없었다는 점을 들며, 미국이 이후에 취한 대테러 정책 덕분에 알 카에다의 테러 가능성이 실제로 크게 줄었다고 평가하기도 한다. 더 나아가 아프가니스탄과 이라크를 포함한 전 세계적인 미국이 대테러 전쟁으로 인해 알 카에다의 세력이 많이 약화되었다고도 주장한다.

그러나 한편으로 알 카에다가 언젠가는 자신들이 계획한 공격을 반드시 실현할 것으로 믿는 주장도 있다. 2001년의 테러공격이 바로 하루아침에 갑자기 생긴 것이 아니라 이미 1993년에 뉴욕의 무역센터 폭파계획이 실패로 돌아간 후 몇 년의 치밀한 계획 끝에 그 목표를 결국 달성한 좋은 예이다. 미국 정부에 의하면 2003년에 이미 알 카에다가 미

---

5) Peter Bergen, "Al Qaeda at 20 Dead or Alive?" *The Washington Post*, August 18, 2008 (http://www.washingtonpost.com/wp-dyn/content/article/2008/08/15/AR2008081502981_2.html accessed on August 18, 2008).

국에 대한 화학공격을 계획하다가 취소한 바가 있다.[6] 따라서 반드시 이들은 더욱 큰 규모의 계획을 수립하고 있을 가능성이 크다는 것이 전문가들의 판단이다. 더욱이 이들의 공격은 한두 명이나 극소수 알 카에다 비밀조직에 의해 장기적으로 치밀하게 계획되고 있을 가능성이 크며, 따라서 그것을 사전에 미리 발각하기란 쉽지 않을 것이다. 9 · 11의 경우도 이미 그 시행과정에서 최소한의 증거도 없이 매우 고도로 분산되어 시행된 바 있다.

앨리슨 교수는 2004년에 나온 그의 저서에서 현재 상황에서는 핵 테러를 피할 수 없으며, 만일 미국과 다른 정부가 지금과 같이 대책을 소홀히 한다면 향후 10년 안에 핵 테러가 일어날 가능성이 안 일어날 가능성보다 더 크다고 단언한다.[7] 그 예상대로라면 2014년 안에 핵 테러의 가능성이 실존한다는 것이다. 미국 의회에 의해 초당적으로 대량살상무기의 위협을 조사한 "대량살상무기 확산과 테러방지를 위한 위원회(Commission on the Prevention of WMD Proliferation and Terrorism)"의 2008년 12월에 발표한 최종보고서에서 현재 상황대로라면 2013년 안에 대량살상무기를 사용한 테러가 일어날 가능성이 그렇지 않을 가능성보다 더 높다고 발표하였다.[8]

3. 어떻게 이루어질까?

앞서 논의한 '언제'의 질문과 밀접하게, 실제로 개인이나 테러단체

---

6) Testimony by Mowatt-Larseen, April 2, 2008.

7) Graham Allision, *Nuclear Terrorism: The Ultimate Preventable Catasprophe* (New York: Times Books, 2004), pp. 203-204.

8) 보고서는 핵무기보다 생물학무기에 의한 테러의 가능성이 더 높다고 평가하고 있다. Bob Graham and Jim Talent, *World At Risk: The Report of the Commission on the Prevention of Weapons of Mass Destruction Proliferation and Terrorism* (New York: Vintage Books, 2008), p, XI.

가 핵 물질을 입수, 핵 무기를 제조할 수 있는 능력과 가능성은 얼마나 되는지의 문제로 직결된다. 이에 관한 미국 전문가들의 입장은 조심스럽다. 비록 알 카에다를 위시한 이슬람 과격 테러분자들이 민간인에 대해 핵 공격을 할 의도와 욕구가 충분하지만, 이를 실행에 옮기는 것은 많은 난관을 극복해야 된다. 전문가들은 알 카에다를 포함한 테러단체가 핵공격을 감행할 의도는 충분히 있지만 과연 이들이 핵무기를 개발하거나 획득할 만한 충분한 능력이 있는지에 대해서는 의문을 제기한다. 핵 공격을 위해서는 핵 물질은 물론, 사용가능한 핵무기 설계와 제조 그리고 핵 공격의 실행과정에서 감지를 피하는 것 등의 어려운 도전을 극복해야 한다. 그중에서도 가장 큰 문제는 핵무기를 만들기에 충분한 양의 핵물질을 획득하는 일이다. 만약 핵무기를 만들기에 충분한 양과 질의 핵물질을 테러분자들이 획득만 한다면 핵무기를 제조하는 것이 비록 대단히 복잡한 일임에도 불구하고 상대적으로 쉽게 가능할 수 있다고 진단한다.

따라서 전문가들은 테러방지를 위한 가장 시급한 최선의 방책은 전 세계의 무기수준의 핵물질을 철저하게 보호하는 것이라고 처방한다. 문제는 테러분자들이 입수코자하는 핵물질의 관리 및 통제가 제대로 이루어지고 있지 않다는 것이다. 특히 오바마 당선자는 선거 중 러시아의 소위 느슨하게 관리되고 있는 핵시설과 핵 물질(loose nuke)에 강한 우려를 나타냈다. 그는 선거 중 그의 외교정책을 총괄한 글에서 전 세계 40여 개국이 넘는 곳의 민간 핵 시설에 고농축 우라늄이 산재해 있으며, 구소련 연방의 경우 11개의 다른 시간영역에 걸쳐 만 오천에서 만 육천의 핵무기는 물론 추가로 4만 개의 핵무기를 만들기에 충분한 우라늄과 플루토늄이 쌓여 있다고 경고했다.[9]

러시아와 더불어 파키스탄 역시 테러분자들이 핵무기나 물질을 획득할 가능성이 가장 높은 위험대상으로 지목된다. 약 85개의 핵무기를 보

9) Obama, "Renewing American Leadership" (2007), p. 8.

유하고 이에 상응하는 핵물질과 추가적으로 매년 새로운 핵연료를 생산하고 있는 파키스탄의 가장 큰 위협은 이 지역이 최근 준동하는 급진 이슬람운동과 알 카에다 테러분자의 근거지가 되고 있다는 사실이다. 여기에 중앙과 지방 간의 뿌리 깊은 알력 속에 얼마 전 부토 전 총리의 암살과 무샤라프 전 대통령의 하야 등으로 표출된 극심한 정국불안은 최악의 경우 내전이나 정파 간 무력 충돌이 벌어질 경우 핵무기나 관련 시설의 통제 불능으로 인한 핵물질의 유출 가능성이 농후한 것으로 지적된다.[10] 문제는 이미 여러 사람들이 이러한 핵 물질을 암시장에 팔기 위해 몰래 반입하려다 검거된 사례가 있다는 것이다. 지금까지 알려진 바에 의하면 국제원자력기구에 의해 공식적으로 확인된 핵물질 도난 및 밀수 시도가 15회 있었다. 이들 중 대부분의 경우 소량의 분리된 플루토늄이나 고농축 우라늄을 가지고 있거나 이에 접근이 가능한 유통업자들이 적발되었으며 최종 구매자는 확인되지 않았다. 특히 이들 중 일부는 밀수꾼들이 구매자를 찾으려 하는 과정에서 관계당국의 주의를 끌어 검거 및 회수가 가능하였다.[11] 그럼에도 향후 보다 조직화된 밀수꾼들이 물질의 획득 및 판매를 성공시킬 가능성은 여전히 상존한다.

만일 테러조직이 핵물질을 입수한다면, 한층 강화된 보안 속에서 시행되며, 실행인원도 9 · 11보다 더욱 제한될 가능성이 크다. 만약 핵테러가 감행된다면 다음과 같은 방법이 사용될 것으로 당국은 추정한다. 알 카에다 최고지도부의 승인과 감독하에 우선 핵무기에 관련된 물질과 기술을 수집하고 제조하는 책임을 진 설계자가 있을 것이다. 여기에 요원들의 여행과 자금 및 여타 필요품들을 지원할 작전보조요원이 있을 것이며, 목표지역의 목표물 설정이나 작전 수행팀의 이동은 현지 요원을 통해 도움을 받을 것이다. 그리고 마지막으로 임무를 수행할 공격팀으로 구성된다. 이들 공격팀이 주로 목표로 삼은 곳은 뉴욕을 비롯한

10) Graham and Talent (2008), pp. 65-75.

11) Testimony of Charles E. Allen, April 2, 2008.

미국의 대도시 들이 될 가능성이 가장 크다. 이들에 의해 자동차나 컨테이너 선박을 통해 밀반입된 약 10킬로톤짜리 소형 핵폭탄이 대도시의 중심가에서 터질 경우 약 100만 명의 사망자가 날 것으로 예상된다.[12] 전문가들은 한편 테러범들이 핵폭탄을 제조, 밀반입, 폭발시키는 과정의 어려움으로 인해 차선책으로 소량의 방사성 물질을 이용한 "더러운 핵폭탄"이나 핵발전소에 대한 공격 가능성도 제기한다.

4. 대응 방안

하버드 대학의 그래함 앨리슨 교수는 핵 테러의 위험을 제거하기 위한 세 가지 방안을 제시하였다. 첫 번째가 전 세계에 퍼져 있는 불안한 핵(loose nuke) 시설과 물질들을 철저히 통제, 관리, 제거하는 것이다. 구소련 공화국에 의해 설립되고 운영되던 각종 핵 시설과 인력이 특히 가장 중요한 대상으로 지목된다. 두 번째는 발생초기의 핵 물질에 대한 철저한 통제이다. 세계 각국에서 운영하고 있는 핵발전소 및 민간연구소에서 생성되는 핵 물질, 그중에서도 핵무기의 주원료로 쓰이는 플루토늄과 같은 재처리된 핵원료를 아예 미국과 러시아가 주도하여 전량 회수하는 방안이 제시된다. 세 번째로 추가 핵무기 국가의 발생방지이다. 전 세계에 핵무기를 개발 보유한 나라는 현재 공식 · 비공식으로 미국, 러시아, 영국, 프랑스, 중국, 인도, 파키스탄, 이스라엘의 8개국이다. 이들 외에도 한때 남아프리카공화국과 아르헨티나, 브라질, 리비아 그리고 한국 등이 핵무기개발을 추진한 과거가 있으나 모두 결과적으로 핵무기 개발을 포기하였다. 문제는 여전히 핵무기를 개발코자 하는 나라들이 존재한다는 점이다. 대표적인 사례로 북한과 이란, 시리아 등이 있다. 특히 이들 국가는 미국이 소위 말하는 불량국가(rogue regime)들로 미국에 강한 반감을 가지고 있을 뿐 아니라 경우에

12) Allison, 2004a, pp. 1-6.

따라서는 테러범들에게 핵물질이나 무기를 이전할 가능성이 가장 높은 것으로 여겨진다.[13)]

핵 테러의 방지를 위한 가장 효과적 방책으로는 테러분자들에게 핵물질 이전을 막는 것이라는 점에 대부분 동의한다. 이미 60년 이상 된 핵무기제조 기술에 대한 지식이 광범위하게 알려진 상태에서 핵무기 기폭장치나, 운송수단 등 여타 다른 주요 부분의 전파를 막는 것은 훨씬 더 어려운 것으로 인식되었기 때문이다. 이에 비해 여전히 그 제조 기술과 공정이 복잡하고 많은 전문 인력과 대규모 자본 및 설비가 요구되는 핵연료의 제조는 아직은 국가차원에 의해서만 실현가능한 것으로 알려져 있다. 핵무기 제조의 핵심재료인 핵연료를 집중적으로 통제하는 것이 핵 테러의 근원을 제거하는 가장 효과적인 방법으로 인식된다. 냉전 이후 구소련의 핵 시설에 산재한 핵무기 및 물질의 안전한 통제와 폐기를 위한 노력을 주도한 샘 넌 상원의원은, "그나마 다행인 것은 핵무기와 핵물질을 획득하는 것이 테러리스트에게는 가장 힘든 단계인 반면, 이에 대응하는 우리에게는 가장 쉬운 단계"라는 점을 지적하면서 "그러나 일단 테러범들이 핵물질을 획득하게 되면 그 다음부터 우리는 정반대의 힘겨운 싸움을 벌여야 한다"고 경고한다.[14)]

Ⅲ. 핵 테러에 대한 두 가지 대응

9 · 11 이후 테러와 대량살상무기의 확산은 미국 정부에 의해 가장 치명적인 안보 위협으로 정의된다. 부시 대통령에 의하면 테러와 대량

13) Graham Allison, "How to Stop Nuclear Terror," *Foreign Affairs*, January/February 2004, pp.64-74.

14) 샘 넌 전 상원의원, Allison (2004a), p. 199에서 재인용.

살상무기의 결합은 자유세계에 대한 가장 중대한 위험이다.[15] 이를 막기 위해 필요하다면 선제공격, 심지어 예방공격까지도 미국은 언제든 사용할 준비가 되어 있다고 천명한다. 이러한 부시 행정부의 정책에 대해 새로이 당선된 오바마 행정부도 공감을 표시한다. 오바마 역시 핵이나 여타 대량살상무기를 사용한 테러공격의 심각성에 대하여 후보시절부터 누누이 강조하여 왔다. 공화당 후보였던 매케인과 오바마 후보는 이 점에서 거의 같은 의견의 일치를 보였다. 그럼에도 불구하고 테러와 대량살상무기의 결합, 즉 핵테러를 차단하기 위한 부시 행정부와 오바마 행정부의 대응방안은 미묘하지만 중요한 시각과 접근의 차이를 보인다. 이러한 차이는 테러 근절에 중심한 부시의 "자유의 확산" 정책과 핵 통제에 중심한 오바마의 "핵 없는 세계" 정책으로 나타난다. 이는 외교안보문제를 다룸에서 부시 대통령의 이상주의적 접근과는 다른 현실주의적, 실용주의적 세계관과 접근법을 가진 오바마의 정책과 성향을 이해하는 중요한 단서를 제공한다.

1. 부시 행정부: 자유의 확산

핵 테러를 말 그대로 핵으로 상징되는 대량살상무기와 테러의 결합으로 본다면, 이를 방지하기 위한 방안은 핵을 없애는 것과 테러를 없애는 두 가지 접근을 생각해 볼 수 있다. 부시 대통령은 핵 테러를 대응함에서 핵보다는 테러에 중점을 두었다. 즉 테러리스트들이 사용할 수단인 핵을 없애는 것보다 테러행위 자체를 근절하는 것에 정책의 초점을 둔 것이다. 부시는 2002년 미 육군사관학교 졸업식에서 극단주의와 대량살상기술의 결합에 대해 엄중한 경고를 하면서도 이에 대한 대응으로 자유의 확산과 필요시 선제공격을 언급하였다. 그러면서 핵무기

15) George Bush, "Remarks by the President at 2002 Graduation Exercise of the United States Military Academy" (June 1, 2002).

의 통제나 핵물질의 제거 등은 전혀 언급되지 않았다. 유일하게 국토방위와 연관하여 언급된 것이 미사일 방어였다.[16)]

부시의 이러한 접근은 부시 행정부의 민주주의와 자유의 확산정책에서 잘 드러난다. 이라크 전쟁은 애초에 부시 행정부가 사담후세인이 핵무기를 개발한다는 이유로 이루어졌다. 그러나 이후 후세인의 핵개발 의혹은 사실이 아닌 것으로 드러났다. 대신 부시 행정부는 이라크 전쟁을 계기로 중동지역에 민주주의 확산을 시도한다. 이라크를 민주주의 확산의 교두보로 삼아 이웃나라인 이란과 시리아를 견제함과 동시에 아랍세계에 민주주의를 확산시키는 것이 이 지역의 미국에 대한 적개심을 완화하고 테러의 동기를 근본적으로 제거하는 방안으로 제시된 것이다. 실제로 이러한 부시 행정부의 정책은 이라크 전쟁의 오류와는 상관없이 많은 지지를 받았다. 부시 행정부의 이라크 전쟁에 대해 비판적인 시각을 가진 경우에도 일부는 일단 이라크에 미국이 개입한 이상 민주주의 건설임무를 완수하는 것이 미국의 잘못된 결정에 대한 책임을 짐과 동시에 실제로 중동에 민주화의 바람을 불어 놓을 수 있다는 점을 강조한다.[17)]

이라크 전쟁을 주장한 네오콘들은 처음부터 이라크 전쟁의 중요성을 사담 후세인이 개발하려 했던 대량살상무기의 제거와 함께 사담의 독재 제거와 민주주의 건설을 통한 중동 민주화라는 대전략을 나름대로 갖고 있었다.[18)] 네오콘의 이상주의를 비판하는 이들도 여전히 이라크가 중동민주화의 핵심 교두보로 이용될 수 있다고 주장한다. 부시 행정부와 네오콘들이 주장하는 중동의 민주화는 결국 테러의 완전한 근절을 위해서는 이들이 불만을 품고 있는 비민주적 체제를 제거함으로써

---

16) *Ibid*.

17) Thomas Friedman, "War of Ideas Part 1-6," *New York Times*, January, 8, 11, 15, 18, 22, 25, 2004.

18) John Lewis Gaddis, "A Grand Strategy," *Foreign Policy*, November/December 2002, pp. 50-57.

독재체제를 지원한다고 믿는 이들 지역 민중의 미국에 대한 적개심을 근본적으로 해소하는 방법밖에 없다는 논리에 기반한다.[19] 이러한 논리는 테러와의 전쟁에 임하는 미국의 가장 중요하고 장기적인 전략으로 효과적인 민주주의를 진전시킬 것을 정의한 부시 행정부의 공식 입장으로 나타났다.[20]

물론 중동의 민주화에는 많은 시간이 걸린다는 것을 알고 있는 부시 행정부는 보다 시급한 핵테러의 위험과 그 대응방안 수립의 필요성을 함께 강조한다. 부시는 그 대응방안에서 가장 우선순위로 미사일 방어를 적극 추진한다. 부시는 테러범들과 불량국가들에게는 전통적인 핵 억제가 적용되지 않는 다고 주장한다. 문제는 단 한 번의 핵 공격만으로 미국이 심대한 타격을 입을 수 있다는 점이다. 부시 행정부는 이러한 만일의 핵 공격에 대비하기 위해 미사일 방어가 절실하다고 주장한다.[21] 이후 미사일 방어는 그 연구개발 단계의 천문학적인 비용과 기술적 실효성에 대한 많은 전문가들의 문제제기에도 불구하고 부시 행정부 안보정책의 가장 중요한 과제로 추진되었다. 2003년 부시 대통령에 의해 발표된 확산방지구상(Proliferation Security Initiative: PSI)는 테러조직이나 불량국가들로 핵물질이 이전되는 것을 보다 적극적으로 방지하기 위해 강제적인 방법을 동원, 중간에서 차단하는 것을 목표로 하였다. 미국의 주도로 주요 NATO 동맹국 및 일본 등 10여 개 서방국가들

---

19) Natan Sharansky, *The Case for Democracy: The Power of Freedom to Overcome Tyranny & Terror* (New York: Public Affairs, 2004); Charles Krauthammer, "In Defense of Democratic Realism," *The National Interest*, Fall 2004; Francis Fukuyama, "The Neoconservative Moment," *The National Interest*, Summer 2004.

20) The White House, *National Strategy for Combating Terrorism*, September 2006, http://www.whitehouse.gov/nsc/nsct/2006/ (검색일: 2008년 6월 5일).

21) Geroge W. Bush, "President Discuss National Missile Defense," December 13, 2001, http://www.whitehouse.gov/news/releases/2001/12/20011213-4.html (검색일: 2008년 6월 6일).

을 중심으로 시작된 PSI는 소위 불량국가나 테러조직에 이전되는 핵무기나 핵물질을 감시, 추적하여 해상이나 항공을 통해 운반되는 목표물을 강제로 검문, 검색, 및 나포까지 하도록 추진되었다.[22)]

한편 핵물질의 이전을 막기 위해 수립된 방안 중 하나로 전 세계 위협 축소 구상(the Global Threat Reduction Initiative)이 있다. 이는 앨리슨 교수가 지목한 구소련의 방치된 핵 시설과 방사능 물질을 안전하게 통제하는 것 등을 주 골자로 한다. 이를 위해 기존에 존재하는 핵물질 재고의 위치를 정확히 파악, 추적하여 이를 점진적으로 소멸시킴과 동시에 핵무기나 물질이 운송 될 가능성이 큰 수송 통로의 요지에 감시 장치를 설치하여 핵물질의 거래를 막는 노력이 추진되었다.[23)]

부시 행정부는 집권 2기 후반부인 2006년 들어 테러범들이 손쉽게 구입할 수 있는 핵무기 및 핵물질을 통제하기 위해 몇 가지 국제적 노력을 시도한다. 먼저 미국 정부는 기존의 핵무기 보유국들과의 긴밀한 협력을 통해 이들이 각자 핵에너지의 평화적 이용을 위한 기술이전은 장려하되, 핵무기 제조에 필요한 핵연료 재처리 기술이나 물질에 대해서는 철저한 공동통제를 약속하는 체제를 구축코자 노력한다. 미국 에너지부가 주관이 된 "세계 핵에너지 파트너십(Global Nuclear Energy Partnership: GNEP)"은 미국을 위시한 핵무기 보유국이 여타 핵에너지 이용 국가에 대해 재처리된 농축 우라늄의 공급을 약속하고 대신 사용된 핵물질을 전량 회수하여 핵무기로의 전용가능성을 방지코자 수립되었다.[24)]

---

22) The White House, "Proliferation Security Initiative: Statement of Interdiction Principle," http://www.state.gov/t/isn/rls/fs/23764.htm (검색일: 2008년 8월 25일).

23) Department of Energy, "Department of Energy Launches New Global Threat Reduction Initiative," http://www.energy.gov/news/1359.htm (검색일: 2008년 8월 20일).

24) US DoE, "Global Nuclear Energy Partnership Statement of Principles," September 16, 2007, http://www.gnep.energy.gov/pdfs/gnepSOP_091607.pdf (검색일: 2008년 8월 15일).

다음으로 역시 2006년에 러시아와 공동으로 핵 테러에 대응하기 위해 핵 테러에 대항하는 세계 구상(The Global Initiative to Combat Nuclear Terrorism)을 발표한다. 미국과 러시아가 주동이 되어 지금까지 75개국이 동참한 이 구상은 핵무기나 물질에 대한 정확한 파악, 통제, 물리적 보호 체제를 강화하는 것, 핵무기나 방사능 물질의 탐지 강화, 불법적인 핵물질이나 방사능 물질 거래 검문, 검색 능력 강화, 테러범들의 은신처나 재원 조달 방지 등에 협력할 것 등이 포함된다.[25)]

이러한 부시 정부의 정책에 대해 앨리슨 교수는 부시 대통령이 핵 테러의 위험성을 본인 스스로가 강조했음에도 불구하고 정작 정책과 행동 면에서는 소홀했다고 비판한다. 당장 예산 면에서 부시 행정부가 이라크 전쟁을 위해 2003년에만 870억 달러를 지출하면서 구소련의 핵무기와 핵물질을 안전하게 관리하기 위해 요청된 10억 달러 수준의 예산은 오히려 삭감했다는 것이다. 그는 미국이 핵 테러 방지를 위해 최소 50에서 최대 100억 달러 정도의 예산을 사용할 용의가 있어야 한다고 주장한다. 또 다른 문제는 부시 행정부 내에 핵 테러를 담당할 역량 있고 책임 있는 인물이나 부서가 존재하지 않는다는 점이다. 이는 결국 부시 행정부 내에서 대통령을 비롯한 주요 내각이나 정책 담당자, 그리고 의회 지도자들 사이에 핵 테러의 심각성에 대한 충분한 공감대가 형성되지 않은 것에 기인한다.[26)]

한편 앨리슨 교수는 부시 행정부의 미사일 방어 정책에 대해서도 그 타당성에 의문을 제기한다. 핵 테러 위협 중 테러범들이 미사일에 탑재될 정도의 작은 핵무기를 획득할 가능성은 낮으며, 이러한 미사일을 획득할 가능성은 더욱 낮다는 것이다. 따라서 부시 행정부가 100억 달러가 넘는 예산을 미사일 방어에 집중한 것은 이를 허용한 의회와 더불어

---

25) The State Department, Bureau of International Security and Nonproliferation, "The Global Initiative to Combat Nuclear Terrorism," http://www.state.gov/t/isn/c18406.htm (검색일: 2008년 8월 15일).

26) Allison (2004a), pp. 176-179.

정부가 핵 테러 위협의 본질을 이해하지 못한 것으로 비판한다.[27] 부시 행정부가 그나마 핵무기나 물질이 테러범들에게 이전되는 것을 방지하기 위해 시작한 각종 정책들도 이라크 전쟁이나 미사일 방어에 비해 그 우선순위가 크게 떨어져서 추진되었다. 그나마 가장 의욕적으로 추진된 PSI 의 경우도 여전히 핵무기나 물질이 테러조직에 최종적으로 인도되는 단계에 집중되었다. 앨리슨이 지적한 러시아의 핵 물질 폐기와 통제 노력은 부시 대통령이 미사일 방어를 추진하는 과정에서 대탄도미사일금지 협약을 일방적으로 파기하고 러시아가 이에 강력 반발하면서 그 추동력을 잃었다. 또한 북한과 여타 핵무기 개발의도를 가진 불량국가에 핵무기 개발의 가장 큰 공급원으로 지목받은 파키스탄의 핵확산 위험에 대해서는 부시 행정부가 파키스탄 정부를 테러와의 전쟁에서 가장 중요한 동맹으로 격상함에 따라 그 대책이 불확실하게 남았다.

2. 오바마 행정부: 핵무기 없는 세계

핵 테러에서 테러 방지에 중점을 두 부시와 달리 오바마는 핵의 제거에 정책의 무게중심을 둔다. 이러한 접근은 테러분자들에 의한 핵무기의 사용을 미국 안보에 가장 시급한 위협으로 보는 그의 시각에 기인한다. 그는 당선 후 외교안보팀을 발표하는 기자회견에서 미국이 기존의 전통적인 분쟁과 더불어 새로운 테러와의 두 가지 전쟁을 벌이고 있다고 하면서, 그중 가장 먼저 핵확산으로 인해 치명적인 살상기술이 테러분자들의 손에 들어갈 가능성에 대해 언급하였다.[28]

이러한 오바마의 문제의식은 그가 대통령에 출마하기 이전의 초선

27) Allison (2004a), p. 201.

28) Barack Obama, "Remarks of President-elect Barack Obama Announcement of National Security Team," December 1st, 2008 http://change.gov/newsroom/entry/key_members_of_obama_biden_national_security_team_announced/ (검색일: 2008년 12월4일).

상원의원 시절부터 이미 시작된다. 당시 9·11 테러 직후 부시 대통령의 대 이라크 전쟁 결의안에 반대를 표명한 오바마는 대신 공화당의 딕 루거 상원의원과 척 헤이글 의원이 각기 핵 테러를 막기 위해 발의한 핵 밀반입 방지 입법과 전세계 핵무기 축소 법안에 초당적으로 협력한다. 오바마는 대통령 선거에 임하면서 제시한 자신의 외교안보 청사진에서 미국과 세계가 당면한 가장 심각한 위협으로 핵무기, 물질 및 그 기술의 확산으로 인해 이들이 테러범들의 수중에 들어갈 가능성을 제시한다. 핵 테러가 만약 일어난다면 9·11의 참상과는 비교가 안 되는 전 세계를 흔들 재앙이 될 것이라고 경고하고 핵무기의 확산 방지를 테러와의 전쟁, 협력관계 재건, 민주사회 건설, 미국의 신뢰회복 등의 여타 외교과제 중 가장 우선순위로 제시한다.[29] 선거기간 중 오바마는 이라크 전쟁을 반대한 자신의 결정을 보수진영과 경쟁자들이 안보문제에 대한 나약성과 무지함을 드러낸 것으로 비판하는 것에 대해 정면으로 반박하면서 이에 대한 자신의 입장을 확고하게 드러낸다.

오바마는 먼저 부시 행정부의 이라크 전쟁이 정작 중요한 테러와의 전쟁에서 미국의 주의와 자원을 분산시키고 오히려 미국에 대한 전 세계적 반감만 키웠다고 비판한다. 그러나 미국의 안보에 가장 중요한 것은 테러분자들을 핵무기로 위협하는 것이 아니고, 핵무기 및 핵물질에 대한 테러분자들의 접근을 차단하는 것이라고 역설한다. 그리고 이를 위해 오바마 자신이 대통령이 되면 궁극적으로 핵무기가 없는 세상을 추구할 것이라고 천명한다.[30] 이는 1980년대 레이건 대통령이 소련의 고르바초프에게 모든 핵무기의 폐기를 제안한 "제로옵션" 이후 지금까지 미국의 핵정책에서 가장 혁명적인 전환을 의미한다.[31]

---

29) Obama, "Renewing American Leadership" (2007), pp. 8-16.

30) Barkck Obama, "A New Beginning" (Chicago Il, October 2nd, 2007), http://www.barackobama.com/2007/10/02/remarks_of_senator_barack_obam_27.php (검색일: 2008년 11월2일).

31) 오바마 스스로 밝히고 있듯이 그의 이러한 비전은 전 국무장관 조지 슐츠와

그 동안 미국은 냉전의 종식 이후에도 여전히 수천 기의 전략핵무기와 전술핵무기를 전쟁억제의 가장 중요한 수단으로 사용해오고 있다. 9·11 이후 부시 행정부에 의해 입안된 "핵테세정비(Nuclear Posture Review)"는 핵무기를 필요시 불량국가나 테러집단에 선제공격의 주요 수단으로 사용하는 보다 공격적인 개념을 도입하였다. 이를 위해 부시 행정부는 냉전 이후 중지 되었던 핵개발과 실험을 재개하기 위해 핵실험금지조약의 일방적 파기를 선언하기도 하였다. 동시에 가능한 핵 미사일을 공격에 대비한 미사일방어를 국내외적인 비판과 논란에도 불구하고 적극적으로 추진해왔다. 오바마의 핵 없는 세계 구상은 지금까지 미국의 핵 정책을 전면적으로 재구성하는 "21세기 인류사에 획기적인" 접근으로 이해된다.[32] 오바마의 구상은 이후 민주당 전당대회에서 민주당의 공식적인 정강정책으로 채택되었다.[33]

오바마에게 중요한 것은 테러분자들이 사용할 수 있는 핵무기 자체를 제거하는 것이다. 이는 앨리슨 교수가 제시한 "핵 없이는 핵폭발도 핵테러도 없다"는 명제에 기반한 접근이다. 이러한 오바마의 접근은 또 한편 테러는 완전히 근절될 수 없다는 테러전문가들의 인식을 반영한다. 부시 행정부도 인정했듯이 테러와의 전쟁은 쉽게 끝나지 않을 긴 전쟁으로 이해된다. 대테러 전쟁은 그 성격상 완전한 승리를 거둔다기보다 테러 분자들의 활동영역과 공간을 최소화함으로써 이들의 공격

키신저, 전 국방장관 윌리엄 페리, 전 상원의원 샘 넌 상원의원은 네 사람이 2007년 1월 월스트리트에 공동 명의로 기고한 "핵무기 없는 세계"에서 세계적 차원의 핵 폐기를 제안 한 것에 영향을 받았다. George P. Shultz, William J. Perry, Henry A. Kissinger and Sam Nunn, "A World Free of Nuclear Weapons," *The Wall Street Journal* (January 4, 2004).

32) 조민, "오바마 행정부와 한국의 대북정책,"「미국 신정부 출범과 대북/통일정책 추진 방향」(통일 연구원 학술외의, 2008년 12월 2일).

33) The 2008 Democratic National Platform: Renewing America's Promise (August 29, 2008), http://s3.amazonaws.com/apache.3cdn.net/8a738445026d1d5f0f_bcm6b5l7a.pdf (검색일: 2008년 9월11일).

가능성과 그 위협이 사회에 미치는 부정적 영향을 가능한 한 적게 하는 것이 보다 현실적인 접근이라고 주장한다.[34)]

테러와의 전쟁이 세대를 거쳐 수행되어야 할 긴 싸움이라면, 이들이 사용할 핵무기를 제거하는 것은 보다 절박하고 실질적인 핵 테러의 대응방안이 된다. 앞서 살펴보았듯이 현재 핵을 이용한 테러를 기도하는 많은 세력이 핵물질이나 여타 대량살상무기를 획득코자 노력하는 것이 사실이라면 테러조직이 이들 물질을 획득, 핵 테러를 자행할 가능성은 날로 높아져 가고 있기 때문이다. 따라서 핵 테러의 위협을 방지하는 유일하고 실질적인 방법은 테러조직이 핵 테러의 수단으로 사용할 핵무기와 핵물질을 철저하게 통제 감시하는 것이다.

오바마는 핵 테러의 위협과 이에 대비하기 위한 핵 무기 및 물질의 효과적인 통제를 실제 차기 행정부의 핵심과제로 선정하였다. 2008년 11월 4일 대통령 당선 후 오바마는 자신과 바이든 부통령 당선자의 공동명의로 발표된 차기 정부 외교정책의 핵심과제 중 핵문제를 미국외교의 부활과 더불어 가장 중요한 과제로 추진할 것임을 분명히 했다. 핵문제를 해결하기 위해 미국정부는 느슨한 핵무기를 테러범들로부터 안전하게 보호할 것과 핵비확산조약(NPT) 강화를 통해 핵 확산을 방지하고 궁극적으로 핵 없는 세계를 추구할 것을 천명하였다.[35)]

오바마는 이를 위해 자신이 취할 구체적이고 자세한 핵정책을 제시한다. 여기에는 4년 안에 전 세계의 느슨한 핵을 안전하게 보호하고 핵

---

34) Walter Laquer, "The Changing Face of Terror," in Robert J. Art and Kenneth N. Waltz, *The Use of Force: Military Power and International Politics* (New York: Rowman & Littlefield Publishers, Inc., 2004), pp.450-457.

35) 오바마는 차기 정부의 외교과제로 1)아프가니스탄과 파키스탄 2)핵무기 3)이란 4)에너지 안보 5)미국 외교 부활 6)이스라엘 7)초당적 협력과 투명성을 들고 있다. 이 중에서 핵무기와 미국외교의 부활에 가장 자세하고 구체적인 정책제시를 함으로써 그 중요성을 부각시켰다. The Office of the President Elect, "The Obama-Biden Plan: Foreign Policy," http://change.gov/agenda/foreign_policy_agenda/ (검색일: 2008년 11월 25일).

밀거래를 막을 것, 핵 거래에 대한 검문과 차단 강화, 핵 테러 방지 정상회담 개최, 이란과 북한 핵무기 프로그램 제거, 국제원자력기구강화, 핵융합연료 통제, 핵연료의 핵무기 전환방지, 핵 없는 세계 목표설정, 저장된 핵의 실질적 감축, 핵 경고 및 발사시간 연장을 위한 러시아와의 협력 등이 구체적 정책 수단으로 설정되었다. 이 모든 정책을 위한 정부 부처 간 협력과 조율을 담당할 인사를 백악관 내의 국가안보 부실장급으로 신설, 임명할 것을 공표했다. 국방부, 국무부, 에너지부 간의 핵위협감소 노력을 강화할 것도 함께 제시했다.[36] 물론 오바마 스스로도 자신이 제시한 "핵 없는 세계"가 쉽게 이루어지리라고는 생각하지 않을 것이다. 미국이 일방적으로 비무장을 하지는 않을 것이며, 핵무기가 존재하는 한 강력한 핵 억제를 유지할 것을 동시에 분명히 하고 있다. 그럼에도 불구하고 핵 없는 세계를 목표로 삼는 것 자체가 미국의 핵비확산조약에 대한 신념과 궁극적으로 모든 핵무기를 제거하기 위한 노력을 전 세계에 보여주기 위한 것임을 강조하고 있다.

IV. 오바마 정부의 핵 테러 정책과 한반도

1. 북핵문제

오마바의 핵 테러 방지와 핵 없는 세계 정책은 지금까지 부시 행정부가 당면한 한반도 관련 외교현안 문제에 새로운 접근을 예고한다. 먼저 북핵문제에서 오바마는 북한 핵무기 프로그램의 완전한 제거를 보다 강력하게 추진할 것이다. 즉, 부시 행정부의 강한 수사와 외교적 노력

36) "The Obama-Biden Plan: Homeland Security," http://change.gov/agenda/homeland_security_agenda/ (검색일: 2008년 11월 26일).

에도 불구하고 지난 수년간 미국의 북핵 정책은 일관성을 갖지 못하고 표류했다고 오바마는 파악한다. 그 결과 지난 수년간 진행된 2차 북핵 위기 동안 북한은 1994년 제네바 합의에서 동결된 핵 무기프로그램을 재가동하여 핵 물질을 추가로 생산하였고, 급기야 2006년에는 핵 실험을 함으로써 사실상의 핵 보유국이 되었다. 이후 부시 정부는 북한과의 보다 적극적인 외교노력을 통해 영변 핵시설의 폐쇄와 불능화, 핵 프로그램의 신고 등 일련의 성과를 이루었으나 북핵의 궁극적 폐기가능성은 여전히 불투명하다.

오바마는 선거 기간 중 이란과 북한을 들어 부시가 악의 축으로 규정하여 직접대화를 거부한 이들 지도자와 핵 폐기를 위한 직접협상을 할 것을 천명하였다. 동시에 자신의 과감한 접근이 이들에 대한 양보로 해석되는 것을 의식하여 핵 폐기를 위한 강력한 외교(tough diplomacy)를 추구할 것을 다짐하고 있다. 오바마의 북핵 정책에 관여한 한 인사는 오바마 정부의 대북협상은 단순히 현재 진행되고 있는 부시 행정부 정책의 연장이 아닐 것으로 전망했다. 그에 따르면 부시 행정부가 비록 북핵 폐기에 대한 강한 의지를 표명했지만 실제로는 북한에 대해 확실한 대안을 제시하지 않은 채 북한의 계속되는 핵 개발에도 강력한 제재를 가하지 않음으로써 오늘날의 사태를 가져왔다는 것이다.

오바마 행정부는 북한의 핵 포기에 대해 포괄적이고 확실한 보상을 제시함과 동시에 북한이 이를 거부할 경우 강력한 제재를 통한 압박을 펼칠 것으로 예상된다. 다시 말해 핵 포기 여부에 대한 보상과 처벌 의지를 동시에 확실히 하겠다는 것이다.[37] 현재 부시 행정부와 핵 프로그램 검증문제로 협상에 난항을 겪고 있는 북한이 오바마 차기 정부의 대담한 제안을 받아들여 핵폐기에 성의를 보인다면 북미관계와 한반도는 정상화와 평화조약 체결 등 급진전을 보일 것이다. 그러나 북한이

37) 오바마는 북한과 이란에 대해 진정한 동기부여와 진정한 압박에 기반한 강력한 외교를 펼칠 것을 주장한다. *Ibid.*

더 큰 보상을 바라고 협상을 지연하거나 일부 핵 폐기만을 주장할 경우 오바마 정부의 강력한 대응을 초래할 것이다. 그 구체적 모습이 어떻게 전개될 지 알 수 없으나 지금까지 완화된 대북한 제재의 복원과 전면적인 고립, 압박 전략으로 전개되면서 한반도는 새로운 긴장과 위기를 맞이할 것이다.

2. PSI와 미사일 방어

오바마는 PSI에 대해서도 강한 의지를 표명한다. 부시 행정부는 2003년 PSI를 출범시키면서 그 성격에 대해 어디까지나 아무런 구속력이 없는 일종의 행동지침이지 조약이나 국제기구가 아니라고 강조한다.[38] 이는 PSI의 대량살상무기 확산 활동에 대한 강제검문이나 차단에 대한 국제사회의 우려와 비난을 완화하고 되도록 많은 국가의 참가를 독려하기 위해 나온 고육책으로 이해된다. 처음 창설시 유럽의 주요 동맹국과 일본 등 10여 개 핵심참가국으로 시작된 PSI는 현재까지 전 세계 90여 개국이 참여와 지지의사를 밝힌 것으로 알려져 있다. 미국은 일본과 더불어 아시아의 주요 동맹국이자 북한의 해상 교통로가 통과하는 우리나라에 대해 초기부터 PSI 참여를 요구해 왔다. 그러나 북한이 미국의 PSI를 자신들에 대한 적대정책으로 정의하고 강력한 반발을 함에 따라 남북관계 및 북핵협상의 진전을 고려 PSI 참여를 미루어 왔다. 대신 PSI의 주요 활동가운데 하나인 차단훈련에 참관단을 파견하는 옵서버로서 참가하고 있다.

오바마는 부시 행정부의 정책에서 더 나아가 PSI를 제도화 할 것을 밝히고 있다. 이는 테러범들에게 핵 물질이 이용당하는 것을 사전에 차단하는 것을 최우선 과제로 삼은 오바마에게 핵 물질의 제거 노력과 함

38) "PSI Frequently Asked Questions," http://www.state.gov/t/isn/rls/fs/46839.htm (검색일: 2008년 11월30일).

께 최후단계의 중요한 수단으로 이해되기 때문이다. 따라서 오바마 행정부는 대량살상무기 및 이와 관련된 운송수단의 확산을 차단하기 위한 국제사회의 노력을 촉구한 유엔결의안 1540 등을 들어 PSI 를 NPT 나 생화학무기수출금지협약과 같은 보다 정식의 국제조약이나 기구로 강화시키기 위한 노력을 기울일 것으로 예상된다. 이 경우 한국의 정식 참여 요구도 보다 강해질 것이다.

한편 부시 행정부가 심혈일 기울인 미사일 방어에 대해 오바마는 상대적으로 유보적인 입장을 표명한다. 선거 중 오바마는 국방정책의 하나로 미사일 방어를 지지한다고 하였다. 그러나 동시에 그와 관련된 기술이 실제 효과가 있는지 증명될때 까지는 이와 관련된 예산이 다른 국방정책의 우선순위를 저해하는 결과를 초래하지 않도록 실증적이고 비용대비 효과를 철저히 따지는 정책을 취할 것이라고 하였다.[39] 이는 결국 부시 행정부의 테러와의 전쟁에서 가장 중요한 우선순위를 차지한 미사일 방어의 상대적 중요성이 오바마 행정부에서 상당히 약화내지는 거의 소멸될 것을 예상케 한다. 실제 많은 핵 문제 전문가들은 부시 행정부의 미사일 방어가 천문학적 비용에 비해 기술적으로 그 실효성이 의심된다고 비판하여 왔다. 그러나 더 큰 문제는 미사일 방어가 강대국간 핵 억제를 불안하게 만들면서 오히려 핵 경쟁과 핵 전쟁의 가능성을 증가시키는 위험한 안보딜레마를 초래한다는 것이다.[40] 이러한 현실주의자들의 비판과 아울러 핵 테러의 입장에서 핵 미사일을 이용한 핵 테러가 그 가능성이 가장 적다는 점이 지적된다.

앞서 살펴보았듯이 대부분의 테러전문가들은 핵 테러의 경우 소규모

---

39) Barack Obama, "A 21st Century Military for America," http://www.barack obama.com/issues/defense/ (검색일:2008년 9월 20일).

40) Kenneth N. Waltz, "Missile Defense and the Multiplication of Nuclear Weapons," in in Robert J. Art and Kenneth N. Waltz, *The Use of Force: Military Power and International Politics*(New York: Rowman & Littlefield Publishers, Inc., 2004), pp.347-352.

의 핵폭탄을 밀반입하거나 더러운 핵무기 등을 사용한 핵 테러의 가능성이 가장 현실적인 위협이라고 파악한다. 따라서 오바마 입장에서 현실적인 위협가능성이 적은 핵미사일 테러에 대응하기 위해 그 기술적 실효성이 의심되고 전략적 위험성까지 초래할 미사일 방어에 많은 비용을 지출하는 것이 비효율적이라는 것은 자연스러운 판단이다. 이러한 오바마의 결론은 미사일 방어에 민감한 반응을 보인 러시아, 중국과의 관계 개선에도 도움을 줄 것이다. 또한 한국의 미사일 방어 참여문제로 인한 미중의 갈등 속에 어려운 입장에 있던 한국정부의 입지도 개선될 것이다.

3. 민간핵기술 통제

핵 테러 방지를 위한 오바마의 핵 물질 통제노력은 한국의 핵 정책에도 장기적 영향을 미칠 것이다. 오바마의 핵 물질 통제노력은 러시아의 느슨한 핵무기 및 핵물질에 대한 통제 및 북한이나 이란의 핵 개발 저지와 함께 전 세계 핵 물질의 무기 전용 방지를 위한 핵 융합 연료에 대한 새로운 통제노력으로 나타날 것이다. 오바마는 이를 위해 NPT 체제를 강화할 것과 IAEA의 예산을 두 배로 늘릴 것을 이미 공약한 바 있다. 나아가 한국과 같은 민수용 원자로의 핵연료가 핵 무기제조용으로 재처리 사용될 가능성을 방지하기 위해 부시 행정부가 추진한 새로운 핵연료에 관한 국제적 관리 장치를 설립할 것을 발표하였다. 오바마는 이를 위해 국제 핵연료 은행, 국제 핵연료 주기 센터, 핵연료 공급의 안정성 확보 등을 추진할 것을 제안하고 있다.[41)]

이러한 오바마의 정책은 석유자원의 고갈 우려와 지구 온난화 문제를 해결하기 위해 새로운 대안으로 부상하고 있는 핵발전소 건립과 확

---

41) "The Obama-Biden Plan: Homeland Security," http://change.gov/agenda/homeland_security_agenda/(검색일: 2008년 11월 26일).

장을 적극적으로 추진하고 있는 우리나라에게 새로운 고민을 안겨 줄 것이다. 미국 에너지부는 2006년 2월 6일 "국제 원자력 에너지 파트너십(GNEP: Global Nuclear Energy Partnership)"의 추진을 발표하였다. 이는 미국 내의 주요 대체에너지원으로서 원전확대를 공세적으로 추진하되, 자국 내 '사용 후 핵연료'의 처리 문제와 함께, 국제 핵비확산 체제의 취약점인 농축 및 재처리 확산의 문제 해결이라는 두 개의 목표를 동시에 해결하기 위함이다. 미국은 프랑스, 영국, 러시아, 중국, 일본 등 선진 원자력기술 보유 국가와 에너지 추가 생산과 폐기물 감소, 핵확산 우려를 최소화하기 위한 새로운 "핵확산저항성 재순환기술" 개발 등의 분야에서 협력을 추진하고 있다. 즉, 원자력 이용 국가를 공급국(Supplier Nations)과 이용국(User Nations)으로 구분하고, 공급국 공동으로 사용후 핵연료를 재처리하여 개도국에 공급하되, 현재 재처리 시설을 보유한 미국, 영국, 프랑스, 러시아, 중국, 일본 등 6개국만 '공급국'에 포함시키겠다는 구상을 제의한 것이다.

다시 말하면, 공급국에 한해서만 습식재처리(UREX+)를 활용한 핵연료 재순환 기술개발 및 개도국에 대한 핵연료공급 서비스(lease) 프로그램에 참여시킴으로써, 그 외의 국가는 농축/재처리기술 획득을 포기해야 하고, 파트너십 국가로부터 핵연료를 리스받아 원자력 발전에만 사용토록 한다는 것이다. 부시 행정부에 의해 시작된 GNEP는 오바마 행정부에서 더욱 강력하게 시행될 것으로 예상된다. 그 경우 2014년 미국과 원자력 협정 개정을 앞둔 상태에서 미래 핵 발전의 안정적인 연료 획득과 경제성, 핵 기술 발전을 위해 일부에서 제기되는 핵연료재처리에 관한 한미 간 협상이 훨씬 난항을 겪을 가능성이 크다.

V. 맺는말

당면한 북한 핵 문제를 평화적으로 해결해야 하는 입장에서 핵 테러는 한반도가 당면한 문제와는 거리가 있어 보이는 현실이다. 9 · 11의 충격에도 불구하고 테러리즘 자체가 한반도에서는 실질적 위협으로 잘 다가오진 않기 때문이다. 오사마 빈 라덴과 그의 추종세력, 혹은 무슬림세계에 광범위하게 퍼진 증오의 감정이 향하는 목표는 결국 미국을 위시한 서구세계라는 것이 우리 사회의 현실적인 판단이다.

9 · 11의 처참했던 테러의 기억도 우리에게서 점차 사라지는 마당에 대한민국에 핵 테러가 일어난다는 상상을 하기란 쉽지 않다. 뉴욕 맨해튼에 테러가 일어나 백만 명이 죽을 수 있다는 앨리슨 교수의 경고도 마치 소설이나 할리우드 영화 속의 한 장면처럼 들릴 뿐이다. 그러나 앨리슨 교수가 경고하듯 핵 테러는 소설속의 이야기보다 훨씬 더 실현 가능성이 높은 것 또한 현실이다. 사실 따지고 보면 9 · 11 테러도 아무도 상상조차 하지 못했던 일이 전 세계인의 목전에서 믿기지 않게 벌어진 일이 아니었던가? 그런데 문제는 만일 핵 테러가 일어난다면 9 · 11 테러는 그야말로 조그만 사건에 지나지 않을 정도로 그 충격과 파장이 엄청날 것이라는 점이다.

비록 핵 테러가 대한민국에 일어날 가능성은 여전히 적더라도 우리의 가장 중요한 우방국이요 세계의 중추인 미국이 핵 테러의 대상이 된다면 전 세계는 그 유래가 없는 혼란과 불안에 휩싸일 것이다. 앨리슨 교수의 핵 테러에 관한 책을 번역 소개한 김태우 박사는 그 후기에서 미국에 대한 핵 테러는 세계 경제에 가장 깊숙이 연관된 한국에게 치명적인 재앙이 될 것을 경고한다.

첫 번째 핵 테러가 자행되는 순간 세계의 모든 나라가 추가 공격을 막기 위해 공항과 항구, 국경통과소를 포함한 모든 출입구를 봉쇄하게 될 것이며, 그 결과 세계 무역과 경제는 일대 혼란에 직면하게 될 것이다. 더욱이 정치적으로 한국을 포함한 미국의 동맹국들은 9 · 11과는 또 다른 차원의 적개심과 보복심에 불타는 초강대국의 정책에 대응해야 하는 불안과 어려움을 겪을 것이라고 경고한다.[42)]

문제는 핵 테러가 현재 진행되고 있는 전 세계적인 경제위기와 더불어 일어날 경우 그 파장은 최악의 시나리오로 연결될 수 있는 가능성이다. 이미 오랜 경제난으로 각국의 민심이 흉흉한 상태에서 핵 테러로 인한 정치, 안보 위기까지 겹친다면 세계는 1, 2차 대전과 같은 극도의 혼란과 갈등, 그리고 결국은 상호 파괴적인 대결의 국면에 들어설 수도 있다.

핵 테러는 결코 우리에게 강 건너 불처럼 여길 수 있는 사안이 아니다. 핵 테러는 미국이나 서방의 문제가 아니 우리 모두의 문제이다. 이의 방지를 위해 전 세계 책임 있는 성원들의 진정하고 단호한 공동의 노력이 필요하다. 단순히 한미동맹이나 한미FTA 차원의 특수한 미국과의 이해관계를 떠나 진정한 세계평화와 인류의 공영, 그리고 우리의 생존과 번영을 위해 함께 싸워나가야 할 공동과제이다.

---

42) 김태우, "한국인 독자를 위한 편집후기," Graham Allison 저, 김태우 · 박선섭 공역, 『핵테러리즘: 최후의 재앙 그러나 예방할 수 있다』(한국해양전략연구소, 2007), pp. 286-287.

참고문헌

Allison, Graham. *Nuclear Terrorism: The Ultimate Preventable Catasprophe.* New York: Times Books, 2004.

______. "How to Stop Nuclear Terror." *Foreign Affairs*, January/February 2004.

Art, Robert J., and Kenneth N. Waltz. *The Use of Force: Military Power and International Politics*. New York: Rowman & Littlefield Publishers, Inc., 2004.

Bergen, Peter. "Al Qaeda at 20 Dead or Alive?" *The Washington Post*, August 18, 2008 (http://www.washingtonpost.com/wp-dyn/content/article/2008/08/15/AR2008081502981_2.html accessed on August 18, 2008).

Bush, George. "Remarks by the President at 2002 Graduation Exercise of the United States Military Academy." June 1, 2002.

Cronin, Audrey Kurth. "Behind the Curve: Globalization and International Terrorism." *International Security*, Vol. 27, No. 3, Winter 2002/03.

Friedman, Thomas. "War of Ideas Part 1-6." *New York Times*, January, 8, 11, 15, 18, 22, 25, 2004.

Fukuyama, Francis. "The Neoconservative Moment." *The National Interest*, Summer 2004.

Gaddis, John Lewis. "A Grand Strategy." *Foreign Policy*, November/December 2002.

Graham, Bob, and Jim Talent, *World At Risk: The Report of the Commission on the Prevention of Weapons of Mass Destruction Proliferation and Terrorism.* New York: Vintage Books, 2008.

Krauthammer, Charles. "In Defense of Democratic Realism." *The National Interest*, Fall 2004.

Obama, Barack. "Renewing American Leadership." *Foreign Affairs*, July/August 2007.

Sharansky, Natan. *The Case for Democracy: The Power of Freedom to Overcome Tyranny & Terror.* New York: Public Affairs, 2004.

제9장

핵확산과 유엔의 역할

박흥순 | 선문대학교

I. 서론

북한의 핵개발문제는 한반도의 평화 및 안보와 직결된 문제일 뿐만 아니라 국제사회에서 핵확산의 주요사례로서 주요한 국제적 의제로 대두하였다. 더구나 이란의 핵의혹, 그리고 인도와 파키스탄 간의 핵 경쟁, 알 카에다 등 테러집단의 핵테러 가능성 등과 맞물려 전반적으로 핵확산의 위험에 대한 유엔과 국제사회의 우려가 커지고 있다. 비핵확산 문제에 관하여 국제적 협력을 촉진하고 그 대안을 모색하는 기구이며 포럼의 장에서 중요한 역할을 하는 것이 유엔이다.

유엔은 전쟁을 방지하고 국제평화 및 안전을 유지하기 위한 국제사회의 염원을 반영하여 창설된 취지에 맞추어 전 지구적인 다자기구이며 국제협력의 중심기관으로서 그 위상을 강화하고 있다. 국제군비통제는 유엔의 중요한 목표 중의 하나이며, 핵무기 등 대량파괴무기(WMD)의 확산방지를 위한 조약의 협상, 체결 등을 통하여 이러한 목표달성에 노력을 기울여왔다. 특히 유엔총회를 비롯하여 관련기관 및 기구는 '핵확산금지조약(NPT)' 체결 그리고 그 효력의 무기한 연장 등 이 분야에서 국제규범과 국제조약을 창설, 유지하는 데 상당한 기여를 해왔다. 더구나 탈 냉전시대에 유엔은 헌장에 정해진 바 핵심기관인 안보리(안전보장이사회) 및 IAEA(국제원자력기구)의 권한과 책임을 통하여, 국제규범을 강화하고, 검증을 보다 엄격히 실시하며, 국제규범이나 유엔헌장위반 사례에 대한 조치를 취하기도 하였다. 핵확산문제의 심각성과 이 문제에 대한 구심점으로서의 유엔 역할의 중요성은 1992년의 유엔안보리 정상회의가 "핵확산은 국제평화 및 안전에 대한 위협"이라고 선언한 점에서 새롭게 인식되기도 하였다.

그러나 유엔의 역할과 기여에도 불구하고 유엔은 '초국가'기구가 아닌 주권국가들의 연합체인 점에서, 그리고 핵강대국들이 안보리 상임이사국으로서 절대적 영향력을 미치는 점에서 그 실제 운영에서 국제사회의 현실을 반영하게 마련이다. 국제체제와 국제질서의 현실, 그리고 유엔자체의 성격과 권한의 제한 때문에 그 성과 또한 일정한 한계를 가질 수밖에 없다. 이와 같은 제약에도 불구하고 '유엔체제(UN system)'로 일컬어지는 안보리 및 관련기구들은 국제사회의 핵확산 문제를 다루는 데 상당한 기여를 한 것이 또한 사실이다.

본 연구는 국제적 비핵확산을 비롯한 국제군비통제 문제의 중요성에 비추어 안보리를 중심으로 유엔의 역할과 기여를 포괄적으로 고찰하는 데 중점을 둔다. 이를 위해서 본 연구의 순서는 첫째, 비핵확산 관련 유엔의 기구 및 제도 그리고 의제의 논의를 이해하고, 둘째, NPT 조약등 유엔활동의 근거가 되는 국제규범과 안보리의 조치 등을 파악하며, 셋째, 유엔 활동의 주요사례로서 이라크, 북한, 이란 등에서의 관여 사례 비교, 넷째, 유엔의 역할 및 기여의 내용과 그 평가, 다섯째, 한국 및 한반도에 대한 함의를 살펴보고, 마지막으로 결론을 내리는 순서로서 구성된다.

II. 핵확산 관련 유엔의 주요 기구 및 의제

1. 유엔헌장과 국제군비통제

1) 유엔의 기구 및 제도의 발전

비핵확산(또는 핵비확산, Nuclear Non-Proliferation) 문제는 유엔의 이상과 목적에 비추어 유엔의 중요한 관심영역의 하나로 인정되고 있다. 헌장은 핵확산이나 기타 대량살상무기 등의 문제에 관하여 구체적인 언급이나 직접적인 규정을 갖고 있지 않다. 그러나 국제군비통제의 문제는 유엔헌장에서 일반적으로 반영 혹은 구체적으로 언급되었다. 유엔헌장은 그 전문에서 "전쟁의 참화로부터 다음세대를 구원"하기위해서 창설되었다고 그 목적을 명시하고 있다. 이러한 인류사회의 염원을 실현하기 위한 구체적 목적으로 "국제평화와 안전의 유지"를 실현하며(헌장 제1조1항), 모든 회원국들은 "국제관계에 있어서 무력의 위협이나 사용을 자제"해야 한다고 요구하고 있다(헌장 제2조4항).

이와 관련하여 헌장은 유엔 '총회'가 군비통제문제에 관한 주된 토의기관임을 상정하고 있다. 헌장 제11조는 총회가 군축과 무기규제에 관한 원칙들을 포함한 국제평화 및 안전을 위한 협력문제의 일반원칙들을 논의하고, 이러한 원칙들에 관하여 회원국 혹은 안전보장이사회(안보리) 또는 양자모두에 권고할 수 있다고 규정하고 있다. 또한 헌장 제26조는 '안보리'가 군비통제를 위한 체제의 설립계획을 수립하여 유엔회원국들에게 제출하도록 규정하고 있다.

유엔은 나아가서 군비통제문제를 효과적으로 다루기 위하여 창설이래 지속적으로 유엔체제 전반에 걸쳐 다양한 관련기구들을 설치, 운영하고 있다. 현재, 유엔 내의 국제군비통제에 관련된 일반적 기관들은 안보리와 총회 이외에, 총회 제1위원회(The First Committee), 군축위원회(DC, Disarmament Commission), 군축회의(CD, Conference on Disarmament), 유엔사무국(Secreatariat) 내의 군축국(Department of Disarmament Affairs), 그리고 유엔군축연구소(UN Institute for Disarmament Research) 등이 있다.[1)]

유엔은 창설초기부터 군비통제에 관한 제도를 발전시켜 왔다. 1946년 제2차 유엔총회는 결의문을 통하여 '유엔 군비통제 및 군축위원회(UNACDC)'의 설치를 권고하고, 이에 따라 1946년에 핵에너지 및 무기를 다루기 위한 유엔 '원자력위원회(AEC)'와 1947년에 '재래식무기위원회(CCW)'가 설치됨으로써 군비통제문제에 관하여 협상기구로서 역할을 하기 시작하였다. 총회는 유엔의 최고 심의기관으로서 정기총회, 특별총회 등을 통하여 군비통제문제를 다루고 그 결과를 결의문을 통하여 각 회원국에게 권고하는 역할을 한다.

군비통제관련 유엔기구들의 확장과 역할 강화는 1978년의 제1차 유엔 군축특별총회(SSOD)의 결과를 계기로 이루어졌다. 우선 총회 제1위원회(The First Committee, 군축 및 국제안보위원회)는 군축문제를 다루기 위한 유엔의 주된 심의기구로서 역할을 한다.[2)] 제1위원회는 정기총회 시 약 5주간 회합을 가지며, 군축 및 국제안보 전반 관련 안건에 대한 논의와 회원국이 제출한 결의안 초안들에 대한 토론을 거쳐 결의안을 채택한다. 각 결의안은 총회본회의에서 다시 투표에 의하여 최종 채택되는 바, 이러한 결의안들은 유엔과 국제사회의 군축과 안보에 관한 관심의 방향과 정도를 가늠하는 척도가 된다.

군축위원회(DC)는 1952년에 대량파괴무기 및 군축문제를 다루기 위한 기구로서 설치되었으나 오랜 기간 동안 활용이 되지 못하다가 1978년에 다시 부활하였다. 군축위원회는 모든 회원국이 참여하는 연례적

---

1) 유엔은 '국제군축의 메카'라고 할 수 있다. 비핵확산 유엔관련 기구와 제도에 관한 상세한 정리는 한용섭,『한반도평화와 군비통제』(박영사, 2004), pp.319-333 참조.

2) 유엔총회는 그 산하에 6개의 위원회를 가지고 있으며, 각 위원회는 전원위원회(Committee of the Whole)로서 유엔총회의 안건을 그 관할에 따라 심의한다.

인 포럼으로서 다자협상의 전략과 우선순위를 다루는 보조적 심의기구 역할을 하게 되었다. 그러나 군축위원회의 주된 임무는 추가적인 유엔 군축 특별총회를 준비하는 것이다. 다만 미국을 비롯한 주요강대국들이 향후의 유엔특별총회 개최에 대하여 회의적인 입장이어서 그 전망은 밝지 않은 것이 사실이다.

군축회의(CD, Conference on Disarmament)는 그 이전의 군축위원회 회의(CCD)로 부터 변경된 것이며, 유엔의 주된 군축협상기구라고 할 수 있다. 제네바에 본부를 둔 군축회의는 2008년 현재 66개국이 참여하고 있으며, 통상 3차례의 회의를 개최한다. 군축회의는 스스로의 규칙과 의제에 따라 운영되지만, 통상 총회의 결의안을 고려하여 통의하며 매년 총회에 보고서를 제출한다. 1992년의 화학무기금지협정(CWC)이나 포괄적핵실험금지협정(CTBT)의 원안을 협상, 마련한 것이 군축회의이다. 다만 군축회의는 전체합의제(consensus)에 의해서 의사결정을 함으로써 특정 국가 한 개국에 의해서도 의사결정이 봉쇄될 수도 있는 등의 이유로 최근 그 활동이 제약을 받고 있다.[3]

유엔사무국 내 '군축국'은 몇 차례의 기구개편을 거쳤는 바, 과거 '군축국', '군축센터'등으로 위상변화 끝에 1998년 현재의 군축국(DDA)으로 새로이 설치되었다. 사무차장 산하에 뉴욕과 제네바에 사무실을 갖고 있으며, 대량파괴무기과 등 5개의 산하부서로서 구성되어 있다. 이부서는 특히 구체적인 군축문제에 관한 전문가들의 연구를 수행하고 이를 총회에 보고하고 회원국에게 정보를 제공하는 기능을 한다. 이 부서는 세계군축운동(WDC, World Disarmament Campaign) 을 통하여 군비통제에 관한 정보와 지식을 전파하는 업무도 담당하고 있다.

그리고 유엔군축연구소(UNIDIR, UN Institute for Disarmament Research)는 제네바에 본부를 두고, 군축회의협상에 필요한 자료를 제

---

3) 또 다른 이유는 5개 상임이사국 간의 의견의 불일치이다. 한용섭, 전게서, pp. 328-330.

공하고 군축에 관련된 독립적인 연구를 수행한다. 또한, 군축회의 자문회의(Advisory Board on Disarmament Research)는 UNIDIR의 이사회로서, 군축에 관하여 유엔 사무총장에게 일반적인 자문을 행한다.

2) 유엔 안전보장이사회(안보리)

핵관련 국제규범과 관련해서는 유엔 안보리(The Security Counil)가 헌장에 규정된 바에 따라 주된 임무를 수행하는 것이 명백하다. 유엔의 6개 주요기관 중 안전보장이사회(안보리)는 "국제평화 및 안전의 유지"에 관한 제1차적 책임(primary responsibility)을 지고 있는 유엔의 최고 핵심기관이다. 안보리는 헌장에 의거 5개 상임이사국과 10개의 비상임이사국으로 구성된다. 헌장에 명시된 바, 5개 상임이사국(P-5)은 미국, 영국, 프랑스, 러시아, 중국이며, 이들 국가들은 NPT 조약에 의거 공인된 '핵보유국(N-5)'이기도 하다.

유엔의 대부분의 관련기관 및 기구들이 심의 혹은 협상기구인데 비하여 안보리는 최종적인 실행 혹은 집행기관이라고 할 수 있다. 즉 안보리는 유엔의 최고기관으로서 헌장상의 권한에 의거 헌장, 국제법등 국제규범이나 의무를 이행하지 않는 국가에 대하여 헌장 제7장(제39조-51조) 혹은 제6장에 의한 각종 조치를 취할 수 있다. 안보리는 무엇보다도 "국제평화 및 안전에 대한 위협, 평화의 파기 혹은 침략행위" 존재 여부를 판단하고, 그에 대한 제재여부를 결정 또는 권고할 수 있는 광범위한 권한을 가지고 있다(제 39조). 따라서 일반적인 입장에서 안보리는 그 자체의 판단 또는 총회나 유엔사무총장의 회부, 혹은 회원국의 요청에 의하여, 그리고 IAEA(국제원자력기구)의 회부에 의하여 현안문제를 논의 혹은 권한을 행사하게 된다.

따라서 핵관련의 국제규범, 가령 NPT 조약상의 당사국의 의무위반이 있는 경우, 또는 설령 조약위반이 아닌 경우라도 핵무기관련 국제사회에 대한 위협이나 실제 사용 등의 문제가 발생하는 경우, 이에 관련하여 어떠한 조치를 취할 것인가에 대한 최종 판단을 할 수 있는 권한을 가지고 있다. 만약, 그러한 판단이 되는 경우 필요한 조치, 즉 '비군사적 방법, 즉, 주로 경제적, 외교적 제재를 포함한 각종 조치'를 우선 취할 수 있게 된다(제 41조). 그러나 이 조치가 불충분한 경우, 유엔조치의 핵심이라고 할 수 있는 강제력의 발동, 즉 전면적 혹은 제한적 군사력사용, 가령 시위, 봉쇄, 무력제재, 전면적 군사적 응징 등을 할 수도 있다(제 42조).[4] 그러므로, 유엔의 활동에서 이른 바 제재(sanctions), 평화강제(peace-enforcement), 무력제재 등의 다양한 조치를 취할 있는 권한이 있는 것이다. 더구나 이와 같은 안보리의 결정은 모든 회원국이 참여 혹은 협조해야 할 법적 구속력을 갖는 것이다.

3) 국제원자력기구

핵문제에 관하여 NPT 조약과 유엔안보리의 권한행사와 가장 밀접한 관련이 있는 것이 국제원자력기구(IAEA)이다. IAEA는 원자력의 평화적 이용과 군사적 전용방지라는 이중목적을 가지고 1957년 창설된 유엔 산하의 독립적 국제기구이다. 그 구성은 모든 회원국으로 구성된 총회, 이사회(35개국), 사무국 및 그 산하 위원회 등으로 이루어지며, 현재 회원국은 134개국에 이른다.[5]

IAEA의 목적은 구체적으로 첫째, "전 세계에 걸쳐 원자력의 평화, 건강 및 번영에 대한 기여를 촉진, 확대"하고, 둘째, 이기구가 "제공하거나 제공을 요청받은 혹은 그 관할이나 통제하에서 시행되는 지원이 군사적 목적을 위한 방법으로 사용되지 않도록 보장"하는 것이다. 이러한 목적을 위하여, IAEA는 국제안전장치(safeguard system)를 관리하고, 핵문제에 관련된 광범위한 활동의 기술지원(technical assistance)등을

---

4) 유엔제재는 다자제재인 점에서 미국 등 개별국가에 의한 일방제재와 구별된다. David Cortright & George A. Lopez, eds., *Sanctions and The Search for Security: Challenges to UN Action* (Boulder, CO: Lynne Rienner, 2002).

5) 한용섭, 전게서, pp. 267-274.

제공한다.[6]

IAEA의 '안전장치'는 기본적으로 핵에너지의 평화적사용과 관련된 국제협정에 의해 각국이 이행해야할 의무의 이행여부를 검증하는 기술적 수단이다. 오늘날 대부분의 핵안전 협정은 NPT조약 혹은 다른 국제협정에 관련되어 체결된다. 특히 NPT 규정하에서 NPT조약 가입의 모든 '비핵보유국'들은 IAEA와 포괄적 혹은 전면적(full-scope) 안전협정을 체결하게 되어 있다. IAEA의 현장사찰(on-site inspection)은 시설물의 기록감사, 시설물기록과 국가별보고서를 검증하기 위한 독립적인 측정, 그리고 감시 장비 및 봉인의 사용에 의해 행해진다. 사찰의 종류에는 정기사찰, 임시사찰, 특별사찰이 있다.[7] 기존의 안전조치 이외에, 1997년부터 '미신고' 원자력활동의 탐지를 주요목적으로 하는 IAEA의 '추가모델의정서(이른 바 93+2 프로그램)'가 마련되어 당사국의 서명 및 비준이 진행 중이며, 이는 특별사찰제도를 강화하게 된다.[8]

NPT 조약이나 기타 IAEA의 핵안전장치협정의 위반이 발생한 경우에, IAEA는 이러한 사실들에 관하여 국제사회의의 주의를 환기시킨다. 가령 사찰결과는 IAEA 사무총장에게 보고되며, 사무총장은 이 문제가 해결되지 않을 경우 이사회(Board of Governors)에 보고하고 동시에 각 회원국에 통보한다. 이사회는 필요한 경우 이를 유엔 안보리에 보고하

---

6) 기술지원은 개발도상회원국들에게 핵과학과 기술의 평화적, 효율적, 안전적인 적용에 관련된 기술과 지식의 이전을 목적으로 한다. 그것은 주로 광범위한 부문에 걸쳐 프로젝트 지원, 전문가, 훈련, 장비의 제공 등의 형태로 이루어진다. 그 밖에도 IAEA는 핵에너지의 안전을 도모하기 위하여 핵발전소프로그램의 개발 및 재정문제에 관한 상세한 연구를 통하여 회원국을 도와준다. 끝으로, IAEA는 연구는 핵에너지 및 방위원소를 생명과학, 자연과학, 식량 및 농업에 이용하는 연구를 시행하고 있다.

7) IAEA의 안전장치협약에 관하여 Hans Blix, "Against the Spread of Nuclear Weapons: the Safeguard System of the IAEA," *NATO REVIEW*(September 1995), pp. 12-17.

8) 류광철 외, 『군축과 비확산의 세계』(평민사, 2005), pp. 94-114.

며, 안보리는 그 판단에 따라 헌장에서 부여된바 권한범위 내에서 적절한 조치를 강구하게 된다.

따라서 IAEA는 어디까지나 기술적 · 기능적 기구이며, 구체적인 국제평화 및 안전의 유지에 대한 위반여부는 궁극적으로 유엔의 최고기관인 안보리가 담당하는 것이다. 이라크나 북한의 핵사찰 위반논란과 관련하여 안보리가 의장 성명서, 안보리 결의문을 채택한 것, 그리고 그 결의문에서 대상국가에 대하여 군사제재(이라크)나 경제제재(북한) 조치를 취한 것이 그 예이다. 그 밖에 IAEA는 위반당사국에 대한 기술지원을 감축하고 또한 IAEA 회원국으로서의 특권과 권리를 정지시킬 수 있다.[9)]

2. 비핵확산 의제의 변화와 확장

국제군비통제에 관한 논의는 유엔창설과 거의 동시에 히로시마와 나가사키에 투하된 원자폭탄의 가공할 위력과 그 후 동서냉전의 군사적 대립과 분쟁가운데서 그 필요성이 점진적으로 증가되어 왔다. 그와 더불어 유엔 내에서의 비핵확산의 논의도 그 내용과 중점이 변화되어 왔다.

유엔총회는 1960년대에는 '구체적'인 핵무기통제 문제로부터 '일반적이고 완전한 군축(GCD, General and Complete Disarmament)'으로 의제의 중점을 바꾸었다. 이에 따라, '대량파괴무기'의 전면적 금지 및 각국의 재래식 무기의 금지를 다루게 되었다. 그러나 유엔은 1963년을 기점으로 GCD를 성취함에 있어, 단일의 포괄적인 협정을 체결하는 목표를 포기하고, 일련의 개별적 협상을 체결하는 것을 추구하였다. 이에 따라 부분적 핵실험금지(PTBT)(1963), 핵확산금지(NPT)(1968) 및 생물무기(BWC)(1972) 조약 등의 체결이 이루어졌다.[10)]

---

9) Hans Blix, *op. cit.*, p.14.

10) 유엔체제 밖에서 이루어진 핵무기에 관한 협정과 조약은 미국과 구 소련 간

그러나 일련의 협정들이 주로 양자적 · 지역적 구도에서 이루어지게 되자, 비동맹회의(NAM) 국가들을 중심으로 1978년 제1차 유엔 군축 특별총회(SSOD I)를 소집하는 데 성공하였다. 이 특별총회는 유엔의 군비통제협상에 있어서 중요한 준거가 되는 획기적인 논의를 한 것으로 평가되고 있다. 특총의 '최종문서'는 다자적 군축 및 군비통제에 있어서 유엔의 중심적이고 주된 책임을 강조하고 있다. '군축' 특별총회는 1982년 제2차(SSOD II) 및 1988년의 제3차(SSOD III)에 걸쳐 각각 다시 개최되었는바, 전쟁의 위협, 특히 핵무기의 위협에 대한 심각한 우려를 논의하고 유엔의 역할과 다자적 접근의 필요성에 대하여 천명하였다. 그러나 합의의 결여로 인하여 최종문서를 도출하는 데는 실패했다.

유엔의 광범위한 조직과 구성에도 불구하고 1980년대 중반까지 이 기구들의 역할과 영향은 일반적으로 상당히 제한되었다. 그것은 이들 기구자체들의 애매한 성격과 재원 및 인력의 부족 등에 연유한다. 또한 국제사회는 군비통제의 필요성에 대하여는 일반적으로 인식을 같이하지만, 그 구체적 실천을 위한 협상에서는 어려움에 직면하였다. 그러나 더욱 본질적으로 '핵보유국'들 사이에 군축에 관한 협상이 정체되고, 이들 국가들이 유엔의 역할을 의도적으로 도외시함으로써 야기된 것이다. 그리하여 비동맹국가들을 중심으로 유엔의 군축에 있어서의 우선순위를 조정하자는 요구가 계속적으로 이루어졌다.

그러나 1990년대 탈냉전시대에 이르러, 국제군비통제문제는 유엔에서 새로운 관심을 끌었는데 그것은 여러 가지 이유에 기인한다.

첫째, 구소련의 해체를 계기로 한 동서냉전의 종식은 급격하게 국제군비통제에 관한 새로운 상황을 가져왔다. 미국과 소련 사이의 핵 경쟁 및 '핵억지'전략이 사라졌을 뿐만 아니라, 일방적 혹은 쌍무적 핵감축

에 전략핵무기를 제한하기 위한 것으로서, '전략핵무기 감축협정(SALT I, 1972)'(SALT II, 1979), '중거리 핵무기협정'(INF, 1987), '전략핵무기 제한협정'(START I, 1991)(START II, 1992)이 있다. 재래식 무기에 관하여는 유럽에서의 재래식 무기를 다룬 'CFE 조약'이 있다.

의 이행을 위한 구체적인 노력이 이루어졌다.

둘째, 냉전시대에 있어서 군축협상의 노력이 진정하고 뚜렷한 결과를 이루기 위한 협상이라기보다, 국내정치 및 '비핵보유국'들의 불만을 달래고 무마하기위한 포럼으로서 이용되었다. 유엔에서 '탈냉전' 시대라는 새로운 국제여건에서 '국제안보'의 개념이 확대되고, 핵확산 위험의 증가 와 지역분쟁의 확산은 새로운 차원에서 이 문제에 대한 관심을 제고시켰다. 1992년 1월의 유엔안보리정상회의는 핵확산이 유엔헌장 제7장이 규정한 바, "국제평화 및 안전에 대한 위협"으로 규정한 것이 그 반증이다.

셋째, 유엔안보리의 역할이 활성화됨으로써, 국제사회의 규범과 규정위반에 대한 강제력을 행사할 수 있는 가능성이 커졌고, 실제로 걸프전쟁을 계기로 한 이라크의 '대량살상무기' 파괴 문제, 북한의 핵개발 의혹에 따른 문제 제기 등이 거론되어 국제군비통제에 대한 국제사회의 정당성이 증가하였다. 가령, 부트로스 갈리 전 유엔사무총장은 1995년 '평화의 의제(An Agenda for Peace)' 유엔개혁보고서 증보판에서 군축을 유엔의 주요활동으로 지적하고 그 중요성을 강조하였다.[11]

그러나 새로운 관심과 논의에도 불구하고 회원국들은 군비통제에 관련된 새로운 의제 설정에 합의를 이루지 못하였다. 가령 1992년 제47차 총회의 일반토론에서 선진국들은 핵확산의 금지를 주 의제로 할 것을 주장하는 데 비하여, 주요 비동맹 국가들은 핵무기 불사용공약, 포괄적 핵실험금지조약(CTBT), 군사적 목적의 핵물질 제공금지(Fissile Cut-off), 그리고 개발을 위한 자원의 전용 등을 주장하였다.

2000년대에 이르러서는 반테러리즘과 관련하여 핵확산문제가 집중적으로 주요 의제로서 다루어졌다. 유엔은 전대미문의 2001년 '9 · 11 테러'사태를 기폭제로 하여 총회 및 안보리는 물론 관련기관들과 더

11) Boutros Boutros Ghali, *An Agenda for Peace*, 2nd ed.(New York: UN DPI, 1995), pp.22-25.

불어 반테러리즘에 관한 정책과 프로그램을 대폭 확대하였다. 그 예로서 2003년 58차 유엔총회에서 통과된 288개의 결의안 중 6개가 테러리즘에 관한 것이었다.[12] 2003년 8월의 바그다드주재의 유엔사무소(UNAMI)에 대한 폭탄 테러에 대하여 57차 및 58차 유엔총회는 강력한 비판을 포함하였다. 총회 제1위원회와 총회본회의는 안보리 결의문 1540호의 내용과 병행하여 모든 회원국들이 테러집단에 대한 핵무기 등의 대량파괴무기나 물질의 획득을 방지하는 조치를 강화하도록 촉구하는 결의안을 만장일치로 채택하기도 하였다. 따라서 이러한 변화는 '9·11 사태 이후'(Post-9·11) 세계에서 테러리즘의 문제의 심각성에 비추어, '반핵확산(counter-proliferation)'과 '반테러리즘(counter-terrorism)'의 의제가 통합(convergence) 되는 것을 의미하였다.[13]

또한 안보리는 9·11 테러사태 직후 채택된 결의안(1373호)을 통하여 반테러조치활동의 구심적이 될 '반테러위원회(CTC, The Counter-Terrorism Committee)'의 신설과 반테러조치에 관한 포괄적인 법적 및 정치적 조치를 마련한 바 있다. 2004년 3월 또다른 안보리 결의안(1535호)을 통하여 CTC의 사무총장제 도입 등 인적 및 물적 역량을 강화하는 조치를 취하였다. 유엔안보리의 '1267 위원회'는 1999년 알 카에다 및 탈레반 제재위원회로서 출범한 것으로서 2004년 1월 안보리 결의(1526)에 의해서 이들 테러집단의 자산동결 및 무기금수 등을 구체화하여 더욱 강화되었다.[14]

나아가서 안보리는 핵무기를 비롯한 대량파괴무기가 비국가 단체, 특히 테러그룹 등에 확산되는 것을 방지하기위하여 5개 상임이사국을 중심으로 대응조치를 협의한 끝에 2004년 4월 안보리 결의안(1540호)을 공식 채택하였다. 이 결의안하에서 회원국들은 핵무기 등 대량살상

---

12) UNA-USA, *A Global Agenda: Issues before the 59th General Assembly of the United Nations* (2004-2005 Edition), pp.186-187.

13) Edward Luck, *UN Security Council* (New York: Routledge, 2006), p. 102.

14) UNA-USA, *A Global Agenda* (2004-2005 Edition), pp.185-186.

무기나 관련물질, 그리고 미사일등 전달수단을 구입 또는 판매하는 테러집단에 대하여 응징을 가하게 되어 있다. 또한 회원국들은 수출통제 제도 등의 차단 장치를 통하여, 그동안 소홀하였던 테러집단에 대한 조치와 안보리의 이행감시를 공약한 점에서 커다란 진전을 본 것이다.

그 해 10월에는 안보리결의 1566호를 통하여 회원국들이 테러리즘 관련 국제협약의 당사국이되도록 촉구하고, 나아가서 테러범들의 이동과 그들의 자산동결 등의 조치를 강구하기위한 실무그룹의 설치를 결의하였다. 또한 그 결과 국제테러에 관한 포괄적인 국제협약의 체결과 더불어 핵테러에 관한 국제협약초안이 마련되었다. 2005년 4월 최종안, 즉 '핵테러 행위의 저지에 관한 국제협약(International Convention for Suppression of Acts of Nuclear Terrorism)' 안은 핵무기제조나 방사능확산장치(이른바 'dirty bombs') 제조를 위한 핵물질의 불법취득의 위협문제를 다루고 있다.[15)]

또 다른 쟁점은 일반적인 핵군축에 관련한 논의이다. 대다수 국가들은 1995년 NPT 조약 '연장검토회의'에서 이루어진 핵보유국들의 약속에도 불구하고 핵무기 감축이나 제거에 관하여 진전이 없는 것에 대하여 비판을 강화하였다. 제 58차 총회에서 가령 스웨덴 등 7개국의 '신 의제 연합(New Agenda Coalition)'(브라질 이집트, 아일랜드, 멕시코, 뉴질랜드, 남아공 및 스웨덴)은 2000년 NPT 검토회의에서 합의된 핵군축에 관한 '13개 단계' 조치의 이행을 촉구하는 최종 결의안(GA 58/50) 채택을 주도하였고, 일본도 '핵무기의 완전제거'에 관한 결의안(GA58/59)을 제안, 채택되게 하였다. 또한 유엔 1위원회와 총회는 '핵물질금지'조약 협상을 지지하는 결의안(GA 58/57)을 전체합의로 채택하였다.

특히 NPT 조약의 2005년 정기 검토회의와 관련하여 '준비위원회

---

15) UNA-USA, *A Global Agenda: Issues before the 60th General Assembly of the United Nations*(Special Anniversary Edition), pp.104-105.

(PrepCom)' 논의에서 여전히 핵보유국과 비핵국가 간의 갈등이 노출되었다. 개도국들은 미국 등 핵보유국이 핵무기의 제거를 위한 보다 강력한 조치를 취하지 않은 것을 비난하였다. 반면, 미국은 가령 이란 등 비핵보유국들이 NPT 조약을 준수하지 않는 것에 대하여 비판을 하였다. 이러한 갈등으로 인하여 준비회의는 그 이전의 검토회의 때와 마찬가지로 실질적인 문제에 관한 합의를 이루지 못하였다. 갈등의 쟁점은 비동맹회의 국가들과 미국 사이에서 특히 2000년 검토회의에서 합의된 바, "모든 당사국들이 비핵확산에 이르는 모든 핵무기들의 완전한 제거를 달성하기 위한" 공약을 준수하느냐는 문제에 관하여 서로 상반된 입장을 취하기 때문이었다. 그 결과 2005년 NPT 검토회의는 예상되었던 바와 같이, 실질적인 문제에 관하여 의미 있는 성과를 거두지 못하였다고 평가된다.

총회를 비롯한 유엔기구들이 중요한 다자적 포럼으로서 구실을 하는 대신, 각국들의 공동관심사와 함께 서로 다른 국가이익의 상충으로 인하여 비핵확산의 논의와 이행문에서 핵보유국과 비보유국, 그리고 선진국과 개도국 간의 입장대립이 계속되는 것이 현실이라고 할 수 있다.

Ⅲ. 유엔의 비핵확산 관련 주요 장치 및 수단

유엔안보리를 비롯하여 관련기구 및 기관들의 권한행사 및 활동의 준거 또는 수단이 되는 것은 헌장상의 일반적 규정 이외에 NPT 조약 등 국제조약, 유엔의 각종 결의문등 '연성법률(soft law)', 그리고 특히 안보리 자체의 규율과 구체적 수단이 사용된다.

1. 조약을 포함한 국제규범

유엔은 비핵확산을 비롯하여 국제군비통제 관련 국제협정의 체결에 포럼으로서 혹은 촉진제로서 역할을 하였다. 그 결과 주요한 조약들은 유엔헌장과 함께 비핵확산의 중요한 국제법적 근거가 된다. 가령 남극조약(Antarctica, 1959), 부분적 핵실험금지조약(PTBT, 1963), 비핵확산조약(NPT, 1970) 등 약 15개의 군비통제관련 조약이 그 예이다. 또한 이른바 비핵화지대(nuclear free zone)의 설정도 당사국들의 비핵의무를 야기하는 바, 남미와 카리브해의 트라테롤코(Tlatelolco) 조약(1967), 태평양지역의 라로통가(Rarotonga) 조약(1985), 아프리카의 페린다바(Pelindaba) 조약(1996), 남극비핵화지대(Antarctica 1959)와 동남아비핵지대(1995) 등이 그것이다.[16)]

그리고 앞에서 언급한 핵테러 관련 '핵테러 행위의 저지에 관한 국제협약' 등도 포함된다. 이러한 다양한 국제조약은 국제법적 효력을 가지며 안보리를 비롯하여 유엔기관의 권한행사의 근거가 된다. 그중 가장 중요한 다자조약으로 여겨지는 NPT 및 CTBT에 관하여 살펴보기로 한다.

---

16) 유엔체제와 직접관련은 없으나, 대량파괴무기 및 미사일의 확산방지에서 유엔의 노력에 보완이 되는 비공식 '수출통제'기구들이 있다. 1)핵수출국위원회(Zangger Committee): 1971년 7개국의 NPT 당사국들이 핵기술의 이전을 제한하기로 함, 2)런던 공급자그룹(London Committee): 1976년 Zangger Committee에 8개국이 더 가입하여 "핵공급자 안내서"를 마련함, 3)호주그룹(Australia Group): 1984년 선진 22개국이 화학물질에 대한 국가적통제를 마련함, 4)미사일 기술통제체제(MTCR, The Missile Technology Control Regime): 1987년 주요선진국들이 300Km 이상의 장거리미사일의 거래규제를 위한 다자적 구성체, 5)다자적수통제조정위원회(COCOM): 1949년 미국이 주축이 되서 공산국가에 대한 수출 통제를 자발적으로 제한함.

1) 핵확산금지조약

핵확산금지조약(NPT)은 1968년 미국, 소련 등 62개국에 의해 체결되었고 1970년 3월 발효되어, 현재 5개 핵강대국을 포함한 188개국을 당사국이 참여하여 국제사회의 최대의 가입국으로 구성된 국제조약이다. 원래의 조약은 25년간 유효하도록 되어있었으나, 1995년의 '검토 및 연장회의'의 결과, 175개국의 합의(consensus)에 의해 NPT조약의 무제한 연장(indefinite extension)이 이루어졌다.[17)]

전문 11조로된 NPT조약의 주요 내용은 첫째, 비핵보유국은 핵무기를 획득하지 않으며 핵보유국들은 핵무기나 핵기술, 혹은 물질을 이전하지 않고, 둘째, 이러한 핵관련의 의무를 이행하는 것을 검증하기위하여 국제안전장치 제도를 갖추며, 셋째, 핵보유국들은 핵경쟁의 중지, 핵군축을 위한 그리고 일반적이고 철저한 군축을 위한 선의의 협상에 임할 것을 공약한 것이다.

따라서 'NPT 레짐'은 핵확산의 방지를 위한 NPT조약을 중심으로 일련의 규범과 원칙, 규칙과 의사결정절차를 포함하는 바, 그 중요행위자는 5개 핵보유국, IAEA, 유엔 안보리라고 할 수 있다. NPT조약은 기본적으로 이른 바 '수평적 핵확산'을 규율하고 있으며 또 다른 문제인 '수직적 핵확산'의 문제는 다루지 않고 있다. 즉 비핵보유국들이 '불공정 혹은 불균형적인' 규칙을 수락하고 전면적인 안전장치에 의해 주권의 제한을 받겠다는 약속을 한 대신 그대가로 경제적, 기술적 지원의 이익을 받는 것을 상정함으로써, 기본적으로 '비대칭적인' 군비통제협정이라는 점이 그 특징이다.

NPT조약은 비핵확산의 국제규범에서 매우 중요한 기본적인 국제협약이며, 매우 성공적인 국제협력의 준거가 된다고 평가된다. 1995년 5월 NPT조약이 무기한 연장된 것은 핵확산과 관련된 국제군비통제의

---

17) 졸고, "국제군비통제와 UN의 역할," 『국방논총』 제34호(1996년 여름), pp. 177-180.

진일보라고 할 수 있다.[18] 초기의 우려에도 불구하고 NPT조약이 무기한으로 연장된 것은 많은 비동맹 국가들도 사실상 NPT의 유용성을 인정하였다는 것을 의미한다. 그 의미는 북한의 탈퇴위협을 제외하고는 지금까지 회원국이 탈퇴한 예가 없다는 데서도 드러난다.

그러나 동시에 비핵보유국들이 안보를 추구함에 있어서 많은 것을 포기하게 되어 있는 NPT규범의 이중성(double standard)에 대하여 많은 비판에 직면해 왔다.[19] NPT레짐에 대한 비판은 NPT조약자체의 규범적 문제점뿐만 아니라 그 적용에서 허술한 강제력의 적용과 그 적용의 비일관성에 대한 것이다. 가령, 개도국들이나 일부 핵개발 추구국가들은 이라크에 대한 철저한 제재, 1994년 미국과 북한 간 제네바 협정에 의한 유엔체제 외에서 양자적 해결, 그리고 비공인 핵보유국인 이스라엘에 대한 관용적 정책 등에서 나타난 바, 핵보유국들의 '정치적 편의'에 의한 비핵확산 접근문제를 지적하곤 한다. 또한 개도국들은 매 5년마다의 NPT검토회의에서 특히 핵보유국들이 조약 6조의 규정된 의무, 즉 '묵시적'으로 그리고 1995년에 약속한 바 '명시적'으로 '포괄적 핵실험금지조약(CTBT)'과 관련하여 그 체결 및 비준의 공약을 이행을 하지 않는다는 강력한 비판을 하고 있다.

2) 포괄적 핵실험금지조약

군축회의는 1972년 이래 지구상에서 전면적인 핵실험금지를 단행하기 위한 '포괄적 핵실험금지조약'의 문제를 다루어 왔다. 모든 유엔 회원국을 망라하는 CTBT 조약의 체결이나 검증체계 참여는 비핵확산을 위한 진일보의 조처로서 평가될 수 있다. 그러나 5대 핵보유국들은 이 문제에 대하여 오랫동안 미온적인 태도를 취했으며, 1945년 이래 미국

---

18) NPT연장회의의 과정과 분석에 관하여는 Harald Muller, "A Cornerstone of World Order: Extending the NPT," *NATO REVIEW* (Summer 1995), pp.21-26.

19) Joseph Pilat and Robert Pendley, eds., *Beyond 1995: The Future of the NPT Regime* (New York: Plenum Press, 1990), p.166.

의 약 1천 회를 비롯하여 도합 2천 회 이상의 핵실험을 실시해왔다. 다만, 중국을 제외한 4개 핵보유국은 1992년 핵실험 유예(Moratorium)의 합의를 존중하여 왔다.

1995년 NPT조약의 연장을 둘러싼 갈등과 협상과정에서 비동맹국가들은 조약의 연장에 동의하는 대신 핵보유국들로부터 CTBT의 조기체결이라는 양보를 얻어내기 위한 전략을 추구하였다. 그 결과 핵보유국들은 다음과 같은 3가지 공약을 하였다: 1) 1996년까지 CTBT 조약에 서명한다; 2)모든 핵무기를 제거하는 '궁극적 목표'의 일환으로 핵무기 감축을 위한 "체계적이고 발전적인 노력"을 기울인다; 3)무기제조를 위한 핵물질의 생산을 금지하는 협약의 "즉각적인 개시와 조기 체결"을 추진한다.[20] 또한, 핵보유국들의 공약에 따라 안보리 결의문(984호)에서 이른바 적극적 안전보장(PSA, Positive Security Assurance)과 소극적 안전보장(NSA, Negative Security Assurance)을 지지하였다.[21]

그 결과 CTBT는 1996년 9월 유엔총회결의에 의해 채택되었고, 그해 5대 핵보유국을 비롯하여 71개국이 서명하였다. 2008년 현재 176개 국가가 서명하고 131개국이 비준을 마친 상태이다. 그러나 CTBT 조약발효에 필수국가로서 명시된 국가 44개국 중 31개국만이 비준을 하였으며, 미국, 중국, 이란등은 서명은 하였으나 아직 비준을 하지 않은 상태이다. 특히 CTBT의 가장 핵심적인 국가라고 할 수있는 미국의 경우 1996년 클린턴 미행정부의 공약과 서명에도 불구하고 1999년 미국상원은 CTBT의 비준을 거부한 바 있다. 클린턴 행정부와 후임 부시 행정부는 CTBT의 비준을 상원에 다시 요청하지 않은 대신, 미국의 자발적 핵실험 유예를 거듭 약속하였다. 그러나 현재 미국이나 중국의 비준가능성은 여전히 낮으며, 인도, 파키스탄, 북한 등은 서명조차 하지 않았다.

---

20) Howard A. Moyes, "Arms Control and Disarmament," *A Global Agenda: Issues Before the 50th UN General Assembly* (UNA-USA, 1995), pp.88-89.

21) PSA는 비핵보유국가에 대한 핵공격이 있는 경우의 지원이며, NSA는 비핵보유국에 대한 핵의 선제사용자제이다.

현재 비록 CTBT는 공식발효하지 않은 상태이나, CTBT기구(CTBTO)는 포괄적인 국제검증기구로서 부분적으로나마 활동을 하고 있다. CTBT의 이행을 위한 공식기구탄생의 과정으로서 상설사무국 창설을 위한 준비는 꾸준히 진행되었다. 즉 과도적 '기술사무국(Provisional Technical Secretariat)'이 설치되고 필요한 예산의 배정 및 300여 명의 직원 활동이 이루어지고 있다. 또한 CTBT의 국제감시체제(International Monitoring System)를 구성할 300여 개의 감시소에 대한 요건충족 인증 작업이 계속 진행 중이다. 따라서 CTBT는 아직 국제적 효력을 가진 국제조약으로서 완성되지는 못했으나 사실상 국제사회에서 대부분의 핵보유국에 의해서 존중되는 국제규범으로 자리 잡아가고 있다고 할 수 있다.

2. 연성국제법(soft international law)

유엔총회를 비롯하여 회원국들의 결의안은 비록 강제력이나 법적의무를 부과하는 것은 아니며 권고적 사항에 그치는 것이지만, 그 자체가 국제사회의 주요한 규범의 일부가 된다. 유엔이 국제사회의 최대 보편적 다자기구로서 활동을 강화함에 따라서 총회와 안보리의 입법행위, 그리고 사법기관의 역할등은 국제법의 제정과 발달에 중심적 역할을 하여왔다. 이는 이른바 연성법률(soft law)로서 국제법을 비롯한 국제규범의 발전에 영향을 미치는 것이다.[22)]

첫째, 총회는 여러 측면에서 현대국제법의 성격과 내용에 직접 영향을 줄만 한 '준 입법(quasi-legislative)' 역량을 갖고 있다고 할 수 있다. 유엔헌장 제10조에 의해서 총회는 결의안을 논의, 채택할 수 있는 권한을 갖고 있는 바, 이것은 헌장의 범위 내에 속하는 어떤 문제에 대하여

22) 졸고, "국제법," 한국정치학회 편, 『정치학 이해의 길잡이: 국제정치와 안보』 (법문사, 2007), pp.306-309에서 발췌.

도 회원국 전체나 안보리에 권고(recommendations) 할 수 있는 권한을 의미한다. 그러나 비록 총회는 세계의회의 모습을 닮기는 했지만, 입법부는 아니다. 총회는 유엔회원국의 동의 없이는 회원국에 대하여 법적 구속력 있는 규범을 제정, 적용, 이행할 수 있는 명백한 권한이 없다. 1945년 이래 총회는 다양하고 광범위한 국제문제에 관하여 12,000개 이상의 결의안을 채택하였다. 그러나 이와 같은 예산이나 회원국 문제를 제외하고는 총회결의는 법률적으로 회원국에게 구속력이 없는 권고에 불과하다.

그러나 총회결의는 흔히 특정 문제에 관하여 유엔이 주관하는 후속 다자협정의 기초 혹은 기원이 되곤 하였다. 총회의 선언(declarations)은 그 적극적인 성격에 비추어 국제사회가 채택하는 협약으로 발전될 가능성이 매우 큰 것이다. 1967년의 대기권 조약, 1968년의 NPT조약 등은 무력사용과 관련하여 발전된 유명한 사례이다.[23] 가령 2000년 55차 유엔총회 제1위원회는 도합 48개의 결의안을 채택했는 바, 그중 8개는 비핵확산 및 NPT에 관한 것이었고, 약 20개는 군축제도와 절차 등에 관한 것이었다. 가령, '신 의제 연합(New Agenda Coalition)' 주도의 결의안은 NPT 조약의 검토회의 최종 보고서에 포함된 '13개의 실무조치'를 취하도록 모든 회원국에 촉구하는 것이었다. 이러한 조치는 가령, ABM 조약의 보전, 핵보유국의 추가적인 일방감축, 무기유지에서의 투명성 강화, 국가안보정책에서의 핵무기 역할 축소, 전술핵무기의 추가감축, 핵무기의 운용준비 축소 등이 그것이다.[24] 이 결의안은 미국, 영국,

23) 인권분야에서 1948년의 세계인권선언의 채택, 그리고 나아가서 1966년의 시민적 · 정치적 규약, 그리고 경제적 · 사회적 · 문화적 권리에 관한 협약도 그러하다. 또한 인종차별, 여성차별, 아동보호, 인질, 고문방지 등의 이슈도 총회의 선언문에 의해서 촉진되어 마침내는 협약(conventions)으로 체결된 사례이다. 이와 같은 총회결의는 개도국회원국들에 의해서도 활용되었는 바, 가령 인류의 공동유산, 인종차별처벌, 자연자원에 대한 영구한 주권원칙 등이 그것이다.

24) The Weapons of Mass Destruction Commission, *Weapons of Terror* (Stockholm: EO Grafisca, 2006), p.49.

프랑스, 중국 등을 포함한 154개국의 지지를 받아 채택되었다.[25)]

둘째, 유엔 안보리에 의한 국제규범의 제정도 연성 국제법의 형성에 기여한다. 이미 앞에서 살펴본 바와 같이 유엔기관 중 국제평화 및 안전의 유지에 관한 핵심활동은 헌장 제6장(분쟁의 평화적 해결)및 제7장(강제 활동)에 규정된 바 안보리의 권한이다. 이러한 권한에 근거하여 안보리는 모든 회원국을 구속하는 결정을 내릴 수 있으며 회원국은 안보리가 모든 회원국을 대신하여 행동할 수 있다는 점을 수락하고 있다(헌장 제25조). 이것은 유엔안보리의 결의가 모든 회원국에게 구속력이 있음을 의미하며, 더욱이 "안보리가…결정한다"는 결의문의 경우에는 더욱 그러하다.

특히 헌장 제7장하에서 안보리결의가 "평화에 대한 위협, 파기, 침략행위"인 경우는 법적 강제력을 가지며 모든 회원국들은 이를 이행하여할 의무가 있다. 가령 탈냉전시대의 각종 제재조치(sanctions)로서 해당국에 대하여 징벌적(punitive) 조치를 내린 경우가 그 예이다. 안보리가 모든 회원국을 법적으로 구속하는 국제법을 제정하는 권한을 가지고 있는바, 현재까지 1,700개 이상의 결의문을 채택하였고 이 중 700개 이상이 국제사회에서 구속력을 가진 것으로 여겨진다. 그러므로 유엔안보리결의는 그 이전의 결의문을 근거로 더욱 누적적으로 그 합법성과 정당성을 제고할 수 있게 된다.[26)]

가령 2004년 4월 채택된 안보리 결의안(1540호)가 대표적인 예라고

---

25) GA/Res/55/33C; *UNA-USA, A Global Agenda* (2001-2002 Edition), p.63.

26) 또 다른 연성법률의 근거가 되는 것은 사법기관에 의한 법률적 수행이다. 현재 국가 간 민사소송(civil claims)은 국제사법재판소(ICJ)와 국제해양법재판소가 국가간 분쟁에 관하여 법률적 역할을 수행한다. 가령 ICJ의 경우 국가 간 분쟁을 판단하고 또한 유엔총회 혹은 안보리의 요청에 대하여 권고적 의견(advisory opinion)을 제시한다. ICJ는 그 규정(statute)에 의해서 그 결정의 근원으로서 국제협약, 관습법 등을 명시하고 있다. 비록 ICJ 결정이 '선례'에 따르거나 국가의 결정(stare decisis)에 의존하지 않지만, 현존하는 국제법에 대한 중요한 판단이며, 국제법적 기본원칙이나 국제법의 발전에서 중요한 권위로서 인정된다.

할 수 있다. 9·11 사태 이후 핵무기를 비롯한 대량파괴무기가 비국가단체, 특히 테러그룹 등에 확산되는 것을 방지하기위하여 5개 상임이사국을 중심으로 대응조치를 협의한 끝에 채택된 것이다. 이 결의안하에서 회원국들은 핵무기 등 대량살상무기나 관련물질, 그리고 미사일 등 전달수단을 구입 또는 판매하는 '테러집단'에 대하여 응징을 가하게 되어있다.

이 결의안은 회원국들로 하여금 테러리즘을 분쇄하는 국제협약에 참여하고, WMD 관련 물질이나 기술의 불법거래를 막기 위한 국내입법을 제정하도록 요구하고 있다. 이러한 결의안 채택은 그동안 논란이 되어온 '핵확산방지구상(PSI, Proliferation Security Initiative)'[27] 의 적법성과 정당성 문제를 염두에 두고, 테러집단 문제에 관한 다자적 조약을 통하여 국제법적 근거와 정당성을 확보한 것이라고 할 수 있다. 이와 같은 안보리의 사실상 '입법'활동을 통하여 그동안 소홀하였던 테러집단에 대한 조치와 안보리의 이행감시를 공약한 점에서 국제사회에 새로운 규범을 제시한 예이다.

3. 안보리 자체의 작동

만약 국제사회의 구성원인 국가나 테러단체등이 국제규범의 의무를 이행하지 않는 경우, 유엔 안보리를 중심으로 그에 대한 의사표명이나 대응조치가 마련되는 것이 현재의 국제사회의 다자적 혹은 전지구전 차원의 장치이다. 핵확산 의제의 경우 안보리는 그 고유권한이나 판단,

27) PSI는 대량살상무기 관련 의혹이 있는 화물을 적재한 항공기 및 선박을 탐색하고 관련 화물 및 불법무기 압류를 목적으로 2003년 6월 부시 행정부하에서 미국주도로 발족한 국제적 공조체제이다. 현재 미국, 러시아, 일본 등 약 75개국이 참여 중이다. PSI에는 현재 8단계의 활동항목이 있으며, PSI 정식참여 단계는 해상에서 의심스러운 배를 차단(interdiction)하기 위해 정지명령을 하고, 거부하면 무력을 사용하여 강제검색을 한다.

혹은 IAEA에 의한 보고나 회부에 근거하여 사안에 따라 의장성명, 대언론성명, 그리고 결의문등의 여러 방법을 통하여 그 의사를 결집, 표명한다. 보통 의장성명이나 대언론성명을 통한 의사표명은 경고나 권고적 성격이 강하지만, 어디까지나 자발적인 준수나 태도 혹은 입장의 변경을 유도 혹은 압박하는 방법이다. 이에 비하여 결의문은 공식적인 안보리의 의사결정으로서 합의(consensus) 혹은 투표에 의해서 보다 구속력 있는 공식적인 의사표명의 방법이다.

특히 유엔은 결의문을 통하여 경고나 권고를 하기도 하지만, 중대한 사안이라고 판단되는 경우, 명시적 혹은 묵시적으로 헌장 제7장 혹은 6장에 근거하여, 경제제재, 외교제재를 비롯하여 구속력 있는 다양한 제재를 부과하는 것이 일반적인 관행으로 되었다. 유엔이 취하는 제재의 종류는 가장 일반적인 것은 무기금수와 경제제재이며, 경제제재의 주요내용은 석유금수, 해외자산동결이다. 제재의 방식은 일반적 혹은 포괄적 제재로부터 '맞춤식 제재(smart or targeted sanctions)'까지 다양하게 부과될 수 있다.[28] 그중 비핵확산과 관련하여 안보리는 1991년 4월 제1차 이라크 전쟁 종료 후 이라크의 핵무기 자진파괴 등에 대한 강력한 요구를 하는 결의안을 채택하였다. 또한 2006년 10월 북한의 핵실험과 관련하여 북한에 대한 금수조치 등 제한적이지만 강력한 경제제재를 부과한 바 있다.

그리고 제재의 효과적인 운영을 위해서 안보리는 그 산하에 각 제재대상 국가 혹은 단체별로 '제재위원회'를 전원위원회로서 구성하여 운영한다. 즉 제재위원회의 구성은 의장국 1인 및 부의장국 2인을 포함한 모든 안보리 이사국 대표(전문가) 15인으로 이루어진다.[29] 그러나 제재의 실효성에 관하여는 논란이 있다. 가령 2차 대전 후 행해진 주요 경제

28) '표적제재' 개념에 관하여 임성남, "유엔제재의 효용성과 윤리성: 대 이라크 제재사례와 Smart Sanctions의 필요성을 중심으로," 박수길 편, 『21세기 유엔과 한국』 (오름, 2002), pp.109-137.

제재는 그 성공률이 30~40%에 불과하다는 평가를 받고 있다. 많은 경우에 있어서, 해당 국가나 정치지도자의 정책이나 태도를 변화시키지 못한 채, 물자기근과 인플레 등으로 일반국민들의 생활에 혹독한 영향을 주기 때문이다. 무력제재의 경우에도, 유엔자체의 군사력의 결여로 인하여, 결국 강대국을 비롯한 회원국들의 개별 혹은 집단적 군사역량에 의존하도록 되어있으므로 회원국들의 단합된 의지와 협력이 없이는 그 실효성이 미비한 것은 근본적인 한계이다.

IV. 유엔안보리의 주요 활동 사례

비핵확산 관련의 유엔안보리의 역할을 이해하기 위해서는 그 실제 활동이 이루어진 사례를 살펴보는 것이 필요하다. 안보리는 NPT 조약 위반, IAEA의 요구 거부, 그리고 안보리의 경고나 조치위반과 관련하여

---

29) 유엔제재위원회의 사례에 관하여는 David Cortright and George A. Lopez, "Reforming Sanctions," David M. Malone, ed., *The Security Council* (Lynne Rienner, Boulder.CO, 2004), pp. 167-179.

현재 전 세계적으로 유엔에 의해 발동, 적용 중인 제재 사례(국가, 제재부과년도, 제재내용)는 다음과 같다. 이들 대부분은 주로 내전에 의한 분쟁지역이며, 알 카에다는 테러집단으로 제재의 대상이 되고 있다.

*소말리아–1992 무기금수, *시에라리온–1997년 무기금수, 반정부군 여행금지, (석유및 다이아몬드는 금수는 해제), *콩고민주공화국–2003년 부분적 무기금수, 2005년 전면적 무기금수, 제재대상자 여행제한 및 자산동결, *라이베리아–2001년 무기금수, 제재대상자 여행금지 및 자산동결, 다이아몬드 수출금지, 2003년 목재수출금지, *수단–2004년 무기금수, 군 지도자 등에 대한 여행금지 및 해외자산동결, *코트디부아르–2004년 무기금수, 여행금지 및 자산동결, 다이아몬드 수출금지, *르완다–1994년 무기금수, *알 카에다 및 탈레반–2001년 9월 전세계 알 카에다 구성원에게 무기금수 및 자산동결, http://www.un.org/Docs/sc/committees/Intro.htm

직접적인 활동을 전개하였다. 그 대표적인 예로서는 1990년 1차 걸프전 당시의 이라크에 대한 제재, 1993년 이래 제기된 북한 핵 문제에 대한 논의와 제제, 2002년 이래 이란 핵문제 논의, 그리고 1992년 이래 리비아에 대한 제재와 핵포기 선언 사례등 4개의 경우를 들 수 있다.

1. 이라크에 대한 제재

1990년 8월 이라크의 쿠웨이트 침공으로 야기된 제1차 걸프전에서 유엔 안보리는 이라크에 대하여 철저하고 광범위한 '집단안보'의 조치를 취하였다. 안보리는 헌장 제7장에 근거하여 결의문 678호를 비롯 도합 15개의 결의문을 순차적으로 채택하여, 이라크에 대하여 포괄적 경제제재를 비롯하여 해상 및 공중봉쇄등 제제를 가하였다. 사담 후세인 정권이 안보리의 평화회복 요구를 무시하자 4개월 후에 무력제재가 결정되었고, 미국이 주도하는 유엔다국적군에 의해서 1991년 1월 40여 일간의 연속적 공습과 100여 시간의 지상전이 전개되었다. 그 결과로 이라크의 전쟁수행능력이 대부분 와해되고 1991년 4월 3일 이라크는 무조건 항복을 하였다.

이에 안보리는 결의문 687호를 통하여 광범위한 종전조건을 부과하였는바, 특히 이라크가 핵무기등 대량파괴무기 및 장거리미사일을 보유하는 것을 금지하고, 특히 이라크의 핵무기 및 시설의 포기 및 자진파괴를 요구하였다. 또한 이라크에 대한 제재를 다루기 위한 유엔 이라크 '제재위원회(Sanctions Committee)'가 설치되었다. 안보리는 이라크에 관한 유엔특별위원회(UNSCOM, UN Special Commission)를 설치하고, IAEA의 사무총장으로 하여금 핵문제에 관하여 NPT조약의무의 이행여부를 감시, 검증하기위한 계획을 수립하도록 요구하였다. 그리하여 UNSCOM(1999년에는 '유엔감시검증사찰단'—UNMOVIC: UN Monitoring, Verification, and Inspection Commission—으로 대체)은 핵무기를 제외한 대량살상무기 및 전달수단에 관하여, 그리고 IAEA는 핵

무기에 관한 이행 여부의 감시를 담당하였다.[30)]

2003년까지 약 12년 이상에 걸친 유엔과 IAEA의 활동에도 불구하고 사담 후세인 정권의 반발과 회피 등의 비협조속에서 계속해서 논란의 대상이 되었다.[31)] UNSCOM과 IAEA는 1991년이래 1998년까지 250여 차례의 현장사찰을 통해 48기의 장거리 미사일, 690톤의 화학무기 원료 등을 폐기하는 실적을 거두었다. 그러나 사찰활동은 이라크 정부의 방해 및 회피등으로 여러 차례 제약을 받았으며, 1998년 12월 사찰단은 실질적 사찰이 어렵다는 이유로 이라크에서 전면 철수하기도 하였다. 사담 후세인 정부의 간헐적인 사찰 거부 등에 대하여 유엔은 경제제재의 계속은 물론 여러 차례에 걸쳐 군사제재를 감행하는 등 응징을 가하기도 하였다.[32)]

2001년 집권한 부시 미국행정부는 후세인정권이 계속해서 유엔의 종전의무를 무시하고 대량파괴무기를 비밀리에 개발한다고 지목하였고, 안보리도 결의문(1441호, 2002년 11월 8일)을 채택하고 이라크가 '결의문 687호에 대한 중대한 위반'을 하고 있다고 지적하였다.[33)] 안보리결

---

30) UNSCOM과 IAEA는 광범위한 권한을 행사하였다. 이 기관들은 정한 바 계획에 따라 이라크 내의 어떤 시설, 장소, 활동, 물질에 대한 불시(unannounced)적 사찰을 하거나 사찰·감시등의 목적을 위해 영공침해(overflight)를 할 수 있었다. UNSCOM은 매 6개월마다 그 감시 및 검증활동에 관하여 안보리에 정기적으로 보고해야 하며, 필요한 경우 임시보고를 수시로 할 수 있었다.

31) 가령 1997년 10월 사담은 UNSCOM의 이른바 예민한 지역의 사찰을 금지하고 미국 사찰팀을 추방함으로써 긴장을 고조시키기도 하였다. 그후 러시아가 주도하는 외교적 협상과 미국의 걸프지역에서의 군사적 배치강화의 결과로 이라크는 다시 사찰팀의 복귀를 수락하였으나 1998년 초 또다시 UNSCOM 활동을 방해하였다.

32) 1993년 1월 이라크가 사찰을 거부했을 때 미국·영국·프랑스는 안보리 결의 위반을 이유로 이라크에 대한 크루즈미사일 공격을 감행한 바 있다. 또한 UNSCOM 철수 직후에도 미국과 영국은 이라크 내 핵개발 의혹 시설물을 4일간 집중 폭격하기도 하였다.

33) 유엔 결의안과 미국의 단호한 입장에 처하여 이라크는 2002년 11월 13일 결의안에서 규정한 무기사찰 수용의사를 표명하였다. 이에 따라 유엔 이라크사찰

의문에 명시한 '심각한 결과'의 해석과 새로운 안보리의 무력사용 승인 필요성에 관한 논란 속에, 미국은 2003년 3월 20일 후세인 정권에 대한 대규모 군사행동을 전개하여 제2차 걸프전쟁이 발발하였다. 미국주도의 군사작전은 비록 약 3주간의 속전속결 단기전으로 끝났으나 1991년과는 달리 중국, 러시아, 프랑스 등의 반대 속에 안보리의 승인이나 협조를 받지 못하고, 미국과 영국 등 다국적군에 의한 합동작전으로 일방주의적으로 이루어졌다.

결국 미국의 군사작전은 미국의 일방적인 승리와 사담 후세인 정권의 몰락을 초래하였다. 미국은 이라크에 대한 군사점령을 시발로 민주정부를 수립하기위한 일련의 계확하에 군정을 실시하였고, 그 결과 과도정부 구성, 제헌의회 구성, 헌법제정, 민주적 자치정부 수립을 거쳐 이라크 공화국이 탄생하였다. 그 결과 이라크에 대한 유엔 제재는 해제되었다.[34)]

그러나 이라크에 대한 미군의 군사공세에 빌미가 되었던 이라크의 핵개발 의혹은 대부분 그 실체가 없었던 것으로 드러났다. 가령 2004년 9월의 미국의 이라크 조사단(The Iraq Survey Group)은 18개월간의 조

은 중단된 지 약 4년 만에 11월 27일부터 재개되었다. 유엔사찰단 과 IAEA 사찰단원 약 300명은 과거의 핵 의혹시설을 포함, 미국 정보기관들이 화학무기 저장고로 지목한 시설등에 대한 사찰을 재개하였다. 이라크는 2002년 대량파괴무기가 더 이상 존재하지 않는다는 내용의 1만 2천 페이지의 자체 보고서를 UN 사찰단에 제출하였다. UN 사찰단은 자체 사찰활동과 이라크의 보고서 분석 내용에 의거, 이라크 실태에 대한 평가보고서를 2003년 1월과 2월 각각 UN 안보리에 제출하였다.

34) 제재해제는 안보리 결의안 1483호(2003. 5. 22)로 채택되었다. 결의안은 경제제재의 즉각적 해제, 미국 및 관련 연합국에게 이라크 과도정부에 대한 권한부여, 이라크의 전면적인 석유판매 허용, 석유식량 교환프로그램의 6개월 연장. 결의안은 또한 이라크 개발기금(Development Fund)의 설립을 인준하고 사무총장이 임명하는 대표를 포함하여 전문가로 구성된 국제자문 및 감시위원회의 감독을 받도록 하였다. 전쟁개시 이래 처음으로 안보리는 전폭적인 지지(14개국 찬성, 시리아 무투표)로 이라크 관련 결의안을 채택하였다.

사 끝에 이라크가 2003년 당시에 대량파괴무기 위협이 되지 못했다고 평가했다. 이러한 조사결과는 UNMOVIC 가 2003년 2월 발표한 바와 내용이 일치하는 것이다.

사담 후세인 정부의 재임기간 동안 지속되는 경제제재 및 군사제재에도 불구하고 이라크 국민에 대한 탄압이나 쿠웨이트 등 인근국가에 대한 적대적 태도를 바꾸지는 않았다. 그러나 유엔제재는 이라크로 하여금 대량파괴무기체제의 재건 방지 및 역량 억제, 금지무기파괴, 걸프전에서 손실된 무기의 축적차단 등으로 이라크의 군사적 재건을 방지하는 효과를 거두었다. 이는 유엔역할의 매우 중요한 소득이라고 할 수 있다.

2. 북한 핵문제와 제재

북한핵 위기가 최초로 표면화된 것은 IAEA가 1993년 2월 북한에 대한 임시사찰을 시행한 결과, 북한의 NPT 조약상의 보고내용과의 불일치를 발견하고 특별사찰을 요구하였으나, 이 요구를 거절한데서 발단하였다. 북한은 1985년 12월에 NPT조약의 당사국이 된 이래, 북한의 핵시설과 물질에 관한 최초보고서를 제출한 바 있으나, 보고서의 문제와 사찰거부가 IAEA와 유엔안보리 및 총회의 논의대상이 됨으로서 북한 핵의 '제1차' 위기가 발생 한 것이다. 북한은 사찰 요구 등 국제사회의 압력에 직면하여 NPT조약(10조)에 따른 탈퇴를 선언하였으나, 90일 경과 후 발효직전 탈퇴를 유보하였다. 그러나 계속적인 요구에도 불구하고 북한은 정기 및 특별사찰을 거부하였다.

그러나 유엔 안보리의 직접 관여나 조치는 이루어지지 못했다. 기본적으로 유엔안보리 상임이사국 간의 합의가 어려웠기 때문이다. 안보리는 다만 북한의 NPT 조약탈퇴의 재고를 요청하고(결의문 825호), 의장성명이나 대언론성명을 통하여 북한의 IAEA의 사찰 수용을 촉구하기도 하였다.[35] 미국은 한편으로는 북한과의 협상을 시도하면서, 북한에 대한 유엔의 제재를 가하기 위한 안보리회원국들의 협조를 구하였다. 그러나 이러한 제재 시도가 실패하자 미국과 북한의 고위급회담을 통하여 이른바 '핵협정 틀(Nuclear Agreement Framework)'에 의해서 1994년 10월 북한 핵문제가 쌍무적으로 타결되었다. 그 주요 내용은 북한에게 2개의 경수로건설을 지원하는 대신, 북한이 핵계획을 중지, 궁극적으로 해체하는 약속이었다. 경수로 지원은 미국, 일본, 한국이 국제컨소시엄을 통하여 약 40억 불의 비용을 부담하여 이루어지게 되었으며, 그 결과 '한반도에너지개발기구(KEDO)'가 설치되었으나, 결과적으로 미북 핵문제해결 노력은 실패하였다. 2002년에 이르러 북한이 플루토늄 생산과 더불어 우라늄 농축 프로그램을 운영하는 것이 확인되자, 미국과 KEDO 당사국은 지원을 중단하기에 이르렀고, 이는 '제2차' 핵위기로 비화하였다.

새로운 핵위기에 직면하여 미국은 보다 강력한 압박정책을 구사하였다. 2001년에 집권한 부시 행정부는 출범초기부터 북한을 '악의 축' 국가의 하나로 지명하고, 북한의 핵프로그램 포기를 추구하였다. 북한은 이에 맞서 자위권을 내세우며 '벼랑 끝 전술'을 구사하면서 미국과의 직접 협상을 모색하였다. 그 후 북핵문제는 미국의 다자적 접근 전략에 따라 3자회담, 그리고 4자회담을 거쳐 2003년 8월 이래 6자회담(남·북한, 미국, 중국, 러시아, 일본)을 통하여 지역적 혹은 복합적(plurilateral) 다자협상으로서 다루어져 왔다. 기본적으로 북한은 핵프로그램을 포기하는 대신 미국으로부터 경제적 보상과 국교정상화 등 정치·외교적

35) 1993년 3월 12일 북한의 NPT 탈퇴선언 이후 야기된 제1차 북한 핵위기 및 미사일 관련 유엔의 조처는 4·8 대언론성명(북한의 NPT 탈퇴 결정에 대한 우려 표명), 5·11 결의안 제825호(북한의 NPT 탈퇴선언에 대한 재고 촉구), 1994. 3·31 의장성명(북한의 IAEA 사찰 수락 촉구), 5·30 의장성명(IAEA 사찰이행을 위한 북-IAEA 간 협의 촉구), 11·4 의장성명(북·미 간 제네바합의 환영), 1998. 9·14 대언론성명(북한미사일(대포동1호) 발사에 대한 유감 표명) 등이다. 졸고, "북한 핵문제와 UN," 『외교』 제80호 (2007.1), pp.45-57 참조.

상응조치를 요구하고 있다. 다만, 북한이 핵프로그램의 동결이나 폐기 이전에 미국으로부터 경제 및 안보 보장 등의 선불(advance payment)을 요구하는 반면, 미국 또한 북한이 먼저 조치를 위한 후에야 보상을 하겠다는 입장을 고수하였다. 미국은 'CVID(Complete, Verifiable, Irreversible, Disarmament)'차원의 검증을 통하여 북한의 협력을 요구하였다. 이러한 상반된 입장은 2004년 2월 6자회담에서 일련의 합의와 여러 개의 실무그룹의 설치 등을 통하여 타협되었다.

2005년 6자회담에서 9·19 공동성명을 통하여 북한의 핵폐기와 관계정상화를 골자로 하는 합의를 이루었다. 그 이후 북한의 위조달러 유통 및 불법거래와 관련하여 방코델타아시아(BDA)의 북한자산동결 조치와 관련하여 6자회담은 1년 이상 공전하였다. 그러나 BDA 문제가 해결되고 북한의 핵실험이 이루어진 후, 18개월간 공전하던 6자회담은 북한의 복귀와 미국의 입장전환으로 2007년 2월 13일, '9·19공동성명 이행'을 위한 '베이징합의'로 새로운 계기를 맞이하였다.

한편, 북한 핵에 대한 유엔의 직접적인 관여는 2006년에 이루어졌다.[36] 북한이 7월 미사일 발사실험에 이어 국제사회의 우려와 유엔안보리의 경고에도 불구하고 10월 9일 핵실험을 강행함으로써 "제3차" 핵위기가 발생하였다. 유엔 안보리는 즉각 이 사태를 논의하고 유엔헌장 제7장에 따라 행동하는 것을 명시하고 제41조에 따라 여러 가지 조치를 강구하기로 결정하였다.[37] 안보리는 결의문 제1718호(10월 14일)를 채택하여 북한의 핵실험을 규탄하고 북한에 대하여 일련의 경제제재조치를 취하였다. 즉, 대북 핵관련 물자 및 사치품 수,출입 금지, 제한적 금융제재—핵·미사일 관련 북한 자산 동결(인도적 물품 제외), 여행제한—북미사일 관련자 입국 거부, 북한화물 검색 협력촉구, 제재위원

36) 윤덕민, "북핵문제해결의 과제와 우리의 대응방향," 한국전략문제연구소 편, 『KRIS 창립 20주년 논문집: 북한핵문제와 위기의 한국안보』(2007.10), pp.1-5.
37) 졸고, "북한 핵문제와 UN," 전게논문.

회 설치 등이 그것이다. 다만, 안보리결의는 제7장에 근거하였지만 미국의 주도와 이사국들의 타협과정에서 헌장 제41조에 국한함으로써 제42조에 의한 무력제재의 가능성을 전혀 배제하였다.

북한 핵문제에 관한 안보리의 제재는 북한 핵문제의 사태발전에 있어서 매우 중요한 조치로서 여겨진다. 이미 미국, 일본을 비롯하여 여러 국가들이 북한에 대한 개별적 경제제재를 부과하고 있는 상태이다.[38] 안보리의 조처는 북핵문제가 미 · 북간의 양자문제나 지역적 문제가 아닌 국제적인 의제로 다루어짐을 공식적으로 인정하는 계기기 되었다. 안보리 조처의 이행을 통해서 북한에 대한 경제적 압박뿐만 아니라, 향후 북한에 대한 지속적인 다자적 압력을 행사하는 중요한 근거가 되기 때문이다. 특히 북한 핵문제가 안보리의 의제로 논의되거나 북한에 대한 어떠한 제재도 반대해 온 중국, 러시아 등이 조치에 합의함으로써 결국 안보리의 만장일치로 채택된 것은 북한 핵문제에 대한 주요국가의 우려를 반영한 것이다.

3. 이란 핵문제에 대한 논의

이란의 핵문제는 2002년 8월 이란의 반정부 그룹이 이란 정부가 2개의 미신고 핵시설의 운영과 핵물질 및 장비 등을 구입하는 위장회사에 관한 정보를 밝힘으로써 대두되었다. 이란은 NPT 조약에 의한 안전협정에 의해서 IAEA에 핵시설을 신고할 의무를 이행하지 않은 것이 드러난 것이다.[39] 2003년 중반까지 이란의 핵 활동의 실체가 점점 더 밝혀

38) 가령 미국은 1950년 한국 전쟁 발발과 더불어 수출 관리법, 적성국교역법, 대외원조법 등에 의해 제재가 시행 중이다. 이에 의해서 미국은 단천은행 등 12개 북한기업에 대한 자산동결 등의 조치를 취하였다. 또한 1987년 KAL기 폭파사건으로 미 국무부 테러지원국가로 분류, 금수국가 명단에 포함되었으나. 2008년 10월 해제된 바 있다.

39) 그 시설은 아락(Arak)의 중수로 발전소, 나탄츠(Natantz)의 우라늄 농축 시설이

지자, IAEA는 이사회 논의를 통하여 이란의 핵 활동에 관하여 이란의 해명을 촉구하였다. 한편 미국은 이란의 핵개발 의혹을 강경하게 비난하였으며, 안보리 제재를 거론하였다. 프랑스, 독일 및 영국의 외무장관들은 2003년 10월 말 이란과의 타협을 통하여 이란이 핵문제에 관하여 IAEA와 협조하는 대신, 유엔안보리에 회부하려는 미국의 조치를 차단하도록 하였다.

이란은 IAEA에 대한 추가 보고에서 1990년대 말 이래 미신고농축 및 재처리실험을 한 사실을 처음으로 인정하였다. 2003년 11월 IAEA 이사회는 이란의 조처를 환영하고 이란의 핵활동에 관한 해명과 NPT 의무이행을 강력히 촉구하자 이란은 NPT '추가의정서(Additional Protocol)'에 서명하였다. 그러나 미국은 이란의 핵활동이 평화적 목적이 아닌 핵무기개발을 위한 조치라고 의혹을 계속해서 제기하고, EU와 함께 이란의 핵활동을 중지하도록 촉구하였다. 그러나 이란은 평화적 목적임을 강조하면서, 현행 NPT 조약하에서 평화적 목적의 핵 활동은 다른 국가의 경우와 마찬가지로 자국의 '고유권한(inalienable right)'이라는 주장을 하였다.[40)]

그러나 2004년에도 이란 핵문제는 점점 상황이 어려워졌다. 2월에 IAEA는 이란의 핵 활동사실을 추가로 발견하였고, 이란은 이에 대응하여 핵 농축활동을 재개하고 IAEA의 절차에 따라 상업적 판매를 할 의사를 피력하였다. 6월 IAEA 보고서는 이란의 핵 활동 신고에 허위가 있음을 밝히고 이란이 인정한 것보다 더 많은 핵 농축 활동이 이루어졌다고 발표하였다. 미국의 계속적인 비난과 안보리 회부문제가 불거지자, EU-3 국가들은 이란과의 협상을 통하여 2004년 11월 '파리협정'을

문제가 된 것이다. *UNA-USA, A Global Agenda* (Special Anniversary Edition), p.99.

40) 이란은 특히 일본의 전면적 핵활동 프로그램을 모델로 삼으려는 의도를 갖고 있다. 가령 IAEA 시찰관들의 상주 등 국제사회에 이란의 평화적 핵활동 의도를 확신시키겠다는 것이다. *UNA-USA, Global Agenda* (2004-2005 Edition), p.100.

체결하고 이란의 핵 활동의 중지 합의를 이끌어내었다. 그러나 이란은 핵 중지 활동은 어디까지나 잠정적인 것이라고 주장하였다. 2005년 및 2006년에 걸쳐 이란 핵사태는 국제사회의 경고와 이란의 핵 활동 재개 의사 표명 등으로 계속 갈등이 깊어졌다. 2005년 1월 이란이 우라늄전환시설을 가동하자, EU는 핵협상을 중단하였으며, IAEA이사회는 "모든 핵관련 활동 중지"를 요구하는 결의안을 만장일치로 채택하였다. 2006년 1월 이란은 러시아의 중재안을 거부하고 핵연료연구 재개를 선언하였다. 그리고 곧 이어 핵시설 봉인을 제거하고 2년여간 중지되었던 연구재개를 개시하였다.

2006년 12월 말 유엔안보리는 이란에 대해서 최초로 제재부과를 결의하였다. 결의안은 이란에 대해 우라늄 농축 및 원전건설 중단을 요구하는 한편 유엔회원국들에게 핵무기 및 미사일 관련 장비와 가술의 금수조치, 그리고 핵 의혹 관련 이란원자력기구 등 10개 기관과 12명의 자산을 동결하였다.[41] 미국의 주도로 이루어진 결의안은 러시아의 반대에 부딪혀 러시아 측이 요구한 이란 관리들의 여행제한문제 및 제한적 금수문제를 일부 수용한 것이다. 그러나 안보리 결의는 전체이사국의 타협을 거쳐 만장일치로 채택된 점에서 국제사회의 우려를 반영하였다. 그러나 이란은 평화적 목적의 핵 활동을 강조하고 이를 방해하는 것은 주권침해라는 주장을 펴면서 안보리의 요구를 무시하고 있다.[42]

NPT 당사국 사이에서 이란의 핵 개발의사와 의혹은 딜레마를 안겨주고 있다. 핵 활동의 비차별성(non-discrimination) 혹은 공정성문제에서 개도국들이 일본, 브라질, 혹은 이스라엘의 핵활동이나 핵보유 문제를 제기하기 때문이다. 미국은 이란의 핵 활동에 관한 미국의 의혹제기가 정당한 것으로 입증되었다고 주장하고 제재 가능성을 시사하고 있

41) "안보리, 이란 핵 제재 결의,"『중앙일보』(2006.12.25).

42) 이란은 NPT와 IAEA의 틀 가운데서 그 약점(loophole)을 이용하는 영리한 불이행(smart non-compliance) 사례라고 할 수 있다. 류광철 외, 전게서, p. 391.

다. 다만, 이라크 사태 등 미국이 처한 곤경에 비추어 군사적 조치보다는 안보리에 의한 경제제재를 염두에 두고 있다. 안보리의 대다수 상임이사국들은 미국의 안보리 회부조치 가능성을 명분으로 이란으로 하여금 궁극적으로 핵 프로그램 포기에 동의하도록 압력을 가하는데 집중하고 있다. 따라서 이란 핵문제에 관한 한 안보리의 역할은 제재 등의 명시적 조치보다는 향후 잠재적인 조치가능성을 전제로 한 억지력과 예방적 역할에 국한되고 있는 것이 현실이다.

4. 리비아 제재와 핵 프로그램 포기

유엔안보리는 1992년과 1993에 걸쳐 리비아의 카다피(Muammar el-Qaddafi) 정권에 대하여 테러리즘을 이유로 경제제재(결의안 731, 748)를 부과하였다. 그것은 리비아 정권이 1988년 로커비(Lokerbie) 상공에서 민간항공기인 팬암(Pan Am)기 103호, 그리고 니제르에서 UTA 772호를 폭파시킨데 대한 책임을 물어, 유엔 역사상 최초로 '테러리즘'에 대하여 헌장 7장을 원용하여 응징을 가한 사례였다. 안보리 결의안 748호(2002. 3)는 리비아에서의 항공기 이착륙 금지, 리비아 외교관 해외주재규모 축소 및 여행제한 등을 부과하였다. 그 이후 안보리는 다각적안 경제제재를 부과하였는바, 가령 결의문 883호는 해외자산동결 등 금융제재, 석유수송터미널 및 정유소용 장비판매중지 등의 조치를 취하였다.[43] 카다피 정권의 반발과 저항에도 불구하고 10년 이상 지속된 유엔의 맞춤식 제재에 굴복하여 리비아는 미국이 테러 혐의자로서 지목한 2명의 리비아 정보기관원을 재판기관에 인계하였다.

유엔제재와 국제사회의 압력 속에서 카다피 정권의 경제적 궁핍은 물론 국내정치적 위기와 국제적 고립에 처하게 되자, 카다피는 미국 및 영국과 외교적 협상을 한 끝에 2003년 12월 테러리즘의 포기와 핵개발

43) David Cortright & Gorge A. Lopez, *op. cit.*, p.98, pp.116-120.

프로그램의 포기를 극적으로 선언하였다. 리비아는 테러리즘에 대한 책임과 배상을 인정하고 추가적인 조사등에 전적인 협력을 약속하였다. 또한 핵 프로그램 제거에 관하여 IAEA의 사찰과 이에 따르는 협조를 약속하였다. 이에 따라 안보리는 결의안 1560호를 통하여 10여 년 이상 지속된 리비아에 대한 제재를 해제하기에 이르렀다.

리비아의 사태는 유엔안보리를 중심으로 미국, 영국 등 사건 당사국과 안보리의 상임이사국의 단결에 의하여 테러리즘에 대한 단호한 조치로서 국제규범의 준수와 법의 지배를 확립하였음을 과시한 것이다. 특히 무력 사용에 의하지 않고 효과적으로 제재의 효과를 거둔 점에서 매우 성공적인 조치로서 평가된다. 이러한 사례는 국제사회에서 유엔의 효과적인 제재로서 반테러와 비핵확산의 목표를 달성하는 혁신적인 모델로서 인식되고 있다. 이러한 맞춤식 제재방식은 그 후 라이베리아, 앙골라, 그리고 탈레반과 알 카에다에 대한 제재에도 활용되었다.[44]

그러므로 안보리의 역할은 직접 리비아의 핵개발 의혹에 대한 제재로서 나타나지 않았지만, 결국 리비아 정권에 대한 입체적인 정치, 경제적 압박이 핵 포기를 비롯하여 리비아가 '정상국가'화하는 성과를 거두는 데 기여한 것이다.

V. 비핵확산 관련 유엔의 기여: 역할 및 기능

유엔은 비핵확산 분야에서 유용한 국제사회의 포럼, 다자외교의 수단, 그리고 그 스스로의 독립된 행위자로서 국제평화의 안전 및 유지에

---

44) Thomas E. McNamara, "Sanctions Can Succeed in UN Counter-Terrorism Efforts: The Libyan Example," *UNA-USA, A Global Agenda* (2004-2005 Edition), pp.193-194.

크게 기여하여 왔다. 유엔의 다양한 기여는 일반적으로 국제규범의 설정, 국제사회의 투명성 강화, 전문지식 및 자원의 제공, 그리고 국제적 정당성 제고 등 4가지로 분류하여 살펴 볼 수 있겠다.

1. 국제규범 설정

국제규범(norm)이란 광범위한 의미에서 국제사회를 유지하기 위해서 국제사회가 명시적 · 묵시적으로 합의 · 준수하는 원칙과 관행을 말하며, 이는 국제법, 조약, 관습법, 관습, 혹은 보편적가치 등의 형태로 존재한다. 국제규범의 설정은 국제사회에서 군비통제에 관한 일반적 인식을 제고하고, 국제사회가 행동할 수 있는 기준과 규칙을 마련하는 것이라고 할 수 있다.

유엔은 협상이나 회의를 통해서 국제사회의 다양한 공동관심사에 대하여 논의하고, 이에 대한 원칙과 기준을 정하고, 나아가서 이들을 수행하는 데 필요한 수단을 마련하는 기능을 하는 경우가 많다. 유엔은 지속적인 협상의제를 가지고 국제사회에서 혹은 유엔 회원국들이 받아들일 수 있는 국제규범을 설정하고 조약을 체결한다. NPT조약, CTBT조약을 비롯하여 "대량파괴무기"에 관한 협약을 포함하여 15개 이상의 중요한 국제규범의 체결을 주도하거나 촉진자로서의 역할을 한 것이 그 구체적인 예이다. 또한 탈냉전 시대에 국제테러리즘의 증대와 핵테러의 가능성 증대에 맞추어 관련 결의문이나 국제협약의 체결 등을 주도한 것도 주요한 사례가 된다.

유엔은 또한 국제사회의 일반적 원칙과 선언을 구현하기 위한 구체적 기준과 방안으로서 다양한 토론, 토의, 그리고 여론화과정을 통하여 국제사회의 인식과 태도를 변화시키고, 국제사회의 공식의제로 등장하도록 기여한다. 가령 1969년 총회는 국제군비통제를 유엔의 주요한 의제로 부각시키고 이를 다루기 위해 1970년대를 '군축 10년(Disarmament Decade)'으로 설정하고 각국 정부가 핵경쟁의 중지를 비롯하여 대량파괴무기의 제거 등 필요한 조치를 취하도록 촉구하였다. 이어서 1980년대는 '제2차 군축 10년'으로 정해져서 특별히 개발분야로의 자원전환을 촉구하였고, 1982년 총회는 '세계군축운동(World Disarmament Campaign)'을 전개하기로 결정하고, 군비통제에 관하여 일반인들을 교육하고 지지를 확산하기위한 노력을 하기도 하였다.

그리고 탈냉전시대에 있어서 군사안보로부터 '인간안보(Human Security)'로 확대됨에 따라서, 환경, 인권, 난민, 기아, 인구의 문제가 안보의 중요한 내용이 되고 있다. 이러한 문제를 해결하는 중요한 요소는 '개발(development)'이기 때문에 소위 "개발을 위한 군축"이라는 명제가 논의되고 있는 것도 그 한 예이다.

물론 이러한 규범설정이나 의제의 합의가 항상 국제사회의 일치된 의사를 반영하지는 않기 때문에 문제가 생길 수 있다. 가령, "일반적이고 철저한 군축"에 관하여 각국은 상이한 해석을 내릴 수 있다. 실제로 이 규정에 관하여 핵보유국과 비핵보유국은 해석을 달리하였던 관계로 CTBT 체결, 협상에 대한 진전이 미약하였다. 그러나 동시에 국제사회는 유엔에서 이러한 문제에 대한 계속적인 논의와 협상을 통해서 합의를 도출해 낼 수 있음을 보여주었다.

국제규범은 국내사회와 마찬가지로 국제사회의 마찰과 갈등을 해소하고 협력과 공조를 유도함으로써 국제사회의 질서를 지키기 위한 수단으로서의 의미를 갖는다. 그리고 국제사회에서의 권한과 의무를 뒷받침하는 중요한 준거로서, 특히 자발적 혹은 강제적 방법으로 국제사회의 유지를 위해서 필요한 제도를 갖는 경우가 많다. 그러므로 유엔은 국제사회의 변화에 따라 비핵확산이나 국제군비통제에 관하여 새로운 규범을 창설하거나 규범을 수정, 보완하는 지속적인 노력을 하고 있다고 할 수 있다.

2. 투명성 확보

유엔은 회의외교, 공개논의, 다자외교라는 특성상 국제사회의 구성원들에게 국제사회의 다양한 문제에 관하여 그 내용과 논의과정을 이해시키고 참여케 함으로써 국제사회에서 투명성(transparency)을 제고하는 기능을 수행한다. 비 핵확산에서 투명성의 확보는 일정한 기준과 규칙에 따라 국제사회의 당사국들이 합의하는 국제협약을 체결하고, 또한 그 협약이나 규칙이 제대로 이행(compliance)되는지 여부를 감시, 감독하는 과정을 통하여 이루어진다. 따라서 주로 사찰 등 '검증(verification)'과 만약 그에 대한 위반이 있는 경우 적절한 '제재(sanction)'를 통하여 이를 시정 혹은 회복하는 활동이다.[45] 이와 함께 핵관련 활동에 관한 공개와 군사역량 및 재정에 관한 객관적 정보를 교환함으로써 '상호신뢰구축(CBM)'을 도모하는 것을 포함한다.

투명성은 왜 필요하고 또한 중요한가 하면, 국제사회에서 상호불신과 불만을 방지 혹은 해소하고, 국제관계에서 신뢰와 안정성을 마련하는데 긴요하다. 상호신뢰와 믿음의 기초가 없으면 국제사회의 구성원들은 상대방의 의도와 정책에 대하여 끊임없이 의구심과 불만을 갖게 되고, 국가간의 '안보 딜레마(security dilemma)'를 야기하고 그 결과 불필요하게 군비경쟁 혹은 핵경쟁(nuclear race)을 야기하게 된다.

그러므로 투명성을 확보 혹은 제고함으로써, 그리고 상호의 차이점과 공동관심사에 대한 이해를 도모함으로써 신뢰를 쌓게 되는 것이다. 가령 NPT 조약하에서의 조약가입국의 정기보고서 제출이나 IAEA의 안전장치 그리고 현장 사찰이나 시료채취 등 검증수단은 당사국의 조약이행여부에 대하여 투명성을 확보함으로써, 국제규범의 준수에 관

---

45) Debra L. Miller, "Contributions of the UN to International Security Regimes," Toby T. Gati, ed., *The US, the UN, and the Management of Global Change* (New York: NYU Press, 1983), pp.137-138.

한 국제적 신뢰를 높이는 데 기여한다. 만약 이러한 투명성이 확보되지 못할 때, 유엔의 기관들은 문제를 시정하거나 강제하는 규정이나 장치를 갖고 있는 경우가 많다. 그러므로 북한의 핵개발 의혹과 관련하여 IAEA와 안보리가 북한의 핵사찰준수를 요구하고 그 불이행에 관하여 국제사회의 여론 조성과 유엔안보리의 제재를 부과한 것이 투명성 제고노력의 중요한 예라고 할 수 있다.

다만 IAEA의 그 스스로의 검증수단과 절차를 갖고 있으나, 위반사실에 대한 구체적 제재를 위해서는 유엔안보리에 의존하지 않으면 안된다. 따라서 유엔안보리는 이러한 군비통제문제와 관련하여 개별군비통제체제의 위임에 의하여 혹은 독자적으로 가장 포괄적이고 강력한 권한을 행사 할 수 있는 권한을 갖고 있다. 그러나 실제로 유엔안보리 내에서 이러한 문제에 관하여 이사국들 간에 정치적 · 법적 합의를 도출하는 것은 쉽지 않다. 그리하여, 비핵확산과 관련하여 헌장 7장에 규정된 바의 '국제평화 및 안전유지'를 위한 제재조치들의 적용은 항상 논란의 대상이 되고 있다. 가령 지금까지의 유엔경제제재가 '핵문제'와 직접 관련되어 부과된 것은 이라크, 북한과 이란뿐이다. 더구나 이란의 핵개발 의혹을 둘러싼 미국과 중국 등 이사국 간의 입장 차이는 이란에 대한 경고조차도 매우 어렵게 이루어지는 등 미온적 대응으로 나타나고 있다.[46] 이러한 상황 속에서 각국의 자주적 방위능력의 확보 혹은 핵개발 노력에 대한 규제나 차단을 위한 유엔의 기여는 제한적일 수밖에 없다. 특히 유엔은 초국가적인 기구가 아니며 국제사회의 규범을 강

---

46) 나아가서 주요 군비통제조약이나 체제는 대부분 위반 당사국에 대한 포괄적인 제재를 할 수 있는 권한이나 물적, 인적 자원을 갖고 있지 못하다. IAEA 그리고 OPCW(화학무기금지기구)를 제외하고 국제기구나 체제가 스스로의 사찰, 감시기능을 갖지 못하고 있다. 이런 현실에서, 유엔의 군비통제 논의의 하나로서 검증체제를 위한 다양한 제안들이 제기되었는 바, 가령 특정한 조약의 이행조건에 맞는 개별 장치부터 다양한 조약들을 모두 다룰 수 있는 국제적 검증기구까지 제안되었다. 가령, 국제인공위성 감시기구의 창설논의가 그 예이다.

제하고 감시할 충분한 강제력이나 권한을 갖고 있지 않기 때문이다.

3. 전문지식 및 자원의 제공

유엔은 회원국에게 필요한 전문지식(expertise) 혹은 정보를 제공하거나, 때로는 물질적 · 인적 자원(resources)을 공여함으로써 회원국들에게 혜택을 부여한다. 유엔의 회원국이 되는 것은 국제적 공인과 위상의 확보이외에 실제적으로 각국이 획득하는 유용성, 즉 자료, 지식 및 정보의 획득, 그리고 경제지원이나 기술지원 등과 같은 물질적 혹은 인적 혜택을 받는 창구가 되기 때문이다. 특히 개도국들에게 있어서 전문지식이나 정보는 각국의 정책수립은 물론이고, 국제사회의 주요 논의와 과제를 파악하고, 국제회의나 협상에 임하는 데 필요한 중요한 자료가 된다. 재정이나 기술의 지원 등은 보다 직접적으로 비용적 측면에서 개도국들에게 실질적인 물질적(material) 이득을 안겨주게 된다.

가령 많은 비핵국가들이 NPT조약의 불공정성에 대한 우려와 불만에도 불구하고 사실상 조약당사국으로서 의무를 이행하는 것도, NPT가 규정하고 또한 IAEA가 수행하는 "핵의 평화적 이용"을 위한 정보와 전문기술의 지원으로 인한 혜택과 기대 때문이다. IAEA는 이미 언급한 바와 같이 핵의 평화적 이용과 더불어 군사적 전용의 방지를 목적으로 핵 관련의 지식, 기술 및 훈련, 자원의 지원 등을 실시하고 있다. IAEA의 기술지원은 광범위한 부문에 걸쳐 프로젝트지원, 전문가, 훈련, 장비의 제공 등의 형태로 이루어진다. 또한 핵에너지의 안전을 도모하기 위하여 핵발전소 프로그램의 개발 및 재정문제에 관한 상세한 연구를 통하여 회원국을 도와준다. 나아가서 핵에너지 및 방위원소를 생명과학, 자연과학, 식량 및 농업에 이용하는 연구를 시행하고 그러한 지식과 정보를 공유하도록 지원하고 있다.

나아가서 앞에서 본 바와 같이 총회 및 관련기구들에서의 비핵확산 토의, 그리고 안보리의 토의 참여나 비공식 협의, 그리고 각종 국제회의나 협상에 참여하는 회원국들 혹은 당사국들은 상호간에 그리고 국제기구 자체의 전문적 조사, 연구능력이나 정보수집능력을 통하여 현안에 대한 정보를 획득 혹은 공유하게 된다.

4. 정당성의 제고

국제적 정당성(legitimacy)이란 국제사회에서 합법성, 합리성, 그리고 도덕성을 바탕으로 국제적 권위를 확보하고 자발적인 참여나 지지를 확보하는 것이다. 국제사회에서 정당성이 주요한 이유는 국제기구의 활동이나 기능이 국제사회의 신뢰와 지지를 받음으로써 그 목적의 달성을 용이하게 하고 국제사회의 협력을 촉진하기 때문이다. 국제기구는 국제사회의 현안이나 활동에 있어서, 특히 '집단적 정당성(collective legitimation)'을 확보하는 주요한 기능을 제공한다. 국제기구에서의 각종 논의, 협상, 결의 등은 일정한 사안에 대하여 회원국의 인식, 태도, 정책의 변화를 유도할 수 있을 뿐만 아니라, 국제사회에서 정당성을 갖추게 하고 이러한 정당성은 그 목적하는 바의 정책이나 활동이 국제사회의 지지를 받는데 기여한다.

따라서 유엔이 주도하여 제정한 각종 조약등 국제규범은 물론 유엔 자체가 이미 국제사회의 유일한 보편적 다자기구로서 그리고 유엔의 활동 그 자체도 대부분 국제적 정당성을 갖는 것이다. 그러므로 NPT의 국제규범 위반에 대하여 유엔안보리가 성명서, 결의문의 채택, 경제조치나 '집단안보(collective security)'의 발동 혹은 경제제재의 부과 등 각종 활동을 통하여 핵 확산을 차단 혹은 방지하려는 노력은, 국제사회에서 권위와 정당성을 갖는 것이다. 가령 비핵확산과 관련하여 북한 핵문제, 이라크 사태나 리비아의 경우, 유엔의 관여정도에서 현격한 차이가 나지만, 결국 NPT 레짐의 강화와 유엔의 권한과 권위를 제고시켰다고 할 수 있다. 동시에 유엔안보리는 국제규범을 위반한 국가에 대한 경고 혹은 응징을 통하여 정당성을 부인한 것이라고 할 수 있다. 즉 핵확산 국가에 대하여 유엔안보리의 결의를 통하여 그 행위가 헌장이나 국제법 혹은 NPT조약을 위반함을 지적하고 그 시정을 요구함으로써 그 '비정당성' 혹은 '부당성'을 지적한 것이다.

'정당성'의 문제는 이른바 '정치화'를 통하여 자주 정치적 쟁점의 대상이 되는 것이 현실이다. 유엔에서 비핵화와 관련하여 유엔안보리 상임이사국 간에 그리고 총회의 논의에서 강대국과 개도국의 갈등은 서로의 입장에서 정당성을 확보하려는 경쟁으로 반영되는 경우가 많다. 또한, 개도국들이 유엔총회 등 숫적인 우세가 강한 국제기구를 선호하는 반면, 강대국들이 안보리에서의 논의를 고집하는 것은 이러한 국제기구가 그들의 관심현안을 보다 용이하게 관철시킬 수 있는 구조적 이점을 통하여 국제사회의 이름으로 정당성을 확보 혹은 제고하는 데 기여하기 때문이다. 비핵확산과 관련하여 특히 논란이 되는 것은 NPT 자체의 불공정성및 적용의 이중성, 안보리 상임이사국들이 핵독점국가로서의 기득권과 CTBT에 대한 미온적 입장, 유엔헌장이나 국제조약의 해석을 둘러싼 갈등으로부터 야기되는 유엔 역할의 정당성에 관한 문제 등이다. 이것은 유엔의 성격 및 구조, 그리고 국제체제 및 국제사회의 현실에서 불가피한 측면이 있고, 그 점에서 '정당성'의 정당성문제를 야기하는 원인이기도 하다.

VI. 유엔의 역할과 기여: 평가 및 한국에 대한 함의

1. 평가

지금까지 살펴본 바 비핵확산에 있어서 유엔의 역할과 기여를 몇 가지로 정리해 볼 수 있다.

첫째, 유엔은 비핵확산에 관하여 주변적이 아닌 국제사회의 구심적 역할을 수행하였다. 그것은 유엔 창설 이래 제도 및 의제의 확장, 그리고 NPT를 비롯한 각종 국제조약 등 국제규범의 탄생과 확립에서 주도적 역할을 하였다. 그것은 유엔의 탄생과 동시에 출현한 핵폭탄의 가공할 위험에 직면하여 국제사회가 유엔을 중심으로 그 대안을 모색함으로써 국제기구 포럼과 다자외교수단으로서 활용한 것을 의미한다. 물론 냉전시대에 초강대국인 미 · 소 간의 핵확산문제는 양자협정(SALT I,II, 그리고 START I, II)에 의한 자체적 해결에 의존하였으며, 국제사회가 직접 개입할 여지가 없었다.

하지만, NPT 조약의 불공정성 문제나 오직 수평적 핵확산문제에 치중한 것을 제외하고는 지난 60여 년간 국제사회에서 비핵확산의 심각성을 인식시키고 그것에 대한 최소한의 준거를 수립하고 국제사회의 규범을 수립한 것은 커다란 성과라고 할 수 있다. 탈냉전시대, 특히 9 · 11 사태 이후 테러집단에 의한 핵무기 사용 등의 문제가 주목을 받음에 따라서 유엔의 비핵확산 의제가 확장되었다. 더욱이 국제적으로 우려가 되는 이슈는 테러 등 비국가행위자에 의한 위협요소 이외에도, 암시장 거래, 특정국가에서의 비밀핵개발활동, 그리고 NPT 조약의 규정하의 공인된 핵프로그램을 위장한 핵무기개발시도 등이 있다. 유엔의 '국제평화 및 안전의 유지'라는 일반조항의 의미와 해석에 대한 점진적 발전은 시대적 변화와 국제사회의 의제에 따라 융통성있게 발전할 수 있음을 보여준 것이다.

둘째, 유엔은 더 나아가서 NPT 위반이나 헌장상 국제평화 및 안전을 위협하는 실제 사태에 관하여 유엔안보리의 적절한 경고나 권고, 그리고 제재를 통하여 적절히 대응해 왔다. 이러한 유엔의 활동 혹은 조치는 국제규범의 이행을 보장하여 결국 국제사회에서 투명성 확보, 정당성 제고에 기여하였다. 유엔안보리가 특히 헌장 제7장이 규정한 바의 절차와 내용에 따라 탈냉전시대에 이라크, 북한, 이란 등에 대한 경제제재, 그리고 리비아의 사례를 통하여 주도적 역할을 한 것은 국제사회의 다자외교수단으로서 혹은 강제수단으로서 유엔의 유용성과 가능성을 보여주고, 그 역할을 촉진하는 계기가 되었다. 비록 정도의 차이는 있지만, 이러한 실제사례에서 유엔이 비핵확산을 추구하는 꾸준한 노력은 적어도 '핵확산은 부당하다'라는 국제규범의 확립과 나아가서 응징을 통한 '학습효과'라는 점에서 잠재적 핵개발 혹은 NPT 조약 위반 국가에 대한 경고를 주었다.

셋째, 비핵확산에 있어서의 진전은 유엔 자체의 활성화, 특히 안보리가 탈냉전시대에 활성화 된 것과 밀접한 관련이 있다. 1990년을 전후한 탈냉전시대의 개막은 강대국 간의 핵전쟁의 위협을 감소시킨 반면, 개도국 간 혹은 테러집단에 의한 우발전쟁이나 테러위협 등의 가능성을 증대시켰다. 특히 이라크사태를 필두로 전반적으로 핵확산의 우려가 커지는 가운데 북한, 이란 등의 핵사태 등에 대한 조치를 위한 관심이 증대하였다. 새로운 국제여건과 국제적 위협에 직면하여 5대 상임이사국들은 강대국으로서 그리고 NPT 레짐의 주요당사자로서 비핵확산에서 단결된 의지를 과시한 것이 사실이다. 거부권을 가진 상임이사국 간의 단합과 집단적 지도력(collective leadership)은 유엔의 체제상 매우 중요하다는 점에서, 비핵확산의 규범확립과 안보리의 역할에서도 큰 기여를 하고 있다.

넷째, 다른 한편으로 유엔안보리의 '정치화' 그리고 정치적 의지의 부족은 여전히 유엔의 한계로서 작용한다. 우선 상임이사국들은 개도국들의 강력한 요구에도 불구하고 그들의 핵보유국으로서의 기득권을 유지하는 데 있어서, 전면적 핵실험금지를 요구하는 CTBT의 효력발효를 위한 노력에 미온적인 것이 사실이다. 이러한 '이기적' 국가이익의 추구양태는 대다수 개도국의 입장에서 강대국들이 NPT 레짐이나 안보리역할에서 정당성이 저하되는 결과를 보여주고 있다. 특히 강대국의 개별적인 이해관계에 따라서 국제현안에 대한 태도가 다른 경우, 가령 북한핵이나 이란 핵문제에 있어서의 입장차이는 결과적으로 제재 당사국은 물론 대다수 개도국에게 신뢰를 저하시키는 결과를 낳기도 한다.

다섯째, 보다 근본적인 제약은 유엔의 특성과 구조에 기인한 문제점이다. 가령, 현재의 거부권을 가진 상임이사국의 특권적 권한, 유엔 자체의 군사력등 강제력 결여, 그리고 유엔의 제재 등의 부과시의 허점(loophole), 가령 제재의 효과의 적실성, 제재의 회피등에 따른 효율성 문제 등은 해결하기 어려운 유엔의 한계이기도 하다. 따라서 비핵확산과 핵테러 문제는 유엔안보리의 결의나 IAEA의 사찰 결과의 공표만으로는 효과적으로 차단되기 힘들다. 가령 강대국의 군사적 조치나 위협, PSI 같은 강제적 차단조치, 수출통제 장치, 그리고 5대 강국 간의 단호한 협력등 다양한 방안에 의해서 보완되어야 한다.

끝으로, 이와 관련하여 특히 초강대국 미국의 의지와 역할이 중요한 변수가 된다. 미국은 일방주의나 양자주의적 접근 이외에 유엔의 '다자주의'를 병행하여 미국이 추구하는 대외정책을 수행하고 있다고 할 수 있다. 만약 미국이 다자주의를 소홀히 하거나 무시하는 경우, 그러한 정책이나 행동은 불가피하게 유엔의 활동에 커다란 장애물이 된 것이 사실이다. 가령 2001년~2008년에 걸친 부시 행정부가 다자주의에서 후퇴함으로써 미국은 핵관련 다자협상, 가령 군축회의나 군축위원회 활동에 지장을 초래하였고, 또한 CTBT나 '핵물질차단협정(FMCT)'의 추진도 지체하는 결과를 낳았다. 그러나 이라크나 리비아 사례의 경우처럼 미국의 첨예한 이익이나 관심이 있는 경우, 비핵확산의 '성공'은 주로 미국의 단호한 의지와 노력에 기인한 바 크다고 할 수 있다. 미국이 정당성(legitimation)의 확보로 국제적 여론과 지지를 획득하는 데 있어서 유엔은 매우 필요한 다자적 수단임을 보여주는 것이다.

2. 한국 및 한반도에 대한 함의

위에서 살펴본 유엔의 역할에 비추어 현재 북한 핵문제로 인한 유엔의 제재와 국제적 관심의 대상이 되고 있는 한반도와 한국에 미치는 함의를 살펴보기로 한다.

첫째, 비핵확산에서의 유엔의 권한이나 역할에 비추어 관련 규범 그리고 유엔기구들의 역할은 북한 핵문제해결에서도 중요한 요소가 된다. 북한 핵문제는 공교롭게도 4대 강대국 등이 NPT 레짐, 유엔제재 레짐, 그리고 한반도 6자회담의 직접 당사국인 점에서, 각국의 이해관계가 복합적으로 연결되어 있다. 현재 유엔의 역할은 대북제재의 부과에도 불구하고 한 · 미동맹이나 북한 핵문제 해결을 위한 한 · 미공조의 양자주의, 그리고 6자회담의 틀이라는 지역적 복합주의(plurilateral)에서 보조적 역할을 하는 데 그치고 있다. 하지만 만약 양자접근이나 6자회담의 접근이 실패하거나 부진한 경우, 유엔제재는 더 강화될 수도 있고 국제적 정당성을 가진 유용한 외교적 수단으로서 효력을 발휘할 수 있는 여지가 크다는 점에서 유용하다. 그러므로 한국의 입장에서 유엔을 양자주의를 보완하는 유용한 수단으로 활용해야 한다.

둘째, 유엔이 북한에 대하여 거듭된 경고와 권고를 거쳐 부과한 대북경제제재(결의문 제1718호)는 몇 가지 특징을 가지고 있다, 가령, 이 결의문은 핵실험과 관련하여 유엔이 부과한 최초의 제재조치이며, 안보리 이사국들의 만장일치로 채택된 점에서 유엔 및 국제사회의 단호한 입장을 표명하였다. 더구나 헌장 7장(41조)하에서 '제재'를 발동함을 명백히 함으로써 제재의 성격이나 해석, 그리고 결의안의 국제적 정당성 · 합법성을 분명히 하였다. 동 결의문은 '맞춤식'(혹은 표적) 제재의 내용과 성격을 갖고 있다. 즉, 전면적인 제재보다는 제재의 효과를 높이는 동시에 불필요한 '부작용'을 최소화하는 차원에서 보다 선별적 제재를 하고 있다. 또한 제재의 전반적인 실효성을 위하여 제재위원회 설치로 체계적인 제재 이행 관리, 감시체제를 구축하였다. 한마디로 유엔은 리비아나 이라크 등의 경험을 기초로 안보리의 타협을 거쳐 보다 치밀한 제재를 개발, 적용하고 있다고 할 것이다.

셋째, 이와 같은 대북제재의 특징에도 불구하고, 실제로 유엔 자체의 역량이 미비한 제도적, 구조적 제약 속에서, 현재 발효 중인 북한에 대한 경제제재의 발동 및 이행에서 개별회원국들의 적극적인 협조가 필수적이다. 특히, 미국과 중국 등 안보리 상임이사국을 포함한 주요 국가의 정치적 합의, 그리고 제재효과에 직접 영향을 미치는 주요 주변국가, 특히 중국 등의 적극적 지지가 필수적이다. 북한에 대한 안보리 결의안 1718호의 채택에 있어서 강경한 응징을 주도한 미국과 일본의 입장에 대하여 중국이 제동을 걸고, 결국은 경제제재에 부과하는 최종 결의문을 채택한 것은 바로 안보리에서의 강대국의 역학관계를 보여주었다.

그러므로 주요당사국의 정치적 의지 그리고 우선순위 등의 요소가 중요한 변수로 작용할 것이다. 따라서 한국은 북한 핵문제와 한반도 평화에 있어서 유엔의 역할의 가능성과 한계, 그리고 NPT 레짐의 당사자로서 미국, 중국 등 당사국들의 양자 혹은 다자적 접근의 외교력 구사, 그리고 한국의 유엔안보리를 통한 역할과 남북당사자 간의 관계, 즉 국제공조와 민족공조와의 조화문제등에 대하여 보다 철저한 이해와 대안이 필요하다

넷째, 특히 비핵확산과 관련하여 미국과의 공조가 중요하다. 앞에서 살펴본 바와 같이 미국은 초강대국일 뿐만 아니라 한미동맹, NPT레짐의 주요당사국, 안보리 상임이사국 등의 위상과 입장에서 주요한 역할을 할 수 있기 때문이다. 미국이 편의에 따라 독자적인 일방주의나 UN 체제 밖의 양자주의(가령 1994년 북미제네바 협정) 혹은 제한적 다자주의(가령 6자회담)로서 선별적이고 자의적인 다자주의를 시행해 온 것은 정도의 차이일망정 미국적 대외정책의 뚜렷한 한 형태라고 할 수 있다. 과연 버락 오바마(Obama) 행정부가 유엔과 다자주의에 대한 어떤 정책과 입장을 취할 것인가는 북한 핵문제 해결과 한반도 문제와 관련하여서도 중요한 변수가 될 수 있다. 따라서 한국은 미국과의 공조를 강화하기 위해서 6자회담과 더불어 유엔정책이나 다자주의적 접근에 대한 전략적 선택을 세밀히 준비해야 할 것이다.

끝으로, 한국은 유엔의 비핵확산의 규범 확립이나 의제의 확대, 그리고 NPT 및 CTBT 등 검증체계 강화에 대한 국제적 논의와 노력, 그리고 IAEA 등의 국제기구 활동 등에 더욱 적극적으로 참여하는 대유엔외교의 강화를 추진해야 한다. 중견국가에게 있어서 유엔 다자외교는 매우

유용한 대외정책의 접근 방안이다. 비핵확산에 대한 단호한 의지의 구현과 국제적 공조를 위해서는 한국이 이 분야에서 당사국 그리고 국제사회의 중추적인 선진 중견국가로서 전문성과 정당성에 기초한 다자외교에서 국제적 리더십을 발휘하는 것이 요청된다. 그것은 관련분야의 정책과 전략의 개발, 외교관이나 전문가의 적절한 양성과 활용, 그리고 각 의제와 기구 및 기관에 걸맞는 협상력 등을 배양하는 것을 포함 한다.

VII. 결론

지금까지 살펴본 바와 같이 비핵확산은 유엔이 지향하는 국제평화 및 안전이 유지를 위한 목표와 활동에 비추어 매우 중요한 의제이다. 유엔은 초창기부터 비핵확산 문제에 대한 관심과 정책, 그리고 제도의 발전을 통하여 그 역할을 강화하여 왔다. 냉전시대에 있어서도 NPT 등 각종 규범을 제정하고, 검증제도 등을 확립하는 등 다양하게 노력하였다. 특히 탈냉전시대에서 국제체제의 대폭적인 전환과 신국제질서의 형성은 군비통제문제에 관한 국제사회의 인식과 정책에 있어서 새로운 기폭제가 되었다. 전세계적으로 강대국 사이의 군사적 대결과 핵전쟁의 위협은 사실상 사라지고 이러한 여건은 NPT의 무기한 연장, OPCW의 창설, CTBT의 타결보장의 결과를 가져오는 데 이바지하였다.

또한 유엔 스스로가 독자적으로 혹은 IAEA나 회원국들의 위임에 의하여 권한과 활동의 폭을 넓혀오고 있다. 이라크에 대한 전면적 군사제재는 물론이고, 북한 핵문제, 리비아의 핵포기, 그리고 최근의 이란 핵문제논의까지 핵확산관련의 유엔의 대응은 꾸준하게 지속되었다. 비록 차이는 있지만 이와 같은 핵확산사례에 대한 유엔의 지속적인 토의와 활동은 결국 전반적으로 NPT레짐의 강화와 유엔의 권한 및 권위를 제고시켰다고 할 수 있다. 유엔은 국제사회의 유일한 보편적 다자기구로서 비핵확산에 관한 주관기구로서 적법성과 정당성을 갖고 있기 때문이다. 그리고 전반적으로 이러한 활동과 결과는 국제사회의 불안정을 해소하고 평화를 구축하는 방향에서 커다란 기여를 하고 있다고 평가할 수 있다. 특히 국제규범을 기초로 국제사회의 비핵확산의 투명성을 강화하고 필요한 전문지식과 자원을 제공하며, 국제적 정당성을 확보해 온 노력은 매우 고무적이라고 할 수있다.

물론 구체적인 유엔의 활동, 특히 해당국에 대한 감시, 사찰 등의 검증활동이나 제재는 많은 경우 정치적 편의와 유엔의 구조적 제약에 의해서 영향을 받게 됨으로써 그 효용성이 약화된다.

지금까지 핵확산의 발단, 경과, 전개사례도 다양하고 관련국가들의 이해관계도 다양하기 때문에 IAEA나 안보리등 관련기관에서의 논의나 대응과정도 매우 복합적이고 다양하게 나타난 것이 현실이다. 그럼에도 불구하고, 국제사회가 비핵확산에 관한 제도와 관행을 이미 확보하고 있으며 필요한 경우 궁극적으로 강제력을 발휘할 수도 있다는 개연성은 국제규범의 준수와 그이행의 협력을 위한 압력 혹은 억지력으로 작용하는 점에서 유엔의 역할과 활동은 그 의미가 크다.

특히 유엔안보리는 탈냉전시대에 있어서 헌장 제7장이 규정한 바, "국제평화 및 안전"의 개념을 보다 넓게 해석하고 있다. 비핵확산에 대한 구체적인 강제규정의 미비와 유엔집단조치의 근본적인 한계에도 불구하고 유엔은 이러한 의미에서 큰 기여를 하고 있으며, 계속 그 역할을 증대시켜나갈 것이다. 다만, 국제평화 및 안전유지의 제1차적 책임을 맡고 있는 안보리의 5개 상임이사국들이 바로 핵보유국이며, 주요한 무기수출국이라는 사실은 무척 아이러니한 사실이다. 그러나 이는 바로 군비통제의 논의에 있어서 이들 5개국들의 역할이 또한 필수적이라는 것을 나타낸다. 국제사회에 있어서의 위상, 유엔 내에서의 지위, 그리고 스스로 군사강국이면서 주요 무기수출국인 이들 국가들의 참여는 국제사회에 있어서 다자적 군비통제노력에 매우 중요한 요소가 되는 것이 현실이다.

국제군비통제에 있어서의 유엔의 역할은 유엔자체의 독립된 행위자의 역할과 함께, 결국 유엔 회원국들이 어떻게 유엔을 포럼으로서 혹은 도구로서 충분히 활용하느냐에 달려 있다. 더욱이 주요 강대국가들이 주도적 역할을 함으로써 보다 유엔의 활동이 촉진될 수 있는 것은 엄연한 현실이다. 그러나 유엔이 항상 이러한 강대국들의 조종과 압력의 수단이 되는 것은 아니다. 강대국들 간에도 의견이 일치하지 않는 경우가 많으며, 약소국들도 연대나 공조를 통하여 그들의 이익을 집약하고 필요한 의제를 설정하는 등 유엔을 활용할 수 있기 때문이다. 뿐만 아니라, 세계화시대 국제사회의 변화는 강대국을 포함하여 대부분 국가들 사이에서 보다 공통된 이해관계의 폭을 넓히고, 국제공동문제에 대한 협력을 강화하도록 요구하고 있다. 그런 점에서 유엔은 매우 유용한 다자외교의 포럼이며 다자협력의 구심점이 된다.

이와 같은 유엔의 역할과 기여에 대한 고찰이 한국에게 주는 함의 또한 중요하다. 한국은 1948년 건국과 6 · 25 전쟁 그리고 현재의 북한 핵개발과 그로 인한 한반도 위기의 진행, 그리고 반기문 유엔사무총장의 배출까지 유엔과 '특별한 인연'을 맺어왔다. 한국이 최빈국가에서 세계 12권의 중견선진국, 민주주의와 시장경제의 모델국가로 성장하는데 있어서 여러모로 유엔의 지원을 받아 온 것이다. 최근 한국이 유엔에 대해 점차 기여를 확대하고 유엔의 역량과 활동을 지원하는 것은 단순히 회원국의 의무를 넘어 이와 같은 혜택에 대한 보상의식, 그리고 중견국가에게 필요한 다자주의의 요체로서 유엔의 역할을 인식하기 때문이다. 흔히 국제질서에서 군사력등 강성국력(hard power) 이외에 국제사회의 폭넓은 지지와 도덕적 정당성 그리고 신뢰를 가질 수 있는 연성국력(soft power)의 확보가 중요한 점에서, 유엔이야말로 이러한 외교력의 강화에 중요한 자산이 되는 것이다.

특별히 북한 핵문제는 단순히 한반도의 문제가 아니라 지난 15여 년간 국제사회의 '핵확산의 본보기'로서 다루어져 왔다. 그동안 양자회담 및 6자회담의 틀에서만 논의되어 온 북한 핵문제가 2006년 10월 북한의 핵실험을 계기로 유엔의 의제로 공식화되었다. 그 결과, 북한 핵 문제는 국제사회에서 NPT 레짐위반의 문제로서 심각하게 다루어지게 되었다. 그러므로 유엔의 안보리와 IAEA등 관련기관들의 권한과 역량, 그리고 참여회원국들의 입장과 정책이 북한핵의 해결과 전망에서 중요하게 작용할 것이다.

따라서 한국은 특별히 비핵확산과 관련한 유엔의 권한과 역할, 그리고 그 실제 작동에 관한 정확한 이해에 바탕하여 북한 핵문제를 해결하는 데 활용하는 체계적인 노력이 요청된다. 총체적으로 유엔은 향후에도 독자적으로 포럼으로서 혹은 국제사회의 수단으로서 비핵확산에 관한 역할과 기능을 강화할 전망이어서, 한국이 한반도 문제를 넘어 국제사회의 평화 안전을 위한 중추적 역할을 하는데 있어서 유엔이 활용되도록 계속 특별한 인연을 갖는 것이 필요하다고 여겨진다.

참고문헌

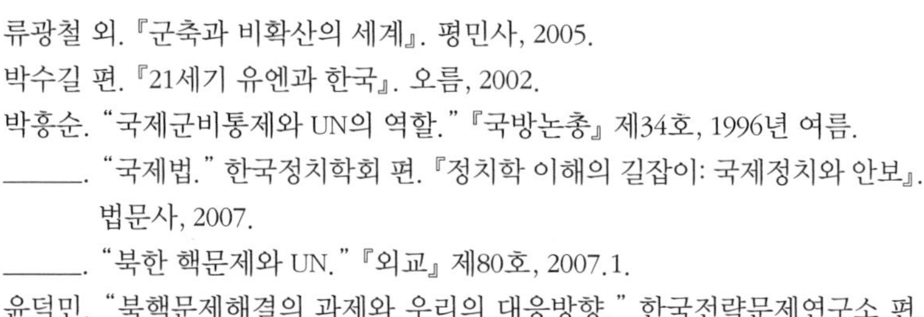

류광철 외. 『군축과 비확산의 세계』. 평민사, 2005.

박수길 편. 『21세기 유엔과 한국』. 오름, 2002.

박홍순. "국제군비통제와 UN의 역할." 『국방논총』 제34호, 1996년 여름.

______. "국제법." 한국정치학회 편. 『정치학 이해의 길잡이: 국제정치와 안보』. 법문사, 2007.

______. "북한 핵문제와 UN." 『외교』 제80호, 2007.1.

윤덕민. "북핵문제해결의 과제와 우리의 대응방향." 한국전략문제연구소 편. 『KRIS 창립 20주년 논문집: 북한핵문제와 위기의 한국안보』. 2007.10.

한용섭. 『한반도평화와 군비통제』. 박영사, 2004.

Blix, Hans. "Against the Spread of Nuclear Weapons: the Safeguard System of the IAEA." *NATO REVIEW*, September 1995.

Cortright, David & George A. Lopez, eds. *Sanctions and The Search for Security: Challenges to UN Action*. Boulder, CO: Lynne Rienner, 2002.

Gati, Toby T., ed. *The US, the UN, and the Management of Global Change*. New York: NYU Press, 1983.

Ghali, Boutros Boutros. *An Agenda for Peace*, 2nd ed. New York: UN DPI, 1995.

Luck, Edward. *UN Security Council*. New York: Routledge, 2006.

Malone, David M., ed. *The Security Council.* Lynne Rienner, Boulder.CO, 2004.

Moyes, Howard A. "Arms Control and Disarmament." *A Global Agenda: Issues Before the 50th UN General Assembly* (UNA-USA, 1995).

Muller, Harald. "A Cornerstone of World Order: Extending the NPT." *NATO REVIEW*, Summer 1995.

Pilat, Joseph, and Robert Pendley, eds. *Beyond 1995: The Future of the NPT Regime.* New York: Plenum Press, 1990.

The Weapons of Mass Destruction Commission. *Weapons of Terror*. Stockholm: EO Grafisca, 2006.

UNA-USA. *A Global Agenda: Issues before the 60th General Assembly of the United Nations*(Special Anniversary Edition).

______. *A Global Agenda: Issues before the 59th General Assembly of the United Nations* (2004-2005 Edition).

한국의 핵비확산 정책: 평가, 비판 및 제언

장순흥 | 한국과학기술원

I. 서론

2006년 북한의 기습적인 핵실험에 우리나라 국민뿐 아니라 전 세계는 충격에 휩싸였고 허탈해 했다. 그러나 2008년 6월 전 세계에 북한 영변에 있는 냉각탑이 폭파되는 장면이 전 세계에 생중계되며 이로써 북핵 문제 해결의 기미가 보이며, 한반도 비핵화를 이룰 수 있을 것처럼 여겨졌으나, 최근 다시금 예상치 못한 난관에 부딪히며 여러가지 변수가 얽혀 미묘한 신경전이 이어지고 있다.

북한이 핵신고내역 검증체제에 대한 합의를 거부하자 미국은 북한의 테러지원국 지정해제를 미루고 있고, 북한은 이에 대한 불만의 표시로 이미 상당 정도 불능화한 영변핵시설 원상복구를 선언하고 나선 것이다. 급기야 북한은 핵무기를 만들 수 있는 플루토늄을 추출했던 영변핵시설을 재가동할 준비를 완료했다고 선언한 데 이어 북핵 불능화 작업을 감독해온 국제원자력기구(IAEA)에 핵시설 봉인 및 감시카메라 제거를 요청했다. 북한이 이런 조치를 취할 경우 이는 북핵 6자회담을 작년 10월 이전단계로 돌려놓는 의미를 갖게 된다. 미국과 북한은 작년 10 · 3공동선언을 통해 북한이 핵프로그램 신고서를 제출하고 영변핵시설을 불능화하면 미국은 북한을 테러지원국 지정에서 해제하고 적성국 교역금지법 적용을 폐지하기 위한 절차에 착수하기로 합의했었다.

그러던 중, 지난 10월 11일 미국 국무부는 북한이 미국의 핵무기 검정을 위해 요구한 모든 법적 조건들을 수용함으로써 북한을 테러지원국 지정에서 해제한다고 발표하였다. 이로써 대한항공기 폭파사건으로 1988년 1월 테러 지원국 명단에 오른 북한은 20년 만에 미국이 지정한 테러지원국에서 일단 조건부로 벗어나게 되었으나 이 역시 북핵문제의 완전한 해결이라고는 볼 수 없겠다. 한반도 비핵화를 위한 우리나라의 노력은 계속되어 왔다. 1991년 12월 31일 제3차 남북판문점회담에서 '한반도 비핵화에 관한 공동선언'을 채택함으로써 한반도의 비핵화 실현을 꿈꾸었으나, 곧이어 1차 북핵위기가 다가왔다.

1992년부터 국제원자력기구의 북한 핵시설에 대한 사찰 문제를 놓고 북 · 미 간에 협상이 모두 실패했고, 1993년 3월 북한의 핵확산금지조약(NPT) 탈퇴를 선언하였으며 결국 1994년 5월 18일 북한은 영변에 있는 5MW 원자로의 가동을 중단하고 폐연료봉 인출을 시도하였고, 이에 따라 국제원자력기구는 6월 6일 이사회에서 대북 제재 결의안을 채택했으며 북한은 6월 13일 국제원자력기구를 공식 탈퇴하게 되었다.

1차 북핵위기가 1992년 10월 북한이 평화적 핵이용을 실행하고 있는가를 검증하려는 국제원자력기구의 대북 핵사찰로 비롯됐다면, 2차 핵위기는 북한의 고농축 우라늄(HEU) 핵 프로그램 개발 문제였다. 이는 플루토늄을 포함한 핵개발을 하지 않기로 한 1994년 북미 제네바합의와 남북비핵화공동선언을 어긴 것임은 물론, 핵개발이라는 새로운 문제 제기였다. 이어 2002년 10월 북한이 고농축 우라늄 프로그램을 인정함으로써, 1993~1994년 1차 북핵위기에 이은 이른바 2차 북핵위기가 시작된 것이다. 2001년 미국의 9 · 11 테러 사건 이후 미국의 북한 '악의 축' 발언으로 그 긴장감은 최고에 이른 상태에서의 상황이었고, 결국 2006년 10월 9일 북한은 지하핵실험을 강행하게 되었다. 아이러니하게도 이 날은 반기문 UN 사무총장의 당선일이기도 했다.

10여 년이 넘는 기간 동안 수차례 다자간 회담과 실무회의를 통해서도 원자력을 평화적으로 이용하는 것이 아니라 핵무기 개발에 집중하는 북핵문제가 영변 냉각탑 폭발을 기점으로 해결될 듯 보였으나, 다시금 갈등 국면으로 치달으면서 점점 더 전 세계를 긴장시키고 있다.

중국과 인도 등 최근 급속한 경제성장을 이루고자 하는 나라에서 원자력에 대한 관심을 천명하고 있으며, 그 밖에도 환경 친화적이며 안정적으로 에너지를 공급할 수 있는 에너지원으로서 전 세계가 다시금 원자력 에너지에 관심을 기울이는 신 원자력 르네상스 시대가 도래하고 있다. 빠른 경제성장을 이룬 우리나라의 경우 역시 원자력 에너지를 중심으로 안정적이며 경제적인 에너지 공급이 그 원동력이 되었다는 사실은 자명하다. 그러나 원자력의 보급에 앞서 평화적 이용에 대한 전세계의 합의가 이루어져야 한다. 따라서 한반도 비핵화 문제는 우리나라와 북한만의 문제가 아니라 전 세계적으로 심각한 문제임은 두말할 나위가 없다. 평화적으로 이용하면 매우 유용할 수 있는 원자력 에너지가 한반도 내에서 북한의 핵무기 개발 의지 및 핵실험 등으로 그 양날을 서슬 퍼렇게 드러내고 있기에 우리나라 원자력 에너지의 정책과 더불어 비핵화정책에 대해 심도 있게 다루어야 할 것이다.

II. 국내외 원자력 환경 변화

우리나라는 지난 세기 동안 급격한 경제발전 과정에서 불가피하게 에너지 소비가 크게 늘었으나, 에너지 수입 의존도가 97%임에도 불구하고 미국 · 일본보다 산출량 대비 에너지 소비량이 높으며 특히 석유를 비롯한 화석에너지에 대한 의존도가 높다[1]는 약점을 지니고 있다. 그리하여 정부는 2008년 8월 15일 광복절 기념 축사에서 이명박 대통령이 "저탄소 녹생성장"을 강조한지 10여 일이 지난 8월 27일 대통령을 위원장으로 하는 제1차 에너지기본계획을 발표하였다. 이 계획은 2030년까지 화석연료 의존도를 낮추고 청정에너지 시대를 여는 것을 핵심과제로 삼은 것이 특징이며, 이를 위해 신재생에너지와 원자력발전을 확대하여 이를 통해 안보, 효율, 환경 등 세 마리 토끼를 동시에 잡겠다는 것이 그 기본 방향이다. 한강의 기적을 넘어 한반도의 기적을 이루기 위해 무엇보다 중요한 것이 에너지라는 점을 대통령이 직접 나서서 발표했다는 점은 매우 큰 의미가 있다. 최근 국제유가가 크게 오르면서 에너지 안보의 중요성을 점점 더 인식하고 있으며, 동시에 환경에 대한 관심도 증가하고 있다. 더불어 에너지 절감이 국가 핵심 현안으로 떠오르고 있으며 국민 가계에도 큰 영향을 미치고 있다. 이러한 에너지 위기 상황에서 국제정세에 발맞추고 지속적으로 안정적인 에너지 공급을 하기 위해서 어떻게 대처해야 하는 것일까?

우리나라의 우라늄 수입액은 전체 에너지 수입액의 0.4%에 불과하지만 이런 우라늄을 이용한 원자력이 공급하는 1차 에너지의 비율은 약 14.9% 정도이다. 또한 환경에 대한 관심이 급증하고 있는 요즈음 발전부문으로부터 발생되는 이산화탄소의 양이 34% 정도를 차지하기 때문에 환경친화적인 발전원을 이용하여 전력을 생산하는 것이 점점 더 중요해지게 되었다. 이렇듯, 원자력 발전은 이렇듯 고효율, 친환경 에너지원으로서 경제성장의 버팀목이 되어준 바, 지난 25년간 소비자물가는 186% 상승했으나 전기요금은 11.4% 상승[2]에 그치는 데 크게 기여했음을 알 수 있다. 우리나라의 산업 및 가정용 전기요금은 프랑스, 미

1) 2007년 기준으로 우리나라의 1차에너지 중 화석연료 의존도는 82.5%로 각 에너지원별로는 석탄 25.3%, 석유 43.4% 및 LNG 13.8% 수준이다(에너지경제연구원).
2) 「국가에너지 기본계획」(2008).

국 등과 견줄 만큼 낮으며, 독일, 이탈리아 및 일본에 비해 30~50% 이상 저렴하게 전력을 공급하고 있다.

향후 전 세계적으로 원자력에 대한 관심은 증가할 수밖에 없다. 전 세계 인구의 절반을 차지한다는 중국과 인도의 급격한 경제 성장은 심각한 에너지 수급의 불균형을 가져오고 있다. 고유가가 지속되고 있는 현재 비단 중국과 인도뿐만 아니라 동남아시아의 많은 나라들과 중남미, 아프리카의 여러 나라들도 발전을 거듭하면서 에너지 수요와 공급의 격차가 점점 커지고 있다. 중국의 경우만 보더라도 현재 연간 26억 5천만 톤의 표준석탄을 소비하고 있으며, 지난 7년 동안 전기생산량이 연간 13.2%나 증가했음에도 불구하고 수요와 공급의 차이는 점점 커지고 있는 실정이다. 이러한 에너지 수급의 불균형이 고유가가 지속되는데 한몫을 하고 있고 또 이런 고유가의 영향이 에너지 수급 불균형을 더욱 부추기는 악순환이 반복되고 있다. 석유를 비롯한 화석연료를 이용한 에너지 공급이 계속 된다면 이 악순환의 고리에서 빠져 나올 수가 없다.

이산화탄소 배출 규제의 움직임도 간과할 수 없는 문제로 대두되고 있다. 2005년 2월, 〈교토의정서〉가 발효되면서 이산화탄소 배출 규제가 본격화 되었다. 교토의정서는 지구 온난화 규제 및 방지의 국제협약인 기후변화협약의 구체적 이행 방안으로, 선진국의 온실가스 감축 목표치를 규정한다. 의무이행 대상국은 미국, 일본, 오스트레일리아 EU 회원국 등 총 38개국이며 각국은 온실가스 총배출량을 1990년 수준보다 평균 5.2% 감축하여야 한다. 감축대상 가스는 이산화탄소, 메탄, 아산화질소, 불화탄소, 수소화불화탄소, 불화유황의 6가지이다. 우리나라는 기후변화협약 상 개발도상국으로 분류되어 의무대상국에서 제외되었으나, 몇몇 선진국들은 감축목표 합의를 명분으로 한국, 멕시코 등이 선진국과 같이 2008년부터 자발적인 의무부담을 할 것을 요구하였고, 제4차 당사국총회 기간에 아르헨티나, 카자흐스탄 등의 일부 개발도상국은 자발적으로 의무를 부담할 것을 선언하였다. 재미있는 사실은 전 세계 이산화탄소 배출량의 약 30%를 차지하는 미국이 자국의 산업보호를 위해 탈퇴했다는 것이다.

현재 원자력을 제외한 대부분의 에너지 공급 방법들은 지구 온난화와 공해 문제에서 자유로울 수 없다. 온실가스의 주범인 이산화탄소의 우리나라 배출량의 35% 정도가 발전원으로부터 나온다는 사실을 고려하면, 발전하는 과정 동안 이산화탄소를 전혀 배출하지 않는 원자력은 이러한 상황을 해결할 수 있는 유일하고 실질적인 대안일 것이다.

국내 원자력발전소 운전을 통해 국내 이산화탄소 연간 배출량(약 5억 톤)의 20%(약 1억 톤)를 감축시키는 효과가 있다. 원자력의 비율을 높이고 화석연료 사용을 줄이는 방향으로 간다면 더욱 큰 감축 효과를 볼 수 있다는 사실은 자명하다. 그리고 그러한 방향의 일환으로 원자력발전소 추가 건설이 진행 중이거나 예정되어 있다. 2008년 현재, 국내에서는 신 월성, 신 고리 등 8기의 추가 원자력 발전소 건설이 이미 진행 중에 있으며 향후 10기의 발전소를 추가로 건설하겠다는 계획도 발표한 상태이다. 여기에 〈청정개발과 기후변화대응을 위한 아태지역 파트너십〉에서 주요 청정개발 방안으로 원자력을 천명하였다. 이것은 국내뿐만 아니라 다른 여러 나라들도 이산화탄소 배출에 대한 해답이 바로 원자력이라는 것에 동의한 것이라고 볼 수 있다.

수소경제시대 진입을 대비하는 기술 개발도 다각도에서 추진되고 있다. 원자력을 이용한 수소 생산에 미국, 일본, 중국 등 세계 많은 나라들이 큰 관심을 보이고 있다. 탄소 경제시대에서 수소 경제시대로 에너지 패러다임이 거대한 변화를 이루고 있는 가운데 세계 각국이 차세대 에너지로 '원자력 수소'를 주목하고 있는 이유는 저렴한 비용으로 많은 수소 에너지를 얻을 수 있는 가장 효율적인 방법이기 때문이다. 수소를 만들기 위해서 전기분해와 같은 방법을 사용할 경우 그 경제성이 매우 낮고 충분히 많은 양을 생산해내기가 어렵다. 원자력 수소는 원자력을 이용해 고온의 열을 얻어서 이 열로 물을 직접 분해하여 생산하는 수소를 말한다. 에너지 자원이 전무한 우리나라로서는 원자력과 물을 이용한 수소 생산이 에너지 안보에 큰 힘이 될 것임을 쉽게 짐작할 수 있다. 나아가 위에 언급한 온실가스 감축에도 크게 기여할 수 있을 것으로 기대된다.

우리나라 역시도 원자력을 이용한 수소생산 시스템 연구개발에 착수하였으며, 국가적으로 수소경제 마스터플랜을 수립 중에 있다. 현재 국내 원자력 수소 연구진은 향후 빠르면 10년 뒤 상용화를 목표로 사업을 추진하고 있는데, 휘발유와 경유 사용 비중이 상대적으로 큰 수송 에너지 대체 효과가 가장 클 것으로 기대하고 있다. 원자력이 추진하고 있는 원자력 수소 사업의 최종목표는 산업체와 협동하여 원자력 수소 생산을 위한 기술 개발 및 수소생산을 실증하고, 2020년대에 원자력 수소 생산기술을 상용화하는 데 있다. 그러나 원자력 수소의 효용성과 경제성이 높은 만큼 세계 각국의 기술 경쟁이 치열한 실정이다. 수소 관련 특허는 최근 일본에서 많이 나오고 있으나 우리나라도 이에 뒤지지 않기 위해 적극 대응하고 있다.

미래형 원자력 시스템 개발에 관해서는 국제적인 협력과 활동이 필요하다는 것에 모두 동의한다. 미국, 프랑스, 일본 등 10개국이 참여하는 GIF(Gen IV International Forum)를 중심으로 제4세대 원자로에 대한 국제공동연구가 추진되고 있다. Gen-IV[3]는 소듐냉각 고속로(SFR, Sodium-cooled Fast Reactor), 납냉각 고속로(LFR, Lead-cooled Fast Reactor), 초임계압수로(SCWR, Super-Critical Water Reactor), 초고온 가스냉각로(VHTR, Very High Temperature gas-cooled Reactor), 용융염로(MSR, Molten Salt fast Reactor), 가스냉각 고속로(GFR, Gas-cooled Fast Reactor) 등을 말한다. 우리나라는 이 중 소듐냉각 고속로, 초임계압수로, 초고온 가스냉각로의 연구에 참여하고 있으며 활발한 연구 활동을 하고 있다. 6가지의 제4세대 원자로 중 현실화에 가장 가까운 것이 소

3) Gen-IV: 지속성, 경제성, 안전성 및 신뢰성, 핵비확산성을 보장하는 제4세대 원자력시스템(Generation IV Nuclear Energy System)을 지칭한다.

륨냉각 고속로이며 수소경제를 대비한 초고온 가스냉각로에 대한 연구도 많이 이루어지고 있다. 초임계압수로의 경우, 비교적 그 특성이 잘 알려진 물을 사용하고 또 이미 경수로와 중수로에서의 많은 경험이 누적되어 있어 소듐냉각 고속로 뒤를 이어 현실화에 가까이 있다.

제4세대 원자로는 기본적으로 안전성(Safety), 경제성(Economy), 지속 개발가능성(Sustainability), 핵확산 저항성(Proliferation Resistance)을 목표로 한다. 보통 원자력발전소는 1950년대에 개발된 초기 원형로가 제1세대, 1970년대부터 등장한 상용로가 제2세대, 1990년대 후반부터 나온 신형원자로가 제3세대로 구분되는데, 제4세대는 핵무기 걱정 없는 혁신적인 원자로다. 이전까지는 사용 후 핵연료에서 순수한 플루토늄을 뽑아낼 경우 핵연료로 다시 사용할 수 있지만 핵무기로 전용될 수도 있기 때문에 문제가 되어왔다. 하지만 사용 후 핵연료에 금속을 잘 섞어 새로운 연료를 만들면 플루토늄만을 뽑아내는 것이 불가능한 동시에, 새로운 연료로 사용할 수 있게 된다. 또 핵연료의 재활용이 가능해지면 사용 후 핵연료 중 폐기물의 양이 대폭 줄어들게 되고, 방사성 폐기물 처리장의 규모가 획기적으로 감소시킬 수 있는 것이다. 이러한 핵연료주기에 관한 연구도 제4세대 원자로 연구의 일환으로 미래형 원자력시스템 개발의 한 부분을 차지하고 있다. 기술적으로 핵무기 개발을 원천적으로 막을 수 있다는 사실만으로도 기술을 발전시킬 이유가 충분하다.

GIF와는 별개로 러시아, 독일, 중국 등 16개국이 참여하고 국제원자력기구를 중심으로 하는 혁신 원자력기술개발 프로그램(INPRO, International Project on Innovative Nuclear Reactors and Fuel Cycles) 역시 추진되고 있다. INPRO는 2000년 국제원자력기구 총회에서 착수하기로 결정된 사업으로 우리나라는 앞서 언급한 GIF와 INPRO 모두 참여하고 있다.

또 다른 국제원자력협력 사업으로 국제원자력파트너십(GNEP, Global Nuclear Energy Partnership)이 있다. GNEP은 2006년 2월, 미 에너지부장관 사무엘 보드만이 발표하며 시작되었다. 원자력 발전을 하는 나라들은 핵폐기물을 줄이고 핵확산 문제의 위험성을 줄이기 위하여 핵연료로부터 핵무기의 원료를 뽑아낼 수 없도록 하는 닫힌 핵연료주기를 목표로 하기 위해, 전 세계의 국가들을 핵연료 공급국과 이용국으로 구분하여 새로운 핵연료 공급체계를 구축하려고 한다. 핵연료 공급국은 농축우라늄 연료를 제공하고 다시 사용 후 핵연료를 수거한다. 그리고 이용국은 단지 원자력 발전소를 운영하도록 하는 것이다. 이렇게 할 경우, 이용국은 핵연료에 대한 관리를 할 필요가 없고 핵연료 재처리 과정이 공급국에서 진행되기 때문에 핵확산의 문제를 막을 수 있다는 것이 GNEP의 주장이다. 한마디로 말해 자신의 눈앞에서 처리가 되니 안심할 수 있다는 것이다. 이를 위해 미국은 고속로와 순환핵연료주기를 추진하고 있다.

하지만 GNEP은 자국 내에서의 반대뿐만 아니라 세계적으로도 논란을 일으키고 있다. 게다가 미 의회는 부시 대통령이 요구한 것보다 훨씬 적은 자금을 제공해왔다. 이는 재처리 비용보다 장기보관 비용이 훨씬 적게 들 것이라는 이유에서이다. 또한 재처리를 시작하게 되면 그 비용이 많이 들고 GNEP의 의도와 다르게 오히려 핵확산의 위험성이 커질 수도 있는 위험이 있을 거이라며 GNEP에 대한 비판을 해왔다. 이들은 GNEP이 상업적인 이유에서 핵확산 경향이 큰 재처리 기술을 활용하려 하기 때문에 원래의 목적과 다르게 오히려 핵확산의 위험성이 증가한다고 보고 있다. 어떤 나라들은 GNEP이 핵연료주기를 가진 소수의 '가진 자'와 대다수의 '가지지 못한 자'로 구분한다고 비판을 한다. 대다수의 가지지 못한 자에 속하게 될 나라들은 외부의 정치적 압력에 의해 필요한 핵연료를 보유하거나 공급받지 못하게 될 수도 있다는 점을 우려한다. 이것은 현재 농축 기술이나 재처리 기술을 개발하고 있는 나라들에게만 좋은 일이 될 것이고 또 이러한 나라들이 후에 국제사회에서 힘을 가지게 될 것이다. 가지지 못한 자의 입장에서는 불공평한 일로 보일 수밖에 없는 것이다.

미래를 대비한 제4세대 원자로와 GNEP 등의 노력과는 평행하게 현재 가동되고 있는 원자력발전소의 안전성과 운전 성능을 지속적으로 향상 시키려는 노력도 함께 이루어지고 있다. 미국은 자국의 42기 원자력발전소를 계속해서 운전할 수 있도록 허가를 내줬다. 기존의 40년 수명을 60년으로 연장한 것이다. 미국 외에도 영국, 일본, 캐나다 등에서 원자력발전소의 수명을 연장하고 계속 운전 허가를 추진 중에 있다. 다른 한편, 제3세대 개량형 원자로(Gen III+)를 중심으로 신규 원자력발전소의 발주가 가시화되고 있는데 프랑스와 핀란드에서 제3세대 개량형 원자로인 유럽형경수로(EPR, European Pressurized Reactor) 건설을 추진하고 있고 미국 역시 AP1000 등의 건설을 위하여 3개 부지 허가 신청에 들어갔다. 중국, 인도 등 다른 여러 국가들도 신규 원자력발전소 건설을 추진하고 있다.

최근에는 원자력 이용의 확대가 확실시되면서 이에 따른 원자력 안전의 다양한 현안들이 대두되는 경향을 보인다. 그중 하나로 9 · 11 테러 이후 관심이 높아진 방사능 테러를 예로 들 수 있다. 원자력 시설들을 테러로부터 보호할 수 있는 물리적 방호체제의 강화가 필요하고 추가적인 조치를 취해야 할 것이다. 현 원자력 시설의 체계로도 이미 충분히 안전하다고 주장하는 사람도 있지만 안전은 아무리 강조해도 지나치지 않을 것이다. 미래형 원자력 시스템에 대한 다국간 공동인허가 등 글로벌 안전체제 구축 역시 추진되어야 한다. 제4세대 원자로의 경우 개발 단계에서부터 여러 나라들이 함께 연구하는 공동체제가 되어 있지만 인허가 역시 공동으로 할 수 있도록 하는 방법을 모색해야 할 것이다. 각국의 인허가 방식을 통일하는 것은 쉽지 않은 일이 되겠지만 안전체제 구축을 위해서는 필수불가결한 부분이다.

사용후 핵연료 관리에 따라 우리나라는 2004년에 IAEA와 안전조치 협정 및 추가의정서를 발효했다. 이 추가의정서에 따르면 원자력 구역 안의 모든 건물과 핵물질을 사용하지 않는 연구개발 활동 등도 신고 대상이 되었을 뿐 아니라 IAEA는 그 특정한 모든 장소에 대해 허가를 할 수 있게 되었다. 우리나라의 경우 핵연료주기 관련 연구개발 활동을 IAEA에 의무적으로 보고를 해야 하는 항목이 추가되었다. IAEA와 안전조치협정을 체결한 163개 국가 중 82개국이 안전조치협정 및 추가의정서를 발효했으며 이 중 47개국이 포괄적 결론을 승인 받았다. IAEA는 매년 6월 이사회에서 IAEA와 안전조치협정을 체결한 국가들의 안전조치 이행사항을 평가하는 연례보고서를 공식 채택해 오고 있는데, 우리나라는 2008년 6월에 포괄적 결론을 승인 받음으로써 핵 투명성을 공식 인정받게 되었다.

또한 성장동력원으로서의 원자력은 매우 큰 가치를 지니고 있다. 국내 원자력 기술의 해외 진출로 눈을 돌려보면 그 노력이 가시화되고 있다는 것을 알 수 있다. 2006년 7월까지 원자력 관련 기술이나 부품 등, 310건의 수출이 이루어졌는데 이는 5억 8,000만 달러의 외화를 벌어들였다. 2007년 원자력 수출실적에 따르면 약 4억 4,000만 달러로 잠정 집계되어 원자력의 해외진출이 크게 늘고 있음을 증명해준다. 2007년 3월 원자력 수출지원업무를 체계적으로 수행하기 위해 정부와 민간 합동으로 발족한 수출지원단은 원자력 기술 수출기업과 한국방사선동위원소협회, 비파괴검사협회, 한국원자력기술협회 등 협회와 원자력 관련 연구소, 그리고 민간 전문가 등 20여 명이 참여하고, 해외시장 조사와 마케팅, 수출금융, 수출통제 제도를 지원하는 전문가와 국제변호사 등이 참여하여 수출 기업의 애로사항에 대해 지원활동을 펼쳐오고 있다. 신형일체형 모듈식 원자로(SMART, System-integrated Modular Advanced ReacTor)나 다른 연구로 등 원자로 시스템의 수출도 적극적으로 시도되고 있다. SMART는 해수담수화와 같이 비 전력분야 활용을 위해 대용량 원자로에 비해 활용성이 다양한 다목적 중소형 원자로로 개발되고 있다. 담수화뿐만 아니라 제한된 지역을 위한 전력생산용, 지역난방용, 선박 추진동력용 등 다양하게 쓰일 수 있는 장점을 가지고 있다.

또한 원자력은 국민복지 향상 및 과학기술 진흥에 기여할 수 있다.

원자력으로부터 비롯된 방사선 기술이 의료, 농업, 공업, 환경 등 다양한 분야에서 쓰이면서 국민 보건 증진과 국민 삶의 질 향상에 기여한다. 예를 들어, X선 촬영에서부터 암세포를 정확하게 절제하는 감마 나이프에 이르기까지 의료 부분에서는 이미 방사선 기술이 활발하게 이용되고 있다. 농업에서는 성장을 촉진시키거나 품종을 개량하고 해충을 없애는 용도로 쓰이기도 한다.

여기에 더해, 원자력은 과학기술 진흥에도 기여한다. 최근에는 국가가 집중적으로 장려하는 IT, BT, NT, ET 등의 첨단 기술과 방사선 기술을 융합하여 방사선 이용 확대와 다양화를 꾀하고 있다. 예를 들어, 나노급 방사선 의료영상을 위한 첨단 기술과 나노공학이 결합하여 나노분자들의 구조를 파악한다거나 방사선 기술과 생명공학이 결합하여 유전자를 조작하는 등 첨단 기술과의 접목을 통해 첨단 과학기술에 큰 도움이 되고 있다. 또한 방사선과 방사성 동위원소 이용이 많아지고 있고 타 기술 분야와의 융합기술 개발이 확대되고 있으며 미국, 일본 등 방사선 선진국을 중심으로 방사선과 의료, 공업, 생명공학, 농업분야 등과의 융합을 통해 기술개발 범위가 점차 커지고 있다.

우리나라 역시 국내 방사선 융합기술과 방사선의학 분야의 연구개발을 통해 방사선기술 이용을 확대시키고 있는데 세계적인 흐름에 발 맞춰 빠른 대응을 하고 있다. 2006년에는 전북 정읍시에서 한국원자력연구소 정읍분소 방사선연구원을 설립하였고 7개 권역에 사이클로트론 연구소를 구축하는 등 방사선 기술 이용기반을 다지고 있는 중이기도 하다. 예를 들어, 원자력 핵심 기술을 응용해 송전탑이나 전신주 변압기 폐 절연유에 포함된 치명적인 독성 물질을 제거하는 기술이 개발되고, 암 유발 맹독성 물질인 폴리염화비페닐(PCBs)을 방사선의 일종인 전자선을 이용해 선택적으로 제거할 수 있는 기술 등이 개발되고 있다.

또한 산업용 방사성 동위원소의 해외 수출과 사이클로트론 수출기반이 조성을 기반으로 신성장동력원으로 해외진출 노력에 박차를 가하고 있다. 2007년 6월 한국원자력연구원 연구진이 설계, 제작한 방사성 동위원소 생산 장치가 러시아와 터키, 알제리 등 3개국에 잇달아 수출되어 국내 방사성 동위원소 생산기술이 세계적 수준에 도달했음을 입증시켜주기도 하였다. 이 수출액은 총 24만 2천 달러에 달했으며, 이후에도 말레이시아와 카자흐스탄 등과 협상을 진행한 바 지속적인 수출이 기대된다.

원자력 발전과 마찬가지로 방사선 분야 역시 글로벌화 되어 가고 있다. 새로운 방사선 방호 국제기준 등장에 대한 대응을 준비해야 하며 여기에 발 맞춰 많은 노력을 기울여야 한다. 방사선 방호는 방사선 장해로부터 사람을 보호하는 것으로서, 이와 관련된 개념, 요건, 기술 등을 총칭하는 용어로 사용된다.

방사선 방호는 다음 3가지 원칙으로 이루어지는데, 첫째, 방사선 피폭을 수반하는 행위는 이로 인한 위험도를 충분히 상쇄할 수 있는 이득을 줄 수 있어야만 허용된다(행위의 정당화). 둘째, 모든 방사선 피폭에서는 경제적 및 사회적 인자들을 고려하여 그 확률적인 영향이 합리적으로 달성 가능한 최저가 되도록 하여야 한다(방호의 최적화). 셋째, 개인이 받는 피폭 선량은 결정론적 영향을 방지할 수 있도록 정해진 선량한도를 초과하지 않아야 하며, 잠재적인 피폭인 경우 이로 인한 위험도가 허용한도 이하이어야 한다(개인의 선량 및 위험한도). 이러한 방호 목표를 달성하기 위해 보다 구체적인 기준들이 마련되어 이행되고 있는데 국제방사선방호 위원회(ICRP, International Commission on Radiation Protection)의 권고들이 대부분의 국가에서 채택되고 있다.

Ⅲ. 한국의 원자력 정책

1. 에너지 정책 기본 목표

정부는 1970년대 두 차례의 석유파동을 겪은 이래 국제 에너지시장의 변화에 흔들리지 않는 안정적인 에너지 수급체계를 구축하기 위해 다각적인 노력을 기울여 왔다. 우선, 석유위주의 공급체계에서 탈피하여 원자력, 천연가스 등의 비중을 늘리는 에너지원 다원화를 지속 추진하고, 정치적으로 불안정한 중동지역에 편중되어 있는 석유도입선의 다변화를 적극 추진하였다. 또한 자원의 자급기반을 확대하기 위해 도입형태를 단순도입에서 개발도입 형태로 전환하고 국내 대륙붕 개발에도 힘을 쏟아왔다. 이와 함께 석유비축량을 지속적으로 늘려 에너지위기에 대한 대응능력을 제고하고, 전력, 천연가스 등의 공급시설도 적기에 확충하였다.

특히, 지난 1970년대 이래 계속 높은 증가세를 보이고 있는 에너지소비를 안정시키기 위해 에너지소비가 많은 산업부문의 에너지절약시설 투자를 확대하고 범국민적인 에너지 소비 절약 운동을 통해 합리적인 소비문화를 정착시키고자 노력해 왔다. 그 결과, 에너지소비의 석유의존도와 중동의존도가 대폭 줄어 공급기반이 강화되었고, 에너지소비도 최근 들어 경제성장률을 하회하는 안정세를 시현하고 있으며, 자원개발 부문에서도 베트남지역의 대규모 유전개발과 동해 가스전 개발에 성공하는 등, 가시적인 성과를 거두었다. 또한, 에너지산업 전반의 효율성을 향상시키고 소비자의 편익을 증진하기 위한 구조개편도 전력산업을 필두로 착실히 추진되고 있다. 그러나 이러한 성과에도 불구하고 지속적인 경제성장을 뒷받침하기 위해서는 에너지 수급시스템의 선진화는 필수불가결한 요소이다. 특히 현재와 같은 고유가 시대를 극복하기 위해선 에너지소비의 효율성을 제고하는 수요관리정책의 중요성이 어느 때보다도 중요하다고 볼 수 있으며, 안정적으로 에너지를 공급하기 위한 에너지인프라의 확충도 지속적으로 이루어져야 한다.

한편, 선진국 및 개도국의 의무부담에 대한 활발한 논의가 이루어진 2007년 12월 3일 인도네시아 발리에서 개최된 제13차 기후변화협약 당사국총회에서 교토의정서상 의무감축에 상응한 노력을 위한 협상 진행을 합의하는 등 국제적인 환경규제가 강화되고 있는 점도 에너지정책이 고려해야 할 중요한 요소가 되고 있다. 특히 우리나라는 OECD 가입국일 뿐 아니라 에너지부문 세계 9위의 온실가스 배출국으로서 의무부담 압력이 더욱 가중될 것이라는 점을 감안하면, 에너지수급시스템을 보다 친환경적으로 개편해 나갈 필요성이 있다.

세계 에너지시장은 세계화와 자율화, 기후변화협약 등 환경규제의 강화, 그리고 IT, BT 등 정보기술 발달에 따른 에너지 기술개발 촉진 등 새로운 변화에 직면하고 있다. 정부는 이러한 여건변화에 능동적으로 대응하기 위해 2008년 8월 27일 제3차 국가에너지위원회를 개최하고 제1차 국가에너지기본계획('08-'30)을 심의 · 확정하여 에너지정책 방향을 설정하였다. 이 계획은 건국 이래 최초로 수립된 20년 단위 장기 에너지계획으로서, 에너지 관련 다른 계획들에 대해 원칙과 방향을 제시하는 에너지분야 최상위 계획으로, 그간의 안정적 공급 중심의 에너지 정책과는 달리 국가 에너지의 효율을 개선하고 에너지사용을 대폭 절감하여 에너지 저소비 · 저탄소사회로의 이행을 촉진하며, 환경, 효율 및 안보 등 정책목표를 고려한 최적의 장기 에너지공급 믹스를 도출하여 화석연료 비중을 대폭 줄이고 신재생, 원자력 등 저탄소 · 청정에너지의 비중을 확대하여 에너지 공급의 탈 화석화를 실현해, 에너지 자립 및 에너지 복지사회 구현은 물론 그린 에너지산업을 적극 육성하여 성장이 환경을 보호하고, 환경이 성장을 선도하는 "녹색강국"을 구현하겠다는 목표를 보이고 있다.

특히 이 계획은 국민참여형 기본계획으로 작성단계부터 범부처, 에너지공급자, 시민단체의 참여 및 공론화를 거쳐 다양한 의견을 수렴하며, 계획 실현 과정에서의 정당성 확보 또한 이루어져 민주적으로 결정된다. 이러한 계획의 기대효과로는 에너지수입액의 절감으로 인한 무역수지 효과, 에너지자립 상승 효과, 고용창출 효과 등이 있으며, 정부는 경제계와 공동으로 녹색성장을 우리 경제의 새로운 성장 패러다임으로 설정하고, 신재생에너지에 대한 설비 · R&D 투자 등 녹색기술, 그린에너지 산업에 대한 투자를 대폭 확대할 계획이다.

2. 제3차 원자력진흥종합계획

정부는 국가 원자력 정책을 일관되고 체계적으로 추진하기 위해 1997년부터 매 5년마다 〈원자력진흥종합계획〉을 수립하고 추진하였다. 이를 위해 원자력법 제8조의2 및 제8조의3에 근거하여 원자력 이용 및 안전 관리에 대한 현황과 전망을 토대로 원자력 정책의 목표를 제시하고 이를 효율적으로 달성할 추진계획을 수립하였다. 이러한 〈원자력진흥종합계획〉은 원자력의 평화적 이용을 진흥하기 위한 최상위 국가원자력정책으로서, 〈방사선및방사성동위원소이용진흥법〉 등 여타 원자력 관련 법률에 의거하여 수립된 계획 등을 포함하고 있다. 정부는 〈원자력진흥종합계획〉과 관련된 부처에 소관 사항에 대하여 부문별 시행계획을 수립하도록 하여 정책 수립 · 추진의 일관성을 유지하도록 하고 있다.

1997년 6월, 제1차 원자력진흥종합계획('97-'01)이 제247차 원자력위원회의 심의 · 의결 후 확정되어 5년간 시행되었다. 이 제1차 계획을 통해 국가 원자력추진 체계가 확립되었고 원자력안전위원회 설치('96) 등으로 안전성 확보 체계가 개선되었으며, 한국표준형원전(KSNP)[4] 2기 완공 및 4기 건설 개시 등 원전기술자립화와 토착화가 이루어졌다.

---

4) KSNP: 우리나라가 기술 자립하여 개발한 한국표준형원전(Korea Standard Nuclear Power Plant).

또한 방사선 이용 개발의 균형적 발전 기반이 구축되었고 원자력연구개발사업 수립 · 추진 및 원자력연구개발기금의 법제화로 안정적인 원자력연구개발 추진기반이 구축되었으며, 22개국에 2억 3,000만 달러 상당의 설비와 기술용역을 수출하는 등 원자력기술의 수출이 본격적으로 추진되기도 했다.

2001년 7월에는 제2차 원자력진흥종합계획('02-'06)이 제251차 원자력위원회에 의해 수립되어 5년간 시행되었다. 이 제2차 계획의 성과로는 원자력이용의 진흥과 신형경수로(APR1400)[5] 및 일체형원자로(SMART)[6] 개발 등의 원자력 연구개발이 이루어졌고, 7개 원자력기술 수요국과의 협력협정 체결 등 기술수출 기반도 구축되었다. OECD, IAEA 등 국제기구 중심의 국가 간 공동연구사업과 GIF 및 INPRO[7] 참여 등 국제협력 활성화를 통한 대외 신인도 증진의 성과 또한 얻을 수 있었다.

이후 앞서 두 차례의 계획의 성과를 평가 · 분석하여 발전방향을 모색하고 2007년부터 2011년까지 5년간의, 제3차 원자력진흥종합계획의 구체적인 추진계획을 수립되었다. 이 제3차 계획은 〈원자력의 평화적 이용 4원칙〉('04) 천명, 〈원자력기술지도(NuTRM)[8]〉('05) 작성, 〈원자력연구개발중장기계획사업〉('92-'06)의 성과 등 국내 원자력 환경 변화를 반영하고 있을 뿐 아니라, 국제 원유 가격의 지속적 상승, 기후변화협약 발효, 제4세대 원자력 시스템(Gen IV) 본격 개발 등 국제 원자력 환경변화 또한 반영하고 있다. 현재까지 전문가 의견수렴('06.2)과

---

5) APR1400: 우리나라가 한국표준형원전(KSNP)를 기술자립한 후 이를 바탕으로 대용량의 개량형 원전을 개발한 것으로 서 1,400MWe급의 신형경수로(Advanced Power Reactor 1400).

6) SMART: 해수담수화용 중소형 일체형 원자로(System-Integrated Modular Advanced ReacTor).

7) INPRO: IAEA가 중심이 되어 추진하는 미래 혁신형 원자로 및 핵연료주기 개발 프로젝트(International Project on Innovative Reactors and Fuel Cycles).

8) NuTRM: 원자력기술지도(Nuclear Technology Roadmap).

공청회('06.5, 10월), 관계부처 협의('06.10)와 원자력이용개발전문위원회 심의('07.1.17) 등이 완료되어 있고, 이후 이 제3차 계획은 원자력위원회의 심의 · 의결을 거쳐 국가계획으로 확정될 예정이다.

제3차 계획은 에너지안보, 환경 보전, 국민 삶의 질 향상 및 과학기술 발전에 기여함으로써 미래 한국의 추진 원동력이 됨을 비전으로 하고 있으며, 다음과 같은 정책목표 및 추진과제를 가지고 있다.

〈표 1〉 제3차 원자력진흥종합계획의 정책 목표 및 추진과제

정책목표	추진과제
지속가능한 발전을 위한 안정적인 원자력 에너지 공급	1. 원자력발전 이용 확대와 원자력산업 경쟁력 강화 2. 고유의 핵비확산성 원자력시스템 핵심기술 확보 3. 원자력이용 다변화를 통한 기술주도형 에너지공급 체계 추구 4. 방사성폐기물 책임관리 체계 구축
안전성 제고를 통한 국민과 함께 하는 원자력 위상 강화	5. 최상의 원자력안전 수준 확보 및 국민신뢰 증진 6. 방사선 방호 · 방재 체계 강화 및 효율성 제고 7. 국가 원자력 방호체계 구축
원자력의 국제경쟁력 확보를 통한 수출산업화 추진	8. 원자력기술 수출기반 강화 9. 원자력 수출상품 다원화
방사선 이용 확대를 통한 국민보건 증진과 삶의 질 향상	10. 방사선산업 광역단지 조성 및 특성화 11. 방사선 기술을 활용한 고부가가치 신산업 창출 12. 방사선 의학기술 선진화를 통한 국민보건 증진 13. 방사선산업 육성을 위한 지원제도의 정착
원자력 이용개발의 효율적 추진을 위한 기반 조성	14. 체계적인 원자력 인력양성 추진 15. 원자력연구개발 기반 구축 16. 원자력연구개발 투자 강화 및 투자 재원별 역할 정립 17. 국민 이해 증진활동 강화
국가원자력 위상강화를 위한 원자력외교 및 국제협력 추진	18. 국제 원자력사회에서의 중추적 지위 확보 19. 국가 원자력통제체제에 대한 국제 신뢰도 증진 20. 원자력기술협력 확대 및 기반 확충

이와 함께 동 계획은 원자력기술 선진화, 미래 유망기술 확보 등을 위한 원자력연구개발에 대한 투자를 강화해 나가는 것을 기본으로 하며, 원자력연구개발기금(과학기술부), 전력산업기반기금(산업자원부), 일반회계의 사용분야를 특성화 · 차별화하여 운영하고, 체계적 성과관리를 통해 원자력관련 연구개발의 효율성을 제고해 나가도록 다음과 같은 투자계획을 가지고 있다.

〈표 2〉 원자력 관련 투자계획

(단위: 억 원)

구 분	2007	2008	2009	2010	2011	계
정 부	3,327	3,787	4,101	4,319	4,643	20,177
민 간	800	824	827	852	877	4,180
계	4,127	4,611	4,928	5,171	5,520	24,357

※ 총투자규모 및 연차별 투자계획은 예산 편성 및 국가 재정운용계획 수립과정에서 변경될 수 있음

※ 정부투자 분은 원자력연구개발기금, 전력산업기반기금, 일반회계 연구비, 원자력분야 정부출연(연)의 기관고유 및 일반사업비를 포함

※ 민간투자 분은 원자력산업체(한국수력원자력㈜ 등)의 연구개발 수행계획을 반영(상용 원자력시설의 건설 · 운영 등을 위한 소요 재원은 별도)

3. 원자력연구개발 5개년 계획

원자력기술의 선진국 수준 진입과 국가에너지 자립기반 구축을 목표로 제247차 원자력위원회('97.6)에서 의결되어 추진 중이던 〈원자력연구개발 중장기계획〉이 2006년 완료되고, 이후 원자력법 제9조(원자력연구개발사업의 추진)에 근거한 제3차 원자력진흥종합계획('07-'11)의 부문별 시행계획으로 원자력연구개발 5개년 계획('07-'11)이 수립되었다. 이 계획의 계획안은 기술수요조사, 특허동향 분석 결과를 토대로

산 · 학 · 연 총 61명의 전문가로 구성 · 운영된 기획위원회 및 5개 기술 분야별 분과위원회에 의해 작성되었고('05.7-'06.10), 사이버 공청회 ('06.11.6-11.15)및 공청회('06.12.12)등을 통한 의견수렴을 거쳐 검토 및 조정되었다.

이 계획으로 넘어오면서 중장기계획과는 다른 차이점들이 생겨났는데, 과거의 기술분야별 연구자 수요 중심 R&D 추진 체계에서 목표지향적 성과지향 중심 R&D 추진 체계로 변화되었고, 과거엔 신규 소요재원 확보계획을 미반영하던 것에 반해 중기 재정소요 등 예산확보계획을 반영하여 성과 달성을 위한 연구의 연속성을 유지하도록 하였다. 또한 연구기간에 있어선 과거 중장기계획에선 과제별 획일적 연구기간을 적용했었지만 이 계획에선 연구의 일몰개념을 도입하고 단기/중기에 연구가 조기 완료되는 과제를 발굴하도록 하며 목표달성을 위한 신규과제 추진 여유를 확보할 수 있도록 하였다.

안정적인 원자력에너지 공급을 위한 미래 핵심기술개발, 국민신뢰 증진을 위한 사전예방적 원자력 안전관리기술 확보, 원천기술 획득 가능 분야 집중 개발을 통한 수출산업화, 방사선이용 기술개발을 통한 국민 보건 증진과 첨단기술의 기반 제공, 목표 지향적 연구관리 및 원자력 연구개발의 효율적 추진을 위한 기반 구축 등의 추진목표를 가지고 있는 이 계획은 이러한 목표를 달성을 위해 제3차 원자력진흥종합계획 목표의 효율적 달성과 국내외 원자력환경변화에 대한 탄력적 대응을 위해 노력하고, Gen-IV 국제포럼(GIF) 등 국제협력을 적극 활용하며, 국제적 · 학제적 · 지역간 산학연(産·學·硏) 클러스터 구축을 통한 국내 원자력 연구역량을 효율적으로 활용하고 범 정부 핵심 연구개발정책인 Total Roadmap, NuTRM과 연계한 중점전략과제를 추진하는 등의 추진전략을 가지고 있다.

이 사업을 통해, 한국표준형원전(OPR1000)[9] 개발 성공 및 6기 건설 · 운영(울진 3~6호기('98), 영광 4~6호기('02)), 신형경수로(APR1400) 표준설계인가 취득('02) 및 건설 추진(신고리 3,4호기), 한국표준형원전에 비해 40% 증강된 발전용량과 향상된 안전성과 경제성을 지닌 제3세대+형 원자로(OPR1000+) 자력 개발 등 원전기술의 자립 및 실용화를 이룩할 수 있었고, 해수담수화용 일체형 원자로(SMART) 계통기본설계('02) 및 핵비확산성 소듐냉각 고속로 개념설계 완료('06), 원전용 개량핵연료(PLUS7[10]('02) 및 ACE7[11]('05)) 개발 및 상용화, 핵비확산성 DUPIC[12] 핵연료봉 시제품 개발 및 제6차 성능평가 완료('06) 등 선진 원자력시스템 기술 기반을 확보하고 핵연료 원천기술을 개발하는 등의 성과를 얻을 수 있었다.

또한 선진 원자력안전관리 및 방사선방호 체계와 방사성폐기물 관리 기술 기반 역시 이를 통해 구축되었고, 방사선기술 이용이 다양화되고 이를 이용한 사업화가 촉진되었으며, 이에 따라 원자력 관련 연구 인력양성 또한 이루어졌다. 그리고 OECD, IAEA 등의 국제 공동연구사업 참여와 선진국과의 협력 강화를 통해 핵심 기반 기술의 효율적 확보를 추진하는 등 여러 국제협력사업이 추진 중에 있으며, 사업 추진을 위한 인적 · 물적 재원의 지속적인 투자로 원자력기술경쟁력의 향상 또한 가져왔다.

---

9) OPR1000: 우리나라가 기술자립한 노형인 한국표준형원전(KSNP)의 변경된 이름(Optimized Power Reactor 1000)이다.

10) PLUS7: 한국표준형 원전에 사용될 핵연료를 크게 개선한 것으로 현재 상용 생산하여 공급 중이다.

11) ACE7: 고리 원전 등에 사용되고 있는 웨스팅하우스사형 핵연료를 크게 개선한 것으로 현재 인 · 허가 심사 중이다.

12) DUPIC: 경수로의 사용후핵연료를 직접 가공하여 중수로의 핵연료로 사용하는 경 · 중수로 연계 핵연료(Direct Use of spent PWR fuel in CANDU reactors)이다.

Ⅳ. 원자력 정책과 핵비확산

1. 국제 핵비확산체제와 우리나라의 원자력 정책

국제 핵비확산체제는 크게 핵무기비확산조약과 전면핵실험금지조약으로 구성되어 있다. NPT는 핵무기 보유국의 수가 증가하는 것을 방지하는 제도인 반면, CTBT는 핵무기의 성능 향상을 방지하고, 핵무기 실험을 금지함으로써 핵무기보유 의혹국가의 핵무기 보유에 관한 확신을 방지하는 것이 그 목적이다 이러한 조약들은 조약의 이행을 검증할 목적으로 국제적인 검증 제도를 구축하고 있다. 그중 NPT는 1970년 발표된 이후, 189개국이 가입되어 있어 보편적 조약으로 확립되어 국제사회에 많은 영향을 미치고 있다.

그러나 5개 핵보유국(NWS)과 비핵보유국(NNWS)의 권리와 의무가 상이하여 비대칭적인 이해구조는 채택 이후 지금까지 논란과 갈등의 원천이 되고 있다. 특히 지난 2005년 평가회의에서는 NWS와 NNWS 간의 의견대립으로 의제자체를 확정짓지 못하는 등 어느 때보다 격렬한 토론이 진행되었다.[13)]

2000년 평가회의의 최종문서에서 합의한 13개 이행 사항 중 핵무기 전면 철폐를 위한 핵군축을 약속했던 NWS들은 합의이행 부진 내지 거부태도로 불평등 조약이라는 태생적 한계를 드러내면서 NNWS들의 불신을 자초하고 있는 실정이다. 또한 세계의 반핵보안관을 자임한 미국은 이란과의 가스파이프라인 건설을 막기 위해 NPT비가입 핵무기보유국인 인도에 원전 수출을 제안하는 등 이중적 태도를 보이고 있고, 중국도 NPT비가입 핵보유국인 파키스탄에 원전 2기의 수출을 약속했다.

---

13) 류재훈, "NPT 핵 평화적이용 범위격론," http://www.hani.co.kr/section-007000000/2005/05 /007000000200505021656069.html (검색일 2008.9.24).

러시아도 2004년 새로운 형태의 핵무기를 개발 중인 사실을 공개했고, 핵개발 의심국인 이란에 원전플랜트를 수출하고 있다.

보다 더 안전한 세계를 위해 국제핵비확산체제를 강화 · 보완해야 한다는 점에선 NWS나 NNWS의 의견이 일치하지만, 핵비확산화 체제는 여전히 나라마다 자국의 이해관계에 달리 해석되어 원자력 정책을 조정하고 있다. 따라서 우선적으로 비확산 체제의 개선에 대해 심도있는 논의를 이루어, NPT의 세 축인 핵비확산과 핵군축, 평화적 이용의 목적에 부합하는 합의사항이 문서화될 수 있도록 189개 조약 가입국들의 노력이 요구되는 실정이다.

NPT와 별개로 국가들 간 협약으로도 핵비확산체제가 형성되기도 한다. 핵연료주기 국제관리 방안에 대한 논의가 활발해져서 IAEA는 2005년 우라늄 농축 및 사용후핵연료 재처리시설을 다국간 공동관리하고자 하는 다자간 핵연료주기관리방안(MNA, Multilateral Approaches to Nuclear Fuel Cycle)을 제안하였다. 2006년 미국은 원자력의 평화적 이용을 확대하는 동시에 핵비확산을 추구하는 GNEP(국제원자력파트너십)을 발표하였다. GNEP에 따르면 원자력 이용국이 핵연료공급국(농축 및 재처리시설 기보유국)과 이용국으로 구분되고, 핵연료 공급국 그룹이 이용국 그룹에 핵연료 공급을 보장하는 대신 이용국은 농축 및 재처리 시설을 보유하지 않음으로써 핵비확산이 추구되게 된다. GNEP에 대응하여 러시아는 2006년 IAEA관리하에 국제핵연료주기센터를 운영하여 핵연료 서비스를 제공한다는 구상을 표명하였다.

한편, 우리나라는 1956년 미국과 원자력 협력협정을 체결한 이후 현재 10여개 국과 원자력 협정을 맺고 있다. 핵물질과 장비의 국제교역은 일반적으로 국가와 국가 또는 국가와 국제기관 간 쌍무 협정의 구조 내에서 이루어진다. 쌍무협정은 국제적 규칙의 중요한 요소이며 국제법의 일부분을 형성하고 있고, 수출국의 국내 규정과 동등하며 그들의 권리를 이해하기 위한 수단으로 구성되며 협정의 조항은 당사국의 핵비확산 보증의 권리와 의무를 규정한다. 특히, 다른 국제협약과는 달리 원자력의 평화적 이용 개발을 위한 협력의 실질적인 창구이면서 또한 핵확산 방지를 위해 수령국에 직접적으로 영향력을 행사하고 있다.

쌍무협정은 국가 간의 상호 신뢰와 호혜의 바탕위에 체결되는 것이 원칙이나 때로는 선 · 후진국 간의 관계로 불평등하게 체결되는 경우가 있다. 우리나라가 체결한 쌍무협정은 일본이 다른 국가와 체결한 협정과 비교하면 원자력의 평화적 이용을 위한 협력보다는 규제 쪽에 치중되어 있으며 대등한 입장에서가 아니라 국제법이나 관례 등을 벗어나면서까지 수출국의 입장만이 강조된 면이 많다. 특히 미국과의 협정은 원자력 산업이 극히 미비했던 1973년에 체결한 것으로 현재의 원자력 산업 수준을 고려할 때 불필요한 규제조항을 많이 포함하고 있어서 국가 원자력 연구개발계획에 장애 요인이 되고 있다.

우리나라는 현재 눈부신 국가발전으로 원자력 산업의 기술 자립률도 높아졌고 이제 원자력 기술 수출국에 접어들었다. 이러한 국가 목표에 부응하기 위해서는 원자력 저개발국 입장에서 체결된 협정의 불리한 조항들은 개정되어야 한다. 여러 국가와 체결한 협력협정 중 가장 문제가 되고 있는 부분이 농축, 재처리, 제3국 이전 등에 대해 상대국의 사전 동의를 받아야 하는 것으로 앞으로는 포괄적 사전 동의로 개정하여야 할 것이다. 이를 위해서는 핵비확산의 신뢰성을 확보하고 동시에 협정 개정 협상능력을 제고하는 장기적인 전략이 필요하다.

2. 우리나라의 핵비확산화 노력

우리나라에 원자력이 도입된 목표는 국내 전력의 안정적인 공급을 위한 주요 에너지원으로서 원자력에너지를 확보하는 것이다. 그러나 이는 핵비확산 정신이 밑바탕에 깔려야 가능한 일이다. 따라서 우리나라는 원자력기술 자립을 추진하는 과정에 있어서도 핵비확산 저항성을 먼저 고려하도록 정책 목표에 명시하고 있다. 우리나라가 이러한 정책을 채택한 것은 1960년대 초 우리나라가 경제개발을 시작할 때 연평균

국민소득 200달러 이하의 세계최빈국 중의 하나였기 때문이다. 따라서 경제성에 최우선순위를 두는 이러한 접근 때문에 원전사업 추진체제의 결정에 있어서도 전력사업자의 역할이 지대하였다. 더불어 각종 원자력 연구개발 사업 추진에 있어서도 평화적 이용의 원칙을 확고하게 준수하였다.

초기의 원자력 활동은 주로 미국 유학 후 국내에 돌아온 과학자들에 의해 이루어졌고, 이들은 한 · 미 원자력협정의 틀과 국제 핵비확산체제 이해 아래 IAEA와의 협력을 강조하였다. NPT체제가입이나 IAEA와의 전면안전조치 협정 체결('75), 포괄적 핵실험금지조약(CTBT) 비준('99), 원자력공급자 그룹(NSG) 가입('95) 등 국제규범을 준수하는 것은 비핵산화를 지향하고 있음과 무관하지 않다. 또한, 1999년 우리나라는 전면안전조치에 대한 추가의정서(AP)에 서명하였다. 추가의정서 발효를 위해 IAEA 에 제출하는 초기보고서를 준비하면서 한국은 과거에 발생했던 미신고 핵 활동을 공개하고 이에 대한 검증을 받기로 결정하였다. IAEA는 특별사찰 팀을 한국에 파견했고 강화된 안전조치를 적용하여 한국이 제출한 초기보고서의 정확성과 완전성을 검증하였다.

2000년의 소규모 우라늄 농축실험 연구를 비롯해서 과거에 한국이 IAEA 안전조치 의무사항을 제대로 이행하지 않은 사항들을 상세하게 지적받았고, 이를 통해서 국내 원자력계는 국제의무 이행의 중요성을 이해하는 소중한 교훈을 얻게 되었다. 이후 미신고 핵실험에 대한 신고를 계기로 국제사회에서 우리나라의 원자력 투명성을 제고시키고 신뢰도 회복을 위해, 2004년 9월 18일 통일 · 외교통상 · 과학기술 등 3부 장관 합동기자회견을 통해 '핵의 평화적 이용에 관한 4원칙'을 대외적으로 공표했다. 이 원칙은 한국의 원자력정책의 골간을 형성하고 있으며 자세한 내용은 다음과 같다.

① 한국 정부는 핵무기를 개발하거나 보유할 의사가 전혀 없으며, 그동안 군사적 목적의 어떠한 핵개발 계획도 보유하거나 추진한

적이 없고 이러한 정책은 앞으로도 전혀 변함이 없음을 재차 확인한다.

② 한국 정부는 핵투명성 원칙을 확고하게 유지하고, 국제협력을 강화해 나갈 것이며, 핵 관련 국제조약을 성실히 준수 · 이행할 것이다. IAEA의 사찰활동에 적극 협력할 것이며, IAEA 조사 결과에 따라 국제사회가 공감할 수 있는 필요한 모든 조치를 취할 것이다.

③ 한국 정부는 핵비확산에 관한 국제 규범을 성실히 준수할 것이며, 핵물질 통제 강화를 위한 자체적인 조치를 취하는 것은 물론 국제적인 노력에도 능동적으로 참여할 것이다.

④ 한국 정부는 국제적인 신뢰를 바탕으로, 핵의 평화적 이용 범위를 확대해 나갈 것이다.

한편, IAEA 추가의정서 및 9 · 11 테러 등으로 국제사회에서 안전조치 및 수출입 통제가 강화되는 추세에 따라 국가 원자력통제시스템 강화에 대한 요구가 생겼다. 이에 국내핵물질계량관리 체제를 보강하기 위해 2005년 IAEA의 안전조치이행자문단(ISASS)을 초청하고 원자력법을 개정하여 원자력사업자나 시설 종사자들에 대한 원자력통제 교육을 의무화하였다. 원자력통제를 위한 전문기관으로, 안전조치 검증기술의 확보와 전문 인력 확보를 위해 2006년 한국원자력통제기술원(KINAC)을 출범시켰다. KINAC은 정부의 적절한 원자력 통제가 이루어질 수 있도록 기술적으로 지원하는 역할을 했을 뿐 아니라 정부로부터 권한을 위임받아 실제 안전조치와 물리적 방호 등을 위한 국가검사에 참여하고 있다. 또한 우리나라는 원자력활동의 투명성에 대한 신뢰를 높이기 위하여 원자력통제 이행 기관을 원자력시설로부터 분리하여 2004년 국가원자력관리통제소를 설립하였으며 정부는 국가원자력관리통제소로 하여금 국내 핵물질에 대한 계량관리검사를 지원하도록 법률로 정하고 있다.[14)]

더불어 핵비확산에 대한 노력뿐 아니라 물리적 방호 체제를 재정비하고 국가 핵물질 통제시스템을 강화하여 국내의 원자력 관련 신뢰성을 향상시키려는 노력도 행해졌다. 원자력의 평화적 이용에 대한 핵투명성 확보 및 국제적 의무사항의 효율적 이행을 위해 IAEA 사찰과 별도로 도입 · 운영 중인 국가 핵물질 계량 · 통제 체제를 강화할 것이다. 2005년 11월 아시아 · 태평양경제협력체(APEC) 정상회의 국내 개최에 따라, 당시 핵 테러에 대한 위협이 확산되어 핵물질 및 원자력 시설에 대한 보안 문제가 대두되었다. 이에 부응하여 원자력방호 및 방사능방재대책법을 제정, 발효하여 원자력 시설 등에 대한 국제 방호지침을 강화하여 이행할 수 있는 환경을 조성하였다. 또한 국가 안전조치 이행의 효과성 · 효율성을 증진하고 사찰 능력을 국제수준으로 제고하기 위하여 우리나라의 원자력 여건에 맞는 안전조치 신기술을 개발 중에 있다. 안전조치체제는 우리나라의 의무사항이기도 하지만 국가자체로서도 필요한 것임을 인식하여 법령 및 제도의 정비가 선행되어야 하며, 관련 기술의 확보가 수행되어야 한다. 핵물질의 형태 변화, 관련 공정 기술 및 시설 등에 대한 전문 지식과 국제 동향의 신속한 파악 및 능동적 대처 등이 요구 되고 있다.[15)]

그동안의 핵비확산화 노력의 결실로 2008년 6월, IAEA 이사회는 우리나라에 대해 포괄적 결론(Broader Conclusion)을 부여하였고 안전조치이행 보고서(Safeguards Implementation Report)를 통해 이 사실을 회원국에게 알렸다. 따라서 향후 우리나라는 IAEA와 사찰인력, 상호 정보 등을 공유하는 통합안전조치(IS: Integrated Safeguards)체제로 진입하게 되어 현재 경수로 등 일부 원자력시설 별로 IAEA와 양해각서(MOU)를 체결하고 협력 강화를 추진하고 있으며, 앞으로 IS 적용에 대비하여 관련 법규 개정안 및 시설별 이행 절차서 등 국가차원의 '통합

---

14) 한국원자력산업회, 『원자력연감』 (2006).
15) 원자력통제팀, 『'08년도 원자력통제업무 추진계획』 (교육과학기술부, 2008), pp.8-14.

안전조치 종합이행계획'[16]을 수립 · 추진할 계획이다.

IS란 IAEA가 안전조치 이행의 효과성(effectiveness)과 효율성(efficiency)을 최적화하기 위해 도입한 신(新)안전조치 체제로 2007년 12월 기준으로 일본, 캐나다, 우즈베키스탄, 폴란드 등 20개국에 적용되었으며, 우리나라는 2008년 7월부터 적용하였다. IAEA는 상기 목적을 달성하기 위해 민감시설(농축 · 재처리)의 검사를 강화하고 비(非)민감시설(원전 등)의 사찰을 축소하는 한편, 기존의 정기사찰 대신 최소한의 무작위사찰(Random inspection)을 수행하고 원격감시 장비의 활용을 확대하는 하기로 하였다. IAEA 회원국이 안전조치협정 및 안전조치협정 추가의정서를 발효시켜 그 내용을 정확히 이행하면 IAEA가 사찰 등을 통해 상기 협정의 이행사항을 점검 · 평가하여 포괄적 결론[17]을 내린 국가에 대해 IS가 적용된다. IS의 적용 시, 사전에 IAEA로부터 포괄적 결론을 받게 되므로 우리나라의 핵투명성을 국제적으로 인정받는 계기가 되며, 원전 등 국내 원자력 시설에 대한 IAEA 검사량 및 강도 감소[18]되는 혜택을 받을 수 있게 된다.[19]

IS의 적용에 따라 국가 검사 체제 또한 단순 양적 위주에서 질적 위주로 전환할 필요성에 따라 안전조치 관련 장비, 전산 시스템과 제도 및 분석 기법 등을 고도화 하고 이를 운영하는 인력의 전문성을 강화해야 하겠다. 단순 IAEA 검사지원 및 자료 수집에서 벗어나 자료 분석 · 평가 능력 배양 등 국가검사원의 전문성을 IAEA 검사관 수준으로 향상시켜야 하며, IAEA와 협력하여 교육 프로그램을 개발해야 하겠다. 나아가 현행 IAEA의 일방적인 감시에서 벗어나 전략적 파트너로서 상호협력을 증진하여, 사찰의 효율성 및 효과성을 제고해야 한다. 그러나 여

---

16) IS하의 인력 · 예산 · 장비확보, 원자력 시설별 IS 이행절차서, 국가검사 이행절차 · 규정 개정사항 및 추진 일정 등을 포함.

17) 신고된 핵물질의 전용과 미신고된 핵물질 및 핵활동이 없다는 평가.

18) IAEA 검사건수가 연104회에서 연36회로 약 60% 감소될 것으로 전망.

19) 원자력국, "통합안전조치 종합 이행 계획" (2008), p.1.

러 IS의 장점에도 불구하고 IS적용으로 인한 안전조치 업무가 기피되는 문제가 야기될 수 있다. 시설 전체의 측면에서 검사 횟수 및 부담은 감소하나, 시설 측 안전조치 담당부서의 부담은 오히려 증가하는 문제가 있으므로, 부담을 해소하며 의무사항을 원활히 이행할 수 있도록 정부 차원의 지원 및 관련 법규 개정이 필요하다.

V. 원자력 정책의 나아갈 길

1. 원자력 외교 및 국제협력강화

원자력 국제협력은 두 측면에서 바라볼 수 있다. 하나는 기술 · 경제적 측면이고 다른 하나는 정치 · 외교적 측면이다. 기술 · 경제적 측면은 일반 국제협력의 경우와 같이 협력 대상국가간의 문제로 당사국 간의 이해관계에 기초한다. 타 국제협력과 원자력 국제협력이 구별되는 것은 정치 · 외교적인 특수성 때문이다. 원자력은 발전과 같은 평화적 목적과 핵무기와 같은 군사적 목적이 혼용되어 있는데서 문제가 시작된다. 즉, 평화적 목적으로 원자력을 이용하는 경우에도 이것이 군사적 무기로 전용되지 않는 다는 것을 국제사회에 보증해야 하는 문제가 생긴다. 이로써 원자력 국제협력은 단순한 기술 · 경제적 문제가 아닌 정치 · 외교적 문제로 취급되고 있는 것이다.

현재 원자력 국제협력은 국제 핵비확산 체제의 테두리 안에서 이루어지고 있다. 따라서 원자력을 군사적으로 전용하지 않는다는 것을 국제 사회로부터 인정을 받지 않고서는 정상적인 국제협력을 이루어 나갈 수가 없다. 그러나 최근에 북한의 핵문제까지 겪고 있는 우리나라는 아직 국제적인 신뢰성을 충분히 확보하지 못한 상태이고, 따라서 원자력의 평화적 이용에 대해서도 불필요한 간섭과 압력을 받고 있다. 이는 핵비확산 체제 자체의 문제로부터 기인하는 것이기도 하지만, 우리가 이 방면으로 인정을 받기 위한 노력을 정치외교적인 차원에서 체계적으로 해오지 않았기 때문이다. 앞으로 다음과 같은 원자력 국제협력 및 외교의 기본 목표 아래 원자력 평화적 이용의 신뢰성을 쌓을 수 있어야 하겠다. 첫째, 핵무기 확산 방지에 대한 국제적 신뢰를 확보함으로써 평화적인 목적의 원자력 활동에 대한 불필요한 제약 요소를 완화 또는 해소하는 것이다. 신뢰성을 확보함으로써 선진국으로부터 민감 기술을 이전해 올 수 있는 토대를 마련하고, 우리의 원자력 기술을 수출할 여건을 조성하는 것이다. 둘째, 효과적이고 다변화된 원자력 기술협력을 추진함으로써 우리가 필요로 하는 기술을 적기에 확보하는 것이다. 셋째, 국내 원자력 개발체제와 외교 체제를 상호 유기적으로 연결하여 추진함으로써 원자력 핵심기술 자립을 효과적으로 달성하는 것이다. 넷째, 국제 원자력 사회에 공헌함으로써 국제 원자력사회에서의 지위를 향상시키는 것이다.

이러한 목표를 달성하는 데 있어 무엇보다 국제협력 및 외교에 있어서 적극적인 태도를 견지하고 원자력 관련 국제기구 활동을 강화해야 한다. 특히 핵비확산에 대한 의지를 계속 천명하고 핵비확산조약이나 수출통제체제 등 국제 핵비확산 체제에 적극 동참해야 한다. 동시에 수혜국으로서의 불평등한 입장이 아니라 주권이 존중되고 상호 호혜의 원칙으로 국제협력을 맺어야 할 것이다. 그리고 원자력 외교 체제를 특화시켜 핵심원천기술 확보 등 국내 원자력 개발 체제가 감당하기 어려운 문제들을 해결해야 한다. 총회, 이사회, 전문위원회 등에 적극 참가하고 동 기구 담당 인력을 증가하며 동 기구 내 직원 진출을 확대해야 필요성이 있다. 특히 IAEA 상임이사국 진출 및 동 기구 내의 고위직 직원 진출 확대 등을 통하여 국제사회에서의 지위를 향상시키고 지지기반을 구축해야 하고, 국제원자력 동향에 대한 정보수집 및 분석 기능을 대폭 강화해야 한다. 국제협력 프로그램 및 공동연구과제에 대한 정보자료 수집, 분석, 대응전략 수립 등으로 대외 국제협력 참여기회를 얻고,

이의 연구결과를 충분히 활용할 수 있도록 해야 하겠다.

이러한 전략달성을 위해 원자력 연구 인력 및 외교 인력의 정책적인 양성은 가장 기초가 되는 부분이므로 간과해서는 안 된다. 선진기술의 효과적인 수용을 위해 국내 원자력 선진기술 수용 능력 및 인적 재정적 자원의 확보 여부를 면밀히 조사해야 한다. 결과적으로 핵비확산에 대한 신뢰성을 확보하기 위해서는 핵비확산 정책의 투명성을 보여 주어야 하지만, 정책 선언에 있어 주의해야 할 것은 국가 정책 자체가 원자력의 평화적 이용을 저해하는 방향으로 나가서는 안 될 것이다.[20]

우리나라의 원자력 국제협력은 주로 원자력 선진국들과 원전 및 핵연료 도입, 기술전수를 위하여 추진하여 왔고 앞으로도 계속될 것이다. 선진국과의 대응에서는 우리의 원자력 평화이용 의지를 알리는데 주력하며, 선진국과의 국제 공동연구를 활성화하고 국제사회에서의 지위향상 노력을 강화한다. 이를 바탕으로 국제적으로 핵무기 확산 방지에 대한 신뢰성을 확보함으로써 원자력 선진국으로 진입할 수 있는 토대를 마련하고, 평화적 목적의 원자력 활동에 대해서는 불필요한 간섭을 배제한다. 개발도상국과는 상호간의 기술공조와 상호의존도를 확대시킴으로써 원자력 기술수출의 기반을 마련한다. 원전 기술 수준은 개발도상국에 원전 수출도 가능하므로 수출대상이 되는 개발도상국가들의 원자력 계획 및 정책을 분석할 필요가 있다.

최근의 동남아시아의 개발도상국과 중국 등 아태지역 국가들은 에너지 확보를 위해 신규 원전을 건설하거나 계획하는 나라가 많다. 그들이 필요로 하는 분야를 세밀히 조사 분석하여 긴밀한 협력을 통해 향후 원자력 기술 수출 국가로서의 사전 조성이 필요하다. 이를 위하여 개도국들의 원자력 정책 및 원자력 개발 수준의 지속적인 검토로 그들이 우리에게서 필요한 분야의 선정 및 진출을 위한 체계의 설립이 요구된다.

---

20) 한국원자력학회, 『장기 원자력 정책 방향 설정 연구』(교육과학기술부, 1994), pp.383-413.

동시에 개도국들은 자국의 원자력 프로그램 추진에 지장을 초래하지 않고 핵공급국의 지나친 핵비확산 구제에 대처하기 위해 개도국 간의 협력을 긴밀히 추진할 것으로 보인다. 이러한 가운데 원자력 관련 문제가 야기될 수 있고, 지역 국가들 간의 핵비확산 갈등 해소를 위해 상호 협력을 도모하려면 보다 전략적이고 장기적인 접근이 필요하다. 핵비확산에 관한 협력은 궁극적으로 IAEA의 활동을 지원하거나 보완하는 방향으로 나아가야 한다. 우선은 지역 국가 상호간의 정보나 인력 교류 등을 중심으로 추진 하더라도, 장기적으로는 IAEA의 인력, 정보, 기술, 경험 등을 지역 국가들과 공유할 수 있도록 해야 할 것이다.

오늘날 아태 지역은 세계경제에서 차지하는 비중이나 영향력이 지대할 뿐 아니라 그 어느 지역보다 급속한 경제성장을 이루고 있다. 바꾸어 말하면 아태지역은 원자력 이용 확대에 따른 지역문제나 새로운 갈등 요소들이 등장할 잠재적 가능성이 큰 지역이라고도 할 수 있다. 더욱이 국제 정세변화의 예측이 쉽지 않고 단일 국가의 노력으로는 해결하기 힘든 과제들이 계속 등장하고 있어 지역 내 협력의 필요성은 더욱 증대되고 있다. 특히 한반도를 중심으로 한 동북아 지역은 북핵문제와 관련하여 국제사회의 비상한 관심이 모아지고 있으며, 국제사회에서 능동적으로 대응할 수 있는 원자력 정책이 어느 때보다 절실하다.

2. 북핵문제 해결을 위한 노력

2006년 기준으로 북한의 GDP는 400억 불 수준으로 남한 1조 2천억 달러의 1/30 수준이며 1인당 GDP는 1,800불로 남한 24,500불의 1/14에 불과하다. 북한의 주요 1차 에너지원은 석탄(82%), 수력(12%), 원유(6%) 등으로 이루어져 있으며 전력 시설용량은 9.5GWe에 불과하여 남한의 시설용량 65GWe의 1/6 수준밖에 되지 않는다. 그러나 더욱 심각한 것은 이러한 전력 시설은 석탄화력(50%)과 수력(50%)에 전적으로 의존한다는 것이다. 심각한 것은 이러한 시설 용량에도 불구하고, 연간 발전량은 2004년 기준으로 약 2.5GW 수준으로 남한의 유효 시설용량 40GWe과 비교했을 때, 1/16 수준에 머무른다는 것이다. 이렇듯 북한이 심각한 전력난을 겪는 이유는 무엇보다 발전용 연료 부족하기 때문이다.

따라서 발전설비 이용률이 매우 낮으며, 기존 발전용 시설의 노후화 및 고장, 석탄화력의 노후화, 비효율화에 1996년 대홍수 이후 수력발전소가 심각한 손상을 입어 현재까지 가동불능인 수력발전소가 다수이기 때문에 상황의 호전의 기미가 없다고 해도 과언이 아니다. 그러므로 전력 공급을 비롯한 에너지 문제가 시급하다. 그러나 이러한 에너지 부족 문제 이외에도 북한은 국가안보 자체가 큰 위협을 받고 있다. 정권 교체, 테러지원국 해제 적용 제외, 적성국 교역법 적용 제외 및 미국과의 불안한 관계에서 비롯되는 안보 위험과 BDA 동결 해제나 해외 교역 등을 통한 경제 제제로부터 비롯되는 부담에서도 조속히 벗어나길 희망하고 있다.

북핵문제와 남북관계는 고도의 정치적인 사안이고 또 외교안보문제와 밀접히 관련되어 있기에 쉽게 접근할 수 있는 문제가 아니다. 냉전 시기에 한국은 미국의 핵우산 아래 있었지만, 냉전 종식에 따라 남북한 간의 화해 분위기가 있었고 1992년 남북한은 한반도 비핵화를 공동으로 선언했다. 남북한은 이 선언을 상호 검증하기 위해 남북한 핵통제 공동위원회를 설립하였지만 실제 위원회의는 잘 이루어지지 않았다. 결국 북한은 2006년 핵실험을 강행하였고 유엔 안보리는 대북제재 조치를 담은 결의안을 채택하였다. 이후 이 선언이 유효한 지에 대한 논란이 있었지만, 우리나라는 비핵화선언이 대외적으로 이미 약속한 사항이기 때문에 이를 지키고 있는 상황이다. 북미 간에도 여러 차례 관계 개선 시도가 있었고 1994년에는 북미 프레임워크 프로그램(Framework Program)에 합의했으나 핵 검증 방법 등에 이견을 좁히지 못해 대북한 경수로 지원 사업도 중단되었다.

2007년에 열린 북미관계 정상화 회담에서 비핵화 2단계 조치인 핵시설 불능화와 핵프로그램의 연내 전면 신고, 그리고 이에 상응하는 테러

지원국 명단 삭제와 적성국 교역법 적용 해제 등에 합의를 하였다. 이렇듯, 북핵 문제는 한반도 남북의 문제가 아닌, 국제적 조율 없이는 해결될 수 없기에 6자회담을 통해 현재 북한 핵 검증 및 폐기를 위한 국제적인 노력은 계속되고 있다. 아직까지도 북핵문제는 여전히 국제사회의 이슈가 되고 있고 끊임없이 문제를 만들어 내는 듯하다. 하지만 최종 해결까지 무엇보다 우선적으로 요구 되는 것은 북미 상호 신뢰 형성이다. 핵무기는 북한의 명운을 쥔 열쇠라는 것은 자타가 이미 인정하는 바이고, 이러한 핵불능화에 따른 북한의 불안감을 해결할 필요가 있는 것이다. 불능화 이후 핵프로그램 관여 핵연구자들은 구소련의 ISTC(International Science and Technology Center)와 같은 제도를 활용하는 것은 좋은 예가 될 수 있겠다.

즉, 핵무기 개발 인력을 상용원자로의 설계, 건설, 운전, 규제 등의 분야에 활용할 방안을 모색해야 한다. ISTC는 구 소련이 1992년 11월 국제 핵비확산에 합의함으로써, 정부, 국제기구, 산업체 등에 구 소련 핵무기 개발분야 과학자들을 공급하여 과학자들에게 새로운 기회를 제공하고자 만든 기관으로 2006년 기준으로 2,437 개의 프로젝트와 7억 달러 이상의 연구비를 사용하는 기관으로 성장하였다. 북한 역시 현재 부족한 설비 시설과 에너지에 대한 지원과 더불어 북한 내의 인력을 음지에서 양지로 끌어낼 수 있도록 국제사회가 도와야 할 것이다. 물론 북한도 미국 및 국제사회의 불신을 해소할 수 있는 행동이 요구되며, '행동 대 행동' 해결 방식에 있어서의 대응태도와 성과가 신뢰구축의 첫 단계가 될 것이다.[21)]

앞으로도 북핵문제 해결을 위한 6자회담이 열릴 것으로 예상되고 있으며, 6자회담에서 우리나라의 주도적인 역할을 위해 정부 부처 간 긴밀한 협조체제를 구축 및 운영되어야 한다. 나아가 북한 핵시설의 폐기

---

21) 한국과학기술원, 『제3차 원자력진흥종합계획 수립 연구』(교육과학기술부, 2006), p.266.

방안, 검증, 절차 참여, 제염·해체 기술 확보, 방사성 폐기물처리·처분 대책, 방호 기술지원 등의 방안을 강구하는 등 한반도 비핵화 구축 방안과 전략 개발 연구를 지원해야 한다. 북핵문제의 평화적 해결 노력 지원과 평화적 해결 이후 남북 간 과학기술 및 에너지협력을 확대하도록 노력해야 할 것이다. 대북 경제지원 및 에너지 협력에 따른 협력 방안과 대북 경수로지원 사업(KEDO)의 재개에 대비하고, 다른 한편으로 남북간 상호 사찰 및 신뢰확보 체제 구축 노력을 강화해야 하겠다.

3. 원자력 에너지의 평화적 이용 확대

원자력 에너지 산업의 활성화는 그 나라의 과학기술과 산업기반의 수준정도에 따라 크게 좌우되며, 또한 정부의 원자력 기술개발에 대한 의지와 일관된 원자력 에너지 정책이 원자력 산업의 활성화에 많은 영향을 미치게 됨은 두말할 나위가 없다.

현재 원자력 발전은 국내 전력생산의 40%을 감당하고 있어 전력요금안전과 에너지 수급 안정에 크게 기여하고 있다. 향후 고유가에 대비하고 국가의 지속가능한 발전을 뒷받침할 기술주도형 에너지 공급체계 구축을 위해서는 원자력의 기여를 더욱 높일 수 있도록 해야 한다. 그러기 위해서는 원자력 이용 다변화 추진이 필수적이다. 원자력 이용확대를 통한 고유가와 온실가스 규제 대응 효과를 극대화하기 위해서 전력 생산뿐만 아니라 해수 담수화와 수소 생산 등에 원자력을 이용할 기술개발이 요구된다. 이를 통해 에너지 수급 안정과 에너지 안보 확보가 가능할 것으로 판단된다.

또한 미래 원자력 시장의 주력 상품이 될 액체금속로, 고온가스냉각로 등 혁신형 원자력시스템의 기반 기술 개발을 위하여 핵비확산성 원자로 및 핵연료 주기 핵심 기술 개발에 주력하여야 할 것으로 판단된다. 이를 위해 국제 공동연구개발 참여, 국가 간 원자력 공동위원회 합의사항 반응 등을 통해 기술개발과 투명성 제고 노력을 병행해야 할 것이다.

또한 사용후핵연료의 양과 방사능을 저감시킬 수 있는 핵비확산성 사용후핵연료 건식재가공(DUPIC; Direct Use of spent PWR fuel In Candu reactors)이나 파이로 프로세스[22]와 같은 핵비확산성을 확보한 핵연료주기 기술을 개발하여 원자력이 국민의 지지와 국제적 신뢰 속에 지속적으로 이용될 토대를 마련해야 한다.

우리나라의 경우 원자력 진흥종합이 수립된 이후 이러한 실수는 사라졌으나, 과거 미신고 소량 우라늄 농축 등의 사건을 통해 아무리 작은 실수라도 완전히 투명하게 정책을 수립하지 않는다면 국제사회의 신뢰에 영향을 미칠 수도 있다는 사실을 배웠다. 이란의 경우도 핵투명성을 확보하지 못한 결과 국제사회에서 인정을 받지 못하고 결국 그들의 평화적 이용에 대한 범위가 감소하게 된 것이다.

원자력 발전 산업 중심에서 한 발 나아가 방사선 분야와의 균형 있는 발전을 이루기 위해 공업, 생명공학, 환경 및 의학 분야에서 경쟁력 있는 방사선 융합기술 및 의료 기술 개발과 산업화가 필요하다.

마지막으로 원자력 에너지를 이용함에 있어, 경제적 관점 이외에 외교안보 및 정치적 시각에 관심을 기울여, 녹색성장을 위한 발판으로서 원자력 에너지의 중요성을 인식하도록 대국민 홍보 및 이해 증진을 위한 전향적 자세를 마련해야 할 것이다.

---

22) 사용한 핵연료를 핵 확산 위험성이 없도록 친환경적으로 처리하는 기술. 고온의 용융염 매질에서 전기를 이용하여 핵연료를 처리하는 기술로, 맨먼저 핵연료를 금속 물질로 변환시키고, 이를 다시 유사한 고온의 용융염 매질에서 전기를 이용하여 대부분의 우라늄만을 회수한다. 그 후 다시 전기를 이용하여 잔여 우라늄과 플루토늄을 포함한 미량의 핵물질군을 함께 회수한다. 회수된 핵연료 물질은 최근에 개발되고 있는 고속로에서 전기를 생산하면서 모두 안정한 원소로 변환시켜 주기에 핵연료가 지니는 위험성은 거의 없다. 또 사용 후 핵연료를 처리하는 과정에서 발생하는 용융염 폐기물은 거의 대부분이 재생할 수 있기 때문에 폐기물로 버리지 않고 원래의 공정 시스템으로 순환시켜 줄 수 있다. 따라서 기존 재처리 기술의 위험적 요소를 제거하고, 원자력의 평화적 이용에 기여할 수 있으며, 고준위 방사성 폐기물 처분장의 규모도 기존의 직접 처분에 비해 100배가량 감소시킬 수 있는 차세대 기술이다.

VI. 결언

원자력 이용과 관련하여 국가는 여러 가지 길을 갈 수 있다. 가령 북한처럼 핵무기를 선택할 수도, 우리나라처럼 평화적 이용의 길을 선택할 수도 있다. 그러나 결과적으로 그 나라가 선택한 길에 대해 그에 따른 기회와 위험을 감수해야만 한다. 국제사회에서 발생했던 수많은 갈등의 예를 열거하지 않더라도 원자력은 평화적 이용과 핵무기 개발 사이에서 양날의 검이다.

우리나라는 1960년대 원자력이 태동했을 때부터 가장 평화적으로 원자력을 이용하고, 경제적으로 그 유익을 향유하는 모범국가가 되고자 했으며, 미국 등 선진국에서 원자력 발전소 건설이 주춤했던 기간에도 우리나라는 원자력 발전에 대한 지원을 아끼지 않았고 지속적으로 발전소 건설 경험을 축적하고 그에 따른 연구를 꾸준히 수행하여 원자력 선진국의 대열에 합류하였다.

그러나 앞으로 원자력의 평화적 이용을 최대한 확대하기 위해서는 무엇보다도 핵투명성을 확보하는 것이 가장 중요하다. 아무리 원자력 기술이 발전해있다 하더라도 국제사회에서 핵투명성을 인정받지 못한다면, 원자력의 평화적 이용의 범위가 줄어들 수밖에 없으며, 원하는 기술 개발에 제약도 생기기 마련이다. 국제사회에서 핵투명성도 확보하지 못하고, 평화적 원자력 이용의 범위도 확대해 나가지 못하는 것이야말로 최악의 정책 시나리오가 될 것이다.

따라서 국제사회의 신뢰를 받을 수 있는 핵투명성을 근간으로 핵비확산성을 확보한 사용후핵연료 건식재가공(DUPIC) 기법이나 파이로프로세스와 같은 유용한 사용후핵연료 재처리 기술 등을 개발하고, 이를 바탕으로 한-미 간 원자력 협정을 새로이 수립해 평화적 이용을 최대한 확대할 수 있는 기반을 마련해야 한다.

원자력 에너지 기술만 개발한다고 해서 그 평화적 이용의 범위가 확대되는 것이 아니다. 그 기술을 평화적으로 사용할 수 있을 만큼의 핵투명성을 확보하는 것이 무엇보다도 우선이라는 사실을 명심해야 한다. 따라서 향후 우리가 원하는 원자력 에너지 기술을 유용하게 사용할 수 있도록, 핵비확산성 및 핵투명성을 최대한 확보하고, 원자력의 평화적 이용의 범위 역시 동시에 확대해 나가는 방향으로 미래 원자력 정책을 수립해야 할 것이다.

참고문헌

류재훈. “NPT 핵 평화적이용 범위격론,” http://www.hani.co.kr/section-007000000/2005/05/007000000200505021656069.html (검색일 2008.9.24).

에너지자원정책팀.『에너지비전 2030』. 산업자원부, 2006.

원자력국.『통합안전조치 종합 이행계획』. 교육과학기술부, 2008.

원자력연감.『국제핵비확산 및 국가원자력통제』. 한국원자력산업회의, 2006

원자력통제팀.『'08년도 원자력통제업무 추진계획』. 교육과학기술부, 2008.

지식경제부.『국가에너지기본계획』. 2008.

한국과학기술원.『제3차 원자력진흥종합계획 수립 연구』. 교육과학기술부, 2006.

한국원자력산업회.『원자력연감』. 한국원자력산업회의, 2006.

한국원자력 연구원.『미래원자력 연구개발 액션플랜』. 한국방사성폐기물학회, 한국원자력학회, 2008.

한국원자력학회.『장기 원자력 정책 방향 설정 연구』. 교육과학기술부, 1994.

색인

| ㄱ |

| ㄴ |

| ㄷ |

| ㅁ |

| ㅂ |

| ㅅ |

| ㅊ |

| ㅌ |

| ㅍ |

| ㅎ |

| A |

| B |

| F |

| G |

| I |

| M |

| N |

| P |

| S |

| U |

:: 편자 및 필자 소개 (가나다 순)

❖ 박홍순

학력 | 경희대학교 법학과, 미국 South Carolina대학교 국제정치학박사
경력 | 선문대 교수/국제평화대학장, 외교통상부 정책자문위원,
유엔한국협회 부회장

저서 및 논문
"국제기구학"
"한국전쟁과 유엔의 개입"
"북한 핵문제와 유엔"

❖ 백진현

학력 | 서울대학교 법학과, 미국 Columbia대학교 법학석사,
영국 Cambridge대학교 법학박사
경력 | 서울대학교 국제대학원 교수, 국제해양법재판소 재판관,
해성국제문제윤리연구소 소장

저서 및 논문
"Nuclear Impasse and the Future of Inter-Korean Reconciliation"
"미국의 해양전략과 동아시아 지역의 잠재적 분쟁 요인"

❖ 신성호

학력 | 서울대학교 외교학과, 미국 Tufts대학교 석사 및 박사
경력 | 서울대 국제대학원 부교수, 미 Brookings 연구소 CNAPS Fellow
저서 및 논문
"To Be or Not To Be: South Korea's East Asia Security Strategy and Dilemma of Unification"
"부시와 오바마: 핵테러에 대한 두가지 접근"

❖ 이광석

학력 | Virginia Tech.대학교 산업시스템 공학박사
경력 | 한국원자력연구원 국제전략연구부장, 원자력정책센터장, OECD/NEA Consultant

❖ 이병욱

학력 | 인하대학교 산업공학박사
경력 | 한국원자력연구원 책임연구원
저서 및 논문
"Two-Track Approach Needed to Strengthen the Global Nuclear Export Control System"
"A Balanced Approach for Current Proliferation Issues"

❖ 이서항

학력 | 서울대학교 정치학과, 미국 Kent주립대 정치학박사
경력 | 주 뭄바이 총영사
저서 및 논문
"유엔의 군축활동: 조직과 주요성과"
"Maritime Strategy of the Republic of Korea"

❖ 장순흥

학력 | 서울대학교 핵공학과, M.I.T. 핵공학석사 및 박사
경력 | 한국과학기술원 교수
저서 및 논문
"임계열유속"
"원자력 안전"
"Experimental Study of Post-Dryout with R-134a Upward Flow in Smooth Tube and Rifled Tubes"

❖ 전성훈

학력 | 고려대학교 산업공학과, 캐나다 Waterloo대학교 경영학과박사
경력 | 통일연구원 선임연구위원, 국방부, 통일부 정책자문위원,
자유아시아방송 (RFA) 한반도 문제 논설자문위원

저서 및 논문

"North Korea and ROK-U.S. Security Alliance"
"북한 비핵화를 위한 한.미 전략적 협력에 관한 연구"
"북한 비핵화와 핵우산 강화를 위한 이중경로정책"

❖ 조동준

학력 | 서울대학교 외교학과, 미국 Pennsylvania주립대학교 정치학박사
경력 | 서울대학교 정치외교학부 부교수

저서 및 논문

"'자주'의 자가당착"
"교범이 된 거짓말: 쿠바 미사일 위기와 1차 북핵위기에서 Trollope 기법"
"Bargaining, Nuclear Proliferation, and Inter-state Dispute"

❖ 한용섭

학력 | 서울대학교 정치학과, 미국 Harvard대학교 정책학석사,
미국 Rand대학원 안보정책학박사

경력 | 국방대학교 안전보장대학원 교수

저서 및 논문

"한반도 평화와 군비통제"

"Peace and Arms Control on the Korean Peninsula"

"한반도 안보문제에 대한 군비통제적 접근"

❖ 황지환

학력 | 서울대학교 외교학과, 미국 Colorado주립대학교 정치학박사

경력 | 명지대 북한학과 조교수, 서울대 통일연구소 선임연구원 역임

저서 및 논문

"전망이론을 통해 본 북한의 핵 정책 변화: 제 1, 2차 북한 핵 위기의 분석"

"International Relations Theory and the North Korean Nuclear Crisis: Bridging the Gap between Theory and Practice"

"Face-Saving, Reference Point and North Korea's Strategic Assessments in 2009"

핵비확산체제의 위기와 한국

초판 1쇄 발행 | 2010년 9월 13일
초판 2쇄 발행 | 2011년 6월 4일

엮은이 | 백진현
발행인 | 부성옥
발행처 | 도서출판 오름
등록번호 | 제2-1548호 (1993. 5. 11)

주 소 | 서울특별시 서초구 서초동 1420-6
전 화 | (02)585-9122, 9123 팩 스 | (02)584-7952
E-mail | oruem@oruem.co.kr
URL | http://www.oruem.co.kr

ISBN 978-89-7778-345-4 93340 정가 18,000원